SEGUNDA EDIÇÃO **20 23**

ANÁLISE ECONÔMICA DO PROCESSO CIVIL

Ivo T. Gico Jr.

Ph.D. em Economia (UnB), Doutor em Direito (USP)
Mestre com honra máxima (James Kent Scholar – Columbia University)
Especialista em Processo Civil (IBEP/IBDP)
Professor e Advogado

2023 © Editora Foco

Autor: Ivo Teixeira Gico Junior
Diretor Acadêmico: Leonardo Pereira
Editora: Roberta Densa
Assistente Editorial: Paula Morishita
Revisora Sênior: Georgia Renata Dias
Revisora: Márcia Lígia Guidin
Projeto gráfico e infografia: Tiago Taborda
Capa Criação: Leonardo Hermano
Diagramação: Ladislau Lima
Impressão miolo e capa: META BRASIL

Dados Internacionais de Catalogação na Publicação (CIP) de acordo com ISBD

G452a

Gico Junior, Ivo Teixeira

Análise Econômica do Processo Civil / Ivo T Gico Junior. - 2. ed. - Indaiatuba : Editora Foco, 2023.

280 p. ; 17cm x 24cm.

Inclui bibliografia e índice.

ISBN: 978-65-5515-651-5

1. Direito. 2. Direito civil. 3. Processo Civil. I. Título.

2022-3225　　　　　　　　　　　　　　　　　CDD 347　　　CDU 347

Elaborado por Odilio Hilario Moreira Junior - CRB-8/9949

Índices para Catálogo Sistemático:

1. Direito civil 347　　　2. Direito civil 347

DIREITOS AUTORAIS: É proibida a reprodução parcial ou total desta publicação, por qualquer forma ou meio, sem a prévia autorização da Editora FOCO, com exceção do teor das questões de concursos públicos que, por serem atos oficiais, não são protegidas como Direitos Autorais, na forma do Artigo 8º, IV, da Lei 9.610/1998. Referida vedação se estende às características gráficas da obra e sua editoração. A punição para a violação dos Direitos Autorais é crime previsto no Artigo 184 do Código Penal e as sanções civis às violações dos Direitos Autorais estão previstas nos Artigos 101 a 110 da Lei 9.610/1998. Os comentários das questões são de responsabilidade dos autores.

NOTAS DA EDITORA:

Atualizações e erratas: A presente obra é vendida como está, atualizada até a data do seu fechamento, informação que consta na página II do livro. Havendo a publicação de legislação de suma relevância, a editora, de forma discricionária, se empenhará em disponibilizar atualização futura.

Erratas: A Editora se compromete a disponibilizar no site www.editorafoco.com.br, na seção Atualizações, eventuais erratas por razões de erros técnicos ou de conteúdo. Solicitamos, outrossim, que o leitor faça a gentileza de colaborar com a perfeição da obra, comunicando eventual erro encontrado por meio de mensagem para contato@editorafoco.com.br. O acesso será disponibilizado durante a vigência da edição da obra.

Impresso no Brasil (outubro/2022) – Data de Fechamento (outubro/2022)

2023

Todos os direitos reservados à
Editora Foco Jurídico Ltda.

Rua Nove de Julho, 1779 – Vila Areal
CEP 13333-070 – Indaiatuba – SP

E-mail: contato@editorafoco.com.br
www.editorafoco.com.br

Para meus filhos e enteados,

Gabriel "Banguela" Lanius, mais conhecido como Roberto;

Ivo "Gigante" Neto, que um dia foi Buda;

Sofia "Princesa" Gico, que me trouxe sabedoria;

Henrique "Monstro do Pântano" Lanius, que já não abraça (sempre) de costas; e

para Danielle "Zitiras" Lanius, por me mostrar a alocação mais eficiente do meu afeto!

In the dark, see past our eyes.
Pursuit of truth no matter where it lies.
Metallica, *Through the Never*, Metallica, 1991.

Quem quer manter a ordem?
Quem quer criar desordem?
Não sei se existe mais justiça
Nem quando é pelas próprias mãos
[...]
É seu dever manter a ordem?
É seu dever de cidadão?
Mas o que é criar desordem,
Quem é que diz o que é ou não?
Titãs, Desordem, Jesus não Tem Dentes
no País dos Banguelas, 1987.

Lista de Siglas

Sigla	Descrição
ABC	Análise de Benefício-Custo
AEC	Análise Econômica Comportamental do Direito
AED	Análise Econômica do Direito
Art.	Artigo
Aneel	Agência Nacional de Energia Elétrica
CADE	Conselho Administrativo de Defesa Econômica
CNR	Conselho Nacional de Pesquisa da Itália
CC	Código Civil
CF	Constituição Federal
CNJ	Conselho Nacional de Justiça
CP	Código Penal
CPC	Código de Processo Civil de 2015
CPC/39	Código de Processo Civil de 1939
CPC/73	Código de Processo Civil de 1973
CTN	Código Tributário Nacional
EC	Emenda Constitucional
INSS	Instituto Nacional de Seguridade Social
LINDB	Lei de Introdução às Normas do Direito Brasileiro
LAA	Lei de Abuso de Autoridade
OAB	Ordem dos Advogados do Brasil
PJe	Processo Judicial Eletrônico
RE	Recurso Extraordinário
Rel	Relator
REsp	Recurso Especial
STF	Supremo Tribunal Federal
STJ	Superior Tribunal de Justiça
TER	Teoria da Escolha Racional
TGP	Teoria Geral do Processo
TPP	Teoria Positiva do Processo
TJDFT	Tribunal de Justiça do Distrito Federal e dos Territórios
TST	Tribunal Superior do Trabalho
S.A.	Sociedade Anônima
VEN	Valor Esperado Negativo
VEP	Valor Esperado Positivo

Índices

Índice de Figuras

Figura 1-1 – A Guilhotina de Hume 12

Figura 1-2 – Duplo Juízo de Admissibilidade 24

Figura 3-1 – A Função Social do Judiciário 61

Figura 3-2 – Dupla Relação de Agência 63

Figura 3-3 – Estrutura Analítica da Integração 66

Figura 3-4 – Diagrama Hermenêutico 68, 171

Figura 3-5 – Diagrama Hermenêutico e Eficiência 71

Figura 3-6 – O Ciclo da Litigância 96, 172

Figura 4-1 – Escolha sem Risco 103

Figura 4-2 – Escolha sem Risco com Custo 104

Figura 4-3 – Retorno Esperado do Investimento na Sorveteria 106

Figura 4-4 – Investir ou Não Investir – Sorveteria 107

Figura 4-5 – Retorno Esperado do Investimento no Bar 107

Figura 4-6 – Excedente Cooperativo decorrente da Troca Voluntária 113

Figura 4-7 – Distribuição do Excedente Cooperativo 113

Figura 4-8 – Lide sem Ação Judicial 119

Figura 4-9 – Judicialização como Decisão com Risco 121

Figura 4-10 – Decisão de Autocomposição e de Ajuizamento 124

Figura 4-11 – Espaço de Acordo sem Risco 135

Figura 4-12 – Espaço de Acordo com Risco 136

Figura 4-13 – Espaço de Acordo com Pouca Divergência de Expectativa 137

Figura 4-14 – Espaço de Acordo com Muita Divergência de Expectativas 138

Figura 4-15 – Espaço de Acordo com Custos de Negociação 140

Figura 4-16 – Redução da Assimetria pelo Processo 143

Figura 4-17 – Valor Esperado no Modelo de Assimetria de Informação 144

Figura 5-1 – Espaço de Acordo no Jogo do Acordo 155

Figura 5-2 – Estrutura do Jogo de Acordo 155

Figura 5-3 – O Dilema do Acordo 156

Figura 5-4 – Custo Irrecuperável e Update Bayesiano 160

Figura 5-5 – Estrutura Hierárquica do Judiciário 169

Figura 5-6 – Valor Esperado do Recurso com Baixo Custo 177

Figura 5-7 – Valor Esperado do Recurso com Alto Custo 178

Figura 5-8 – Valor Esperado do Recurso com Maior Acurácia.................................. 178

Figura 5-9 – Mapa do Desempenho Judicial... 181

Figura 5-10 – Incentivos Alinhados sob o Regime Horário 193

Figura 5-11 – Incentivos Desalinhados sob o Regime de Êxito 194

Figura 5-12 – Decisão de Política de Saúde – Cenário 1 206

Figura 5-13 – Decisão de Política de Saúde – Cenário 2 207

Figura 6-1 – Tipos Econômicos de Bens.. 213

Figura 6-2 – O Judiciário como Bem Privado.. 225

Figura 6-3 – O Judiciário como Recurso Comum 228

Índice de Equações e Inequações

Equação 2.3-1 39

Inequação 4.2-1.. 123

Equação 4.2-2 .... 125, 127, 232

Equação 4.2-3 .... 127, 232

Inequação 4.2-4.. 128

Inequação 4.3-1.. 138

Equação 4.3-2 139

Inequação 5.2-1.. 164

Inequação 5.2-2.. 164

Inequação 5.3-1.. 190

Inequação 5.3-2.. 191

Inequação 6.6-1.. 232

Inequação 6.6-2.. 233

Inequação 6.6-3.. 236

Sumário

Lista de Siglas VII

Índices IX

Introdução XIV

1. Teoria Geral do Processo e Análise Econômica do Direito 2

    1.1   A TGP: em busca de uma teoria do comportamento 3

    1.2   A AED: uma teoria sobre o comportamento 8

          1.2.1   O que é a Análise Econômica do Direito? 10

          1.2.2   AED Positiva e Normativa 11

    1.3   Pressupostos da AED: preferências, escassez e racionalidade 14

    1.4   Sobre a Utilização de Modelos e Reducionismo 23

2. Direito, Jurisdição e Estado 26

    2.1   O Direito como Requisito para a Vida em Sociedade 27

    2.2   A Função Social do Processo: o problema principal-agente Estado-juiz .. 31

    2.3   O Custo Social do Processo 37

3. Princípios do Processo Civil 42

    3.1   O Princípio da Eficiência 43

          3.1.1   O Princípio da Eficiência Processual 49

          3.1.2   O Conceito de Eficiência: eficiência produtiva e alocativa 50

          3.1.3   Aferição de Eficiência: os critérios de Pareto e Kaldor-Hicks 53

          3.1.4   Eficiência Alocativa e Legalidade 59

          3.1.5   O Princípio da Eficiência e a Hermenêutica das Escolhas 65

    3.2   O Princípio da Legalidade (ou o Direito Fundamental à Legalidade) 71

          3.2.1   O Princípio da Legalidade: aspecto material 71

3.2.2	O Princípio da Legalidade: instrumentalidade das formas	76

3.3 O Princípio do Devido Processo Legal 81

3.4 O Princípio da Duração Razoável do Processo 83

3.5 Legalidade, Eficiência e Justiça 92

4. Teoria Positiva do Processo: a análise econômica do processo 100

4.1 Fundamentos do Modelo Juseconômico do Processo 103

    4.1.1 Decisão com e sem Risco (Certeza e Incerteza) 103

    4.1.2 Teoria da Barganha: ou por que existem as trocas? 110

4.2 Da Lide ao Processo: o modelo juseconômico do litígio 115

    4.2.1 Autocomposição e Análise Custo-Benefício 115

    4.2.2 Judicialização como uma Decisão com Risco 119

    4.2.3 O Direito de Ação e seu Impacto sobre a Autocomposição 123

4.3. Contestação ou Acordo: o modelo juseconômico da transação 134

    4.3.1 O Modelo de Otimismo Mútuo 135

    4.3.2 O Modelo de Assimetria de Informação 141

5. Tópicos Avançados na Teoria Positiva do Processo 150

5.1 A Insuficiência do Espaço de Acordo 151

    5.1.1 Excesso de Negociação e o Dilema do Prisioneiro 151

    5.1.2 O Problema dos Custos Irrecuperáveis 158

5.2 O Duplo Grau de Jurisdição: o modelo juseconômico do ataque à decisão judicial 162

    5.2.1 A Decisão de Recorrer 163

    5.2.2 A Dupla Função do Duplo Grau de Jurisdição 168

        5.2.2.1 Uniformização de Regra Jurídica... 170

        5.2.2.2 Correção de Erros 174

    5.2.3 Taxa de Reversibilidade e Taxa de Recorribilidade 179

5.3 O Papel do Advogado: o problema principal-agente cliente-advogado 184

    5.3.1 Condição de Ajuizamento 186

    5.3.2 Condição de Acordo 188

    5.3.3 Nível de Zelo Processual 192

5.4 Análise Econômica Comportamental do Processo 195

6 . A Natureza Econômica do Direito, dos Tribunais e a Tragédia do Judiciário	210	**XIII**
6.1 Teoria Econômica do Bens e Serviços	212	
6.2 A Natureza Econômica do Direito	214	
6.3 A Complementariedade do Direito e dos Tribunais	219	
6.4 A Natureza Econômica dos Tribunais	222	
6.5 A Tragédia do Judiciário	225	
6.6 O Problema da Seleção Adversa: a outra face da Tragédia do Judiciário	231	
Notas Finais	240	
Bibliografia	244	

Introdução

O direito é um elemento essencial de ordenação de qualquer sociedade moderna. De um jeito ou de outro ele permeia, estrutura e limita a ação dos membros de uma dada comunidade e, ao fazê-lo, traz previsibilidade e algum nível de segurança sobre o futuro aos seus integrantes. No entanto, a simples presença do direito não é suficiente para que ele cumpra seu papel de coordenação. Todo sistema jurídico deve estar preparado para lidar com eventuais violações das regras postas, com o surgimento de dúvidas diante de situações concretas e com casos ainda não regulados, pois nenhum ordenamento jurídico é perfeito. Tais possibilidades requerem, além das regras de conduta, que o sistema jurídico seja acompanhado de um mecanismo de imposição das regras (coerção), *i.e.*, que adjudique o bem em disputa a quem de direito. Este mecanismo de solução de controvérsia é, via de regra, o sistema adjudicatório.

Apesar de haver grande variação no tempo e no espaço, o sistema adjudicatório tradicional é o Judiciário. O Judiciário é composto por juízes, que são agentes contratados pelo Estado para resolver eventuais controvérsias fazendo valer o direito. Mas como todo o resto, essa atividade pública também precisa ser regulada e o é pelo que se convencionou chamar de Direito Processual. Nesse sentido, o Direito Processual pode ser entendido como o conjunto de regras criadas para organizar e limitar a atuação dos agentes integrantes do sistema adjudicatório e das partes que dele participam durante a relação processual. O Direito Processual é, pois, uma regulação da prestação do serviço adjudicatório em seus variados ramos: Direito Civil, Direito Penal, Direito Administrativo etc.

O presente livro trata do Direito Processual aplicado ao seu âmbito civil, portanto, ao chamado Processo Civil, e é voltado para processualistas em geral e para aqueles que se interessam em estudar o fenômeno social chamado processo. O objetivo é apresentar esse fenômeno tão conhecido e importante sob uma nova óptica, tanto ao leitor iniciante, que está aprendendo agora sobre o processo, quanto ao interlocutor mais experiente, que já conhece o processo profundamente e, ao fazê-lo, possa expandir o alcance do que se convencionou chamar de Teoria Geral do Processo (TGP) e a nossa compreensão da importância e da dinâmica ínsitas a qualquer sistema adjudicatório. Por isso, como veremos em mais detalhes no Capítulo 1, o presente livro pode ser considerado como a apresentação dos fundamentos de uma Teoria Positiva do Processo (TPP), em complemento à TGP.

Uma teoria positiva tem por foco entender e explicar o mundo como ele é (fatos) e não determinar como ele deveria ser (valores). Para o jurista tradicional, essa distinção pode ser difícil, mas o cientista social em geral reconhecerá que ela é necessária para a verdadeira compreensão do mundo fenomenológico e para a aquisição do conhecimento e do ferramental necessários para alterá-lo. E só então para que o mundo se aproxime mais do que desejamos que seja – de nosso mundo ideal.

Justamente porque o objetivo é apresentar uma teoria positiva sobre como os agentes se comportam, e não sobre como eles deveriam se comportar (teoria normativa), é que a metodologia tradicional do direito, a hermenêutica e a dogmática não são suficientes. Precisamos de um ferramental que nos auxilie a investigar o comportamento dos envolvidos no jogo processual, e esse algo mais é a análise econômica do direito (AED). Muitos acreditam que a AED é algo diferente, fora, do direito tradicional, e que se deve optar por uma ou outra abordagem. Todavia, essa impressão não corresponde à realidade e a proposta aqui é justamente demonstrar como a análise econômica do direito pode ser utilizada no contexto da dogmática tradicional do Processo Civil não apenas para explicá-la, mas também para expandi-la.

Parte da concepção de que a AED não se aplica às discussões jurídicas tradicionais decorre da dificuldade de se compreender boa parte dos trabalhos juseconômicos, especialmente os elaborados por economistas. Apesar de a literatura AED sobre Processo Civil ser extremamente volumosa e interessante, uma parcela substancial é matematicamente carregada demais para o leitor jurídico médio e, portanto, inacessível. Se não bastasse isso, parece haver um viés deliberado de incorporar, cada vez mais, técnicas matemáticas complexas, mas pouco esforço para integrar o conhecimento juseconômico acumulado ao conhecimento jurídico tradicional. Some-se a isso o fato de a maioria da literatura juseconômica estar focada no direto norte-americano de *common law*, muito diferente da tradição romano-germânica brasileira, e teremos razões suficientes para a pouca integração entre essas duas abordagens até o momento.

Uma das propostas deste livro é mitigar um pouco esse distanciamento tratando de assuntos que são tradicionalmente abordados em livros jurídicos de processo, como princípios e hermenêutica, mas sobre os quais a literatura juseconômica pouco diz. Nesse sentido, se por um lado o livro empregará a abordagem ainda inovadora da análise econômica do direito ao Processo Civil, por outro, ele o fará de forma pouco usual na própria literatura AED. O resultado, espera-se, é um livro cuja estrutura se assemelha a um curso tradicional de Processo Civil, o suficiente para demonstrar a amplitude do método e para que o leitor se sinta confortável, mas com discussões e conteúdos novos o suficiente para ele se sentir estimulado.

Além disso, apesar do intuito deliberado de imprimir ao presente livro um elevado rigor teórico, ele é, eminentemente, um livro de Processo Civil prático. Prático aqui não no sentido usual para livros de processo como uma coletânea de jurisprudências, mas sim de ser aplicável de forma óbvia e imediata à vida prática daqueles que vivem e manejam o processo no seu dia a dia, seja como juiz, seja como advogado, seja como parte. As ideias aqui apresentadas, algumas novas, outras antigas, foram polidas e buriladas em mais de duas décadas de advocacia e de magistério para juristas de todas as estirpes. Umas serão consideradas óbvias, outras polêmicas e talvez, uma ou duas, até mesmo, heréticas, mas todas foram apresentadas para levar a uma maior reflexão sobre o Processo Civil.

O livro está organizado da seguinte forma. Considerando que uma parcela substancial dos leitores pode não ter domínio do que venha a ser a análise econômica do direito, o Capítulo 1 faz uma apresentação do que é a AED, seus métodos e pressupostos, bem como explica a relação de complementariedade entre a Teoria Geral do Processo e a análise econômica do direito. Já o Capítulo 2 inicia com a discussão acerca da relação entre direito, Estado e jurisdição e como o processo se enquadra nesse contexto. Além de o processo ser apresentado como uma decorrência natural do surgimento do direito e do Estado, explora-se o problema fundamental do processo: a gestão da relação agente-principal entre juiz e Estado. O capítulo conclui com a apresentação do problema da função e do custo social do processo, as duas questões centrais que permeiam toda a discussão processual.

Após essa parte mais abrangente e teórica, no Capítulo 3 serão discutidos os princípios tradicionalmente associados ao processo e como a AED pode ajudar a construir racionalmente o conteúdo de cada um deles. A relação entre o princípio da eficiência e o princípio da legalidade é especialmente interessante e pode ser surpreendente para vários leitores. O capítulo se encerra com uma discussão provocativa acerca da relação entre legalidade, eficiência e justiça, relacionada ao debatido no Capítulo 2. Superada a discussão principiológica, no Capítulo 4, é apresentada a Teoria Positiva do Processo em sua versão básica e seus fundamentos, ou seja, o que se convencionou chamar de Análise Econômica do Litígio. O modelo juseconômico do litígio é apresentado e discutido em detalhes, com exemplos práticos. Além disso, será estudada a lógica da autocomposição, da judicialização da lide e da decisão de contestar ou celebrar um acordo. Em outras palavras, vamos explorar como se forma uma pretensão, quando ela é resistida; das pretensões que são resistidas, quais são judicializadas e, das que são judicializadas, quais serão contestadas.

No Capítulo 5, utilizamos os conceitos e os modelos discutidos antes para explorar tópicos mais avançados da AED processual, como: a insuficiência do espaço de acordo para que haja a autocomposição; a função do duplo grau de jurisdição; a decisão de recorrer de uma decisão judicial; a aplicação do modelo agente-principal à relação cliente (parte) e advogado; e suas implicações sobre algumas das principais decisões processuais. Ao fim, há uma breve revisão do que se convencionou chamar de análise econômica comportamental e seu impacto sobre o processo.

O livro se encerra no Capítulo 6 com o aprofundamento de uma das questões mais interessantes e, provavelmente, uma das mais importantes do ponto de vista processual, que é a natureza econômica do direito e dos tribunais e sua íntima relação com o congestionamento dos tribunais não apenas no Brasil, mas também em outras jurisdições pelo mundo. A Tragédia do Judiciário e o problema da seleção adversa de litigantes no sistema judicial são apresentados e explica-se como tais fenômenos se relacionam às políticas de livre acesso ao sistema judicial.

Uma vez dominadas as teorias e os modelos discutidos, o leitor deve ser capaz de analisar qualquer regra jurídica processual e discutir potenciais implicações sobre a estrutura de incentivos das partes litigantes e, portanto, as prováveis consequências sociais de uma ou outra regra ou, ainda, de interpretações que os tribunais eventualmente venham a adotar. As possibilidades de aplicação são quase ilimitadas.

Nesse sentido, espera-se que o presente livro seja uma pequena contribuição para a integração da abordagem juseconômica ao direito tradicional, em especial na seara do Processo Civil e, quem sabe, um passo na direção de uma jurisprudência baseada em evidência, *i.e.*, da criação, da interpretação e da articulação de regras jurídicas baseadas em julgamentos políticos – ou seja, valores –, mas lastreadas em fatos e na ciência. O caminho para um direito mais responsivo e eficaz passa pela sua compreensão de forma objetiva e, o mais possível, científica. Que esse livro seja um passo nessa direção.

Seria impossível agradecer a todas as pessoas que me auxiliaram de uma forma ou de outra na elaboração deste livro, com as quais tive a oportunidade de debater as ideias apresentadas aqui ou que me influenciaram nessa trajetória. Desse modo, gostaria de agradecer aos meus amigos da Associação Brasileira de Direito & Economia – ABDE, pelos anos de convívio e pelas oportunidades de discutir nos congressos anuais e em animadas conversas particulares. Aos alunos do mestrado e do doutorado do UniCeuB, bem como aos juízes e a outros juristas que participaram de inúmeros cursos de formação ou de aperfeiçoamento; sem saber, me ajudaram a desenvolver e a aperfeiçoar as ideias que posteriormente virariam este livro. Aos parceiros de AED Luciana Luk-Tai Yeung, Henrique Arake e Bruno Bodart pelas contínuas conversas processuais e ao queridíssimo amigo, Fabrício Lunardi, que, além de discordar da forma mais gentil possível, sempre volta para mais um debate. Se possível, acompanhado de uma boa carne.

Da equipe técnica, agradeço ao Tiago Taborda pela ajuda com a identidade visual, à Profa. Márcia Lígia Guidin pela revisão do texto e a minha editora, Roberta Densa, pela paciência e capacidade de tornar este projeto realidade em prazo tão curto. Por fim, tenho um débito especial para com minha amada esposa, Danielle Cristina Lanius, que leu integralmente o manuscrito e fez comentários e sugestões de toda sorte, inclusive para retirar as poucas expressões de *animus jocandi* que sobreviveram no texto final.

Brasília, julho de 2020.

Ivo T. Gico Jr.

1

Teoria Geral do Processo e Análise Econômica do Direito

1.1 A TGP: em busca de uma teoria do comportamento

O termo *ciência* deriva da palavra latina *scire*, que significa saber ou entender. A ciência é uma forma de saber, mas diversa de outras formas de saber, como a intuição, a autoridade ou a experiência pessoal. Quando você pergunta a alguém sobre algo, em geral, essa pessoa lhe diz *o que* sabe. Quando você pergunta a ela *como* sabe o que sabe, ou seja, a razão pela qual ela acredita no que diz, sua resposta normalmente indica o método de conhecimento utilizado pela pessoa para adquirir ou substanciar aquela informação ou crença.

Já a palavra *teoria* vem do grego *theoria*, que significa contemplar, refletir sobre algo. Não é incomum alguém pressupor que a teoria é desconectada da prática ou referente a algo que não existe. No entanto, esse tipo de postura se deve ao desconhecimento do que venha a ser uma teoria, dado que todos nós utilizamos teorias no nosso dia a dia. Uma teoria nada mais é do que o entendimento de alguém sobre como algo funciona. Quando tais teorias advêm da prática social ou da cultura e têm uma conotação positiva, são normalmente denominadas como conhecimento vulgar[1], senso comum[2], aforismos[3] ou máximas[4]. Já quando desprestigiadas, são chamadas de lendas, folclore ou superstições, como bater na madeira três vezes para afastar o azar ou comprar uma pimenteira para afastar o mau-olhado.

O objetivo da ciência é elaborar teorias e testá-las, sendo que a principal diferença entre a ciência e as demais fontes de conhecimento é que (i) para ser científica, uma afirmação tem que ser falseável, ao menos em tese[5]; e (ii) a ciência constantemente questiona a si própria. Nesse sentido, uma abordagem científica de qualquer assunto requer que exponhamos expressamente as teorias utilizadas, da maneira mais precisa possível, para que seja muito claro *o que* se está afirmando e o *porquê* se está afirmando. A clareza da afirmação e da razão da afirmação são essenciais para que seja possível identificar, testar, confirmar ou infirmar, modificar e, no limite, descartar

---

1. **Conhecimento vulgar** consiste no conhecimento que, em geral, é comum a todos os membros de um determinado grupo, sem a necessidade de treino especializado.

2. **Senso comum** é o modo de pensar da maioria das pessoas de um determinado grupo, são noções comumente admitidas pelos indivíduos daquele grupo como verdadeiras, sem a necessidade de um método ou investigação mais profunda. O senso comum descreve as crenças e proposições adotadas como "normais" em um dado grupo. Significa o conhecimento adquirido pelo homem a partir de experiências, vivências e observações do mundo.

3. **Aforismo** é uma máxima ou uma afirmação que, em poucas palavras, explicita uma regra ou um princípio, geralmente de natureza prática ou alcance moral.

4. **Máxima** é uma sentença que traduz a expressão de uma verdade ou princípio geral, especialmente um dito com tom moral ou aforístico.

5. Apenas como exemplo, há mais de cem anos, a Teoria Geral da Relatividade de Einstein previa um fenômeno muito estranho chamado onda gravitacional, que seria uma perturbação do espaço-tempo causada pela aceleração de corpos de enorme massa, que se propagava na forma de onda. Cf. Einstein (1918). O excêntrico fenômeno foi finalmente observado diretamente em 2016 por experimentos nos interferômetros Virgo e LIGO, quando se detectou o choque de dois buracos negros ocorrido há bilhões de anos. Cf. Castelvecchi e Witze (2016).

ou manter a afirmação. A ciência é a atividade contínua de levantar novas ideias e desafiá-las para ver se elas se sustentam ou não. É esse ciclo interminável de teste e revisão ininterruptos que separa teorias científicas de outras formas de conhecimento.

Além de nossa inata curiosidade humana, desejamos entender como o mundo funciona em todos os seus aspectos para que possamos planejar, para que possamos construir expectativas razoáveis sobre o futuro, ou seja, sobre como o mundo ou algo específico nele se comportará, enfim, para termos algum controle sobre o nosso próprio destino. Como disse Augusto Comte[6], precisamos ver para prever, a fim de prover. Se é verdade que muitas ciências se preocupam com a explicação de fenômenos passados, sem nenhuma intenção de saber se o mesmo fenômeno existe no presente ou se é provável que exista no futuro, grande parte do esforço científico é na direção de compreender o que está acontecendo agora e o que provavelmente acontecerá no futuro. Nesse sentido, o objetivo das teorias científicas é descrever, explicar e prever os fenômenos do mundo.

O elo entre ciência e direito é inegável. Como veremos em mais detalhes no Capítulo 2, o direito é o mecanismo formal[7] pelo qual a humanidade estrutura as interações sociais para tornar viável a vida em sociedades complexas. Ao fazê-lo, cria regras – leis – que nos permitem entender por que certas coisas acontecem no presente e construir expectativas racionais sobre como o Estado e as pessoas em geral se comportarão no futuro (segurança jurídica), viabilizando justamente a compreensão, o controle e a predição de nossos destinos no âmbito social. Se por um lado no mundo natural as leis não podem ser violadas[8], no mundo jurídico elas podem. Por isso, se algum agente – seja ele uma pessoa, seja uma empresa ou o próprio Estado – não se comportar de acordo com as leis, criamos o mecanismo adjudicatório para fazer valer as leis (o Judiciário), para forçar o mundo social a retornar ou aderir à ordem jurídica preestabelecida. No direito, diferentemente do mundo natural, se o comportamento viola a lei, é o comportamento que deve ser alterado, não a lei[9]. E essa alteração vem pelo exercício da força pelo Estado. O Direito Processual é a parte do direito que estuda como essa atividade adjudicatória se desenvolve.

O Direito Processual tenta descrever e explicar a atividade adjudicatória, sendo a Teoria Geral do Processo (TGP) a sua parte voltada a descrever e explicar os elementos ou características comuns a todos os ramos de Direito Processual (*i.e.*, civil, trabalhista,

---

6. Adaptação de Comte (N/D, p. 16).

7. Além do direito, também temos a cultura e a religião como instrumentos informais de estruturação e controle social. Nesse sentido, cf. North (1990).

8. Se algum comportamento "viola" uma lei da natureza, não é o comportamento que está errado, mas provavelmente a lei ou a nossa compreensão do fenômeno. Em uma abordagem científica, a discrepância entre lei e realidade demandará mais pesquisas e, após novas observações do fenômeno, se os resultados continuarem infirmando a lei, essa será mudada ou abandonada. De um jeito ou de outro, saberemos um pouco mais sobre o mundo e o conhecimento científico avançará.

9. Obviamente, essa conclusão também é uma regra jurídica, o que se chama de Princípio da (ou Direito Fundamental à) Legalidade. Para saber por que chamo o princípio de regra, vide Seção 3.2.

eleitoral, penal etc.). Nesse sentido, Calamandrei entendia que o processo judicial poderia ser sistematizado a partir de três noções fundamentais[10]: jurisdição, ação e processo, e, nessa tradição, Theodoro Jr.[11] explica que: "[...] a jurisdição caracteriza-se como o poder que toca ao Estado, entre suas atividades soberanas, de formular e fazer atuar praticamente a regra jurídica concreta que, por força do direito vigente, disciplina determinada situação jurídica conflituosa. O processo é o método, *i.e.*, o sistema de compor a lide em juízo mediante uma relação jurídica vinculativa de direito público. Por fim, a ação é o direito público subjetivo abstrato, exercitável pela parte para exigir do Estado a obrigação da prestação jurisdicional".

Nesse mesmo sentido, Didier Jr.[12] reconhece a existência de "conceitos jurídicos fundamentais (lógico-jurídicos) processuais" com pretensão universal, e eis que eles se espraiam pelos demais ramos processuais passíveis de ser compreendidos por uma teoria geral: "A Teoria Geral do Processo [...] é uma disciplina jurídica dedicada à elaboração, à organização e à articulação dos conceitos jurídicos fundamentais (lógico-jurídicos) processuais. [...] A Teoria Geral do Processo pode ser compreendida como uma teoria geral, pois os conceitos jurídicos fundamentais (lógico-jurídicos) processuais, que compõem o seu conteúdo, têm pretensão universal. Convém adjetivá-la como 'geral' exatamente para que possa ser distinguida das teorias individuais do processo, que têm pretensão de servir à compreensão de determinadas realidades normativas, como direito brasileiro ou italiano".

Como se pode ver, o foco da TGP tradicional é a identificação e o estabelecimento dos conceitos fundamentais que permitam a compreensão de qualquer sistema processual, uma tentativa de explicação e descrição dos elementos do processo que seriam comuns a todos os ramos. No entanto, a TGP atual não possui uma teoria sobre o comportamento humano nem qualquer mecanismo para informar qual será a provável consequência de uma determinada regra jurídica processual ou de uma possível alteração. Muito se discute sobre os conceitos fundamentais (descrição), sobre o que diz cada regra ou princípio (hermenêutica) e sobre o que deveria dizer ou como deveria ser aplicada cada regra ou princípio (teoria normativa), mas pouco ou nada se diz sobre a estrutura de incentivos criada pelas regras processuais e a provável consequência social dessa ou daquela regra jurídica no mundo real (previsão). Em resumo, até o momento, os processualistas têm focado muito em diagnose e pouco em prognose.

Dito de outra maneira, a TGP, tal como tradicionalmente construída, explica e descreve muito bem, por exemplo, que uma lide é instaurada quando uma pretensão é resistida, mas não explica por que essa pretensão foi resistida, nem por que a parte lesada optou pelo ajuizamento da ação em vez de renunciar à pretensão. Do mesmo

---

10. Cf. Calamandrei (1999[1940], p. 93).

11. Cf. Theodoro Jr. (2018, p. 102).

12. Cf. Didier Jr. (2017, pp. 40-41).

6 modo, a TGP conceitua as hipóteses em que se permite o duplo grau de jurisdição[13], porém não explica em que condições uma parte decidirá apelar de uma sentença desfavorável ou simplesmente deixá-la transitar em julgado, nem o impacto do duplo grau de jurisdição sobre a previsibilidade do sistema. Tais perguntas são importantes não apenas para a compreensão dos efeitos do direito no mundo dos fatos, mas também para a interpretação e elaboração da legislação.

Por exemplo, o §1º do art. 542 do CPC/73[14] previa expressamente que, antes de dar seguimento ao recurso extraordinário ou especial, o presidente ou o vice-presidente do tribunal onde foi interposto o recurso (juízo *a quo*) deveria realizar um juízo de admissibilidade do recurso – *i.e.*, uma análise acerca da presença ou não dos pressupostos processuais intrínsecos e extrínsecos – para dar seguimento ou não ao recurso. Se admitido, o recurso seguiria o seu curso regular para o tribunal superior (juízo *ad quem*), que então realizaria novo juízo de admissibilidade. Só após esse duplo juízo de admissibilidade é que se analisaria o mérito do recurso extraordinário ou especial. Por outro lado, se o seguimento do recurso fosse denegado pelo juízo de admissibilidade *a quo*, então, o art. 544 do CPC/73[15] previa a possibilidade de interposição de agravo para fazer subir o recurso, seguindo o mesmo rito.

Não havia dúvidas sobre o que significava o comando normativo dos arts. 542 e 544 do CPC/73 e a teoria processual era suficientemente clara para descrever e explicar o significado dos conceitos utilizados em cada uma das regras, ou seja, não havia qualquer questão hermenêutica a ser resolvida. No entanto, o legislador entendeu que essa sistemática não era eficiente e gerava retrabalho desnecessário, dado que o juízo de admissibilidade era realizado duas vezes, por instâncias diversas, e mesmo no caso de negativa de seguimento pelo juízo de admissibilidade *a quo*, o recurso subiria por meio do agravo, tornando ainda mais desnecessário o duplo juízo de admissibilidade. Em função dessa suposição, em 2015 o CPC eliminou o juízo de admissibilidade *a quo* (art. 1.030[16] original), sendo que o parágrafo único era expresso em afirmar que: "A remessa [do recurso] dar-se-á independentemente de juízo de admissibilidade".

---

13. Sobre a dupla função do duplo grau de jurisdição, cf. Seção 5.2.

14. Art. 541. O recurso extraordinário e o recurso especial, nos casos previstos na Constituição Federal, serão interpostos perante o presidente ou o vice-presidente do tribunal recorrido, em petições distintas, que conterão: [...].

    Art. 542. Recebida a petição pela secretaria do tribunal, será intimado o recorrido, abrindo-se-lhe vista para apresentar contra-razões.

    § 1º Findo esse prazo, **serão os autos conclusos para admissão ou não do recurso**, no prazo de 15 (quinze) dias, em decisão fundamentada.

15. Art. 544. Não admitido o recurso extraordinário ou o recurso especial, caberá agravo nos próprios autos, no prazo de 10 (dez) dias.

16. Art. 1.030. Recebida a petição do recurso pela secretaria do tribunal, o recorrido será intimado para apresentar contrarrazões no prazo de 15 (quinze) dias, findo o qual os autos serão remetidos ao respectivo tribunal superior. Parágrafo único. A remessa de que trata o caput dar-se-á independentemente de juízo de admissibilidade.

Curiosamente, antes mesmo da entrada em vigor do novo CPC, a Lei nº 13.256, de 4/2/2016, alterou o art. 1.030[17] para reinstalar o duplo juízo de admissibilidade[18].

A tomar pela redação original do CPC, os autores do Código entendiam que a eliminação do duplo juízo de admissibilidade traria eficiência ao processo civil. Por outro lado, o STJ entendeu que as cortes superiores seriam sobrecarregadas e pressionou pelo retorno à sistemática do CPC/73[19]. Quem está com a razão? O que aconteceria na prática, caso se adotasse uma ou outra regra jurídica? Como a Teoria Geral do Processo tradicional ou mesmo o Direito Processual poderiam responder a estas perguntas? A resposta é simples: não poderiam, pois as perguntas não tratam de conceitos ou interpretações de dispositivos de lei (hermenêutica), mas sim das prováveis consequências fáticas decorrentes de uma e outra regra jurídica e da estrutura de incentivos delas decorrentes. Em outras palavras, para respondermos a estas relevantes perguntas sobre processo, para sabermos quem está com a razão, precisamos de uma teoria sobre como se comportam as partes em um litígio, ou seja, precisamos de uma teoria sobre o comportamento humano.

Obviamente, qualquer pessoa pode ter uma opinião sobre o assunto, mas, sem uma teoria do comportamento humano para fundamentar tais opiniões ou evidências que apoiem um lado ou outro do debate, tais opiniões são, na realidade, meras hipóteses. E aqui vale a pena esclarecer a diferença entre lei, teoria e hipótese no âmbito da investigação científica.

O critério distintivo entre lei, teoria e hipótese se assenta na natureza e na quantidade de evidências que dão suporte a cada tipo de afirmação, ou seja, em seu grau de confiabilidade. Cientistas dificilmente se referem a alguma afirmação como **lei**, pois tal classificação implica que muitas observações acerca do mesmo fenômeno foram feitas, com resultados uniformes, *i.e.*, a afirmação reiteradamente se mantém verdadeira[20]. Como a ciência está sempre se questionando e mesmo leis básicas da ciência são desafiadas de tempos em tempos, deve-se ter muita parcimônia antes de denominar algo uma lei científica. Diferentemente da lei, uma **teoria científica** é uma afirmação associada a considerável quantidade de evidência que lhe dá suporte, mas não necessariamente uniformidade de evidência. Essa é a razão pela qual a vasta maioria do conhecimento científico é classificada como teoria e não lei. Por fim, uma

---

17. Art. 1.030. Recebida a petição do recurso pela secretaria do tribunal, o recorrido será intimado para apresentar contrarrazões no prazo de 15 (quinze) dias, findo o qual os autos serão conclusos ao presidente ou ao vice-presidente do tribunal recorrido, que deverá: [...].

18. Cf. Gico Jr. (2016) sobre a estrutura de incentivos criada pelo sistema de duplo juízo de admissibilidade dos recursos especiais e extraordinários.

19. Cf. Ofício do STJ de 14 de dezembro de 2015, assunto: PLC n. 168/2015 – Admissibilidade do Recurso Especial e Extraordinário, endereçado ao Presidente do Senado Federal.

20. Um exemplo de lei científica é a proposição de que nada pode viajar mais rápido do que a luz no vácuo ou a lei da oferta e da demanda, em economia.

8 hipótese é simplesmente uma afirmação sem evidências que lhe deem suporte[21]. Nesse sentido, uma hipótese (quando falseável) é uma afirmação científica que precisa ser testada, logo, que carece de evidências.

Na realidade, no debate acerca do duplo juízo de admissibilidade, ambos os lados oferecem pouco mais que simples senso comum, *i.e.*, hipóteses para fundamentar suas posições. Até onde tenho conhecimento, não foi realizado qualquer experimento empírico, nem alguém propôs alguma teoria que nos ajudasse a compreender como funciona o juízo de admissibilidade no mundo (*de facto*, não *de jure*) de forma a permitir que identificássemos qual das regras deveríamos adotar. Com a volta da sistemática do CPC/73, sem a aplicação da sistemática proposta originalmente pelo CPC, o Brasil perdeu uma enorme oportunidade de testar empiricamente tais afirmações e, assim, descobrir um pouco mais sobre o funcionamento do mundo do processo.

De qualquer forma, é possível analisar regras jurídicas (diagnóstico) e previsões (prognose) acerca de quais serão os efeitos prováveis de uma determinada regra no mundo fático, ou seja, qual será o comportamento provável dos agentes em decorrência dessa ou daquela regra jurídica. Basta dispor de uma teoria robusta o suficiente sobre o comportamento humano, e a análise econômica do direito (AED) é a candidata mais adequada para desempenhar esse papel.

1.2 A AED: uma teoria sobre o comportamento

Conforme já tive a oportunidade de dizer[22]: "O direito é, de uma perspectiva mais objetiva, a arte de regular o comportamento humano. A economia, por sua vez, é a ciência que estuda como o ser humano toma decisões e se comporta em um mundo de recursos escassos e suas consequências. A análise econômica do direito, portanto, é o campo do conhecimento humano que tem por objetivo empregar os variados ferramentais teóricos e empíricos econômicos e das ciências afins para expandir a compreensão e o alcance do direito e aperfeiçoar o desenvolvimento, a aplicação e a avaliação de normas jurídicas, principalmente com relação às suas consequências".

Como visto acima, o direito, de uma forma geral, e a TGP, em específico, não possuem uma teoria sobre o comportamento humano. É exatamente nesse sentido que a AED é mais útil aos juristas, à medida que oferece um instrumental teórico maduro para auxiliar na compreensão dos fatos sociais e na investigação de como os agentes sociais responderão a potenciais alterações em suas estruturas de incentivos. Nessa linha, assim como a ciência supera o senso comum, essa compreensão superior à intuição permite um exercício informado de diagnóstico e prognóstico que, por

---

21. Não é incomum ler em dicionários ou outras fontes que hipótese é uma teoria ainda não provada, mas, como nunca se prova nada em ciência, apenas não se conseguiu falsear, tal definição não é correta.

22. Cf. Gico Jr. (2010, p. 8).

sua vez, é fundamental para qualquer exercício valorativo que leve em consideração as consequências individuais e coletivas de determinada decisão ou regra jurídica.

Normalmente, quando falamos em economia, nossa pré-compreensão nos leva automaticamente a pensar em dinheiro, mercados, emprego, inflação, juros etc. Assim, por exemplo, são consideradas questões econômicas perguntas do tipo: qual o efeito da taxa de juros sobre o nível de emprego? Por que empresas nacionais pregam a criação de barreiras tarifárias para seus produtos? Essas barreiras são boas para os consumidores? Quanto custa construir uma ponte ligando o Brasil à Argentina sobre o Rio Uruguai?

Por outro lado, não são tradicionalmente consideradas econômicas perguntas do tipo: por que estupradores costumam atacar de madrugada ou à noite? Por que os quintais de locais comerciais são geralmente sujos, enquanto as fachadas são limpas? Por que está cada vez mais difícil convencer os tribunais superiores de que uma dada questão foi efetivamente pré-questionada? Por que em Brasília os motoristas param para que um pedestre atravesse na faixa, mas em outros locais do Brasil isso não ocorre? Por que os advogados passaram a juntar cópia integral dos autos para instruir um agravo de instrumento quando a lei pedia apenas algumas peças específicas (art. 1.017/CPC)? Por que o governo costuma liberar medidas tributárias ou fiscais impopulares durante recessos e feriados, como o natal? Por que o número de divórcios aumentou substancialmente nas últimas décadas? Por que existem várias línguas?

Para surpresa de alguns, essas perguntas são tão econômicas quanto as primeiras e muitas delas têm sido objeto de estudo por economistas. Se pararmos para pensar, de uma forma ou de outra, cada uma das perguntas acima trata de decisões dos agentes envolvidos. Se envolvem escolhas, então são condutas passíveis de análise pelo método econômico, pois o objeto da moderna ciência econômica abrange toda forma de comportamento humano que requeira a tomada de decisão.

O principal motivo dessa amplitude é que, antes de qualquer coisa, a economia é caracterizada por um método de investigação e não por um objeto específico em si. Para nossos propósitos[23], a definição que melhor traduz essa ideia é a de Lionel Robbins[24], segundo a qual a economia é "a ciência que estuda o comportamento humano como uma relação entre fins e meios escassos que possuem usos alternativos" ou, como disse Alfred Marshall[25], a "Economia é um estudo da humanidade no curso

---

23. Há outras perspectivas econômicas normalmente denominadas genericamente de heterodoxas, entre as quais o institucionalismo, a economia pós-keynesiana, feminista, marxista e austríaca. Essas correntes, mesmo quando estudam o direito, normalmente não se autodenominam análise econômica do direito. Os programas de pesquisa mais recentes, influenciados pelas demais ciências (*e.g.* neuroeconomia, economia evolucionária, economia comportamental, economia experimental), são hoje largamente integrados ao paradigma ortodoxo e, portanto, à AED, que engloba essas novas áreas em subáreas específicas, como a análise econômica comportamental do direito (psicologia). Sobre heterodoxia em geral, cf. Lawson (2006).

24. Economia é "the science which studies human *behaviour* as a relationship between ends and scarce means which have alternative uses". Cf. Robbins (1984, p. 16).

25. "[...] Economics is a study of mankind in the ordinary business of life." Cf. Marshall (2013 [1920], p. 1).

ordinário dos afazeres da vida". Assim, a abordagem econômica serve para compreender toda e qualquer decisão individual ou coletiva que verse sobre recursos escassos, seja ela tomada no âmbito de um mercado ou não. Toda atividade humana relevante, nessa concepção, é passível de análise econômica.

A abordagem econômica a que me refiro e emprego neste livro é, antes de tudo, um método de pesquisa sobre o comportamento humano, um conjunto de instrumentos analíticos. Esse ponto é de tal importância, que tomo emprestadas as palavras de John Maynard Keynes para afirmar que: "A Teoria Econômica não fornece um conjunto de conclusões assentadas imediatamente aplicáveis à política. Ela é um método ao invés de uma doutrina, um aparato da mente, uma técnica de raciocínio, que auxilia seu possuidor a chegar a conclusões corretas"[26].

Nesse sentido, a ciência econômica, antes associada apenas àquela parte da atividade humana que chamamos normalmente de economia ou mercado, hoje investiga um amplo espectro de atividades humanas, muitas das quais também são estudadas por outras ciências sociais como a ciência política, a sociologia, a antropologia, a psicologia e, como não poderia deixar de ser, o direito. É essa interação entre direito e economia que se convencionou chamar de análise econômica do direito ou AED.

1.2.1 O que é a Análise Econômica do Direito?

A análise econômica do direito nada mais é que a aplicação do instrumental analítico e empírico da economia, em especial da microeconomia e da economia do bem-estar social, para se tentar compreender, explicar e prever as implicações fáticas do ordenamento jurídico, bem como da lógica (racionalidade) do próprio ordenamento jurídico. Em outras palavras, "a AED é a utilização da abordagem econômica para tentar compreender o direito no mundo e o mundo no direito"[27]. Note-se que a utilização do método econômico para analisar o direito não pressupõe que são os economistas que praticam a AED. Pelo contrário, na maioria dos casos, os pesquisadores que a praticam são juristas ou possuem dupla formação. De qualquer forma, são **juseconomistas.**

A AED tem por característica a aplicação da metodologia econômica a todas as áreas do direito, de contratos a constitucional, de regulação a processo civil, de ambiental a família, e é justamente essa amplitude de aplicação que qualifica uma abordagem AED em contraposição à simples aplicação de conhecimentos econômicos em áreas tradicionalmente associadas à economia.

É relativamente óbvio que quando um juiz precisa estimar os lucros cessantes e os danos emergentes da destruição de um carro de um taxista por um motorista

---

26. "The Theory of Economics does not furnish a body of settled conclusions immediately applicable to policy. It is a method rather than a doctrine, an apparatus of the mind, a technique of thinking, which helps its possessor to draw correct conclusions." Cf. Keynes (1922, p. V). Ideia semelhante está presente em Robinson (1933, p. 1).

27. Cf. Gico Jr. (2010, p. 17).

bêbado, ele precisará recorrer à teoria econômica para realizar tais cálculos. Aqui o economista será chamado a se pronunciar na qualidade de perito, como seria um médico em caso de erro médico, um contador em caso de compensação irregular de tributos ou um engenheiro em caso de responsabilidade por vício de construção. Também é óbvio que não é possível discutir ou operar o direito concorrencial e regulatório sem um conhecimento razoável do ferramental econômico. Assim, por exemplo, a discussão do que constitui uma infração à ordem econômica é uma discussão eminentemente econômica[28]; da mesma forma, a decisão acerca da implementação ou não de um esquema de subsídio cruzado ou da adequação de um dado esquema de controle de preços para um setor regulado é eminentemente econômica. Todavia, a AED vai além dessas inter-relações mais diretas entre direito e economia.

Quando uso o termo análise econômica do direito, portanto, estou me referindo à aplicação do ferramental econômico justamente às circunstâncias a que normalmente não se associam questões econômicas. Por exemplo, a juseconomia pode ajudar a reduzir a ocorrência de estupros, pode ajudar a reduzir o número de apelações protelatórias, pode ajudar a compreender por que algumas leis "pegam" e outras não, por que muitas vezes uma legislação é adotada e outras vezes o Congresso adota uma legislação que será sabidamente vetada pelo presidente, mas o faz da mesma forma, ou ainda por que é tão difícil alugar um imóvel no Brasil. A juseconomia pode, inclusive, auxiliar na concreção dos direitos fundamentais, dado que requerem decisões sobre recursos escassos.

De forma geral, os juseconomistas estão preocupados em tentar responder duas perguntas básicas: (i) quais as consequências de um dado arcabouço jurídico, *i.e.*, de uma dada regra; e (ii) que regra jurídica deveria ser adotada. A maioria de nós concordaria que a resposta à primeira indagação independe da resposta à segunda, mas que o inverso não é verdadeiro, *i.e.*, para sabermos como seria a regra ideal, precisamos saber quais as consequências dela decorrentes. A primeira parte da investigação refere-se à AED positiva (o que é) enquanto a segunda à AED normativa (o que deve ser). Como essa distinção traz importantes implicações do ponto de vista epistemológico/metodológico e algumas vezes é fonte de incompreensão, vamos investir um pouco de tempo aqui antes de avançarmos na metodologia da AED.

1.2.2 AED Positiva e Normativa

Como toda e qualquer ciência, a AED reconhece como válido e útil, do ponto de vista epistemológico e pragmático, a distinção entre *o que é* (positivo) e *o que deve ser* (normativo)[29]. A primeira proposição está relacionada a um critério de verdade e a segunda a um critério de valor.

---

28. Para um claro exemplo da essencialidade da teoria econômica para a discussão de questões concorrenciais, cf. Gico Jr. (2007).

29. Sobre a discussão e as implicações dessa distinção para a ciência econômica, cf. Keynes (1999 [1917], pp. 7-20) e Friedman (1953, pp. 3-43).

A ideia aqui é que há uma diferença entre o mundo dos fatos que pode ser investigado e averiguado por métodos científicos, cujos resultados são passíveis de falsificação – o que chamamos de análise positiva –, e o mundo dos valores, que não é passível de investigação empírica nem de prova ou falsificação e, portanto, não é científico – o que chamarei de análise normativa. Nesse sentido, quando alguém investiga se A matou B, está realizando uma análise positiva (investiga um fato). Por outro lado, quando o legislador se pergunta se naquelas circunstâncias aquela conduta deveria ou não ser punida, está realizando uma análise normativa (investiga um valor), ainda que fatos sejam relevantes para a decisão.

Essa postura está fortemente vinculada à proposição que ficou famosa como a Guilhotina de Hume[30], segundo a qual não é possível deduzir o dever-ser apenas do ser, *i.e.*, que proposições puramente factuais só podem acarretar ou implicar outras proposições puramente factuais e jamais julgamentos de valor. Em outras palavras, fatos não levam a proposições éticas e vice-versa. Essa posição implica assumir que há uma distinção clara entre o mundo dos fatos e o dos valores, que pode ser resumida assim:

A GUILHOTINA DE HUME
Figura 1-1

Positivo	Normativo
É	Deve ser
Fatos	Valores
Objetivo	Subjetivo
Descritivo	Prescritivo
Ciência	Arte
Verdadeiro/Falso	Bom/Ruim

Obviamente, quando se estende essa distinção ao direito, problemas culturais começam a surgir. Temos observado que, com frequência, os juristas estão de tal modo acostumados a pensar em termos normativos e a discutir questões em termos valorativos, que seus argumentos em debates públicos ou privados sobre questões relativamente simples flutuam com extrema facilidade entre um campo e outro, a ponto de – muitas vezes – se tomar um argumento normativo como positivo e vice-versa. Nesse sentido, a aceitação e a compreensão plena da distinção entre análise positiva e normativa representam um pequeno desafio ao jurista sem treinamento rigoroso.

Por outro lado, é importante ressaltar que a distinção entre ser e dever-ser não é tão pacífica quanto a Guilhotina de Hume nos faz crer. O contexto cultural, a ideologia, a visão política e a história do pesquisador podem influenciar de várias formas o objeto de estudo e a metodologia aplicada, o que pode alterar os resultados da própria pesquisa. Além disso, enquanto é relativamente simples perceber a diferença entre proposições

---

30. Também conhecida como a Lei de Hume ou o problema do ser e do dever-ser, e que foi discutida por David Hume no Livro III, Parte I, Seção I (1888 [1736], p. 469).

de ser *versus* dever-ser, o exercício cognitivo de aceitar certa proposição como *ser* pressupõe um consenso social prévio sobre os critérios capazes de estabelecer o que *é*.

Independentemente da questão clássica acerca da possibilidade de a ciência ser ou não neutra ou objetiva, parece-me relativamente simples perceber que, quando comparada ao grau de miscigenação entre fato e valor que ocorre na comunidade jurídica, a aplicação da Guilhotina de Hume, ainda que em termos meramente pragmáticos, se não epistemológicos, representa um grande ganho em clareza de comunicação e estabelecimento de pontos de vista (mesmo se divergentes). É muito útil poder reduzir eventuais discordâncias a pontos normativos ou positivos e, por isso, ainda que por argumentos puramente pragmáticos, a distinção parece-me útil e importante para a ciência e, portanto, para a AED.

Nesse sentido, quando um praticante da AED utiliza seu instrumental para realizar uma análise positiva (*e.g.* um exercício de prognose), dizemos que ele está praticando ciência econômica aplicada ao direito. Aqui, o juseconomista *qua* juseconomista não é capaz de oferecer quaisquer sugestões de políticas públicas ou de tomada de decisão. O máximo que ele pode fazer é identificar as possíveis alternativas normativas (se textuais, aplicando técnicas hermenêuticas[31]) e investigar as prováveis consequências de cada uma (aplicando a AED), bem como comparar a eficiência de cada solução possível, auxiliando em uma análise de custo-benefício.

Já quando o juseconomista utiliza o seu instrumental para realizar uma análise normativa (*e.g.* afirmar que uma política pública X deve ser adotada em detrimento de política Y, ou que um caso A deve ser resolvido de forma W), ele está apto a fazê-lo enquanto juseconomista se, e somente se, o critério normativo que serve de base à ponderação das referidas alternativas estiver previamente estipulado (*e.g.* por uma escolha política prévia consubstanciada em uma lei). Por exemplo, se o objetivo é reduzir a quantidade de sequestros-relâmpagos, a AED normativa pode nos auxiliar a identificar a melhor política de punição, a melhor estrutura processual para este tipo de delito etc. Nessa linha, qualquer objetivo pode servir de guia para a AED normativa, desde uma maior preocupação com distribuição de riqueza até a forma mais eficiente de se incentivar a conciliação entre casais em crise.

Entretanto, se o que se busca é aconselhamento não apenas em relação ao meio de alcançar certo resultado (consequência), mas também a qual objetivo buscar, então a análise juseconômica não necessariamente trará ganhos substanciais em relação à análise oferecida por outras áreas do conhecimento ou ciências, devendo ser considerada em conjunto com as demais, dentro de suas limitações. Em resumo, a AED positiva nos auxiliará a compreender o que é a norma jurídica, qual a sua racionalidade e as diferentes consequências prováveis decorrentes da adoção dessa ou daquela regra, ou seja, a abordagem é eminentemente descritiva/explicativa com resultados preditivos. Já a AED normativa nos auxiliará a escolher dentre as

---

31. Cf. a discussão acerca do Diagrama Hermenêutico e da Hermenêutica das Escolhas na Seção 3.1.4.

alternativas possíveis a mais eficiente, *i.e.*, escolher o melhor arranjo institucional dado um valor (vetor normativo) previamente definido. Como veremos no Capítulo 3, no caso do Direito Processual, os vetores normativos já estão estabelecidos na lei e na Constituição e, entre eles, temos a busca pela eficiência pautada pela legalidade.

1.3 Pressupostos da AED: preferências, escassez e racionalidade

Os juristas tradicionais iniciam suas análises partindo do pressuposto de que o direito é composto por normas e seu objeto prioritário de pesquisa é identificar o conteúdo e o alcance dessas normas. A normatividade das regras jurídicas é pressuposta e o instrumental de pesquisa predominantemente utilizado é a hermenêutica. Assim, um jurista tradicional preocupado com a conservação do patrimônio histórico--cultural poderia discutir se *cultura* integra o conjunto de significados associados ao significante *meio ambiente* e, caso a resposta seja positiva, se prédios históricos gozam da mesma proteção e limitações jurídicas impostas pelas leis ambientais para áreas verdes, por exemplo.

Por outro lado, os juseconomistas têm como principal característica considerar o direito como um conjunto de regras que estabelecem custos e benefícios para os agentes que racionalmente pautam seus comportamentos em função de tais incentivos. Assim, a abordagem juseconômica investiga as causas e as consequências das regras jurídicas e de suas organizações, na tentativa de prever como cidadãos e agentes públicos se comportarão diante de uma dada regra e como alterarão seu comportamento, caso essa regra seja alterada. Nesse sentido, a normatividade do direito não apenas não é pressuposta, como muitas vezes é negada, *i.e.*, admite-se que regras jurídicas enquanto incentivos – em algum caso concreto – podem ser simplesmente ignoradas pelos agentes envolvidos.

No exemplo anterior, um juseconomista se perguntaria (i) como os agentes efetivamente têm se comportado diante da regra atual (diagnóstico), que não incide sobre o patrimônio histórico-cultural, e (ii) como uma mudança da regra jurídica alteraria essa estrutura de incentivos – seja por modificação legislativa, seja por modificação de entendimento dos tribunais –, na tentativa de prever como eles passariam a se comportar (prognose). Muito provavelmente, só se fosse capaz de responder minimamente a estas duas perguntas um juseconomista se aventuraria em questões normativas (valorativas). Essa é a distinção fundamental entre a abordagem juseconômica e as abordagens tradicionais do direito.

Obviamente, para compreender como se comporta o agente e tentar prever suas reações às mudanças em sua estrutura de incentivos, é necessário que tenhamos à nossa disposição uma teoria sobre o comportamento humano. Os juseconomistas emprestam essa teoria da economia, cujo objeto é precisamente investigar como age o ser humano diante de escolhas, razão pela qual faz sentido esmiuçarmos um pouco as características dessa teoria.

Assim como a Teoria Geral do Processo se baseia nos conceitos de jurisdição, ação e processo, o método econômico se baseia em três pressupostos básicos: **preferências, escassez e racionalidade**[32]. Primeiro, a análise econômica do direito assume que os agentes possuem preferências, *i.e.*, que as pessoas em geral são capazes de ordenar as alternativas que lhes são oferecidas ou estão disponíveis de acordo com a utilidade[33] que cada alternativa lhes gera. Em outras palavras, dizer que os agentes possuem preferências significa apenas dizer que, quando confrontadas com opções, as pessoas são capazes de ordenar quais alternativas lhes geram mais interesse, valor ou prazer (utilidade) ou então se mostram indiferentes às alternativas. Assim, quando confrontada com uma opção entre A e B, A será preferível a B (A > B) se a pessoa escolher A em detrimento de B; mas B será preferível a A (A < B) se a pessoa escolher B em detrimento de A; e A será indiferente em relação a B (A ~ B) se para a pessoa não fizer qualquer diferença entre escolher A ou B.

E aqui vale a pena um exemplo para ilustrar como o conceito de utilidade se refere a preferências e não se confunde com valores monetários ou dinheiro[34]. Pense em um casal se divorciando e que possui apenas dois bens para partilhar: um cachorro de raça e um sofá. Ambos concordam que, se oferecidos no mercado, tanto o cachorro quanto o sofá poderiam ser vendidos por R$ 1.000 cada. Logo, o valor de mercado de cada um desses bens é de R$ 1.000. Se a análise econômica se restringisse a questões monetárias, poderíamos afirmar que, nesse exemplo, a partilha de bens não importa, pois em qualquer distribuição que se faça, cada um receberá um bem no valor de R$ 1.000 e, portanto, do ponto de vista monetário, cada um terá recebido o exato mesmo montante. No entanto, do ponto de vista econômico, essa afirmação não é necessariamente verdadeira.

Suponha que o marido tenha memórias afetivas do sofá, que foi de sua avó, e que ele prefere o sofá ao cachorro (sofá > cachorro), enquanto a esposa prefere o cachorro ao sofá (sofá < cachorro). Nesse caso, uma partilha que atribuísse o cachorro ao marido e o sofá à esposa teria distribuído os bens da vida de forma equânime (cada um recebeu R$ 1.000), mas não seria a distribuição que as partes prefeririam e, logo, não é a alocação que lhes gera mais utilidade. Dadas as preferências do casal, eles estariam em situação melhor, *i.e.*, extrairiam maior utilidade, se a distribuição fosse

---

32. Se o leitor desejar se aprofundar nos pressupostos do método econômico, sugiro começar por uma leitura introdutória, como Mankiw (2013), que ensina mais do que o suficiente para se compreender grande parte da literatura de AED e certamente oferece mais do que o necessário para o presente livro. Se tiver um domínio de matemática em nível de pós-graduação, sugiro Jehle e Reny (2011). Caso se interesse por questões filosóficas sobre o método, sugiro Blaug (1992).

33. Utilidade é uma forma simplificada de os economistas se referirem aos benefícios que um indivíduo extrai do consumo de um bem ou serviço, ou, ainda, de um determinado estado social. Note-se que utilidade aqui é um termo técnico: significa qualquer satisfação que o indivíduo extraia de uma dada escolha, não se restringindo a questões materiais, muito menos monetárias. Um indivíduo pode extrair utilidade tanto do consumo de uma pizza, quanto de apreciar um quadro de Portinari, de realizar trabalho voluntário ou de tocar em uma banda amadora.

34. Sobre a distinção entre preço e valor, cf. Gico Jr. (2019).

marido/sofá e esposa/cachorro do que se a distribuição fosse marido/cachorro e esposa/sofá, ainda que financeiramente estivessem em igual situação. Nessa linha, para sabermos o que aumenta a utilidade e, portanto, o bem-estar de uma pessoa, não basta sabermos o preço de mercado de um bem, precisamos saber quais são as preferências daquela pessoa e, portanto, sua função utilidade.

As preferências variam de pessoa para pessoa, *i.e.*, são subjetivas e idiossincráticas. Como as preferências de alguém são decorrência de suas opiniões e gostos pessoais, elas não podem estar certas ou erradas. Elas simplesmente são. Por isso, não se faz julgamentos de valor em relação às preferências de alguém (*de gustibus non est disputandum*) nem se tenta entender por que cada pessoa gosta de uma coisa ou de outra[35]. Nesse sentido, como já disse, "a teoria econômica é uma teoria sobre os meios empregados pelas pessoas para alcançarem seus fins (comportamentos) e não sobre os fins que elas buscam (motivação)"[36]. A existência das preferências é um dado da realidade e as causas individuais dessas preferências normalmente não são relevantes para a teoria econômica.

Além disso, as preferências são consideradas completas, transitivas e estáveis. Ter preferências **completas** significa que não importam as escolhas disponíveis às pessoas, elas serão capazes de decidir; ou seja, entre a opção A e a opção B, o agente será capaz de optar por A, por B ou ser indiferente a qualquer uma delas. No limite, isso significa que o agente deve ser capaz de decidir inclusive entre opções em momentos diversos (*e.g.* receber o dinheiro de um precatório hoje, com desconto de 20%, ou receber 100% daqui a dois anos) e entre resultados certos e incertos (*e.g.* realizar um acordo hoje, nos termos propostos, ou prosseguir com o processo até uma sentença). Quanto às preferências serem **transitivas**, é uma questão de coerência e significa que se o agente prefere A a B e B a C, então ele deve preferir A a C, do contrário jamais seria capaz de realizar uma escolha, ficaria trocando de opção eternamente.

Por fim, as preferências são consideradas **estáveis** no curto prazo para que a teoria não se torne uma tautologia. A estabilidade das preferências impõe que se as pessoas mudaram de comportamento, é porque alguma coisa ao seu redor mudou e não suas preferências. Se as preferências não fossem estáveis, todo comportamento observado seria explicável recorrendo-se à mudança de preferências e a teoria perderia seu poder explicativo. Explicaria qualquer coisa e, por isso, não explicaria nada.

Ressalte-se que a comparação intersubjetiva de utilidade não é viável, ou seja, não é possível comparar utilidades entre dois indivíduos. Se há uma disputa por uma maçã entre o sujeito A e o sujeito B, não é possível afirmar *ex ante* que a maçã é mais útil para A do que para B e vice-versa. A única forma de aferir isso seria atribuir a maçã a um dos agentes e deixá-los negociar livremente (*ex post*). Se A recebeu a maçã, por

---

35. A investigação acerca da formação das preferências individuais e sociais é normalmente objeto de estudo da psicologia, da sociologia e da neurociência.

36. Cf. Gico Jr. (2010, p. 25).

exemplo, e aceitar trocá-la por outra coisa oferecida por B (*e.g.* uma cadeira, uma pera, dinheiro), então é porque B valoriza mais a maçã do que A. Do contrário, ou A valoriza a maçã mais do que B e, por isso, recusa-se a trocá-la, ou valoriza o mesmo tanto que B, ou ainda, B não é capaz de oferecer algo de interesse de A para motivá-lo a realizar a troca espontaneamente (*i.e.*, não consegue expressar suas preferências pelo sistema de preços, dada sua restrição orçamentária). Nesse sentido, utilidade será sempre uma medida ordinal subjetiva e não cardinal objetiva.

O segundo pressuposto da análise econômica é que os recursos são escassos. O pressuposto da **escassez** pode ser dividido em duas ideias básicas: as pessoas desejam muitas coisas e há um limite para o que é possível prover com os recursos disponíveis. Se as pessoas desejassem menos do que os recursos disponíveis podem gerar, não haveria escassez, mas abundância. Se os recursos não fossem escassos, também não haveria problema econômico, pois todos poderiam satisfazer plenamente suas necessidades – fossem quais fossem. Para simplificar essa ideia, dizemos apenas que as necessidades humanas são infinitas e os recursos são escassos, *i.e.*, não é possível satisfazer todos os desejos da humanidade.

Curiosamente, a mesma ideia de escassez, com outra roupagem, motiva o direito: se os recursos não fossem escassos, não haveria conflito; sem conflitos, não haveria necessidade do direito ou do Judiciário. A escassez de recursos impõe aos agentes e à sociedade que escolham entre alternativas possíveis e excludentes (senão não seria uma escolha). A ideia de escassez também pode ser identificada como implícita no Direito Processual em um de seus conceitos fundamentais: a lide. Como veremos no Capítulo 4, a lide nada mais é que uma pretensão resistida, logo, alguém quer algo (pretensão) e alguém não quer ceder ou fazer algo (resistência). Para os processualistas, a ideia de escassez é relativamente simples e quase um truísmo, pois é justamente o fato de não podermos atribuir o mesmo bem da vida a duas pessoas ao mesmo tempo que gera o conflito que, por sua vez, torna necessário um mecanismo adjudicatório e, portanto, o processo. Se não houvesse escassez, não haveria resistência, sem resistência não haveria lide, sem lide não haveria Judiciário, sem Judiciário não haveria necessidade de processo. *Ergo*, a escassez também é um pressuposto do Direito Processual.

Se há escassez, então a satisfação de uma necessidade humana levará à não satisfação de outra necessidade humana, *i.e.*, a escassez leva inexoravelmente a uma escolha. Como veremos em mais detalhes na Seção 3.1.2 sobre o conceito de eficiência, toda escolha pressupõe um custo, um *trade-off*, que é exatamente a utilidade da segunda alocação factível mais interessante para o recurso, mas que foi preterida. A esse custo chamamos de **custo de oportunidade**. Assim, por exemplo, se decidimos comprar caças para fortalecer nossa Aeronáutica, abdicamos de outra alocação que esses recursos poderiam ter (*e.g.* construir escolas). Se você opta por ler este livro, deixa de realizar outras atividades como ver os amigos, passear com a pessoa amada ou assistir a um bom filme[37]. A utilidade que cada um gozaria com uma dessas

---

37. Não se preocupe, o autor garante que a leitura deste livro é eficiente e aumenta substancialmente o seu bem-estar. Pode continuar até o fim.

atividades que não pôde ser realizada (*trade-off*) é o seu custo de oportunidade, *i.e.*, o preço implícito ou explícito que se paga pela primeira alternativa[38].

O terceiro pressuposto é que as pessoas são **racionais**, o que se convencionou chamar no âmbito das ciências sociais, incluindo sociologia, psicologia e ciência política, de Teoria da Escolha Racional (TER) ou simplesmente de Teoria da Escolha. De acordo com a TER, os indivíduos são motivados por seus desejos e objetivos pessoais (preferências). No entanto, dado que não é possível satisfazer todo e qualquer desejo (escassez[39]), os indivíduos devem fazer uma escolha acerca de quais objetivos buscarão e quais meios utilizarão para alcançar tais objetivos. Justamente por isso, os indivíduos tentam estimar, de acordo com as informações disponíveis, os prováveis resultados de cada curso de ação disponível (retorno esperado) e adotam a conduta que, na opinião deles, os aproximará mais de seus objetivos, *i.e.*, que lhes dará mais satisfação (utilidade). Como escolhas devem ser feitas, as pessoas se comportam como se ponderassem os custos e os benefícios de cada alternativa, adotando a conduta que, dadas as suas condições e circunstâncias, lhes parece trazer mais bem-estar. Dizemos, então, que a conduta dos agentes é racional maximizadora.

É importante salientar que o pressuposto é que os indivíduos se comportam como se fossem racionais e não que eles efetivamente são racionais. Assumir que as pessoas são racionais não pressupõe que internamente o agente esteja conscientemente fazendo cálculos o tempo todo e ponderando custos e benefícios de cada um de seus atos, apenas que – na média – ele se comporta como se estivesse. Lembrando sempre que, como não é possível saber exatamente o que se passa na cabeça de cada pessoa, pelo menos por enquanto, precisamos de uma teoria que, na média, seja uma boa aproximação do comportamento geral das pessoas. Essa teoria é a TER. É por isso que nos baseamos no comportamento do indivíduo (variável observável) e não no seu estado mental (variável não observável).

Para uma parcela substancial de problemas, estes pressupostos não apenas são adequados, mas extremamente úteis. A racionalidade no cotidiano está em todos os lugares. No entanto, em algumas situações, principalmente aquelas envolvendo risco[40] e incerteza[41], às vezes os agentes não se comportam da forma prevista pela TER, ou seja,

---

38. Lembrando sempre que, do ponto de vista econômico, preço não é necessariamente o valor monetário de algo, mas o seu custo de oportunidade. Cf. Gico Jr. (2019).

39. Além da escassez, outros fatores que limitam as escolhas dos agentes são as instituições sociais, como a cultura, a religião, o direito e a moral.

40. **Risco** é quando podemos atribuir probabilidades a um evento, cuja probabilidade de ocorrência é inferior a 100% (certeza matemática). Normalmente se usa a palavra risco para resultados negativos (*e.g.* risco de bater o carro) e **chance** para resultados positivos (*e.g.* chance de ganhar na loteria), mas, em ambos os casos, há apenas probabilidades de cada evento ocorrer.

41. **Incerteza** é um termo normalmente utilizado quando não sabemos a probabilidade de um evento, *i.e.*, se o risco se refere aos eventos possíveis conhecidos, a incerteza se referiria aos eventos desconhecidos (não sabemos que podem acontecer) ou cuja probabilidade de ocorrência não podemos estabelecer. Às vezes se utiliza a expressão **escolha sob incerteza** em referência à escolha de alternativas associadas a probabilidades.

ela não é uma boa aproximação. Como veremos em mais detalhes da Seção 5.4, essa linha de pesquisa se iniciou com Herbert Simon – ganhador do Prêmio Nobel de 1978, que investigava o que chamou de racionalidade limitada[42] – e foi expandida para os desvios comportamentais por Daniel Kahneman e Amos Tversky com sua Teoria do Prospecto[43], o que rendeu a Kahneman o Nobel de economia em 2002 (Tversky já era falecido). Mais recentemente, em 2017, Richard H. Thaler também ganhou o prêmio Nobel em economia por suas pesquisas relacionadas a certos desvios de comportamento e sua proposta de uma teoria do comportamento mais precisa, que incorporasse tais desvios[44]. A má notícia é que a economia comportamental demonstrou que o comportamento humano pode divergir substancialmente do previsto pela TER em algumas circunstâncias. A boa notícia é que se trata de uma divergência sistemática, ou seja, ela não é aleatória. Como essa divergência tem um padrão, o comportamento humano continua sendo previsível, basta que adaptemos os modelos para incorporar limitações cognitivas, quando for o caso.

Além disso, é importante ressaltar alguns pontos. Primeiro, para dizer o óbvio, a economia comportamental continua a ser parte da economia, pois, como já mencionei, a abordagem econômica também utiliza o conhecimento de áreas afins. Segundo, a economia comportamental não propõe, nem justifica, o abandono da análise econômica, muito menos da TER, apenas indica que – em algumas circunstâncias empiricamente determinadas – é preciso relaxar o pressuposto da racionalidade[45]. Isso significa que: (i) a TER continua válida como teoria aplicável à maioria dos casos; (ii) não é possível pressupor que a TER não se aplica a um determinado caso concreto sem evidências empíricas; e (iii) a economia comportamental não é uma teoria do comportamento à parte da TER, mas uma complementação desta para situações específicas. No futuro, com o avanço do conhecimento científico, pode ser que tenhamos uma única teoria que englobe sistematicamente ambos os fenômenos[46]: o comportamento regular, descrito adequadamente pela TER, e as eventuais anomalias comportamentais detectadas pela economia comportamental. Por ora, trabalhamos com o mais avançado conhecimento disponível e por isso utilizamos a TER como regra geral, relaxando seus pressupostos para incorporar os *insights* comportamentais quando há evidências empíricas que indiquem a conveniência ou necessidade de fazê-lo.

A relevância dos achados da economia comportamental sobre a existência de anomalias comportamentais é inegável. No entanto, sua utilidade para a compreensão de um determinado caso concreto requer evidências empíricas que justifiquem a

---

42. Cf. Simon (1997 [1945]), (1955) e (1979).

43. Cf. Kahneman e Tversky (1979).

44. Por exemplo, cf. Thaler (1980).

45. Cf. Jolls, Sunstein e Thaler (1998). Note que relaxar um pressuposto pode equivaler a apenas enfraquecê-lo, não necessariamente abandoná-lo.

46. Na física, a tão sonhada teoria capaz de unir a mecânica quântica com a teoria da relatividade geral e, assim, explicar todos os fenômenos físicos, é chamada de Teoria de Tudo, que ainda não existe.

adaptação ou mesmo a mitigação do pressuposto de racionalidade. Esse exato alerta nos foi feito pelo ministro Luiz Fux, quando do julgamento monocrático do pedido liminar na ADI 6298 MC/DF[47], que afirmou: "[...] observo que esse debate também inspira cautela, a fim de se evitarem generalizações inadequadas. A base das ciências comportamentais é o caráter empírico de seus argumentos. A existência de estudos empíricos que afirma que seres humanos desenvolvem vieses em seus processos decisórios não autoriza a presunção generalizada de que qualquer juiz criminal do país tem tendências comportamentais típicas de favorecimento à acusação. Mais ainda, que a estratégia institucional mais eficiente para minimizar eventuais vieses cognitivos de juízes criminais seja repartir as funções entre o juiz de garantias e o juiz de instrução. Defensores desse argumento sequer ventilam eventuais efeitos colaterais que esse arranjo proposto pode produzir, inclusive em prejuízo da defesa". Como já disse, um dos objetivos da AED é justamente auxiliar na identificação dessas consequências indesejadas.

De qualquer forma, a investigação das circunstâncias nas quais a conduta do indivíduo diverge do comportamento racional é uma das áreas mais interessantes da fronteira do conhecimento econômico, uma mistura de economia, psicologia e neurologia chamada de neuroeconomia. Quando incluímos o direito nessa grande salada de saberes, temos a análise econômica comportamental do direito (AEC), cuja bibliografia vem incorporando os *insights* providos por essas descobertas à medida que cresce dia a dia. Certamente essa é uma das áreas que mais promete contribuir para o desenvolvimento do direito[48], principalmente em áreas nas quais decisões de longo prazo são necessárias.

A grande implicação do pressuposto da racionalidade para a juseconomia e que não é afetada pela economia comportamental é que se os agentes ponderam – na medida do possível – custos e benefícios na hora de decidir, então uma alteração em sua estrutura de incentivos poderá levá-los a adotar outra conduta, a realizar outra escolha. Em resumo, **pessoas respondem a incentivos**. Ora, essa também é uma ideia central no direito. Todo o direito é construído sobre a premissa implícita de que as pessoas responderão a incentivos e, por isso, as leis serão capazes de – em algum grau – moldar as relações sociais. Criminosos cometerão mais ou menos crimes se as penas forem mais ou menos brandas, se as chances de condenação forem maiores ou menores, se houver mais ou menos oportunidades em outras atividades mais atrativas. As pessoas tomarão mais ou menos cuidado se forem ou não responsabilizadas pelos danos que causarem a terceiros. Juízes serão mais ou menos cautelosos em seus julgamentos se tiverem de motivar mais ou menos suas decisões. Agentes públicos trabalharão mais ou se corromperão menos se seus atos forem públicos. Fornecedo-

---

47. Medida Cautelar na ADI 6.298 Distrito Federal, Relator: Min. Luiz Fux, Reqte.: Associação dos Magistrados Brasileiros – AMB e outros, Intdo.: Presidência da República e Congresso Nacional, p. 28.

48. Apenas a título de exemplo, cf. Sunstein (2000), Thaler e Sunstein (2009) e Zamir e Teichman (2014) e (2018).

res farão contratos mais ou menos adequados se as cláusulas abusivas forem ou não anuladas pelo Judiciário. A racionalidade está sempre presente no direito[49].

Por outro lado, se as pessoas não respondessem a incentivos, o direito seria de pouca ou nenhuma utilidade. Todos continuariam a se comportar da mesma forma e a criação de regras seria uma perda de tempo. Contudo, a experiência nos mostra que isso normalmente não acontece. Se as pessoas respondem a incentivos, então, do ponto de vista de uma ética consequencialista, as regras de nossa sociedade devem levar em consideração a estrutura de incentivos dos agentes afetados e a possibilidade de que eles mudem de conduta, caso essas regras sejam alteradas (comportamento estratégico). Em especial, deve-se levar em consideração que essa mudança de conduta pode gerar efeitos indesejáveis ou imprevistos. Uma das funções da juseconomia é auxiliar na identificação desses possíveis efeitos.

Para explicar o comportamento dos agentes e, assim, ser capaz de realizar juízos de prognose, a juseconomia adota como unidade básica de análise a escolha individual de cada agente ou de pequenos grupos envolvidos no problema. Essa postura é o que se convencionou chamar nas ciências sociais de **individualismo metodológico**. Segundo essa metodologia, para explicar e compreender comportamentos coletivos, primeiro se deve compreender os comportamentos individuais dos agentes que compõem a coletividade estudada (seja ela o Judiciário, a sociedade ou o Estado) e que, em última análise, serão responsáveis pelo resultado macro que desejamos compreender. Note-se que a análise do comportamento individual deve considerar a dinâmica da interação entre agentes e não apenas a conduta isolada de um agente[50].

Dessa forma, se desejamos entender por que o Judiciário funciona como funciona, temos que ser capazes de explicar e compreender a estrutura de incentivos de cada magistrado, a dinâmica entre juízes e desembargadores e destes com os ministros e assim sucessivamente. Se desejamos compreender como funciona o Congresso, devemos ser capazes de explicar a estrutura de incentivos de deputados, senadores, assessores e consultores. Compreender a estrutura de incentivos desses agentes é investigar como eles realmente agem e não supor que agirão no interesse público pura e simplesmente porque deveriam fazê-lo. Do mesmo modo, se desejamos saber como consumidores e fornecedores se comportarão diante de uma mudança legislativa, precisamos entender a estrutura de incentivos de cada grupo.

....

49. Pense no conceito de capacidade civil no Direito Civil e de imputabilidade no Direito Penal. Após certa idade, o direito pressupõe que as pessoas sejam racionais e serão capazes de praticar atos da vida civil e de serem responsabilizadas criminalmente. Se forem consideradas irracionais, serão declaradas incapazes ou inimputáveis e regras especiais se aplicarão a elas. Por exemplo, o art. 1.860/CC diz: "Além dos incapazes, não podem testar os que, no ato de fazê-lo, não tiverem **pleno discernimento**". Sobre o direito e a economia (*law & economics*) do comportamento irracional, cf. Parisi e Smith (2005).

50. Cf. Weber (2014 [1922], Cap. 1). Obviamente essa postura conflita diretamente com algumas posturas comuns à doutrina jurídica tradicional, como a referência não qualificada a Estado como um ente autônomo, sem mencionar os agentes que o compõem, ou a referência a interesse público, sem mencionar qual o mecanismo agregador de preferências teria sido adotado para revelar tal interesse. Essas noções, muitas vezes, são utilizadas como verdadeiros *dei ex machina* para mascarar as preferências pessoais do interlocutor.

Vale lembrar que o individualismo metodológico é apenas um instrumento analítico, sem implicações éticas no sentido de representar uma postura segundo a qual os interesses individuais devem ser maximizados ou que os agentes devem se comportar dessa ou daquela forma. A AED é uma teoria sobre comportamentos, não um parâmetro de avaliação de condutas. É um grande equívoco pensar que um método individualista de análise deva envolver, necessariamente, alguma forma de sistema individualista de valores.

Além disso, não se deve confundir o preceito de individualismo metodológico com individualismo político. Mesmo que um regime comunista surgisse no mundo, ele também deveria ser sociologicamente entendido com base em princípios do individualismo metodológico, *i.e.*, compreendê-lo e explicá-lo requereria a compreensão da estrutura de incentivos de seus componentes. Não obstante, a confusão do individualismo metodológico com o individualismo político (*i.e.*, o liberalismo no sabor *laissez-faire*) é muito comum tanto entre economistas e juseconomistas quanto entre os críticos do método juseconômico.

Adotar o individualismo metodológico também não significa que a AED pressupõe necessariamente que os indivíduos não são altruístas no sentido de tomarem decisões sem levar em consideração o bem-estar dos outros. Embora se adote esse pressuposto simplificador na maioria das análises, nada impede que ele seja emendado de acordo, sem qualquer perda de validade da análise. No estudo juseconômico da família, por exemplo, geralmente se pressupõe que os pais são altruístas em relação aos filhos; ou na administração pública, quando discutimos nepotismo, assumimos a mesma conduta, com diferentes implicações éticas e jurídicas. Da mesma forma, o individualismo metodológico não implica, necessariamente, os indivíduos tomarem decisões isoladamente de seus pares. A ideia de que indivíduos tomam decisões dentro de seu contexto social, levando em conta a potencial reação dos demais agentes (decisões interdependentes), por exemplo, é muitas vezes explicitada em modelos que utilizam a Teoria dos Jogos[51].

Enfim, a abordagem juseconômica não requer que se suponha que os indivíduos são egoístas, gananciosos ou motivados apenas por ganhos materiais[52], tão somente assume-se que os agentes são racionais e maximizadores de sua utilidade, seja lá o que isso signifique para eles. Nessa linha, por exemplo, são plenamente passíveis de análise econômica situações em que o comportamento humano tenha como motivação central elementos imateriais ou psicológicos, como prestígio (*e.g.* academia), poder (*e.g.* política) ou mesmo altruísmo (*e.g.* família). Ainda assim, é o indivíduo quem age e a partir dele iniciamos nossa busca pela compreensão do coletivo e, portanto, do social.

---

51. A Teoria dos Jogos é o estudo de modelos de interação estratégica entre agentes racionais, com aplicações não apenas nas ciências sociais em geral, mas também na biologia, lógica e ciência da computação.

52. Por outro lado, em determinados contextos, adotar tais pressupostos pode simplificar a análise substancialmente e, portanto, ser útil, da mesma forma que ignorar o atrito em certos contextos na física pode ser útil.

1.4 Sobre a Utilização de Modelos e Reducionismo

Outro ponto relevante é a questão do uso de modelos para explicar o comportamento humano. A ciência busca compreender e explicar o mundo. Os modelos científicos são o instrumento pelo qual o cientista reduz a complexa realidade para estudá-la. Um modelo científico é como um mapa. Ele pode ser mais ou menos realista, a depender das necessidades de seu usuário. Obviamente, quanto mais realista for um mapa, maior e mais difícil de lidar ele será. Assim, um mapa perfeito da cidade de São Paulo terá o mesmo tamanho da própria cidade, o que o tornará praticamente inútil. Do mesmo modo, quanto mais próximo da realidade for o modelo científico, mais complexo ele se torna, até o ponto em que deixa de ser um modelo e se transforma na própria realidade, quando então se torna inútil enquanto mecanismo de facilitação de compreensão. É por isso que se diz que para compreender o mundo é necessário reduzi-lo.

Os juseconomistas reconhecem a imensa complexidade do mundo real e a grande dificuldade – ou impossibilidade – de lidar com todas as variáveis simultaneamente. Por isso, assim como os economistas, os praticantes de AED elaboram modelos teóricos dos problemas que desejam investigar, nos quais apenas as variáveis relevantes são consideradas. Esse procedimento é realizado na tentativa de, simplificando o problema, obter perspectivas que de outra forma permaneceriam ocultas ao estudioso. Nesse desiderato, pressupostos simplificadores são adotados para que seja possível focar apenas no coração do problema. A dificuldade da arte de modelar está justamente em escolher quais variáveis considerar e quais desprezar. A teoria econômica auxilia nessa escolha de forma a tornar o problema compreensível e tratável, sem tornar o modelo irrelevante.

E aqui convém realizar algumas digressões acerca do que queremos dizer com uso de **modelos** e sua relação com teoria. Como dito no início deste capítulo, uma teoria é o entendimento de alguém sobre como algo funciona, enquanto uma teoria científica é aquela que, além disso, possa ser falseada. Já o modelo é uma representação simplificada de algo. O modelo pode ser concreto ou abstrato, no sentido de que o modelo pode ser uma representação física do objeto ou do processo modelado (*e.g.* a maquete de um prédio ou a miniatura de um trem) ou, ainda, uma representação conceitual do mesmo objeto ou processo (*e.g.* uma planta de arquitetura, um mapa ou o desenho do processo de conhecimento).

Para ficarmos no exemplo processual utilizado acima, o duplo juízo de admissibilidade em recurso extraordinário e recurso especial pode ser modelado da seguinte forma:

Duplo Juízo de Admissibilidade
Figura 1-2

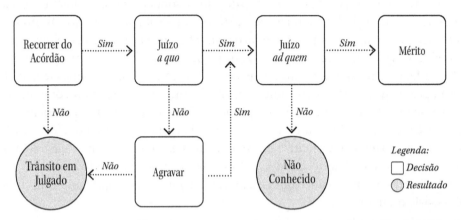

Fonte: Gico Jr. (2016, p. 13).

Note que o modelo acima é a representação do procedimento do juízo de admissibilidade, sendo que vários dos seus aspectos – como os requisitos intrínsecos ou extrínsecos do recurso em si, ou quem são as partes ou os magistrados envolvidos – são ignorados justamente porque, para a compreensão desse procedimento em abstrato, tais informações, conquanto presentes no mundo real, não são relevantes. Na realidade, é a retirada de todos esses elementos do modelo que faz com que ele seja útil, permitindo que foquemos nos aspectos que importam para a discussão. Veja que o modelo acima, por si só, não constitui uma teoria, ele apenas descreve o processo previsto no CPC. Todavia, com base nele, ou seja, em uma descrição abstrata da realidade, podemos começar a construir uma teoria sobre o duplo juízo de admissibilidade.

Assim, modelos representam apenas uma parte da realidade, seja ela um objeto, seja um processo, de maneira a informar ou realçar os aspectos ou as partes consideradas essenciais e a relação entre eles. É essa simplificação, essa redução, e o estabelecimento de forma clara da relação entre as partes ou aspectos considerados que nos permite compreender o objeto ou processo modelado. Por definição, um modelo não é nem pode ser uma réplica da realidade, ele apenas salienta os aspectos mais relevantes para a compreensão do objeto ou processo estudado. Essa simplificação permite que nos concentremos nos elementos e conexões que nos interessam, enquanto ignoramos outras partes e outras conexões. E é justamente isso que torna o uso de modelos algo tão valioso para a construção de teorias.

Uma teoria científica é um conjunto de generalizações sistematicamente relacionadas sugerindo novas observações que, por sua vez, podem ser empiricamente testadas. Como tal, a função da teoria é explicar ou prever. Já um modelo tradicionalmente não explica nem prevê coisa alguma[53]. O modelo apenas descreve. Apesar de modelos não serem teorias, eles podem ser utilizados para representar teorias e, assim, facilitar a comunicação. Os modelos conseguem descrever e simular processos físicos, lógicos e conceituais que, de outra forma, podem não ser observáveis ou apresentáveis. Como afirmam Shoemaker, Tankard Jr. e Lasorsa[54], modelos permitem que os teóricos ilustrem, delineiem e descrevam características e partes estruturais (*i.e.*, como é) e funcionais (*i.e.*, como funciona ou o propósito) de suas teorias, com níveis variados de abstração e detalhes. Todavia, não importa quão detalhado um modelo seja, ele será sempre apenas uma descrição de um objeto ou processo. Se desejarmos entender como o objeto ou o processo retratado no modelo funciona, precisaremos de algo mais: precisaremos de uma teoria. Nesse sentido, uma vasta parte da chamada doutrina jurídica não é nada mais do que a apresentação verbal de modelos acerca de como funciona uma determinada legislação, *i.e.*, a sua simples descrição – nem sempre acompanhados de uma verdadeira teoria.

Por outro lado, a construção de um modelo requer o julgamento de quais elementos entrarão e quais serão ignorados, o que demanda a existência de uma teoria que informe, pelo menos inicialmente, quais elementos são relevantes ou não. Assim, teoria e modelo são complementares e um alimenta o outro. As teorias nos ajudam a construir modelos e a construção de modelos traz implicações ou expõe as condições necessárias que podem informar aspectos da teoria antes ignorados.

É importante lembrar que, conquanto a AED seja estruturada sobre alguns pressupostos básicos, nada impede que estes sejam livremente emendados caso o pesquisador perceba que um dado problema assim o requer. Na abordagem neoinstitucionalista, por exemplo, os custos de transação e as instituições passam a ser fundamentais nos modelos empregados. Já na AEC, a teoria da racionalidade é complementada com uma série de desvios comportamentais identificados em estudos neuroeconômicos (limitações cognitivas), como o efeito propriedade, o viés retrospectivo, a desconsideração sistemática de pequenas probabilidades etc. Ainda, na AED sociológica, incorpora-se a possibilidade de normas sociais (informais) afetarem a estrutura de incentivos dos agentes tanto quanto as regras formais, como o direito. Desde que o aplicador tenha consciência da utilidade e das limitações dos pressupostos e do método, o emprego de modelagem na compreensão, explicação e descrição do comportamento humano promete ser de grande utilidade.

Uma vez apresentados os pressupostos básicos da AED e, ao menos epistemologicamente, o seu papel complementar à Teoria Geral do Processo, podemos avançar para os fundamentos do processo e da própria TGP, mas agora de uma perspectiva juseconômica. É o que faremos no capítulo seguinte.

---

53. Note que os modelos computacionais são dinâmicos e podem gerar previsões, como é o caso dos modelos de agentes autônomos. Nesse caso, via de regra, a teoria estará codificada no modelo ou se terá uma simulação da realidade sem teoria ou modelo na busca de comportamentos emergentes.

54. Cf. Shoemaker, Tankard Jr. e Lasorsa (2004, p. 112).

Direito, Jurisdição e Estado

2.1 O Direito como Requisito para a Vida em Sociedade

A sociedade brasileira é extremamente sofisticada. Com uma população que ultrapassa 200 milhões de habitantes, seus grandes centros urbanos agregam milhares e, às vezes, milhões de pessoas, organizados para prover todo tipo de bens e serviços a fim de satisfazer as necessidades de seus habitantes e de pessoas no exterior. Seus membros podem viajar de avião, assistir à televisão por satélite, acessar a internet, temperar suas saladas com azeite de oliva espanhol, comer trufas italianas e comprar computadores chineses para trabalhar. Para alguém que nasceu, cresceu e vive nesse contexto é relativamente fácil achar que essa forma de organização sociopolítica é ubíqua e, até mesmo, natural. No entanto, a nossa atual forma de organização social e política é resultado de milhares de anos de evolução e decorre de muitos experimentos sociais, nem todos bem-sucedidos ou conducentes aos mesmos resultados[55]. Não por outra razão, até hoje há agrupamentos humanos que vivem em condições que chamaríamos de pré-históricas, como os *fayu* da Indonésia.

Na década de 1980, os *fayu* eram cerca de 400 caçadores-coletores divididos em quatro clãs na Nova Guiné, vagando por algumas centenas de quilômetros em busca de comida e abrigo. De acordo com seus próprios registros[56], sua população já alcançou cerca de 2 mil habitantes, mas teria sido drasticamente reduzida ao referidos 400 membros em razão de assassinatos entre os *fayu*. Os *fayu* não possuíam um mecanismo pacífico de resolução de conflitos, que a maioria dos habitantes dos Estados modernos toma como dado. Na mesma situação dos *fayu* há ainda outros agrupamentos humanos, como os pirarrãs na Amazônia, os bosquímanos *khoi-san*[57] no deserto do Kalahari na África do Sul, e os sentineleses da Ilha Sentinela do Norte na Baía de Bengala.

Os *fayu*, os pirarrãs, os *khoi-san* e os sentineleses de um lado, e os habitantes dos Estados modernos de outro, são extremos de um contínuo que representa o grau de sofisticação e organização que as sociedades humanas já alcançaram. De um extremo a outro, de acordo com a evolução humana, foram sendo agregadas instituições e tecnologias sociais que modificaram profundamente a forma de organização e, em última instância, a qualidade de vida de seus membros. Os antropólogos culturais usam muitas classificações para tentar organizar os variados estágios e formas de organização sociopolítica, sendo a classificação mais simples e adequada aos nossos propósitos a que organiza as sociedades humanas em quatro etapas[58]: (i) os bandos,

---

55. Para uma apresentação de vários sistemas jurídicos bem diferentes do nosso, sugiro a leitura de Friedman, Leeson e Skarbek (2019).

56. Cf. Diamond (1999, p. 254).

57. Há alguma evidência genética de que os *khoi-san* sejam uma das mais antigas comunidades humanas, cf. Schlebusch *et allii* (2012).

58. Cf. Service (1962). Para o leitor já familiarizado com a antropologia, é sempre importante lembrar que o livro de Service é "apenas um começo cru, pouco mais que argumentos a favor de hipóteses, pois uma grande quantidade de trabalho está diante de nós". Service (1962, p. 182).

(ii) as tribos, (iii) as chefias e (iv) o Estado. A diferença entre bandos, tribos, chefias e Estados se revela arbitrária em larga medida e, como uma etapa é construída sobre a outra, é inevitável que as fronteiras entre uma e outra se esfumacem. No entanto, a separação das sociedades nesses arquétipos de níveis diversos de organização e sofisticação nos ajuda a compreender o papel do direito e, para fins do presente livro, o papel do Direito Processual.

Os **bandos** são compostos por pequenos grupos de pessoas (de 25 a 50), baseados no parentesco, que se organizam de forma nômade (caçadores-coletores). Eles não têm burocracia nem hierarquia, não há monopólio do uso da força e, mais importante, não há mecanismo formal de resolução de conflito. É possível que haja chefes de caça ou de coleta provisórios e até mesmo líderes religiosos, como os xamãs, mas eles não são especialistas e desempenham as mesmas funções de caça e coleta. As **tribos** são compostas por um número maior de pessoas (de 100 a 1.000), organizadas em linhagens ou clãs por identidade de parentesco, fixadas em vilas ou aldeias semipermanentes[59]. Tampouco há burocracia, hierarquia ou um mecanismo formal de solução de controvérsia. Tanto nos bandos quanto nas tribos, a forma de decisão social, em geral, é descentralizada. Todavia, enquanto nos bandos não há produção de alimentos, em alguns casos tribais há uma gradual migração dos caçadores-coletores para a produção de alimentos por meio da agricultura e da pecuária. É justamente essa migração que permitirá a produção de um excedente de alimentos capaz de sustentar a especialização do trabalho e, assim, a criação de hierarquias e burocracias especializadas, características-chave das chefias.

As **chefias**, chefaturas ou cacicados[60] são compostas por milhares de pessoas, organizadas em uma ou mais vilas, estruturadas com base não apenas no parentesco, mas também em classes, com um ou dois níveis de hierarquia. Geralmente um grupo de pessoas ocupa posições políticas ou religiosas de modo permanente, ficando livres dos trabalhos de subsistência, acentuando-se a estratificação social. É nas chefias que, pela primeira vez, se estabelece o monopólio do uso da força e se centraliza a resolução de conflitos para viabilizar a convivência de tantas pessoas que não se conhecem mais intimamente, não são mais parentes, e, mesmo assim, precisam conviver intensamente em sociedade. A necessidade de criação de instituições formais, a centralização do sistema de resolução de controvérsia e a imposição do monopólio do uso da força são elementos essenciais para que a vida em sociedade em larga escala seja viabilizada e, obviamente, são atividades que passam a ser desempenhadas pela burocracia permanente, agora livre do trabalho de subsistência. Para sustentar

---

59. A tribo deve migrar sempre que a terra e suas redondezas se exaurem ou não são mais capazes de sustentar a população do agrupamento.

60. Normalmente afirmamos que as chefias surgiram por volta de 7.500 anos atrás, ou seja, algo próximo de 2.500 anos após a descoberta da agricultura. Cf. Diamond (1999, p. 262). No entanto, com a descoberta e exploração de *Göbekli Tepe* ao sul da Turquia, datado de 9.500 a 8.000 AEC, não está claro se a agricultura gerou o assentamento ou vice-versa. De um jeito, ou de outro, *Göbekli Tepe* marca a transição da vida nômade para o assentamento.

essa estrutura, invariavelmente a chefia estabelece tributos ou quotas de trabalho que devem ser pagos ou realizados pelos membros. Por outro lado, a especialização da mão de obra e a grande aglomeração humana permitem o início da criação de obras públicas.

Em síntese, o que inviabiliza a vida em sociedades de milhares de pessoas sem um mecanismo formal de solução de controvérsia e sem o monopólio do uso da força é o limite cognitivo do número de pessoas com quem alguém é capaz de manter relações sociais estáveis, *i.e.*, relações nas quais cada indivíduo conhece quem é o outro e como essa pessoa se relaciona com os demais membros do grupo. Essa limitação cognitiva é de aproximadamente 150 pessoas e foi proposta originalmente pelo antropólogo Robin Dunbar, motivo pelo qual ficou conhecida como o **número de Dunbar**[61]. Essa limitação cognitiva é o resultado direto da razão do tamanho do neocórtex em relação ao resto do cérebro humano. Nos primatas, em geral, à medida que o tamanho do cérebro cresce, também cresce o tamanho viável do grupo. Sem as tecnologias culturais e as instituições formais, ou seja, sem a criação de hierarquias, de sistemas de resolução de controvérsia e do monopólio do uso da força, o número viável estimado dos agrupamentos humanos é de cerca de 150 pessoas, algo próximo ao tamanho médio das tribos encontradas nos registros dos paleontólogos. Além desse patamar, surtos de violência se tornam frequentes e podem inviabilizar a vida em sociedade, como aconteceu com os *fayu* do exemplo acima. Nesse sentido, a mudança das sociedades tribais para as chefaturas parece ser uma decorrência direta da dificuldade de se resolverem conflitos internos entre estranhos que compõem a mesma sociedade, à medida que o tamanho do agrupamento cresce.

Uma vez instaladas as chefias, a sua evolução para os chamados **Estados** parece ser apenas uma questão de tempo ou mesmo de sobrevivência, dado que os Estados são mais fortes e tendem a absorver, afastar ou extinguir os aglomerados humanos próximos mais fracos[62]. Os Estados são compostos por aglomerados humanos acima de 50.000 pessoas, organizados em muitas vilas e cidades fixas (várias vezes englobando mais de uma etnia e de uma língua), estruturadas com base não apenas no parentesco, mas também em classes, com vários níveis de hierarquia, sendo que uma das cidades é claramente a capital. Há produção intensiva de alimentos para suportar um grupo de pessoas que ocupa posições políticas ou religiosas de modo permanente, com forte especialização e divisão do trabalho. Torna-se viável a construção de grandes obras públicas e, mais importante para fins do presente livro, os Estados são caracterizados pela existência do direito, muitas vezes escrito[63], e de juízes como mecanismo de solução de controvérsia. Não por outra razão, o Estado

---

61. Essa explicação também é conhecida como hipótese do cérebro social. Cf. Dunbar (1992).

62. Cf. North e Thomas (2009 [1973]), Acemoglu e Robinson (2006) e North, Wallis e Weingast (2009).

63. O desenvolvimento da escrita, um dos maiores feitos da humanidade, parece estar correlacionado ao surgimento dos Estados, pois, via de regra, são criadas neles. Quando criadas em chefaturas, estas normalmente estão em vias de evoluir para a forma de Estado.

é hoje a forma dominante de organização social em todo o globo. De acordo com a famosa definição de Weber, "o Estado é aquela comunidade humana que, dentro de determinado território – este, o 'território', faz parte de suas características – reivindica para si (com sucesso) o monopólio da coação física legítima"[64].

O prólogo do Código de Ur-Nammu da Suméria (cerca de 2.100 AEC[65]), o mais antigo registro de uma lei escrita[66], reconta as conquistas políticas e econômicas do rei Ur-Nammu, especialmente o estabelecimento da paz necessária à condução do comércio (marítimo, fluvial e terrestre) e a padronização de pesos e medidas, vitais ao comércio e às trocas em geral, e termina com o rei afirmando que: "Eu não impus ordens. Eu eliminei a inimizade, a violência e os gritos por justiça. Eu estabeleci a justiça na terra."[67] Na mesma linha, o Código de Hamurabi, escrito trezentos anos depois na Babilônia (cerca de 1.750 AEC), faz uma conexão direta entre Hamurabi e suas regras jurídicas e o deus-sol Shamash, deus da justiça[68], ao afirmar que "os deuses Anu e Enlil, para o incremento do bem-estar de seu povo, nomeiam a mim pelo meu nome: Hamurabi, o príncipe pio, que venera os deuses, para fazer a justiça prevalecer sobre a terra, para abolir o pervertido e o mal, para prevenir o forte de oprimir o fraco, para ascender como o deus-sol Shamash sobre a humanidade, para iluminar a terra. Quando o deus Marduk me comandou para prover caminhos justos para o povo da terra (para se alcançar) comportamento apropriado, eu estabeleci verdade e justiça como declarações da terra, eu aumentei o bem-estar do povo"[69].

É interessante notar que, além das constantes referências ao fim da violência, ao tratamento justo e o decorrente aumento do bem-estar da sociedade, o prólogo do Código de Hamurabi também ressalta as obras públicas realizadas pelo rei, como a renovação do templo de Ebabbar, a revitalização da cidade de Ur, o aumento da área

---

64. No original: "Staat ist diejenige menschliche Gemeinschaft, welche innerhalb eines bestimmten Gebietes – dies: das 'Gebiet' gehört zum Merkmal – das Monopol legitimer physischer Gewaltsamkeit für sich (mit Erfolg) beansprucht". Cf. Weber (1921).

65. Apenas lembrando que AEC significa **antes da era comum**, em uma substituição mais adequada à expressão antes de cristo, dado que esta expressão remete a uma religião específica. Não confundir aqui com a sigla para análise econômica comportamental do direito.

66. Mesmo os códigos anteriores ao Código de Ur-Nammu, dos quais temos apenas fragmentos, como o Código de Urukagina, já registravam a necessidade de estabelecimento de justiça na terra, e, neste Código, o próprio rei se apresenta como juiz justo quando declara: "[Eu] estabeleci justiça em Nippur, eu fiz o correto aparecer. [...] Eu transformei em exceção uma pessoa com queixa. Eu sou um juiz que ama o correto. Eu aboli o mal e a violência. Eu reabilitei o homem justo". Cf. Foster (1995, p. 172). Para uma ampla discussão sobre justiça e ordem social em civilizações ancestrais, cf. Irani e Silver (1995) e Harle (1998).

67. Cf. Roth (1997, pp. 15-17.)

68. Se o leitor tiver a oportunidade de visitar a versão do Código de Hamurabi no Museu do Louvre, em Paris, França, ou consultar sua imagem na internet, notará que a cena inicial ocupa quase um terço do monólito e é ambígua, pois não é possível afirmar se o deus da justiça dita as regras a Hamurabi ou se o rei às oferece ao deus. De qualquer forma, como o monólito ficava exposto em praça pública, a mensagem era bem clara, mesmo para a população iletrada: as regras jurídicas ali expostas eram as regras divinas de justiça.

69. Cf. Roth (1997, pp. 76-77, 80-81).

cultivada na cidade de Dilbat e o plano urbanístico da cidade de Kesh[70]. Todas essas são características que distinguem o Estado da chefatura e claramente constam do Código para legitimar a existência do Estado perante a população[71].

Como se pode ver, é inequívoco que, desde a Antiguidade, a existência de um mecanismo de solução pacífica das controvérsias e o monopólio do uso legítimo da força são elementos essenciais para a estruturação da vida em sociedade em larga escala e que o direito é um elemento essencial dessa estruturação. Certamente o direito é um pré-requisito (condição necessária) para o que chamamos de sociedade moderna. Essa conclusão não é um julgamento de valor, um dever-ser, mas uma constatação histórica de como todos os povos que conseguiram ultrapassar o estágio de mera tribo e se organizar como Estado instalaram o monopólio do uso da força e a estruturaram por meio do direito devidamente aplicado por burocratas especializados – os juízes. Em todos os casos, a conclusão é sempre a mesma: sem a criação do direito e a instalação de um mecanismo pacífico de solução de controvérsia, não é possível manter a estabilidade da vida em sociedade[72].

2.2 A Função Social do Processo: o problema principal-agente Estado-juiz

No contexto da evolução das formas de organização sociopolítica da humanidade, é relativamente simples perceber que o que chamamos regularmente de direito nada mais é que o conjunto de regras aplicadas pelo Estado[73] por meio do emprego da força (coerção). Nessa linha, para Carnelutti[74], direito é o "conjunto dos preceitos jurídicos (preceitos sancionados) que se constituem para garantir, dentro de um grupo social (Estado), a paz ameaçada pelos conflitos de interesses entre seus membros". Como se pode ver, essa definição clássica reforça claramente que o direito está relacionado ao monopólio do uso da força (sanção) pelo Estado para a manutenção da estrutura social diante de conflitos internos.

Assim, pode-se dizer que o direito é uma tecnologia social desenvolvida para viabilizar a vida em sociedades complexas, em que a relação de parentesco e outros meios de controle não são suficientes para garantir a coesão social. Isso não quer

---

70. A título de informação, para o entusiasta do processo, o direito babilônico é tão sofisticado que há, inclusive, um livro inteiramente dedicado ao processo civil babilônico. Cf. Holtz (2009).

71. Se o leitor tiver curiosidade, leia o prólogo da Constituição brasileira e veja o quanto ele é parecido com o prólogo do Código de Hamurabi, inclusive a invocação a um deus para abençoar as regras adotadas.

72. Não obstante, para uma discussão sobre a viabilidade de sociedades anárquicas, veja, a título de exemplo, Buchanan (2000 [1975]), Friedmann (1979), Cowen (1992) e Benson (2011 [1990]). E, para um relato sobre contextos sociais de conflito em que o direito pode ser irrelevante, cf. Ellickson (1991).

73. A partir de agora farei referência apenas ao Estado, por ser essa a forma de organização sociopolítica dominante, mas isso não significa dizer que não seja possível ou que não tenha havido a criação de direito no âmbito de chefias.

74. Cf. Carnelutti (2000 [1953], p. 71).

dizer que outras instituições não tenham sido desenvolvidas e utilizadas[75], inclusive de forma simultânea e complementar, como a cultura e a religião, mas sim que o direito claramente desempenha uma função de escalabilidade no controle social. Dessa forma, é razoável afirmar que as regras jurídicas "são desenvolvidas pela humanidade para prover um mínimo de estrutura para a interação humana em um mundo marcado pela incerteza. Instituições reduzem a incerteza e o risco ao tornar as ações dos demais agentes mais previsíveis"[76].

Ao estabelecer as regras do jogo, o direito provê um ambiente social dentro do qual os agentes podem pautar suas relações e interações de acordo com o que lhes é juridicamente permitido (dever-ser), sabendo (ou devendo saber) as consequências jurídicas associadas às ações em desconformidade com as regras (sanções). Em síntese, o direito regula e normatiza as relações humanas, mitigando a incerteza quanto ao resultado de suas ações ao deixar claro o que é permitido e as consequências da prática do que é proibido (ato ilícito). Assim, em sua concepção mais simples, "o direito nada mais é do que informação sobre como os sistemas adjudicatórios provavelmente se comportarão quando diante de uma disputa (coerção – *enforcement*), bem como informação sobre como as pessoas provavelmente se comportarão em geral (conformidade – *compliance*)."[77]

Não obstante, dizer que a função social do direito é estruturar e limitar as relações humanas de forma a lhes atribuir previsibilidade é o mesmo que dizer que, caso algum membro da comunidade – por qualquer razão – não aja de acordo com as regras jurídicas, deve haver um mecanismo externo capaz de impor a conduta esperada (dever-ser), *i.e.*, de coerção. Invariavelmente, quando estamos falando de direito, esse mecanismo é o juiz[78]. O juiz é um dos burocratas especializados que exerce parte do poder estatal e faz valer (*enforces*), diante de um conflito, a regra jurídica elaborada pelo Estado[79]. O juiz é, pois, um agente do Estado encarregado de aplicar o direito diante de um caso concreto, *i.e.*, de adjudicar.

Partindo-se do pressuposto que, no início do procedimento, apenas os litigantes tiveram acesso aos fatos envolvidos no litígio, há uma **assimetria de informação**[80]

---

75. Para uma interessante discussão sobre os meios de controle social sem o uso do direito, *e.g.* pela máfia, cf. Dixit (2007).

76. Cf. Gico Jr. (2017, p. 115).

77. Cf. Gico Jr. (2019, pp. 20-21) e, para uma discussão das implicações do argumento, vide Capítulo 6.

78. Em outras formas de composição de conflitos podemos fazer referência a figuras diversas, como o mediador, mas quando estamos discutindo direito, quem o adjudica age como juiz. Para o leitor interessado em outros mecanismos de solução de controvérsia, cf. Gulliver (1963), Nader (1969), Fallers (1969) e Nader e Todd Jr. (1978).

79. Considerando-se que o objeto do presente livro é o processo civil, deixamos de explorar o papel da polícia como principal meio de exercício interno da coerção estatal, enquanto as Forças Armadas são o principal meio do exercício externo da coerção.

80. Há uma assimetria de informação em uma relação entre dois ou mais agentes quaisquer quando um dos agentes possui informações em quantidade ou qualidade superior às da outra parte, *i.e.*, um dos agentes possui informação privada.

entre os litigantes (autor e réu) e o juiz, sendo que o processo pode ser interpretado como um conjunto de procedimentos que estruturam o mecanismo de descoberta dos fatos pelo magistrado, para que possa aplicar as regras jurídicas e resolver o conflito. Assim, no curso do processo, uma vez estando o juiz suficientemente convencido dos fatos relevantes, ele estará apto a adjudicar, *i.e.*, a dizer quem tem direito de acordo com as regras preestabelecidas[81]. O processo é, portanto, um canal de comunicação entre as partes e o Estado-juiz para a redução da assimetria de informações e, em última instância, adjudicação do direito. Sem o estabelecimento desse canal, o Estado-juiz não teria como conhecer os fatos relevantes, *ergo*, não poderia resolver o litígio entre as partes de acordo com as regras jurídicas.

Dada a importância do papel de magistrado dentro de uma comunidade, é de esperar que, em sociedades menos complexas, o juiz fosse o próprio legislador, *i.e.*, a pessoa ou o ente que estabelecia as regras jurídicas[82] ou um oficial de alta patente. Assim, à medida que as comunidades evoluíam de tribos (decisões coletivas descentralizadas) para chefias ou Estados (decisões coletivas centralizadas), é razoável supor que – pelo menos inicialmente – o mesmo ente que elaborava as regras decidia os conflitos delas decorrentes. No entanto, nada determina que esse seja forçosamente o caso, pois cada civilização tem uma história própria[83]. Para demonstrá-lo, podemos invocar novamente, a título de ilustração, a civilização babilônica que, de tão sofisticada, contava com carreiras públicas não apenas para juízes, mas também para notários e escribas, sendo que há registros de que quem exercia a função adjudicatória diretamente não era o rei[84]. Por outro lado, em Portugal, no século XVII o rei claramente desempenhava o papel de revisor de última instância de decisões judiciais, inclusive em caso de dúvida hermenêutica[85]. De qualquer forma, para nossos fins, não importa quem exerça a função jurisdicional, o que importa é que aquele que a exerce estará adjudicando, *i.e.*, exercendo **jurisdição**[86].

---

81. Conforme se discutirá nas Seções 3.1.4 e 3.2, o princípio do livre convencimento do juiz ou da persuasão racional se limita única e exclusivamente ao convencimento acerca de que fatos foram provados ou não após a instrução processual. Jamais seria ou poderia ser uma permissão para que o juiz possa escolher se o direito incidente deve ser aplicado ou não. Se o juiz e sua decisão (adjudicação) não estiverem vinculados às regras jurídicas prévias, à lei, não faria mais sentido se falar em democracia ou em Estado de Direito. O juiz teria o poder arbitrário e discricionário de legislar em cada caso. Os cidadãos seriam súditos da pessoa do juiz e não do Estado. Seria a morte do direito.

82. *Jurídico* aqui significa acompanhado da ameaça do uso da força (sanção) dentro de um contexto de monopólio do uso legítimo da força.

83. Nesse sentido, vide Friedman, Leeson e Skarbek (2019).

84. Cf. Johns (1904, p. 80 e ss.) e Holtz (2008).

85. Cf. Telles (1865), Almeida (1870) e Gico Jr. (2018).

86. Nesse sentido, mesmo quando as partes levam o seu conflito para uma arbitragem, a atividade desempenhada pelos árbitros é de jurisdição, pois são contratados para dizer o direito (*juris dictio*). Mesmo que os árbitros não possam coagir as partes, *i.e.*, executar as suas decisões, a decisão arbitral está protegida pelo Estado e será executada por meio da coerção estatal, portanto, ela é jurídica.

Nesse sentido, tendo em vista que o direito é o resultado do monopólio do uso legítimo da força por parte do Estado, o ente encarregado da função jurisdicional – seja ele qual for – estará agindo como juiz e, ao fazê-lo, estará prestando o **serviço público adjudicatório**. A prestação do serviço adjudicatório é tão importante que, muitas vezes, o direito estabelece não apenas regras de direito material para regular a relação entre os membros da comunidade, mas também regras de Direito Processual para regular a relação entre as partes litigantes e o juiz no exercício de sua função.

O Direito Processual deve ser visto, assim, não apenas como a ordenação dos passos que as partes litigiosas devem seguir no curso do processo para reduzir a assimetria de informação e receber a adjudicação, mas também como o conjunto de regras jurídicas que informam, limitam e estruturam o exercício do poder adjudicatório pelo juiz. Da mesma forma que o juiz está obrigado a aplicar o direito material na solução da controvérsia, não podendo adotar decisões *contra legem*, também deve ele se portar de acordo com o Direito Processual durante a condução do processo. O Direito Processual é, pois, simultaneamente organização e limite da atividade adjudicatória. Se entendermos que a relação processual é uma relação tripartite envolvendo as partes e o juiz[87], então podemos simplesmente dizer que o Direito Processual é o conjunto de regras jurídicas que estrutura a interação das partes, todas elas, no curso de um processo.

A perspectiva do Direito Processual não apenas como organização do procedimento, mas também como instrumento de controle do Estado (principal) sobre o magistrado (agente) é importante por duas razões. Primeiro, o magistrado pode, por qualquer razão, desviar seu comportamento e não seguir as regras jurídicas. Segundo, mesmo que o magistrado tente seguir as regras jurídicas, ele pode errar no exercício de sua função. No primeiro caso estaremos diante de um erro voluntário (dolo) e, portanto, de um problema principal-agente, e, no segundo, de um erro involuntário (culpa). De um jeito ou de outro, do ponto de vista do Estado, ambas as decisões estão simplesmente erradas.

Um **problema principal-agente** ou um *dilema de agência* surge quando alguém (o principal) contrata um terceiro (o agente) para desempenhar uma atividade em seu nome e, obviamente, no seu interesse, mas, em função da existência de uma assimetria de informação (risco moral[88] e seleção adversa[89]), o agente pode agir de

---

87. Cf. Bülow (1964, pp. 1-2).

88. Tradicionalmente, um **risco moral** surge quando alguém aumenta a sua exposição ao risco pelo fato de estar protegido por um seguro, mas também pode surgir quando alguém assume riscos porque outra pessoa arcará com as consequências, os custos, dos riscos assumidos, caso se manifestem. O problema do risco moral na atividade adjudicatória é extremamente importante, pois o juiz coage, logo, impõe às partes a sua decisão e, portanto, tem o poder de impor a terceiros suas preferências, sem jamais arcar ele próprio com os custos dessa decisão. Nesse sentido, o juiz irresponsável (*nonaccountable*) é um risco moral.

89. Um problema de **seleção adversa** acontece quando alguém (o principal) seleciona um terceiro (o agente) para desempenhar uma função com base em informações disponíveis, mas o agente possui informações privadas que, se disponíveis para o principal, alterariam sua decisão de contratar ou de manter o vínculo de

forma diversa da desejada pelo principal (conflito de interesses). Nesse contexto, o Direito Processual pode ser interpretado como uma decorrência do fato de o juiz ser um agente do Estado, que foi contratado para fazer valer as regras jurídicas e não a sua própria opinião, valores ou ideologias[90]. De certo modo, a escolha política dos membros dos tribunais superiores e a possibilidade de recursos a essas instâncias especiais para rever decisões de instâncias inferiores podem ser interpretadas como características do sistema judicial desenhadas para manter os próprios juízes sob controle, ainda que seja discutível o seu grau de sucesso[91]. Por outro lado, mesmo quando o juiz está tentando funcionar como membro de um time[92] e aplicar corretamente o direito[93], ele pode cometer um erro tanto no julgamento em si (*error in judicando*) quanto na condução do processo (*error in procedendo*). Assim sendo, é imperativo que o processo judicial garanta segurança para as partes de forma que elas não sejam surpreendidas com eventuais arbitrariedades e favorecimentos por parte do juiz, tenham iguais oportunidades de apresentar a sua visão do caso e tenham como se insurgir contra eventuais erros.

O processo judicial, portanto, deve limitar a atuação das partes em litígio, que deverão produzir suas provas e apresentar seus pleitos de acordo com o que determina a lei, e também limitar a atuação do juiz, que deverá julgar a lide dentro dos limites da lei. Essa segurança é dada pela observância da lei processual e de um conjunto de princípios durante o curso do processo, tais como o direito ao contraditório e à ampla defesa (art. 5º, LV, da CF/88)[94], à não utilização de provas ilícitas (art. 5º, LVI, da CF/88)[95], à publicidade e à motivação das decisões judiciais, dentre outros princípios

---

representação. Nesse sentido, o Estado pode contratar um juiz para fazer valer o direito e o juiz, depois de contratado, pode deixar de aplicar as regras jurídicas e impor regras mais adequadas às suas próprias preferências (comportamento divergente), frustrando o objetivo inicial do principal (Estado), que era fazer valer as regras jurídicas.

90. Nunca é demais lembrar que, enquanto os políticos são eleitos de tempos em tempos para legislar e, portanto, para concretizar a vontade dos grupos de eleitores por meio de legislação, no Brasil os juízes são servidores públicos contratados de forma permanente para desempenhar uma função, a adjudicatória, *i.e.*, fazer valer as regras jurídicas criadas pelos políticos, em nome do povo. No entanto, muitos creem hoje que o Judiciário deve legislar livremente (ativismo judicial) e que, em alguns casos, seria sua função violar a lei e a Constituição, ainda que democraticamente estabelecida pela maioria (papel contramajoritário). A título de exemplo, cf. Barroso (2016) e (2018).

91. Para uma discussão da estrutura do Judiciário no contexto de um problema agente-principal, quando os interesses dos próprios juízes de instâncias diversas não coincidem, cf. Gico Jr. (2015).

92. Aqui a expressão **time** é utilizada apenas para reforçar que todos os juízes, inclusive de instâncias diversas, teriam o mesmo objetivo (função utilidade), tal qual os integrantes de um time. Se o objetivo for seguir a lei, todos querem seguir a lei, se for fazer justiça, todos querem fazer justiça.

93. Para uma discussão da estrutura do Judiciário em um contexto de time, quando os interesses dos próprios juízes de instâncias diversas coincidem, cf. Gico Jr. (2013).

94. Art. 5º [...] LV - aos litigantes, em processo judicial ou administrativo, e aos acusados em geral são assegurados o contraditório e ampla defesa, com os meios e recursos a ela inerentes; [...].

95. Art. 5º [...] LVI - são inadmissíveis, no processo, as provas obtidas por meios ilícitos; [...].

que, interpretados conjuntamente, compõem o que se chama de devido processo legal (cf. Seção 3.3).

Logo, como nos lembra Chiovenda, o processo judicial é a "sucessão de atos vinculados pelo objetivo comum da atuação da vontade da lei e procedendo ordenadamente para a consecução desse objetivo [...]"[96] e permite não apenas que o juiz da causa conheça os fatos pertinentes e adjudique o direito a quem tiver razão (resolvendo o litígio), mas também que as partes tenham segurança de que o seu caso foi julgado de forma legal e livre de arbitrariedades pelo julgador[97]. Note que a posição de Chiovenda é integralmente compatível com o que estou aqui a dizer, *i.e.*, que os procedimentos são atos vinculados, não discricionários, e que a função do processo é fazer valer a vontade da lei no caso concreto e não a vontade do próprio magistrado. Na mesma linha, em uma perspectiva institucional, Couture entende que o processo judicial é "uma instituição submetida ao regime da lei, a qual [regula] a condição das pessoas, a situação das coisas, e o ordenamento dos atos que tendem à obtenção dos fins da jurisdição"[98]. De uma forma ou de outra, o processo judicial nada mais é que uma tecnologia do direito para viabilizar a resolução segura de uma disputa[99] entre as partes em litígio por meio da prolação de uma decisão judicial.

Por isso digo que o processo tem duas funções primordiais: (i) organizar a prestação do serviço público adjudicatório prestado diretamente pelo juiz, em nome do Estado (administração); e (ii) proteger as partes litigantes de erros por parte do próprio juiz (proteção), aqui incluídos erros voluntários e involuntários. A pergunta é, pois, como alcançar e otimizar esses dois objetivos simultaneamente, dado que eles às vezes entram em conflito? A função social do processo é equilibrar os objetivos de administrar e de proteger. Precisamos que o serviço público adjudicatório seja, o mais possível, livre de erros, mas quanto mais garantias e procedimentos são inseridos no sistema para evitar tais erros, mais complexa e custosa será a sua administração. Em outras palavras, há um claro *trade-off* entre proteção e administração e, nesse sentido, as regras processuais e, portanto, o processo judicial em si, são o resultado da decisão

---

96. Cf. Chiovenda (2009 [1933], pp. 91 e 92).

97. Obviamente, a única forma de proteger os membros de uma sociedade de arbitrariedades no direito é garantir que as regras não sejam arbitrárias. Apesar de imperfeita, a melhor forma de fazê-lo, até o momento, é a democracia. No entanto, se o direito for arbitrário, não existe mecanismo jurídico de proteção contra essa arbitrariedade. A falsa ideia de que um juiz poderia proteger um cidadão da arbitrariedade da lei apenas submete todos os cidadãos à arbitrariedade subjetiva do próprio juiz, ao mesmo tempo em que destrói o poder preditivo do direito – uma situação muito pior. Sobre os riscos da insegurança jurídica, cf. Gico Jr. (2013) e (2014).

98. Cf. Couture (2008, p. 74).

99. É importante relembrar a definição mais ampla de Chiovenda (2009 [1933], p. 77), que prescinde da existência de uma lide para a caracterização do processo: "O processo civil é o complexo dos atos coordenados ao objetivo da atuação da vontade da lei (com respeito a um bem que se pretende garantido por ela), por parte dos órgãos de jurisdição ordinária". Essa definição não apenas valida as conclusões adotadas neste capítulo, como reforça que a função do Judiciário é fazer valer a lei, sendo que as atividades não jurisdicionais (*e.g.* homologação de acordos extrajudiciais, divórcios consensuais) são meras atividades administrativas delegadas e não interessam para a discussão do processo neste contexto.

política acerca do arranjo institucional desejável para aquele determinado contexto, que privilegiará a proteção ou a administração. Nesse sentido, é importante alertar que, em qualquer hipótese, o processo sempre gerará custos para a sociedade, que agregados equivalem ao custo social do processo.

2.3 O Custo Social do Processo

Como visto acima, o Direito Processual é um mecanismo de resolver um conflito fazendo valer o direito material que, por sua vez, foi estabelecido pelo Estado. A cada regra de direito material x, podemos associar um provável estado da natureza x', decorrente da aplicação da referida regra (regra $\rightarrow$ consequência). Obviamente, o Estado escolherá *ex ante* a regra jurídica que, de acordo com as informações disponíveis, mais se adapta às suas preferências. Em uma **democracia competitiva**[100], é de se esperar que as decisões estatais se aproximem o mais possível das preferências sociais e, portanto, que o direito se aproxime da vontade da maioria[101]. Nesse sentido, toda decisão judicial que faz valer o direito, aumenta o **bem-estar social**[102], e toda a decisão que se afasta do direito, diminui o bem-estar social, logo, impõe um custo à sociedade[103].

De uma forma geral, erros de adjudicação distorcem os incentivos dos agentes e criam situações socialmente indesejáveis. Assim, por exemplo, suponha que uma empresa automobilística possa reduzir o número de acidentes fatais em 10% apenas investindo em um projeto mais custoso do sistema de frenagem. No entanto, a utilização desse projeto mais custoso é imperceptível para o consumidor e, portanto, a sua adoção não necessariamente atrai mais compradores, apenas gera mais custos para a empresa. Em um cenário como esse, é de se esperar que a empresa não adote o referido projeto. Todavia, as regras jurídicas de responsabilidade civil fazem com que a empresa seja responsabilizada pelos eventuais danos decorrentes de sua conduta danosa e, assim, faz com que a empresa internalize os custos de sua decisão,

---

100. Uma democracia competitiva é aquela em que não apenas o jogo democrático ocorre, mas também cada grupo tem uma chance real de tentar fazer valer o seu ponto de vista e concorrer efetivamente pela ocupação de cargos públicos. Em outras palavras, é uma democracia em que há efetiva concorrência política. Nesse sentido, a Teoria da Escolha Pública (*Public Choice*) pode ser interpretada como uma teoria sobre as falhas de governo e, portanto, do Estado.

101. O direito será tão mais próximo das preferências sociais, quanto mais perfeito for o Estado Democrático, e será mais distante das mesmas, quanto menos democrático for o Estado Democrático. Uma investigação acerca da efetiva adequação do direito às preferências sociais é um objeto de estudo mais adequado à ciência política, à sociologia ou à Teoria Geral do Estado. De qualquer forma, do ponto de vista do Direito Processual, o processo serve para fazer valer o direito material em caso de conflito, não sendo a adequação do direito material em si uma questão que possa ser respondida processualmente.

102. Bem-estar aqui está sendo utilizado na mesma concepção que na Constituição Federal para incluir tanto a qualidade de vida que as pessoas usufruem, quanto o padrão de vida decorrente do consumo de bens e serviços, sendo que estes são produzidos pelo mercado e pelo Estado mediante o emprego de recursos disponíveis. Em outras palavras, a utilidade agregada. Cf. Preâmbulo, art. 186, inc. IV, art. 193, art. 219, art. 230 e §1º do art. 231, todos da Constituição Federal.

103. Mais sobre isso nas Seções 3.1.4 e 3.2.

incentivando-a a adotar o sistema de frenagem mais eficaz, apesar de mais custoso[104]. Se o juiz deixar de aplicar as regras de responsabilidade civil e não impuser à empresa o pagamento da devida indenização, ou seja, se em função de um erro de adjudicação a empresa não for responsabilizada quando deveria ser, então ela provavelmente não investirá no nível socialmente desejado de precaução e mais acidentes ocorrerão, o que representa um custo social. Esse tipo de custo decorrente do erro adjudicatório chamamos de **custos de erro** ou $c(e)$.

Para tentar evitar que erros como esse aconteçam, a nossa sociedade investe em processo. Na hipótese de surgimento de um litígio envolvendo casos como o descrito, as partes terão direito a um procedimento judicial pleno, com ampla apresentação de provas, realização de audiências e de perícia, a presença de advogados para ambas as partes, provavelmente a presença de um membro do Ministério Público agindo como fiscal da lei (*custos legis*)[105] etc. Todas essas garantias e procedimentos são criados e disponibilizados para tentar minimizar a possibilidade de um erro adjudicatório pelo juiz.

Na realidade, retomando o fato de que há uma assimetria de informação entre as partes e o juiz, os investimentos em processo e os procedimentos de instrução são um mecanismo de descobrimento da realidade para que o juiz, reduzindo essa assimetria de informação, possa adequadamente resolver o conflito de acordo com o direito. Quanto mais informação o juiz tiver, mais perfeita será a sua decisão, sendo que perfeição aqui se refere ao grau de adesão da decisão judicial às regras jurídicas vigentes (acurácia). Desconsiderando o problema principal-agente, um juiz com informação perfeita é um juiz que pode decidir perfeitamente. No entanto, como dito, garantir que o juiz adquira tais informações requer que as partes gastem tempo preparando suas defesas, a realização de audiências, de perícias, a presença de advogados, servidores, computadores, a remuneração dos juízes etc. E tudo isso representa custos privados.

Por outro lado, mesmo que o juiz adquira informação perfeita e, portanto, tenha pleno domínio dos fatos e do direito, pode ser que, em razão de suas preferências subjetivas, não concorde com o resultado x' e se recuse a aplicar ao caso concreto a regra jurídica devida x. Nessa hipótese, apesar de o juiz ser um agente do Estado, estará adotando um **comportamento oportunista**[106] e se desviando do direito para

---

104. Sobre a análise econômica da responsabilidade civil extracontratual, vide Calabresi (1970), Landes e Posner (1987), Shavell (1987), Acciarri (2009), Battesini (2011) e Gico Jr. (2019).

105. Dada a presença de um juiz, de advogados para ambas as partes e supondo capacidade civil de todos, a presença adicional do Ministério Público como *custos legis*, pode gerar muito mais custo para sociedade do que benefício, ou seja, provavelmente é um excesso de precaução, uma medida ineficiente. No entanto, até onde sei, não há qualquer tentativa de mensuração dos eventuais benefícios decorrentes da atuação como *custos legis* ou intenção de avaliação. Sem mensuração, a questão da eficiência da intervenção do MP permanece em aberto.

106. O comportamento de um agente é dito oportunista quando ele, aproveitando-se de sua situação de vantagem, adota uma postura incompatível com os interesses do principal, para maximizar sua própria utilidade. Esse comportamento oportunístico não é eliminável, mas pode ser mitigado. No caso, sendo o juiz um agente do Estado, um comportamento oportunista seria aquele em que o juiz se vale de sua posição para deixar de aplicar o direito.

impor às partes e, por conseguinte, à sociedade, a sua visão de mundo em detrimento do direito, da opção do Estado. O juiz estará agindo *contra legem*.

Por isso, tanto para mitigar o risco do erro adjudicatório por informação imperfeita, quanto o erro adjudicatório por comportamento oportunista do juiz, em vez de contratarmos um único juiz e de nos darmos por satisfeitos com a sua sentença, muitas vezes também contratamos mais juízes (chamados normalmente de desembargadores) para rever a referida sentença, caso a parte sucumbente expresse esse desejo[107]. A justificação parcial para a existência de uma instância recursal, *i.e.*, de uma turma de juízes revendo o trabalho de um juiz singular, é a preocupação social com o erro na prestação do serviço público adjudicatório[108]. Não obstante, tanto essa garantia adicional quanto todas as demais garantias e procedimentos de proteção geram uma complexa estrutura judicial, que não vem sem ônus. A gestão desse complexo sistema judicial gera custos, os chamados **custos de administração** ou c_A. Quanto mais garantias, procedimentos e processos de revisão houver, menor será a probabilidade de um erro adjudicatório acontecer. Em compensação, quanto mais garantias e procedimentos, ou seja, quanto mais complexo o sistema judicial for para a proteção dos litigantes, maiores serão os custos de administração do próprio sistema.

Nesse sentido, temos duas variáveis com comportamentos opostos que se compensam: os custos de erro e os custos de administração. Quanto mais investimentos em processo, menor serão os custos com erro adjudicatório ($\downarrow c(e)$)[109]. No entanto, quanto mais se investe em processo, mais complexo e demorado será o sistema e, portanto, maior será o custo de administração ($\uparrow c_A$), e vice-versa. Em suma, o investimento em processo diminui o custo decorrente do erro e aumenta o custo de administração, e a diminuição do custo de administração aumenta o custo com erro. Se entendermos que a função do Direito Processual é proteger as partes de erros na adjudicação (proteção) e organizar a atividade adjudicatória (administração), então podemos compreender o Direito Processual como uma tentativa de minimizar o **custo social do processo**, dado por CS:

Equação 2.3-1

$$CS = c_A + c(e)$$

---

107. No caso dos particulares, a revisão de uma sentença é feita se a parte sucumbente assim desejar e apelar (art. 724 e 994/CPC). Já quando o litigante sucumbente é o próprio Estado, a sentença é revista automaticamente, ainda que não haja apelação, como um caso da remessa necessária (art. 496/CPC).

108. A outra explicação é o papel de uniformização de interpretação de regras jurídicas por parte do tribunal, cf. Seção 5.2.2. Sobre os papéis dos juízes e dos tribunais, cf. Gico Jr. (2017; 2018).

109. Aqui assumindo-se a ausência de deseconomias de escala ou de retornos marginais decrescentes, *i.e.*, desconsiderando-se a possibilidade de que o excesso de procedimentos e garantias, em um dado momento, deixe de reduzir os erros de adjudicação e passe, ele próprio, a gerar erros.

No âmbito da análise econômica do direito, o primeiro a identificar que uma função do processo era minimizar o custo social decorrente de erros e de gestão do sistema foi Richard Posner, segundo o qual, para a AED,[110] "o objetivo do processo legal é concebido como sendo a minimização da soma de dois tipos de custos: 'custos de erro' (os custos sociais gerados quando um sistema judicial deixa de desempenhar as funções alocativas ou outras funções sociais atribuídas a ele) e 'custos diretos' (como tempo de advogados, juízes e litigantes) da operação do maquinário de resolução de controvérsia jurídico. Dentro desse arcabouço, as regras e outras características do sistema processual podem ser analisadas como esforços para maximizar a eficiência".

A ideia de que o processo constitui um custo social é simultaneamente simples e reveladora. Ela congrega em uma única expressão a ideia de que ainda que a proteção dos litigantes contra erros adjudicatórios seja algo socialmente desejável, tal proteção não vem sem custos. Se o erro adjudicatório gera um custo, os mecanismos de proteção contra ele (processo) também geram custos por si só, os custos de administração. Logo, na estruturação do sistema judicial e na escolha das regras processuais que regerão o sistema, é necessário ponderar ambos para minimizar o custo social do processo e é isso que todas as sociedades fazem – conscientemente ou não – quando elegem suas regras processuais.

Não por outra razão, em casos mais simples e de menor valor, como são os casos do juizado especial de pequenas causas, a nossa sociedade, como muitas outras, aceita investir menos em processo para ganhar mais em acesso e celeridade, na esperança de que os eventuais custos de erro no juizado sejam menores do que os benefícios auferidos com a simplificação; ou seja, a criação dos juizados especiais pode ser interpretada como o resultado de uma análise custo-benefício em que o legislador entendeu que, nesse contexto, era mais eficiente diminuir os custos de administração do sistema, pois os benefícios decorrentes deveriam superar os malefícios decorrentes de eventuais erros de adjudicação. Na mesma linha, nos casos de execução de título executivo, as garantias processuais são substancialmente reduzidas quando comparados com procedimentos ordinários, pois a mesma análise se aplicaria: na presença de um título executivo, a pequena probabilidade de erro não compensaria incorrer em maiores custos de administração com mais proteção. Em ambas as hipóteses, o que se busca é a minimização do custo social do processo.

Nesse sentido, minimizar os custos sociais do processo é apenas uma outra forma de dizer que as regras de processo civil devem ser eficientes (regras) e que o processo deve ser conduzido pelo magistrado de maneira eficiente (gestão), ou seja, a prestação do serviço público adjudicatório deve ser eficiente. A busca pela eficiência no proces-

---

110. Cf. Posner (1973, pp. 399 e 400). No original: "The purpose of legal procedure is conceived to be the minimization of the sum of two types of costs: 'error costs' (the social costs generated when a judicial system fails to carry out the allocative or other social functions assigned to it), and the 'direct costs' (such as lawyers', judges', and litigants' time) of operating the legal dispute-resolution machinery. Within this framework the rules and other features of the procedural system can be analyzed as efforts to maximize efficiency".

so civil é algo não apenas desejável, mas sim verdadeiramente essencial, dado que o pleno uso e o gozo de qualquer direito depende intimamente do acesso aos meios de reivindicá-lo, caso alguém os viole ou ameace violá-los. Mas para que todos tenham acesso de maneira tempestiva e adequada ao serviço público adjudicatório, que é um recurso comum e, portanto, congestionável[111], o adequado balanço entre custos de administração e custos de erro deve ser alcançado, ou seja, o custo social do processo deve ser minimizado. Em minha opinião, a busca pela eficiência no processo civil é a pedra de toque do Código de Processo Civil e a compreensão desse fato nos permitirá olhar os princípios gerais do processo com novos olhos. É o que faremos no próximo capítulo quando discutirmos alguns dos princípios informadores do processo civil.

---

111. Um **recurso comum** é um bem ou serviço simultaneamente não excludente (livre acesso) e rival (a utilização por uma pessoa impede ou reduz substancialmente a utilidade do recurso para outra pessoa). Discutiremos a natureza econômica do direito e dos tribunais no Capítulo 6.

3

Princípios do Processo Civil

3.1 O Princípio da Eficiência

A eficiência é um valor jurídico a ser perseguido. Assim comanda a Constituição Federal, quando estabelece que a Administração Pública, em todos os seus níveis, inclusive estaduais e municipais, obedecerá ao Princípio da Eficiência: "Art. 37. A administração pública direta e indireta de qualquer dos Poderes da União, dos Estados, do Distrito Federal e dos Municípios obedecerá aos princípios de legalidade, impessoalidade, moralidade, publicidade e eficiência [...]". O comando constitucional de busca pela eficiência ainda aparece outras vezes no texto constitucional, por exemplo, quando estabelece a eficiência como finalidade a ser perseguida pelos órgãos de controle interno dos Poderes[112]; como critério para que o juiz se faça presente pessoalmente em litígios envolvendo questões agrárias[113]; como critério para organização e funcionamento dos órgãos de segurança pública[114]; e como critério para o exercício da segurança viária[115].

Como não poderia deixar de ser, a busca pela eficiência como valor jurídico constitucional não é um fenômeno apenas brasileiro. Por exemplo, a Constituição espanhola ordena a alocação eficiente dos gastos públicos[116], a Constituição da Nação Argentina determina que os serviços públicos sejam eficientes[117] e a Constituição Política da República do Chile estabelece que a alocação regional de recursos públicos entre regiões responda a critérios de eficiência[118]. A Constituição Política do Peru tem a mesma preocupação com o orçamento público, cuja programação e execução devem responder ao critério de eficiência[119]. A Constituição Política da Colômbia menciona

---

112. Art. 74. Os Poderes Legislativo, Executivo e Judiciário manterão, de forma integrada, sistema de controle interno com a finalidade de: [...] II - comprovar a legalidade e avaliar os resultados, quanto à eficácia e eficiência, da gestão orçamentária, financeira e patrimonial nos órgãos e entidades da administração federal, bem como da aplicação de recursos públicos por entidades de direito privado.

113. Art. 126. [...] Parágrafo único. Sempre que necessário à eficiente prestação jurisdicional, o juiz far-se-á presente no local do litígio.

114. Art. 144 [...] § 7º A lei disciplinará a organização e o funcionamento dos órgãos responsáveis pela segurança pública, de maneira a garantir a eficiência de suas atividades.

115. Art. 144 [...] § 10. A segurança viária, exercida para a preservação da ordem pública e da incolumidade das pessoas e do seu patrimônio nas vias públicas:
I - compreende a educação, engenharia e fiscalização de trânsito, além de outras atividades previstas em lei, que assegurem ao cidadão o direito à mobilidade urbana eficiente; [...].

116. Artículo 31. [...] 2. El gasto público realizará una asignación equitativa de los recursos públicos y su programación y ejecución responderán a los criterios de eficiencia y economía.

117. Artículo 42.- [...] Las autoridades proveerán a la protección de esos derechos, a la educación para el consumo, a la defensa de la competencia contra toda forma de distorsión de los mercados, al control de los monopolios naturales y legales, al de la calidad y eficiencia de los servicios públicos, y a la constitución de asociaciones de consumidores y de usuarios.

118. Art. 115. [...] La Ley de Presupuesto de la Nación contemplará, asimismo, gastos correspondientes a inversiones sectoriales de asignación regional, cuya distribución entre regiones responderá a criterios de equidad y eficiencia, tomando en consideración los programas nacionales de inversión correspondientes. La asignación de tales gastos al interior de cada región corresponderá al gobierno regional.

119. Art. 77. [...] El presupuesto asigna equitativamente los recursos públicos, su programación y ejecución responden a los criterios de eficiencia de necesidades sociales básicas y de descentralización. Corresponde a las

doze vezes a obrigação de buscar a eficiência como princípio da Previdência Social (art. 48), dos serviços de saúde e saneamento ambiental (art. 49), da gestão fiscal do Estado (arts. 267 e 268), como fundamento do direito da concorrência (art. 336)[120], mas também como critério de alocação de recursos públicos (arts. 350, 356, 357 e 363) e dos serviços públicos em geral (art. 370 e artigo transitório 48). Da mesma forma, a Constituição Política dos Estados Unidos do México inclui onze vezes a instrução para a busca da eficiência, com destaque ao conceito de eficiência como princípio expresso da justiça (art. 116, inciso IX), como critério de nomeação de magistrados (art. 116, inciso III) e dos ministros do Suprema Corte de Justiça da Nação, dentre os quais se prefere aqueles que serviram com eficiência[121].

Na mesma linha, o parágrafo (1) do art. 29 da Constituição alemã estabelece que a eficiência é um critério a ser considerado na própria divisão do território da federação em *Landër*[122], bem como na alocação de recursos para a infraestrutura educacional municipal (art. 104c)[123] e na auditoria de contas (art. 114, (2))[124], enquanto a Constituição chinesa comanda expressamente a busca da eficiência na administração pública como forma de combater o burocratismo (art. 27)[125]. Na realidade, mesmo em países em que não há uma referência expressa à busca pela eficiência no texto constitucional, algumas cortes constitucionais inferem a sua existência. Um bom exemplo disso é o

---

respectivas circunscripciones, conforme a ley, recibir una participación adecuada del total de los ingresos y rentas obtenidos por el Estado en la explotación de los recursos naturales en cada zona en calidad de canon.

120. Art. 336. Ningún monopolio podrá establecerse sino como arbitrio rentístico, con una finalidad de interés público o social y en virtud de la ley. [...]

El Gobierno enajenará o liquidará las empresas monopolísticas del Estado y otorgará a terceros el desarrollo de su actividad cuando no cumplan los requisitos de eficiencia, en los términos que determine la ley.

121. Art. 95. Para ser electo ministro de la Suprema Corte de Justicia de la Nación, se necesita: [...]

Los nombramientos de los ministros deberán recaer preferentemente entre aquellas personas que hayan servido con eficiencia, capacidad y probidad en la impartición de justicia o que se hayan distinguido por su honorabilidad, competencia y antecedentes profesionales en el ejercicio de la actividad jurídica.

122. Article 29 (1). The division of the federal territory into Länder may be revised to ensure that each Land be of a size and capacity to perform its functions effectively. Due regard shall be given in this connection to regional, historical and cultural ties, economic efficiency and the requirements of local and regional planning.

123. Article 104c. The Federation may grant the Länder financial assistance for investments of significance to the nation as a whole, and for special limited-term expenditures on the part of the Länder and municipalities (associations of municipalities) directly connected with such investments to improve the efficiency of municipal education infrastructure. The first three sentences and the fifth and sixth sentences of paragraph (2), as well as paragraph (3) of Article 104b, shall apply, mutatis mutandis. To ensure that the funds are used for their intended purpose, the Federal Government may require the submission of reports and, where circumstances so warrant, documents.

124. Article 114. [...] (2) The Federal Court of Audit, whose members shall enjoy judicial independence, shall audit the account and determine whether public finances have been properly and efficiently administered by the Federation. For the purpose of the audit pursuant to the first sentence of this paragraph, the Federal Court of Audit may also conduct surveys of authorities outside the federal administration; this shall also apply in cases in which the Federation allocates to the Länder ring-fenced financing for the performance of tasks incumbent on the Länder. It shall submit an annual report directly to the Bundestag and the Bundesrat as well as to the Federal Government. In other respects the powers of the Federal Court of Audit shall be regulated by a federal law.

125. Article 27. All State organs carry out the principle of simple and efficient administration, the system of responsibility for work and the system of training functionaries and appraising their performance in order constantly to improve the quality of work and efficiency and combat bureaucratism. [...]

caso italiano. Apesar de o termo eficiência ou eficiente não aparecer explicitamente na Constituição italiana, de acordo com sua jurisprudência constitucional, a obrigação de buscar a eficiência não é apenas lógica e desejável, mas também inferível do chamado *principio di buon andamento*, previsto no §2º (*secondo comma*) do art. 97 da Constituição italiana, segundo o qual[126] "as repartições públicas são organizadas de acordo com as disposições da lei, de modo a assegurar o bom funcionamento e a imparcialidade da administração".

De acordo com a jurisprudência da Corte de Cassação italiana, o princípio do bom andamento já foi definido como o princípio da eficiência[127], articulado como objetivo de tempestividade e eficiência[128], como uma exigência geral de eficiência da ação administrativa[129], como a obrigação de organização da administração para garantir a funcionalidade ótima[130] ou mesmo como dever de economia na gestão e contenção dos custos dos serviços públicos[131]. Como se vê, ainda que a expressão eficiência não esteja expressamente incluída no texto constitucional italiano, parece razoável afirmar que se trata de um valor jurídico a ser perseguido também neste ordenamento jurídico, embora se possa dizer que o princípio do bom desempenho pode ter outras dimensões ou significados já atribuídos pela Corte de Cassação[132].

De início, alguém poderia supor que a busca pela eficiência na Administração Pública é algo moderno, recente, mas isso não é verdade. Após extenso e inédito levantamento da origem histórica da busca pela eficiência no ordenamento jurídico brasileiro, Danielle Lanius[133] concluiu que, embora as primeiras referências expressas ao termo "eficiência" só surgiram no ordenamento jurídico pátrio no século XIX[134], a exigência de eficiência na Administração Pública existiu em toda a história administrativa brasileira. Nesse sentido, há inúmeras iniciativas administrativas e legislativas orientadas ao uso racional dos recursos disponíveis e à busca por aperfeiçoamento

---

126. Art. 97. [...] I pubblici uffici sono organizzati secondo disposizioni di legge, in modo che siano assicurati il buon andamento e l'imparzialità dell'amministrazione.

127. *Corte Suprema di Cassazione*, Sentenza n. 104 del 2007.

128. *Corte Suprema di Cassazione*, Sentenza n. 404 del 1997.

129. *Corte Suprema di Cassazione*, Sentenza n. 40 del 1998.

130. *Corte Suprema di Cassazione*, Sentenza n. 234 del 1985.

131. *Corte Suprema di Cassazione*, Sentenze n. 60 del 1991 e n. 356 del 1992.

132. Por exemplo, a jurisprudência constitucional italiana utiliza regularmente o princípio do bom andamento para impor limites à discricionariedade administrativa. A correição e os limites desse tipo de utilização podem ser melhor entendidos à luz da discussão sobre eficiência alocativa e princípio da legalidade na Seção 3.1.4 e 3.2.

133. Cf. Lanius (2018, pp. 60-68).

134. De acordo com Lanius, o termo "eficiência" aparece pela primeira vez na legislação brasileira no Decreto de 27 de novembro de 1812, editado para instituir uma cobrança tributária sobre herança e legados mais eficiente, na medida em que a tornava independente da vontade do contribuinte. Cf. Lanius (2018, p. 22). Simultaneamente, o príncipe regente encomendava um estudo para a reorganização político-administrativa do Reino Unido, que continha elementos de aprimoramento da eficiência da administração pública para evitar a radicalização de movimentos contrários à monarquia absoluta. Cf. Souza (2009).

dos processos produtivos com o objetivo de obter maior estabilidade, produtividade e desempenho desde a época do Brasil Colônia em sua origem[135], depois sob o governo do Marquês de Pombal e, ainda, com a vinda da Família Real para o Brasil.

Nessa linha, já havia uma preocupação da Coroa Portuguesa com uma administração eficiente da atividade extrativista no Brasil, tais como normas para combater o contrabando e o corte indiscriminado de árvores[136], para combater o abuso de benefícios fiscais concedidos pela Coroa Portuguesa a engenhos de açúcar[137], para controlar a qualidade do açúcar, dentre uma série de outras. Com a ascensão do Marquês de Pombal, passou-se a uma preocupação mais sistemática com o planejamento administrativo[138], objetivando tornar a exploração colonial mais eficiente[139], que foi acentuada após o declínio do extrativismo de metal[140].

Lanius[141] chama a atenção para a edição do Alvará de 30 de janeiro de 1802, em razão do foco explícito que é dado para a eficiência administrativa na administração das minas, principalmente com relação à logística da extração de metais. No preâmbulo desse alvará, o príncipe regente manifesta sua preocupação com o estado de abandono das minas e reconhece que foi causado pela não instituição de uma administração eficiente. Para responder a esses problemas, o Alvará das Minas cria uma série de cargos administrativos voltados à fiscalização das atividades extrativas, à conservação das minas e fundições, ao levantamento de terrenos e vegetação, bem como a uma rigorosa contabilidade. Além disso, há uma preocupação explícita com a competência técnica dos funcionários contratados para essas tarefas, bem como penalidades em caso de descumprimento de funções ou contrabando dos gêneros extraídos. Ao ler o Alvará de 1802, é inevitável traçar um paralelo direto entre este comando de busca pela eficiência na Administração Pública e o replicado no art. 37 da Constituição Federal de 1988, mais de duzentos anos depois.

Como o comando do art. 37 de busca pela eficiência se estende aos três Poderes, não existe qualquer dúvida de que a Constituição Federal comanda que o Judiciário seja eficiente e busque a eficiência no desempenho de seu mister, ou seja, a Constituição Federal literalmente ordena que o Judiciário paute a sua atuação pela eficiência[142].

---

135. Cf. Prado Jr. (2004 [1945]), Salgado (1985), Wehling e Wehling (1994), Abreu (1998), Costa (2008) e Queiroz (2008).

136. Cf. Souza (1978, p. 81).

137. Cf. Azevedo (N/D, p. 145).

138. Cf. Wehling e Wehling (1994, p. 304).

139. Cf. Andrade (1999, p. 53).

140. Cf. Salgado (1985, p. 61).

141. Cf. Lanius (2018, pp. 17-19).

142. Apesar de a busca pela eficiência claramente gerar bem-estar social, há aqueles que, por razões ideológicas, se insurgem contra o comando constitucional, como Pereira Junior (1999, p. 44); Gabardo (2002, p. 17); Coutinho (2003, p. 54); Marcellino Jr. (2009), sendo que este efetivamente conclama à resistência contra o texto constitucional (2009, pp. 36, 182 e 202); Staffen e Bodnar (2010, p. 15); Rosa (2011, p. 134), que chega ao ponto de chamar

3 · PRINCÍPIOS DO PROCESSO CIVIL

Considerando que o Judiciário integra a Administração Pública e sua função social é "resolver disputas aplicando as regras jurídicas"[143], então, devemos concluir que ele deve ser estruturado, organizado e administrado de maneira tal que os recursos disponíveis (juízes, auxiliares, orçamento, estrutura física, competências etc.) sejam direcionados/orientados à maximização da solução de conflitos pela adjudicação de direitos.

Aliás, essa parece ter sido a linha seguida pelo constituinte derivado ao editar a EC nº 45/04 (Emenda da Reforma do Judiciário), a qual promoveu importantes alterações na estrutura do Poder Judiciário como um todo, além de incluir no rol de direitos fundamentais do art. 5º da CF/88 o direito a um processo célere, de duração razoável, com o seguinte texto: "LXXVIII - a todos, no âmbito judicial e administrativo, são assegurados a razoável duração do processo e os meios que garantam a celeridade de sua tramitação". A exposição de motivos da EC nº 45/04[144] deixa claro que o seu objetivo é justamente realizar uma ampla reforma do Poder Judiciário[145], de maneira que a "administração da Justiça" se torne mais eficiente por ser um problema que "a todos interessa", concluindo que: "As proposições sugeridas servem, portanto, quando mais não seja, como tema de um debate fecundo sobre uma nova organização da justiça no Brasil".

Sendo este um livro de Direito Processual e dado que o Princípio da Eficiência se aplica integralmente ao Poder Judiciário, podemos organizar suas implicações em duas categorias: as **endoprocessuais** e as **exoprocessuais**[146]. Quando discutimos a organização e a administração do Poder Judiciário enquanto Administração Pública, estamos preocupados com a sua organização em si, com sua estrutura e gestão (macrogestão). Assim, por exemplo, discussões acerca da criação de uma ou duas varas sobre o mesmo tema, a criação de varas especializadas, quantos assessores cada juiz deve ter, se os cartórios devem ser unificados ou separados são todas questões de organização judiciária que afetam substancialmente o desempenho do Judiciário no provimento do serviço público adjudicatório e, portanto, sua

---

o comando constitucional de "canalha 'eficiência'" [sic] (2011, p. 135); Camargo (2014, p. 166); e Ferreira (2015, p. 91). Todavia, nenhum deles explica por que seria socialmente desejável ter uma Administração Pública ou um Judiciário ineficiente.

143. "O Judiciário é uma tecnologia institucional desenvolvida ao longo de milhares de anos de experimentação humana com um único propósito: resolver disputas aplicando as regras jurídicas. Há debate sobre o fato de o sistema adjudicatório, também se prestar a outras funções, como o controle social (aplicação local de regras formuladas por um governo central) ou a criação das próprias regras. No entanto, na minha opinião, a função de controle social não é uma característica própria dos tribunais em si, mas sim do sistema jurídico como um todo – do qual os tribunais são apenas um elemento – e a ideia de controle social está embutida na condição 'aplicando as regras jurídicas'." Gico Jr. (2019, p. 14) e, no mesmo sentido, Gico Jr. (2013).

144. Cf. Câmara dos Deputados (2004, n/d).

145. Para críticas a respeito do modelo adotado para a reforma do Judiciário promovida pela EC nº 45/04, cf. Moreira (2004).

146. A doutrina já havia reconhecido que o princípio da eficiência repercutiria nessas duas dimensões: (a) administração judiciária e (b) gestão de um determinado processo, como, por exemplo, em Didier Jr. (2013, p. 434).

eficiência. A avaliação e a adequação da estrutura administrativa/organizacional do Poder Judiciário e seus reflexos na produtividade dos juízes são preocupações relevantes para o processo judicial, à medida que uma estrutura adequada (eficiente) permitirá que mais processos sejam julgados e, assim, que mais conflitos sejam resolvidos e direitos adjudicados.

No entanto, essas preocupações organizacionais e estruturais são exógenas ao processo judicial, ou seja, são preocupações organizacionais que não se prestam a endereçar problemas inerentes ao processo judicial individualmente considerado. Não são preocupações com a gestão individual do processo pelo magistrado (microgestão). A condução do processo pelo juiz se insere na estrutura do Poder Judiciário e por ela é influenciada, mas as regras que organizam e estruturam a condução do processo individual são as regras de Direito Processual, que precisam ser interpretadas e aplicadas também de forma eficiente. Quando estamos preocupados com a interpretação e aplicação eficiente das regras de Direito Processual na condução de um processo, estamos preocupados com questões endoprocessuais.

Assim, por exemplo, o número de assessores de cada gabinete e a união ou não dos cartórios claramente têm impacto sobre a eficiência judicial, mas são decididos e organizados pelo Poder Judiciário (macrogestão). Já a decisão de: (i) limitar ou não o número de litigantes que figurarão em litisconsórcio facultativo (art. 113, §1º, do CPC[147]); (ii) majorar ou não os honorários sucumbenciais recursais em determinado caso (art. 85, §11, do CPC[148]); (iii) inverter ou não o ônus da prova (art. 373, §§1º e 2º, do CPC[149]); (iv) ou, ainda, designar ou não audiência de instrução e julgamento após a decisão saneadora (art. 357, V, do CPC[150]) são questões de gestão interna do processo, regidas pelas regras de Direito Processual, de competência do juiz encarregado e, portanto, são questões endoprocessuais. Considerando que o presente livro é sobre Direito Processual, nosso foco prioritário, a partir de agora, será a discussão de questões endoprocessuais, ainda que não exclusivamente.

....

147. Art. 113. [...] § 1º O juiz poderá limitar o litisconsórcio facultativo quanto ao número de litigantes na fase de conhecimento, na liquidação de sentença ou na execução, quando este comprometer a rápida solução do litígio ou dificultar a defesa ou o cumprimento da sentença.

148. Art. 85. [...] § 11. O tribunal, ao julgar recurso, majorará os honorários fixados anteriormente levando em conta o trabalho adicional realizado em grau recursal, observando, conforme o caso, o disposto nos §§ 2º a 6º, sendo vedado ao tribunal, no cômputo geral da fixação de honorários devidos ao advogado do vencedor, ultrapassar os respectivos limites estabelecidos nos §§ 2º e 3º para a fase de conhecimento.

149. Art. 373. [...] § 1º Nos casos previstos em lei ou diante de peculiaridades da causa relacionadas à impossibilidade ou à excessiva dificuldade de cumprir o encargo nos termos do caput ou à maior facilidade de obtenção da prova do fato contrário, poderá o juiz atribuir o ônus da prova de modo diverso, desde que o faça por decisão fundamentada, caso em que deverá dar à parte a oportunidade de se desincumbir do ônus que lhe foi atribuído. § 2º A decisão prevista no § 1º deste artigo não pode gerar situação em que a desincumbência do encargo pela parte seja impossível ou excessivamente difícil.

150. Art. 357. Não ocorrendo nenhuma das hipóteses deste capítulo, deverá o juiz, em decisão de saneamento e de organização do processo: [...] V - designar, se necessário, audiência de instrução e julgamento.

3.1.1 O Princípio da Eficiência Processual[151]

A busca pela eficiência no âmbito processual é tão importante que o próprio Código de Processo Civil de 2015 foi concebido no intuito de trazer mais eficiência à prestação do serviço público adjudicatório e, assim, resolver mais conflitos sociais mediante a adjudicação de direitos. De acordo com a exposição de motivos do CPC, as alterações e as inovações promovidas pelo CPC tiveram o objetivo expresso de tornar o processo judicial mais eficiente[152]: "Sem prejuízo da manutenção e do aperfeiçoamento dos institutos introduzidos no sistema pelas reformas ocorridas nos anos de 1992 até hoje, criou-se um Código novo, que não significa, todavia, uma ruptura com o passado, mas um passo à frente. Assim, além de conservados os institutos cujos resultados foram positivos, incluíram-se no sistema outros tantos que visam a atribuir-lhe alto grau de eficiência. [...] O novo Código de Processo Civil tem o potencial de gerar um processo mais célere, mais justo, porque mais rente às necessidades sociais e muito menos complexo. A simplificação do sistema, além de proporcionar-lhe coesão mais visível, permite ao juiz centrar sua atenção, de modo mais intenso, no mérito da causa".

Note que, conforme se discute na Seção 2.3 e se pode inferir da exposição de motivos do CPC, a expectativa do legislador é que uma redução nos custos de administração do sistema judicial com a simplificação processual permitirá ao juiz centrar suas atenções em sua atividade fim, qual seja, a resolução de conflito aplicando as regras jurídicas (adjudicação). Como se vê, o que o legislador entendeu ser eficiente no CPC/73 foi mantido, e o que entendeu que poderia ser aprimorado foi alterado pelo novo CPC. Nesse sentido, pode-se dizer que a razão de ser do novo Código, ou seja, a pedra de toque que o inspirou, foi a necessidade de tornar o processo civil mais eficiente. A *mens legislatoris* é inequívoca, portanto, no sentido de afirmar que a eficiência é um dos vetores lógicos e interpretativos de todo o sistema processual[153].

Não obstante, o legislador não se satisfez apenas com a simplificação do Direito Processual (redução dos custos de administração) e a provável produtividade decorrente. Ele foi mais longe, criando um dever legal específico para o magistrado ser eficiente no exercício da magistratura, *i.e.*, o legislador criou expressamente a obrigação de o juiz ser eficiente, tanto na interpretação do Direito Processual, quanto na aplicação do direito material e na condução do próprio processo: "Art. 8º *Ao aplicar o ordenamento jurídico, o juiz atenderá aos fins sociais* e às exigências do bem comum,

---

151. O princípio da eficiência processual não é um princípio diferente do princípio da eficiência, mas apenas sua aplicação ao contexto específico do Direito Processual.

152. Senado Federal (2010, pp. 22-23).

153. Alguns doutrinadores preferem o uso do termo *postulado*, dado que a regra a comandar que o Judiciário e o magistrado sejam eficientes se aplicaria a outras normas jurídicas, cf. Ávila (2005). No entanto, prefiro a utilização do termo *princípio*, pois entendo que o comando legal é regra de conduta que se aplica ao juiz enquanto agente do Estado.

resguardando e promovendo a dignidade da pessoa humana e *observando* a proporcionalidade, a razoabilidade, a legalidade, a publicidade e *a eficiência*".

Nesse sentido, o CPC determinou que o magistrado fosse eficiente não apenas na gestão do processo em si, mas também no resultado da aplicação das regras jurídicas na resolução dos conflitos. A positivação do dever de eficiência pelo magistrado no CPC pode ser interpretada como uma especificação do dever genérico de eficiência do art. 37 da Constituição Federal para deixar claro que a busca pela eficiência no âmbito judicial é uma obrigação não apenas exoprocessual e, portanto, do Poder Judiciário como um todo (enquanto organização), mas também uma obrigação legal do próprio juiz individual na prestação do serviço público adjudicatório, *i.e.*, no exercício da magistratura. Assim, o art. 8º do CPC criou uma obrigação legal para o magistrado[154], agente do Estado, que deve informar todo e qualquer ato por ele praticado, inclusive eventuais interpretações adotadas. De acordo com o CPC, o juiz tem a obrigação legal de ser eficiente no exercício da magistratura e, mais do que isso, de garantir que o resultado de sua atividade adjudicatória seja eficiente. Mas o que significa ser eficiente?

3.1.2 O Conceito de Eficiência: eficiência produtiva e alocativa

Há uma enorme literatura discutindo a definição de eficiência[155] e suas implicações morais e éticas. No entanto, conforme já disse antes[156]: "Uma das razões pelas quais a doutrina jurídica tem encontrado dificuldades em lidar com o conceito de eficiência é que ele é plurissignificativo, *i.e.*, não existe um único tipo ou conceito de eficiência, mas vários. Cada conceito tem sua utilidade, contexto e limitações próprios e tais conceitos são utilizados nas mais diversas áreas do conhecimento humano". Como a discussão da eficiência das regras de Direito Processual permearão todo o resto do livro, apresento a seguir os principais conceitos de eficiência e seus critérios de aferição.

Em geral, a eficiência é alcançada quando se maximiza o bem-estar social ou o bem-estar do agente ou grupo de agentes considerado, ou seja, o aumento da eficiência significa um aumento do bem-estar do grupo analisado. Em uma democracia competitiva, espera-se que, na média, as políticas públicas e as regras jurídicas tenham por objeto justamente o aumento do bem-estar social e, portanto, as políticas e o direito estejam indissociados do conceito de eficiência, como previsto na Constituição. Nesse

---

154. No sentido aqui exposto, de um certo modo, o art. 4º do CPC reafirma a obrigação de ser eficiente quando declara que: "As partes têm o direito de obter em prazo razoável a solução integral do mérito, incluída a atividade satisfativa". Cf. Seção 3.4.

155. Para uma revisão crítica da literatura sobre o Princípio da Eficiência no âmbito administrativo, cf. Lanius (2018) e, especificamente sobre processo civil, cf. Campos (2018) e Arake (2019).

156. Cf. Gico Jr. (2020, p. 4 e ss.).

sentido, pode-se discutir eficiência em dois aspectos: eficiência produtiva e eficiência alocativa[157]. Comecemos pela primeira.

Do ponto de vista conceitual, a **eficiência produtiva** é a mais fácil de ser definida, pois para que um processo ou entidade sejam considerados produtivamente eficientes, basta que o bem ou o serviço seja produzido ao menor custo possível. Se não for possível manter o nível de produção diminuindo o custo ou aumentar a produção mantendo o custo, então estaremos em um nível eficiente de produção. Assim como nas demais ciências, a eficiência produtiva pode ser considerada uma medida de quanto dos insumos é convertido no produto, ambos medidos pelo seu preço[158]. A eficiência produtiva é justamente a taxa de conversão do insumo em produto[159].

Se a eficiência produtiva for entendida dessa forma, é possível relacioná-la a dois conceitos comumente utilizados pela jurisprudência e pela doutrina, mas sem especificação de seu conteúdo, quais sejam, produtividade e economicidade. Pode-se entender **produtividade** como produzir mais com a mesma quantidade de recursos e **economicidade** como produzir o mesmo com menos recursos, e esses seriam os dois elementos indissociáveis da eficiência produtiva. Assim, quando se discute a produtividade de uma determinada unidade de análise (*e.g.* de um magistrado), assume-se normalmente que a quantidade de recursos disponíveis permanecerá constante e, mesmo assim, busca-se aumentar a quantidade final produzida (*output*). Por outro lado, quando se discutem formas de redução de custos de uma determinada entidade produtiva, mas a manutenção do nível de produção anterior é assumida, há uma preocupação com sua economicidade (*input*). Por exemplo, se a unificação do cartório de três varas de execução de títulos aumentar o número de atos processuais realizados sem afetar qualquer outra variável (*ceteris paribus*), pode-se dizer que essa unificação é produtivamente eficiente (produtividade). Da mesma forma, se a referida união dos cartórios permitir que se reduza 30% do pessoal empregado, mantendo o número de atos processuais realizados (*ceteris paribus*), então essa mudança também será produtivamente eficiente (economicidade).

É importante notar que, embora seja comum encontrar na doutrina diversas ideias associadas à eficiência, como celeridade, perfeição, universalização, desburocratização e qualidade, entre outras, nenhuma delas pode ser considerada um elemento da eficiência em si e por si. Agir com maior qualidade, rapidez ou perfeição poderá ser ou não eficiente, a depender da situação[160]. Como visto, há apenas dois elementos essenciais à ideia de eficiência produtiva e que estarão sempre presentes:

---

157. Há também uma terceira perspectiva que é a eficiência dinâmica, que nada mais é que a eficiência produtiva e alocativa no tempo, mas que não é útil para nossas discussões processuais aqui.

158. Sobre a diferença entre preço e valor no direito e na economia, cf. Gico Jr. (2019).

159. Em economia, um processo ou uma entidade é considerada produtivamente eficiente se estiver produzindo no nível em que o seu custo marginal (o custo de produzir uma unidade adicional) se iguala ao seu custo médio (ou seja, no nível mais baixo de sua curva de custo médio de curto prazo).

160. Cf. discussão da duração razoável do processo na Seção 3.4.

produtividade e economicidade. O processo ou a entidade produtora será eficiente quando produzir mais gastando o mesmo (produtividade) ou quando produzir o mesmo gastando menos (economicidade). Note-se que não basta produzir mais gastando mais ou economizar sem produzir o nível desejado de bens e serviços. Esses dois elementos devem estar conjugados para formar a essência da eficiência produtiva.

É fácil perceber que o conceito de eficiência produtiva é útil quando o objetivo a ser alcançado é bastante claro e predefinido (o objetivo ou o produto já foi escolhido). A questão a ser resolvida passa a ser, então, como organizar a produção de maneira eficiente, sendo que eficiência aqui significa produzir mais do bem ou serviço desejado com os mesmos recursos ou produzir o mesmo tanto com menos recursos. Nesse sentido, por exemplo, é possível falar de eficiência tanto na organização do Judiciário quanto na condução de um processo, conforme exige o CPC. Como o objetivo do serviço público adjudicatório é resolver conflitos aplicando as regras jurídicas, toda vez que o magistrado realizar uma mudança na gestão do processo que permita, *ceteris paribus*, resolver mais conflitos de acordo com o direito (adjudicação), ele será produtivamente mais eficiente.

Já a **eficiência alocativa** se refere a uma preocupação com o retorno ou a utilidade que se extrai da cesta de bens e serviços produzida[161], *i.e.*, a eficiência alocativa discute a utilidade extraída do produto resultante do processo produtivo e, portanto, o grau de preferência da sociedade ou dos agentes considerados para cada cesta de bens ou serviços. Assim, enquanto na eficiência produtiva o foco é no processo produtivo e na taxa *output/input* dele resultante (como produzir), assumindo-se que a escolha do produto já foi feita, na eficiência alocativa se analisa o bem-estar extraído de cada produto e, portanto, a adequação da escolha realizada (o que produzir). Haverá eficiência alocativa quando houver a distribuição ótima de bens e serviços levando-se em consideração as preferências da sociedade, *i.e.*, quando o resultado do processo produtivo, o produto, for aquele que gerar a maior utilidade ou bem-estar social possível. Se houver uma outra alocação de recursos que gere mais bem-estar, então esse estado social é alocativamente ineficiente.

Pense no seguinte exemplo. Suponha que um tribunal de justiça disponha de verba extra para a criação de uma nova vara, mas apenas uma. Diante da limitação de recursos, que tipo de vara o tribunal deveria criar: uma vara criminal, da fazenda pública, civil ou geral? Veja que, do ponto de vista produtivo, não importa que vara seja criada, ela pode ser criada, organizada e conduzida da forma mais eficiente possível (eficiência produtiva), mas isso não responde à primeira pergunta que se refere a que tipo de vara deve ser criado. A resposta para essa pergunta requer a utilização do conceito de eficiência alocativa, pois, na realidade, a pergunta pode ser assim reformulada do ponto de vista juseconômico: que tipo de vara gerará o maior

---

161. Em economia, há eficiência alocativa quando o preço (benefício marginal) de um bem é igual ao seu custo marginal, *i.e.*, enquanto alguém ainda aceitar pagar (disponibilidade de pagar) o custo de produção da unidade adicional, essa unidade adicional será produzida.

bem-estar social, ou seja, qual o tipo de vara será mais útil para a sociedade naquele momento? Só respondendo a essa pergunta seremos capazes de alocar eficientemente os recursos sociais disponíveis.

Nesse sentido, a ideia de eficiência alocativa nos leva diretamente ao fato de que os recursos sociais são escassos e, muitas vezes, para obter algo temos de abrir mão de outra coisa, *i.e.*, há um *trade-off.* No exemplo acima, para termos uma nova vara criminal, o *trade-off* será uma vara civil, da fazenda ou geral. Assim, o custo de oportunidade de criação de uma vara é, no mínimo, a não criação de algum outro tipo de vara, independentemente do custo financeiro da criação de qualquer uma delas[162]. Como dito, o que está subjacente a esse tipo de raciocínio é que os recursos da sociedade são escassos e podem ser empregados para finalidades diversas (usos concorrentes), mas excludentes, que não necessariamente gerarão o mesmo nível de bem-estar social. Dessa forma, a eficiên-cia alocativa se preocupa com a escolha que gere o maior nível de bem-estar possível. Uma escolha será alocativamente eficiente se não houver qualquer outra alocação possível que gere um bem-estar maior para a sociedade.

Em geral, quando um juseconomista se refere à eficiência, está se referindo a um desses tipos de eficiência: produtiva ou alocativa[163], e muitas vezes isso fica implícito pelo tipo de discussão. De qualquer forma, é necessária alguma forma de aferição desses tipos de eficiência, ainda que teórica, para que se possa afirmar se um estado social é superior a outro ou não. As duas principais técnicas de aferição de eficiência são os critérios de Pareto e Kaldor-Hicks, explorados a seguir.

3.1.3 Aferição de Eficiência: os critérios de Pareto e Kaldor-Hicks

Para discutir sobre o bem-estar social em uma sociedade com diversos tipos de pessoas e entidades, precisamos de um critério para julgar se um dado estado social é superior ou inferior a um outro. Na busca desse objetivo, o engenheiro italiano Vilfredo Pareto, que depois se tornou economista e sociólogo, propôs o critério que provavelmente se tornaria o mais famoso nas ciências sociais[164]: um estado social será

---

162. Mais uma vez, aqui, fica demonstrado que a análise econômica não se confunde com a análise financeira. Cf. Seção 1.3.

163. Além da eficiência dinâmica, do ponto de vista interno da organização, ainda seria possível discutir a inefici-ência-X, que é a tendência natural de as organizações não buscarem a eficiência produtiva. Sobre o assunto, cf. Leibenstein (1978). Esse tipo de discussão é especialmente recorrente em setores regulados em que se adota o *price cap* com desconto de um Fator X. Por exemplo, o inc. IX do art. 2º da Resolução Normativa nº 234, de 31/10/06, da Agência Nacional de Energia Elétrica (Aneel), estabelece que o Fator X é o "percentual a ser sub-traído do Indicador de Variação da Inflação – IVI, quando da execução dos reajustes tarifários anuais entre revisões periódicas, com vistas a compartilhar com os consumidores os ganhos de produtividade estimados para o período", sendo que o Fator X "é o instrumento regulatório de estímulo à eficiência e à modicidade tarifária". Mais uma vez, um exemplo da eficiência como elemento central do direito.

164. Originalmente apresentado por Pareto em seu *Cours d'Economie Politique* (1896, p. 256, §385) e (1897, p. 91, §721), como evolução de um artigo anterior, a versão definitiva do que viria a ser o critério de Pareto foi apre-sentada em seu *Manuale di Economia Politica* (1919) e, um século depois, ainda é utilizada.

considerado um **ótimo de Pareto** se não for possível melhorar a situação de ao menos uma pessoa sem prejudicar a situação de outra, ou seja, uma alocação de recursos em uma sociedade é considerada um ótimo de Pareto se qualquer outra alocação reduzir o bem-estar de ao menos uma pessoa.

É importante lembrar que Pareto estava tentando resolver o problema do utilitarismo clássico de Bentham[165], que pressupunha a possibilidade de agregação e de comparabilidade intersubjetiva de utilidade. O critério de Pareto é, pois, uma estratégia de comparação de estados sociais que não incorre em comparação intersubjetiva de utilidade. Nesse contexto, uma mudança no *status quo* será considerada **Pareto superior** se ela melhorar a situação de ao menos uma pessoa sem prejudicar a situação de mais ninguém, enquanto uma situação que piora a situação de uma pessoa sem melhorar a situação de ninguém será considerada **Pareto inferior**. Uma situação será um ótimo de Pareto se não houver qualquer melhora de Pareto possível. Ótimos de Pareto às vezes também são chamados de estados Pareto eficientes. Assim, quando se discute se uma política pública é **Pareto eficiente**, a depender do contexto, é possível que se esteja afirmando que não é possível melhorar a situação de mais ninguém sem piorar a de outrem (ótimo de Pareto) ou que a mudança causada pela política pública melhora a situação de alguém sem prejudicar a situação de mais ninguém (Pareto superior).

Nesse sentido, perceba que há um forte paralelo entre o critério de eficiência produtiva discutido acima e o critério de Pareto, pois será produtivamente eficiente o estado que não for dominado por nenhum outro, *i.e.*, no qual não seja possível aumentar a produção sem aumentar custos ou não seja possível diminuir custos sem afetar a produção. Em ambos os casos, nas hipóteses em que não houver dominância clara, o critério será indefinido.

O critério de Pareto nos permite julgar de maneira objetiva mudanças no estado social, desde que sejam Pareto eficientes ou ineficientes. Como a ideia é evitar a comparação intersubjetiva de utilidade, normalmente o critério de Pareto é utilizado em contextos de trocas voluntárias[166], pois, se os agentes racionais decidiram livremente se engajar em uma troca espontânea, é porque, na percepção deles[167], a troca realizada aumenta o seu bem-estar. Nesse sentido, é fácil perceber a razão pela qual os juseconomistas afirmam que as transações realizadas pelo mercado aumentam o bem-estar social e a razão pela qual as pessoas devem ser livres ao máximo para adquirir e/ou oferecer o que desejarem nos mercados. Em suma, a liberdade como ausência de coerção, via de regra, aumenta o bem-estar social. Do ponto de vista

---

165. Assim como Pareto tinha dupla formação, Jeremy Bentham era jurista e economista, sendo o primeiro proponente do utilitarismo. Cf. Bentham (1907 [1823]).

166. Mais adiante, na Seção 4.1.2, discutirei em mais detalhes como esse *insight* nos ajuda na compreensão das trocas e, em última instância, nos acordos judiciais.

167. Obviamente excluídos os casos de coerção, dolo, erro e todos os casos tradicionais de vícios da vontade.

processual, essa afirmação equivale a dizer que um acordo judicial normalmente é Pareto eficiente (liberdade), enquanto uma decisão judicial (coerção), não.

Note que o critério de Pareto em si é indiferente aos efeitos distributivos resultantes de uma mudança de estado social. Ele parte do estado social atual (realidade), em contraposição a alguma idealização da realidade, e nos ajuda a avaliar possíveis mudanças a partir do mundo como ele é (*status quo*). Se as mudanças subsequentes aumentarem o bem-estar social a partir da realidade, elas serão Pareto eficientes. Afirmar que o critério de Pareto é indiferente à distribuição final de recursos não é o mesmo que afirmar que a questão distributiva é ou não é importante do ponto de vista moral, mas apenas um reconhecimento de que o conceito de Pareto não lida com esse tipo de discussão, o que requereria um julgamento de valor do avaliador, *ergo*, subjetivo.

Além disso, apesar de ser extremamente útil, o critério de Pareto é muito difícil de aplicar em vários cenários analíticos, principalmente quando eles não envolvem transações voluntárias em contextos mercadológicos. Nesse sentido, o critério de Pareto traz implícita a ideia de unanimidade, pois sem que todos os afetados concordem com a mudança, não temos como confirmar que o seu resultado aumentará o bem-estar social[168]. Não é que a mudança sem unanimidade necessariamente reduza o bem-estar social, apenas não temos como garantir que uma determinada mudança, sem unanimidade, aumente o bem-estar social pelo critério de Pareto, pois não temos como comparar utilidades. Por consequência, qualquer pessoa ou grupo que seja prejudicado com a medida precisa ser compensado para que a mudança seja Pareto eficiente. Nessa linha, o conceito – geralmente – tem sua utilidade restrita a transações de mercado ou semelhantes, como o caso de acordo judicial, desde que não gerem externalidades negativas[169].

Outra consequência dessa limitação é que quando estamos em um contexto hierárquico, como em grande parte das decisões políticas e judiciais, não temos *prima facie* como aferir a utilidade dos agentes afetados de maneira a permitir uma avalição objetiva do resultado final da mudança sobre o bem-estar social. Além disso, de um ponto de vista político, a eficiência de Pareto exigiria decisões por unanimidade e isso permitiria que indivíduos se comportassem oportunisticamente e se negassem

---

168. O critério de Pareto é ainda mais restritivo que o próprio critério proposto por John Rawls, em seu *Uma Teoria da Justiça* (1997 [1971]), e que curiosamente muitos juristas aderem ignorando se tratar de um exemplo clássico de análise econômica, inclusive debatido por Rawls na *American Economic Review* (1974), e segundo o qual o cálculo de bem-estar social deveria ignorar toda a sociedade e levar em consideração apenas as condições de seu membro menos favorecido (abordagem *maxmin*). Nesse caso, Rawls aceita que se prejudique toda a sociedade em prol de seus membros menos favorecidos, desde que a decisão seja tomada atrás de um hipotético véu de ignorância, enquanto o critério de Pareto impediria tal mudança.

169. Uma **externalidade negativa** ocorre quando duas ou mais pessoas interagem espontaneamente e essa interação gera um custo a um terceiro que não participou da interação, por isso externalidade. Nesse sentido, quando seu vizinho contrata um grupo de pagode para tocar às 23h de uma sexta-feira, seu vizinho e a banda tiveram o seu bem-estar aumentado com a transação (voluntária), mas os vizinhos que forem perturbados pelo barulho (involuntário), não. Nesse exemplo, o barulho gerado pela banda é uma externalidade negativa.

a concordar com uma mudança enquanto não extraíssem para si toda a renda dela decorrente, em um verdadeiro problema de coordenação (*hold-up problem*).

As limitações do critério de Pareto e a vedação à comparação intersubjetiva de utilidade geraram um grande debate acadêmico na década de 1930, que incentivou dois professores, Nicholas Kaldor e John Richard Hicks, a oferecer duas alternativas que, em conjunto, se tornariam um dos critérios mais utilizados hoje para discutir políticas públicas: a **eficiência Kaldor-Hicks**.

O objetivo de Kaldor era desenvolver um critério de bem-estar que fosse mais amplo que o de Pareto e ainda assim evitasse a comparação intersubjetiva de utilidade. Ele estava preocupado se a "economia, enquanto uma ciência, conseguiria dizer qualquer coisa na forma de prescrição"[170] (afirmação normativa). Para ele a resposta seria positiva, pois não seria necessário realizar qualquer comparação intersubjetiva de utilidade em tais exercícios, bastaria demonstrar que os beneficiados por uma mudança no *status quo* podiam compensar os prejudicados e, ainda assim, auferir algum benefício líquido, para que a medida fosse eficiente. Note que se os prejudicados deviam ou não efetivamente receber tal compensação era "uma questão política sobre a qual o economista, *qua* economista, dificilmente poderia emitir uma opinião"[171]. A ideia seria diferenciar a discussão de geração de bem-estar (análise positiva) da questão distributiva (análise normativa).

O critério de Kaldor pode ser resumido da seguinte forma: um estado social B é preferível ao estado social A (B > A) se, após a mudança para o estado social B, os beneficiados com a mudança puderem compensar financeiramente os prejudicados e, ainda assim, se beneficiarem da mudança. Em outras palavras, uma mudança é **Kaldor eficiente** se, após a mudança do *status quo*, for hipoteticamente possível uma redistribuição de recursos capaz de criar um estado Pareto superior ao estado original. Note que o critério exige apenas a possibilidade da compensação e não a compensação em si, razão pela qual também ficou conhecido como **Princípio da Compensação** ou **Pareto Potencial**.

Por exemplo, suponha que o governo do Distrito Federal decida construir uma quarta ponte sobre o Lago Paranoá. A construção dessa ponte exige a desapropriação de vinte casas, que se encontram no ponto onde a ponte alcançaria a margem oposta do lago e a futura rodovia passaria. Pelo critério de Pareto, essa política pública só seria eficiente se os vinte proprietários dos terrenos aceitassem espontaneamente transferir suas propriedades ao governo, ainda que por meio de uma compra e venda (troca voluntária). Se todos aceitassem transferir as casas ao governo, mas um único morador se recusasse, então já não poderíamos afirmar que a política pública seria Pareto eficiente. Note que é relativamente simples perceber que uma mudança como essa beneficiaria milhares de pessoas que trafegariam pela ponte todos os anos, mas

---

170. Cf. Kaldor (1939, p. 549).

171. Cf. Kaldor (1939, pp. 550 e 551).

por força do limite à comparação intersubjetiva de utilidade, ainda assim, a mudança de *status* não seria Pareto eficiente. Para resolver esse problema, Kaldor propôs que se reconhecesse que tal política pública seria eficiente se, após a mudança do *status quo* (a construção da ponte), os beneficiários da mudança pudessem compensar o prejudicado (o indivíduo que não queria vender a casa) e, ainda assim, colher algum benefício (benefício líquido positivo). Para o critério de Kaldor a compensação não é um requisito, mas apenas a sua potencialidade (Pareto potencial).

A eficiência de Kaldor é compatível com a solução encontrada pelo direito, que, nos termos do inc. XXIV do art. 5º da Constituição Federal, permite a desapropriação por necessidade, utilidade pública ou interesse social, desde que mediante indenização prévia[172]. E aqui vale chamar a atenção para dois pontos. Primeiro, assim como na eficiência Kaldor, a sociedade apenas desapropriará alguém de algo se o benefício que a sociedade extrair do bem desapropriado for superior aos custos de indenizar, do contrário, não será racional a desapropriação, salvo em casos de erro ou fraude. Segundo, a indenização paga não será pelo valor subjetivo que o desapropriado determinar (utilidade), mas pelo valor de mercado do bem, ou seja, em linha com a proposta de Kaldor[173]. A análise deve se focar no preço de mercado do bem e não na avaliação subjetiva do desapropriado ou do governo, o que exigiria uma comparação intersubjetiva de utilidade. Assim, em uma abordagem Pareto potencial, pode ser que o preço de mercado seja suficiente para compensar perfeitamente o desapropriado, hipótese na qual a desapropriação terá sido Pareto eficiente, mas pode ser que não seja; porém, desde que os beneficiários ganhem mais do que o prejudicado perdeu, ela será Kaldor eficiente.

Partindo do critério de Kaldor, Hicks propôs um teste semelhante, mas focado não na possibilidade de compensação *ex post* pelos beneficiários da mudança e sim na possibilidade de compensação *ex ante* pelos potenciais prejudicados. Segundo Hicks, um estado social B é preferível ao estado social A (B > A) se, antes da mudança para o estado social B, ou seja, ainda no estado social A, for impossível uma redistribuição de renda dos potenciais prejudicados para os potenciais beneficiários da mudança, de forma que todos fiquem em uma posição tão boa quanto ficariam caso a mudança para o estado social B ocorresse. Em resumo, para que a mudança seja **Hicks eficiente**, os potenciais prejudicados devem ser incapazes de, hipoteticamente, compensar os potenciais beneficiados para que abandonem a mudança do estado social[174].

....

172. Art. 5º Todos são iguais perante a lei, sem distinção de qualquer natureza, garantindo-se aos brasileiros e aos estrangeiros residentes no País a inviolabilidade do direito à vida, à liberdade, à igualdade, à segurança e à propriedade, nos termos seguintes: [...]
XXIV - a lei estabelecerá o procedimento para desapropriação por necessidade ou utilidade pública, ou por interesse social, mediante justa e prévia indenização em dinheiro, ressalvados os casos previstos nesta Constituição; [...].

173. Mais uma vez, para a diferença entre preço e valor no direito e na economia, cf. Gico Jr. (2019).

174. Cf. Hicks (1939, p. 706 e ss.). Segundo Hicks, para que medidas em prol da eficiência tenham alguma chance, é extremamente desejável que elas estejam livres de complicações distributivas o mais possível. No original:

Combinando os dois critérios temos que uma mudança de estado social será Kaldor-Hicks eficiente e, portanto, aumentará o bem-estar social se, e apenas se, (a) *ex post*, os beneficiários da política pública forem capazes de compensar os prejudicados, permanecendo eles mesmos com um benefício líquido positivo (eficiência de Kaldor), e (b) *ex ante*, os potenciais prejudicados não forem capazes de compensar os potenciais beneficiários para que renunciem aos ganhos da mudança de *status*, sem que eles mesmos fiquem em uma situação pior do que ficariam caso a mudança ocorresse (eficiência de Hicks)[175]. Em resumo, uma mudança social é uma **melhora Kaldor-Hicks** se aqueles que se beneficiarem da mudança puderem compensar os que por ela forem prejudicados ou os potenciais prejudicados puderem compensar os potenciais beneficiários pela não mudança, ainda que não o façam (Pareto potencial). Ao contrário de Pareto, no critério Kaldor-Hicks é possível que algumas pessoas sejam prejudicadas com a mudança de estado social e ainda assim se reconheça que houve um aumento do bem-estar social.

Nesse sentido, toda mudança Pareto eficiente também será Kaldor-Hicks eficiente, mas o inverso não é verdadeiro. Uma mudança Kaldor-Hicks não precisa ser nem Pareto superior nem um ótimo de Pareto, podendo ser nenhuma delas ou ambas. Essa é justamente a flexibilidade que os seus propositores buscavam, e ela nos dá a possibilidade de dizer algo minimamente objetivo sobre a mudança de estados sociais em que alguém é prejudicado e outrem é beneficiado, *i.e.*, praticamente toda política pública e, certamente, toda atividade adjudicatória.

No âmbito do processo civil essa conclusão é ainda mais óbvia. Dado que a função do Judiciário é resolver uma lide[176], é quase certo que há uma pretensão resistida e que, portanto, a parte sucumbente será prejudicada pela decisão. Nesse sentido, a essência da prestação do serviço público adjudicatório, da adjudicação, é beneficiar alguém (o vencedor) e prejudicar outrem (o sucumbente). Nossa única garantia de que essa decisão, que não será Pareto eficiente, seja Kaldor-Hicks eficiente, *i.e.*, aumente o bem-estar social, é se ela tiver sido o resultado da aplicação das regras jurídicas preestabelecidas, *i.e.*, do direito, dado que ele representa o mais possível as preferências da sociedade e, portanto, a sociedade provavelmente está de acordo com o resultado da aplicação da regra jurídica. Nesse sentido, qualquer decisão judicial *contra legem* será não apenas Pareto ineficiente, mas também Kaldor-Hicks ineficiente, *ergo*, diminuirá o bem-estar social. E essa ideia revela a profunda conexão entre o Princípio da Eficiência e o Princípio da Legalidade em uma democracia. Exploremos essa ideia.

"If measures making for efficiency are to have a fair chance, it is extremely desirable that they should be freed from distributive complications as much as possible". Cf. Hicks (1939, p. 712).

175. A necessidade de conjugação dos dois critérios foi demonstrada pelo búlgaro De Scitovzsky (1941), jurista de formação que se tornou economista, assim como Bentham.

176. Lembre-se de que aqui estamos excluindo a jurisdição voluntária, na qual não há lide, de nossa análise.

3.1.4 Eficiência Alocativa e Legalidade

Agora que temos clareza dos conceitos de eficiência, podemos explorar com maior segurança sua relação lógica e jurídica com o processo judicial. Se o objetivo do serviço público adjudicatório é resolver o conflito e alocar o bem da vida pretendido a quem de direito, então um determinado processo terá sido resolvido de maneira *alocativamente eficiente* se o bem da vida sob litígio for corretamente adjudicado a quem de direito e será *produtivamente eficiente* se a adjudicação for realizada ao menor custo possível. Nessa linha, a busca pela eficiência alocativa é a busca pela maior aderência possível do resultado do processo ao direito (adjudicação) e a busca pela eficiência produtiva é a adjudicação ao menor custo possível (produtividade e economicidade).

Do ponto de vista da eficiência produtiva, é relativamente simples perceber como o magistrado deve agir para alcançá-la. O processo é o resultado de um conjunto de procedimentos e etapas, sendo que em cada momento processual ao menos uma das partes deve tomar uma decisão ou praticar um ato. Às vezes, o agente decisor será o autor (*e.g.*, ajuizar a ação ou não), às vezes o réu (*e.g.*, contestar ou não contestar) e, muitas vezes, será o magistrado (*e.g.* julgar antecipadamente a lide ou abrir instrução complementar). De uma forma geral, cada decisão precisa de mediação ou mesmo autorização do juiz para ser realizada, dado que ele é o gestor do processo. Nesse sentido, um magistrado, na condução do processo, deve buscar ser produtivamente eficiente, *i.e.*, ele deve conduzir o processo de forma a solucionar a maior quantidade de lides possível, com os recursos disponíveis (produtividade), e deve realizar apenas o mínimo de atos processuais necessários para garantir a resolução do conflito de acordo com as regras jurídicas (economicidade). Se em um único ato processual ele consegue resolver três ou quatro questões, então, ele deve resolvê-las em um único ato processual. Se o ato processual não é necessário para a adjudicação ou é inútil, ele não deve ser praticado.

Nesse sentido, como exemplifica Fabrício Lunardi[177], "o magistrado deve, sempre que possível, tomar algumas medidas práticas, destinadas a economizar atos processuais, tais como: nos despachos, sempre que possível, o juiz deve antever e determinar a prática de atos processuais que certamente ocorrerão, evitando trâmites processuais desnecessários (ex.: 'Cite-se o réu. Juntada a contestação e havendo preliminares, defesa indireta ou juntada de documentos, intime-se o autor em réplica'); se for remarcada a audiência, deve o juiz designar nova data na própria audiência e intimar todos os presentes, economizando expedição de mandados de intimação pelo cartório; o juiz deve indeferir provas inúteis ou desnecessárias (por exemplo, quando o fato que a parte pretende provar é incontroverso); quando o juiz não proferir a

---

177. Cf. Lunardi (2019, p. 94).

sentença na audiência de instrução, deverá, sempre que possível, designar data para a publicação da sentença, evitando atos cartorários para tanto etc."

Nessa linha, se não tiver ocorrido a extinção do processo (art. 354/CPC) nem o julgamento antecipado da lide (art. 355 e 356/CPC), após a manifestação inicial das partes, deverá o juiz sanear e organizar o processo (art. 357/CPC). Sanear é resolver as questões processuais pendentes (inc. I), enquanto organizar é: "delimitar as questões de fato sobre as quais recairá a atividade probatória, especificando os meios de prova admitidos" (inc. II), "definir a distribuição do ônus da prova" (inc. III), "delimitar as questões de direito relevantes para a decisão do mérito" (inc. IV) e "designar, se necessário, audiência de instrução e julgamento" (inc. V). Com essas informações, o juiz terá reduzido a assimetria de informação – dessa vez das partes[178] – acerca de quais fatos ainda precisam ser provados e quais regras jurídicas serão aplicadas para resolver o litígio. Com essas informações, as partes podem (i) atualizar suas crenças sobre as respectivas probabilidades de êxito; (ii) avaliar a conveniência ou não de realizar um acordo; e, em caso contrário, (iii) indicar que provas adicionais pretendem produzir.

Não obstante, é extremamente comum que o magistrado, no momento de saneamento e organização do processo, simplesmente emita o tradicional despacho: "Especifiquem as partes as provas que pretendem produzir". Tal despacho não reduz a assimetria de informação e, portanto, não permite que as partes atualizem suas crenças. Logo, não permite uma reavaliação adequada das chances de êxito, diminuindo assim a probabilidade de acordo nesse estágio processual, e, por fim, faz com que as partes racionais, avessas a risco, peçam a produção de provas que seriam desnecessárias, pois simplesmente não sabem quais fatos o juiz entende como devidamente provados ou incontroversos. O resultado esperado será a continuação de litígios que poderiam ter sido encerrados por acordo e a prática de atos processuais desnecessários para chegar ao mesmo resultado. Em suma: a utilização incorreta do despacho saneador é produtivamente ineficiente, pois seria possível alcançar o mesmo resultado com menos dispêndio de recursos.

Se a obtenção de eficiência produtiva no processo está muito mais relacionada à eficiência na gestão dos atos processuais pelo magistrado, a questão da eficiência alocativa é um pouco mais complexa. Como explicado na seção anterior, a maximização do bem-estar social comandada pela Constituição Federal requer, simultaneamente, que (a) sejamos eficientes do ponto de vista produtivo e (b) aloquemos os recursos sociais nas finalidades que a sociedade mais valoriza. Se o problema da eficiência produtiva é uma questão de gestão, o problema da eficiência alocativa é uma questão de (i) sabermos o que deseja a sociedade (preferências sociais) e (ii) adjudicarmos o bem da vida de acordo com as preferências reveladas. Portanto, como a identificação do julgamento alocativamente mais eficiente depende necessariamente das

---

178. Para uma discussão dessa questão e da eficiência do despacho saneador, cf. Gico Jr. e Arake (2018).

preferências dos agentes considerados, é necessário que tenhamos um mecanismo de revelação e agregação de preferências.

Conforme já explicado[179], a sociedade dispõe basicamente de dois mecanismos de revelação e de agregação de preferências sociais: o mercado, no qual cada agente vota com o seu dinheiro, limitado pela sua disponibilidade de pagar, e o Estado, no qual cada agente normalmente tem direito a um voto e vota em representantes (*proxies*) por um certo período. De maneira simplificada, as preferências reveladas pelo mercado são consubstanciadas em um instrumento jurídico chamado contrato, e as preferências reveladas pelo Estado são consubstanciadas em um instrumento jurídico chamado lei (*lato sensu*). As primeiras são o resultado da barganha entre agentes privados, e as segundas, o resultado da barganha entre grupos políticos. Não é mera coincidência que essas sejam justamente as duas fontes de obrigação no direito: a lei e o contrato[180]. Nessa linha, uma outra forma de ver a função social do Judiciário é justamente fazer valer a vontade consubstanciada na lei ou no contrato:

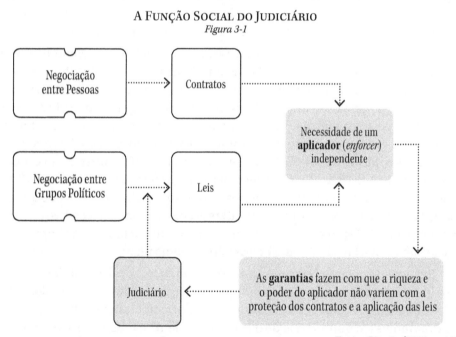

A Função Social do Judiciário
Figura 3-1

Fonte: Gico Jr. (2013, p. 443).

Cada mecanismo de agregação de preferências tem suas vantagens e desvantagens, e nenhum dos dois é perfeito. Ambos constituem meras aproximações das preferências sociais. No caso do mercado, os preços farão o papel de mecanismo de

---

179. Cf. Gico Jr. (2018).

180. Para os civilistas de plantão, tecnicamente falando, o mais correto seria falar em vontade, por causa dos atos unilaterais de vontade, mas a ideia de contrato expressa melhor a origem da barganha, da transação.

alocação, enquanto no Estado a alocação será realizada pelos representantes políticos (agentes). Do ponto de vista da AED processual, o que importa é o reconhecimento de que, assumindo um Estado produtivamente eficiente, a escolha da alternativa alocativamente mais eficiente depende intimamente das preferências da sociedade e, em larga medida, do mecanismo agregador de preferências escolhido.

Note que, de um jeito ou de outro, o direito reflete as preferências do Estado. Se estivermos lidando com alguma forma de governo autocrático, o Estado não funcionará como mecanismo de agregação de preferências sociais, mas apenas das preferências dos grupos no poder. Se estivermos lidando com uma democracia, o Estado funcionará como mecanismo agregador de preferências do povo. Nessa linha, quanto mais competitiva e funcional for uma democracia, espera-se que maior seja a proximidade entre as escolhas públicas e as preferências sociais e, quanto menos competitiva, maior seja a distância entre elas. De qualquer forma, é o Estado que pode ou não estar submetido às preferências sociais e não o direito, porquanto este será sempre um instrumento do Estado. Assim, a partir de agora assumiremos que o Estado brasileiro é uma democracia e, portanto, que funciona como um mecanismo de agregação das preferências sociais, pois é isso que diz a Constituição.

De acordo com o preâmbulo da Constituição Federal, os representantes do povo brasileiro se reuniram "em Assembleia Nacional Constituinte para instituir um Estado Democrático, destinado a assegurar o exercício dos direitos sociais e individuais, a liberdade, a segurança, o bem-estar, o desenvolvimento, a igualdade e a justiça como valores supremos de uma sociedade fraterna, pluralista e sem preconceitos, fundada na harmonia social e comprometida, na ordem interna e internacional, com a solução pacífica das controvérsias, [...]". Como se pode ver, o preâmbulo de nossa Constituição não é muito distante do preâmbulo dos códigos ancestrais, como o Código de Ur-Nammu ou o de Hamurabi, e os anseios são muito semelhantes[181], sendo que, para fins de nossa discussão, o que mais nos interessa no momento é o objetivo declarado de ser um Estado Democrático, portanto, comandado pela vontade popular, e de buscarmos a solução pacífica das controvérsias como regra.

Justamente por isso, já em seu primeiro artigo, a Constituição estabelece que: "A República Federativa do Brasil, formada pela união indissolúvel dos Estados e Municípios e do Distrito Federal, constitui-se em Estado Democrático de Direito [...]". Mais uma vez temos o compromisso de o Estado brasileiro ser democrático e, portanto, submetido à vontade popular, e de se reger pelo direito. A conjugação desses dois elementos é essencial, pois, dado que o direito é o resultado da atuação do Estado (monopólio do uso legítimo da força), é a submissão do Estado à vontade popular que o torna democrático e garante que o direito seja o resultado da vontade popular, dado que este – o direito– é o instrumento daquele – o Estado. Em outras palavras, em uma

---

181. É curioso notar que os antigos invocavam seus deuses para abençoar suas leis, e a Constituição brasileira, apesar de o Estado moderno ser laico, faz o mesmo, apenas não diz qual deus estaria invocando, permitindo que cada cidadão brasileiro interprete como o seu próprio deus.

democracia, é a utilização do direito como mecanismo de estruturação, organização e coerção social que garante a concretização da vontade popular.

Nesse sentido, é relativamente claro que, no Brasil, o mecanismo político de agregação de preferências da sociedade é o Poder Legislativo[182]. De acordo com a Constituição Federal, a estrutura sociopolítica do Estado brasileiro foi construída para ser uma democracia, na qual cada cidadão tem direito de escolher seus representantes mediante o voto e eles (políticos) funcionarão como agentes do povo brasileiro na elaboração de leis e na alocação anual dos recursos públicos dentro do orçamento nacional. Quem representa o povo e a sua vontade é o Congresso Nacional e a sua vontade é a melhor aproximação possível da vontade popular.

Se o Poder Legislativo e o Poder Executivo funcionam como *proxies* da sociedade brasileira, *i.e.*, como seus agentes, então, pelo menos do ponto de vista lógico e jurídico, as escolhas legislativas e executivas refletem, ainda que aproximadamente, os valores sociais e suas preferências. Assim como o juiz é um agente do Estado, os políticos são agentes do povo. Há, portanto, uma **dupla relação de agência** aqui em que o povo (principal) elege seus representantes (agentes) para elaborar as leis e o orçamento (alocação de recursos públicos), e os políticos (principal) estabelecem os critérios de seleção dos juízes (agentes) para fazerem valer as leis que criaram.

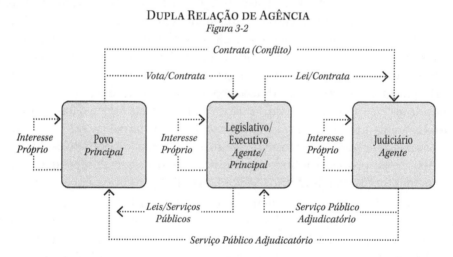

DUPLA RELAÇÃO DE AGÊNCIA
Figura 3-2

Nessa linha, se a eficiência alocativa, do ponto de vista social, é observada quando os recursos da sociedade são direcionados (alocados) para a produção dos bens e serviços mais valorizados pela sociedade – aqueles que geram o maior bem-estar social – e se as escolhas do Poder Legislativo representam aquilo que a sociedade mais valoriza, então, devemos concluir que as leis oriundas do processo legislativo

---

182. Rigorosamente falando, o Poder Executivo também participa do processo legislativo, mas, para fins de simplificação, faremos referência apenas ao Legislativo.

regular representam os valores e as escolhas que a sociedade faria para si e serão, portanto, alocativamente eficientes. Logo, o juiz será alocativamente eficiente quando adjudicar o bem da vida de acordo com o direito, *i.e.*, com as regras jurídicas.

É importante notar que a compreensão e a aceitação de que o Poder Legislativo é o mecanismo de agregação de preferências sociais em uma democracia não requer, nem depende, de o processo legislativo ser perfeito ou de a legislação estar perfeitamente alinhada com as preferências sociais, muito menos da ausência de problemas de ação coletiva[183]. Supor que as leis refletem as preferências sociais e são, portanto, alocativamente eficientes tampouco implica afirmar que o legislador não erre ou que as preferências sociais não possam mudar com o tempo. No entanto, o único mecanismo seguro para saber se efetivamente houve um erro ou se as preferências sociais mudaram é o próprio processo legislativo, que pode mudar as leis. Essa é uma das razões pelas quais os políticos são trocados de tempos em tempos e os juízes são quase vitalícios[184]. Os primeiros servem para captar as preferências sociais e legislar, os segundos para fazer valer tais legislações em caso de conflito (adjudicar). Justamente por isso há a necessidade de constante reavaliação dos políticos, mas que podem ser reeleitos, enquanto os juízes não são avaliados popularmente e precisam ser estáveis.

Se não bastasse esse argumento sociopolítico, do ponto de vista estritamente jurídico, também é fato que, dentro do paradigma do Estado Democrático de Direito, o Poder Legislativo é a instituição constitucionalmente escolhida e legitimada para decidir as regras que ordenam a nossa vida em sociedade e a alocação de recursos públicos. Não por outra razão, logo após a igualdade entre homens e mulheres (art. 5º, inc. I), o segundo direito fundamental garantido pela Constituição Federal (art. 5º, inc. II) é que "ninguém será obrigado a fazer ou deixar de fazer alguma coisa senão em virtude de lei"[185]. Como se pode ver, tanto do ponto de vista lógico quanto jurídico e econômico, entende-se que as preferências sociais estão ou devem estar materializadas por meio de lei para que se tornem direito. Em suma, só o resultado devidamente estruturado pelo processo político e consubstanciado na forma de lei é que pode ser razoavelmente considerado como o verdadeiro reflexo das preferências sociais.

Desse modo, como o direito definido *ex ante* pelo legislador está o mais próximo possível das preferências da sociedade, então, do ponto de vista do processo civil, basta que o juiz adjudique o bem litigioso a quem de direito para que sua decisão seja, também, alocativamente eficiente. Em outras palavras, o princípio da eficiência processual

---

183. Reconheço que o processo legislativo pode ser capturado por grupos de interesse que podem direcioná-lo para interesses particulares em detrimento do interesse público. Vide, por exemplo, a dificuldade da reforma da previdência dos funcionários públicos ou a dificuldade de contenção de gastos em época de crise econômica. De uma forma geral, sobre o problema da ação coletiva, cf. Olson (1971 [1965]) e sobre a Teoria da Escolha Pública, cf. Buchanam e Tullock (1999 [1962]), Arrow (1963) e Olson (1971 [1965]).

184. Cf. Gico Jr. (2018, p. 11).

185. Curiosamente, aqueles que defendem os direitos fundamentais ou princípios como um fundamento para a violação da lei (ou sua "mitigação") costumam esquecer de mencionar o direito fundamental de não ser obrigado a nada, senão por meio de lei. E lei só pode ser aprovada pelo Congresso Nacional.

no seu aspecto alocativo é satisfeito quando o juiz aplica a lei, "pois ela já representa o julgamento de valor da sociedade sobre o estado da natureza que prefere"[186].

Assim, podemos reiterar que um determinado processo terá sido resolvido de maneira alocativamente eficiente se o bem da vida sob litígio for corretamente adjudicado a quem de direito e será produtivamente eficiente se a adjudicação for realizada ao menor custo possível. Todavia, como pode um juiz ser alocativamente eficiente se não houver regra jurídica para adjudicar (lacuna jurídica) ou se a legislação for ambígua? Nesses casos, o direito brasileiro também provê uma solução jurídica que, mais uma vez, passa pelo Direito Processual.

3.1.5 O Princípio da Eficiência e a Hermenêutica das Escolhas

Quando trata dos poderes, deveres e responsabilidades do juiz, o CPC estabelece expressamente que o magistrado não pode deixar de adjudicar o bem da vida, *i.e.*, de prestar o serviço público adjudicatório, mesmo quando não houver uma regra jurídica para resolver o conflito ou quando a regra existente for ambígua: "Art. 140. O juiz não se exime de decidir sob a alegação de lacuna ou obscuridade do ordenamento jurídico". Na mesma linha e reforçando o que afirmei, o parágrafo único do mesmo artigo reitera que o juiz deve decidir de acordo com a lei e que só pode usar o seu senso de justiça, *i.e.*, a equidade, quando a própria lei assim o autorizar: "O juiz só decidirá por equidade nos casos previstos em lei".

E aqui o princípio da eficiência alocativa volta a ser relevante. No caso de lacuna jurídica ou "obscuridade do ordenamento jurídico", como prefere o novo CPC, o juiz não está livre para decidir como quiser. Há regras a ser seguidas que estruturam cada etapa. De acordo com a Lei de Introdução às Normas do Direito Brasileiro (LINDB): "Art. 4º Quando a lei for omissa, o juiz decidirá o caso de acordo com a analogia, os costumes e os princípios gerais de direito". Dessa forma, primeiro o juiz deve averiguar se há uma regra jurídica preexistente, aprovada pelo Congresso e, portanto, reflexo das preferências sociais, que seja aplicável a um caso semelhante, embora não idêntico. Se houver essa regra análoga, o juiz deve aplicá-la, pois ela é provavelmente o que o Congresso decidiria para o caso em juízo, *ergo*, é uma aproximação razoável do que provavelmente seria a vontade do legislador. O caso será resolvido, portanto, por analogia, que privilegia os representantes eleitos do povo (mecanismo de agregação de preferências) e tende a ser alocativamente eficiente.

---

186. Cf. Gico Jr. (2018, p. 17). No caso de controle de constitucionalidade, o raciocínio permanece válido desde que seja para a proteção de regras constitucionais e, portanto, das preferências sociais de primeira ordem. Não obstante, o controle de constitucionalidade perdeu muito de sua força lógica e jurídica, agora que muitos magistrados estão convencidos de que podem afastar leis para aplicar princípios e, portanto, não precisam se submeter às regras de controle constitucional, em especial o Art. 97 que institui: "Somente pelo voto da maioria absoluta de seus membros ou dos membros do respectivo órgão especial poderão os tribunais declarar a inconstitucionalidade de lei ou ato normativo do Poder Público".

No entanto, se não houver regra jurídica próxima o suficiente para se estender sua aplicação, então o juiz deve investigar se, no contexto social onde o conflito ocorreu, há alguma prática social reiterada e prolongada que possa ser interpretada como uma regra de conduta e assim resolva o conflito (expectativa racional). Se houver, o juiz terá identificado um costume e, na ausência de uma regra jurídica análoga, deverá aplicá-lo para resolver o litígio. Ao fazê-lo, terá, mais uma vez, se aproximado das preferências sociais – quando elas já não foram reveladas pela lei – e tenderá a ser alocativamente eficiente.

Por fim, pode ser o caso de que não haja nem lei análoga nem costume que possa indicar ao magistrado quais seriam as preferências sociais a ditar o resultado do litígio *sub judice*, ou seja, não há baliza para a adjudicação. Nessa hipótese – e apenas nessa hipótese –, quando é simplesmente impossível ao magistrado identificar claramente quais são as preferências sociais a ditar a solução do conflito à sua frente e, portanto, ele não tem como saber qual a alocação mais eficiente do direito, o juiz-agente está autorizado a julgar de acordo com os princípios gerais de direito, pois, nesse caso, ele estará privilegiando o seu próprio senso de justiça, dado que terá em suas mãos apenas conceitos bem gerais e abstratos e não regras de conduta. Todavia, nessa hipótese específica e nela apenas, o legislador entende que o custo social de um *non liquet* é maior do que o risco alocativo decorrente da decisão judicial por princípio geral[187]. Esse mecanismo gradual de integração do ordenamento jurídico pode ser ilustrado analiticamente da seguinte forma:

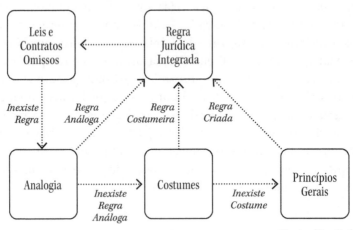

Estrutura Analítica da Integração
Figura 3-3

Fonte: Gico Jr. (2018, p. 63).

---

187. Além disso, se o legislador entender que o Judiciário está errando na solução do conflito pelos princípios em caso de lacuna, ele próprio poderia promulgar uma lei sobre o assunto e não haveria mais lacuna a permitir a atuação criativa do Judiciário. Sobre essa questão e seu impacto sobre o ciclo da litigância, cf. Gico Jr. (2013) e a discussão na Seção 3.5 adiante.

Assim, para os casos em que não há regra jurídica aplicável ao caso concreto (lacuna legal), o direito criou essa sistemática analítica de gradual aproximação das preferências sociais. No entanto, não existe no ordenamento jurídico brasileiro algo semelhante para o caso de ambiguidade na lei, *i.e.*, se para a integração jurídica há regras também jurídicas, na resolução da ambiguidade do ordenamento jurídico o magistrado está livre para escolher, desde que dentro do campo semântico da lei, é claro.

Como já disse antes: "Além dos casos de lacuna legal, a lei será obscura quando o seu texto (significante) puder ser interpretado de mais de uma forma (pluralidade de significados). Toda vez que um texto jurídico puder ser lido de mais de uma forma, diremos que há uma dúvida hermenêutica e, portanto, que o texto deve ser interpretado".[188]. No entanto, neste contexto jurídico, interpretar não é apenas atribuir sentido. É também, e principalmente, escolher uma regra jurídica a ser aplicada e, portanto, constitui atividade legislativa em essência. Diante de um texto jurídico (significante) que comporte mais de uma interpretação (significado), por força do art. 140 do CPC, não pode o juiz se furtar a escolher um dos significados possíveis e se recusar a decidir (*non liquet*). Ele é obrigado por lei a escolher um dos significados e aplicar ao caso concreto (adjudicação). É justamente porque o magistrado é obrigado a escolher dentre as regras jurídicas possíveis que chamo esse exercício interpretativo de **hermenêutica das escolhas.**

Nesse sentido, ao contrário do entendimento de alguns, como Maximiliano[189], Bevilaqua[190] e França[191], que defendem que a hermenêutica seria uma ciência, não há nada de científico sobre hermenêutica, principalmente sobre hermenêutica jurídica. Em minha opinião, essa afirmação é simplesmente uma retórica para esconder dos demais interlocutores a verdade inafastável de que quem alega praticar ciência quando interpreta um texto jurídico está, na realidade, tentando se esconder por trás do "ordenamento jurídico" para legitimar ou ocultar uma escolha subjetiva, que – por definição – poderia ser diferente.

No caso de ambiguidade da lei, a intepretação do direito é um exercício político que terá impacto sobre a vida alheia e não o resultado objetivo de um exercício técnico ou científico, como se o julgador não estivesse, na realidade, fazendo uma escolha. Por isso já tive a oportunidade de afirmar que: "Não se descobre o direito. Das três uma: (i) o direito preexiste ao caso concreto e é aplicado pelo julgador

---

188. Cf. Gico Jr. (2018, p. 73). É óbvio que mesmo textos claros precisam ser interpretados, no sentido de extrair significando do significante. No entanto, o erro lógico mais comum é extrair da necessidade ubíqua de interpretação a ambiguidade ou obscuridade de qualquer texto. Em outras palavras, dúvida hermenêutica não se confunde com a necessidade de hermenêutica e, portanto, não é porque todo texto tem de ser interpretado que todo texto é ambíguo ou obscuro ou permite mais de uma interpretação. Esse é o tipo de falácia mais utilizado por quem não quer seguir a lei. Se todo texto fosse ambíguo, a comunicação humana seria impossível. Em sentido contrário, cf. Marinoni, Arenhart e Mitidiero (2015, p. 50 e ss.).

189. Cf. Maximiliano (2011 [1924], p. 8).

190. Cf. Bevilaqua (1929, p. 48 e ss.).

191. Cf. França (1988, p. 21).

(subsunção); (ii) ele não existe e é criado pelo julgador (integração); ou (iii) a norma jurídica é ambígua e o julgador escolherá, subjetivamente, que regra aplicará, ainda que dentro de alguns limites (intepretação). Não por outra razão, não existe regra hermenêutica que responda qual regra hermenêutica deve prevalecer no caso concreto, como se vê em Ferrara[192]. Trata-se de uma escolha do julgador (ou do intérprete) a ser determinada pelas suas preferências subjetivas idiossincráticas"[193]. Nessa linha, toda a atividade adjudicatória do juiz pode ser estruturada dentro do seguinte diagrama:

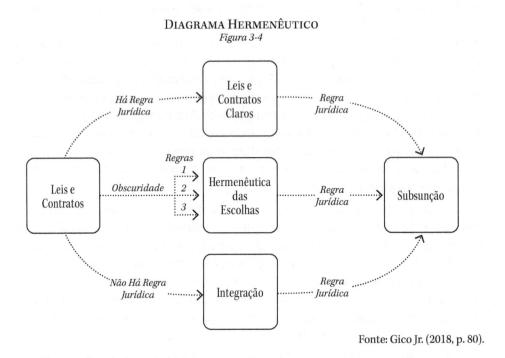

Fonte: Gico Jr. (2018, p. 80).

Note-se que as três figuras centrais representam o eixo da atividade judicante em um Estado Democrático de Direito no qual o *non liquet* é vedado: identificar, escolher ou inventar a regra jurídica, a depender do caso e, então, aplicar a regra jurídica resultante ao caso concreto (subsunção), resolvendo a controvérsia. Na primeira hipótese, como já visto, quando as leis e os contratos são claros, o magistrado protege o Estado Democrático de Direito e se submete ao Princípio da Eficiência no viés alocativo aplicando a regra jurídica, independentemente de sua opinião idiossincrática sobre a regra em si. O magistrado é um servo da lei e não o seu senhor (hipótese geral).

---

192. Cf. Ferrara (2005 [1921], p. 42).
193. Cf. Gico Jr. (2018, p. 74).

Na segunda hipótese, diante de uma obscuridade (indeterminação de regra), pela hermenêutica das escolhas, o magistrado reduzirá a incerteza do sistema jurídico ao optar por uma das regras jurídicas viáveis, passando a adotar a regra escolhida neste e noutros casos semelhantes no futuro (segurança jurídica). O exercício da discricionariedade judicial neste caso está limitado pelas interpretações possíveis (significados) da lei e do contrato (significante); o magistrado não está completamente livre e, uma vez escolhida a regra jurídica, esta se tornará a regra vigente (precedente). A incerteza jurídica será eliminada e a regra jurídica escolhida integrará o rol de regras que serão aplicadas a casos semelhantes no futuro, integrando assim o ordenamento jurídico.

Por fim, na terceira hipótese, diante de um caso sobre o qual não incida regra jurídica prévia, o magistrado resolverá a lacuna legal pela integração, criando uma regra jurídica por analogia, por costume ou de acordo com os princípios gerais de direito. Aqui a discricionariedade judicial é mais ampla do que na hermenêutica das escolhas, estando limitada apenas pelas demais regras do ordenamento jurídico. É por isso que no caso da hermenêutica das escolhas digo que o magistrado interpreta a lei ou o contrato e depois escolhe uma regra jurídica compatível, enquanto na hipótese de lacuna ele simplesmente inventa uma regra jurídica. Assim, o magistrado é livre para escolher a regra, mas, uma vez escolhida a regra jurídica aplicável, esta passará a integrar o arsenal de regras vigentes em uma sociedade (precedente) e a obscuridade jurídica será eliminada. Aqui, obviamente, pressupondo-se que haverá uma jurisprudência consolidada sobre o tema (ausência de anarquismo judicial[194]).

De uma forma ou de outra, *ceteris paribus*, o subproduto final de toda e qualquer atividade judicante – seja no caso da mera aplicação da lei ou do contrato, seja no caso de obscuridade ou de integração – é o reforço ou a determinação de uma única regra jurídica que, por sua vez, permanecerá no ordenamento jurídico ou passará a integrá-lo. Nesse sentido, caso o Judiciário siga a lei e a sua própria jurisprudência, o sistema jurídico tende a caminhar gradual e naturalmente para a estabilidade e para a completude das regras e, portanto, para uma maior segurança jurídica. O limite desse raciocínio é apenas o comportamento do próprio Judiciário e sua capacidade organizacional para se comunicar internamente e uniformizar suas decisões[195].

Retomando a discussão do Princípio da Eficiência no contexto do Diagrama Hermenêutico, teremos que, quando a regra jurídica for clara, *i.e.*, as preferências sociais forem claras, o único mandato do magistrado será realizar a subsunção e adjudicar o bem da vida de acordo com a referida regra jurídica ao menor custo possível (eficiência produtiva), pois a alocação eficiente decorrerá automaticamente do cumprimento do direito. Seguir a regra jurídica por si só levará ao resultado alocativamente eficiente ou, ao menos, o mais próximo possível disso.

---

194. Sobre a distinção entre ativismo e anarquismo judicial, cf. Seção 4.2.3.

195. Sobre essa questão, cf. Gico Jr. (2012; 2013; 2013; 2014 e 2015).

Por sua vez, nos casos em que não haja regra jurídica estabelecida no ordenamento jurídico (lacuna jurídica) e, portanto, as preferências da sociedade não tiverem sido agregadas e previamente alocadas pelo Poder Legislativo, o magistrado deverá integrar o ordenamento utilizando as técnicas de integração. Cada etapa do processo integrativo é uma aproximação, cada vez mais distante, das preferências sociais, mas que sempre dará uma solução ao conflito trazido a juízo, nem que seja uma regra inteiramente inventada pelo próprio magistrado. Nesse caso, o juiz deverá tanto ser alocativamente eficiente (*i.e.*, tentar ao máximo se aproximar das preferências sociais) quanto produtivamente eficiente (*i.e.*, adjudicar o bem da vida segundo a regra escolhida ao menor custo possível).

Por fim, na hipótese de ambiguidade da regra jurídica, o magistrado deve escolher aquela que provavelmente se aproxime o mais possível das preferências sociais (hermenêutica das escolhas) e, uma vez escolhida a regra jurídica aplicável, ele deve adjudicar o bem da vida ao menor custo possível.

Nunca é demais relembrar que, quando o magistrado não realiza a sua atividade adjudicatória simplesmente aplicando a regra jurídica (subsunção), *i.e.*, quando ele está realizando a hermenêutica das escolhas ou integrando o direito, a sua escolha deve sempre buscar a maximização do bem-estar social e, portanto, deve necessariamente levar em consideração as consequências sociais de sua escolha. Esse é outro comando da LINDB quando afirma em seu art. 20 que: "Nas esferas administrativa, controladora e judicial, não se decidirá com base em valores jurídicos abstratos sem que sejam consideradas as consequências práticas da decisão". Em outras palavras, mesmo quando o magistrado tem mais liberdade, ele está sob o dever legal de ser eficiente e levar em conta as consequências de sua decisão (consequencialismo). A AED é o instrumental teórico que permite ao magistrado cumprir este comando constitucional e legal.

Nesse sentido, podemos resumir as preocupações adjudicatórias do magistrado segundo o Princípio da Eficiência em apenas dois casos: (i) quando a regra jurídica aplicável for clara, sua única preocupação é realizar a adjudicação ao menor custo possível (eficiência produtiva); e (ii) quando a regra jurídica aplicável for ambígua ou inexistir, ele tanto deve escolher a regra que acredita se aproxime o mais possível das preferências sociais (eficiência alocativa), quanto deve adjudicar o bem da vida ao menor custo possível (eficiência produtiva)[196]. Utilizando mais uma vez o Diagrama Hermenêutico, temos a seguinte situação:

---

196. No mesmo sentido, cf. Arake (2019, p. 71 e ss.)

Diagrama Hermenêutico e Eficiência
Figura 3-5

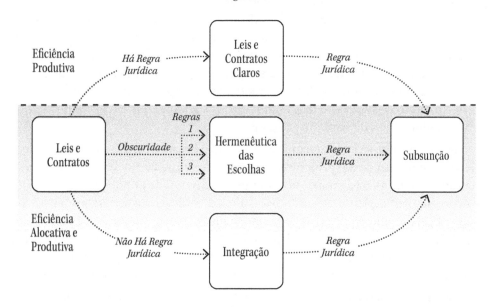

Fonte: Adaptado de Gico Jr. (2018, p. 80).

Como se pode ver, toda e qualquer atividade adjudicatória estará sempre submetida ao Princípio da Eficiência tanto em sua vertente produtiva quanto em sua vertente alocativa. Sendo que no caso de o direito ser claro, a eficiência alocativa decorrerá da simples aplicação da lei, restringindo-se o desafio judicial à prestação do serviço público adjudicatório, *i.e.*, à adjudicação, ao menor custo possível. Já quando a regra for ambígua ou inexistir, o desafio do magistrado será mais complexo, pois além de adjudicar ao menor custo possível, ele deve escolher ou criar a regra jurídica mais alocativamente eficiente possível, *i.e.*, que mais se aproxime das preferências sociais. Com isso, alcançamos o objetivo de ter cada processo resolvido de maneira alocativamente eficiente, com o bem da vida sob litígio corretamente adjudicado a quem de direito e produtivamente eficiente com a adjudicação realizada ao menor custo possível. Uma vez estabelecido com clareza o conteúdo do Princípio da Eficiência, podemos passar aos demais princípios do processo civil para demonstrar como se integram e se completam de forma coerente e útil.

3.2 O Princípio da Legalidade (ou o Direito Fundamental à Legalidade)

3.2.1 O Princípio da Legalidade: aspecto material

De acordo com o art. 1º da Constituição Federal, o Brasil se organiza na forma política de um Estado Democrático de Direito, ou seja, a constituição do Estado brasileiro possui dois fundamentos: a democracia e a adoção do direito como mecanismo para o uso legítimo da força. Para que não restem dúvidas de que o Estado brasileiro se submete à vontade popular, o parágrafo único expõe claramente que: "Todo o poder emana do povo, que o exerce por meio de representantes eleitos ou diretamente, nos termos desta Constituição". Nesse sentido, e como já discutido antes, o direito é o instrumento de atuação da vontade estatal (coerção) e é a submissão do Estado brasileiro ao povo (democracia), por meio de seus representantes eleitos ou pelo exercício direto de seu poder (*e.g.* referendo), que garante que as regras jurídicas, o direito, serão reflexo da vontade popular.

Nesse sentido, se entendermos que o Estado brasileiro é um mecanismo de revelação e de agregação das preferências sociais – justamente o que ele se propõe a ser quando se estrutura na forma de uma democracia (vontade popular) – e que a forma de expressão e atuação dessa vontade é o direito, então a consequência lógica é que a sua aplicação concretiza as preferências sociais e, portanto, aumenta o bem-estar social. Em outras palavras, em um Estado Democrático como o brasileiro, eficiência e legalidade caminham juntas, pois a aplicação da lei será alocativamente eficiente e a conduta alocativamente eficiente é aquela decorrente da lei (preferências sociais).

Não por outra razão, mais do que um fundamento do Estado, a submissão do povo brasileiro única e exclusivamente à lei é um direito fundamental previsto no inc. II do art. 5º da Constituição, segundo o qual "ninguém será obrigado a fazer ou deixar de fazer alguma coisa senão em virtude de lei". Como se pode ver, de acordo com a Constituição Federal, o Estado brasileiro se submete ao povo por meio de seus representantes eleitos (democracia) e apenas o resultado de sua atividade democrática (a lei) pode obrigar um cidadão brasileiro. Só a vontade popular consubstanciada na lei (direito) pode gerar uma obrigação capaz de legitimar o uso da força estatal (obrigação).

Na mesma linha, para que não haja dúvida de que o juiz individualmente está vinculado ao Princípio da Legalidade, o Código de Processo Civil discorre sobre os deveres do juiz afirmando expressamente em seu art. 8º que: "Ao aplicar o ordenamento jurídico, o juiz atenderá aos fins sociais e às exigências do bem comum, resguardando e promovendo a dignidade da pessoa humana e **observando** a proporcionalidade, a razoabilidade, **a legalidade**, a publicidade e a eficiência". Como se pode ver, o ordenamento jurídico brasileiro, tanto no âmbito constitucional quanto no âmbito legal, estabelece e reitera que o juiz está integralmente vinculado à lei.

Partindo do pressuposto constitucional de que é a lei que consubstancia a vontade popular e, portanto, as preferências sociais, ao trazermos essa discussão para o âmbito processual temos que o Princípio da Legalidade gera consequências de duas ordens complementares: uma de direito material (fim) e outra de direito estritamente processual (meio).

O aspecto de direito material do Princípio da Legalidade nos diz que o serviço público adjudicatório foi estruturado para que, ao final do processo, o bem da vida seja adjudicado para quem determina o direito. Esse é o fim do processo.

Retomando a nossa discussão do Capítulo 2, temos que o direito regula e normatiza as relações humanas, mitigando a incerteza quanto ao resultado de suas ações ao deixar claro o que é permitido e as consequências da prática do que é proibido (ato ilícito). Além disso, garantir que as relações sociais sejam ordenadas e estruturadas de acordo com o direito garante o aumento do bem-estar social decorrente da implementação da soberania popular (preferências). Não obstante, dizer que a função social do direito é estruturar e limitar as relações humanas de forma a lhes atribuir previsibilidade é o mesmo que dizer que, caso algum membro da comunidade – por qualquer razão – não aja de acordo com as regras jurídicas, deve haver um mecanismo externo capaz de impor a conduta esperada (dever-ser), *i.e.*, de coerção. No âmbito do Direito Processual, esse mecanismo é o juiz. Como já dito, o juiz é um dos burocratas especializados que exerce parte do poder estatal e faz valer (*enforces*), diante de um conflito, a regra jurídica elaborada pelo Estado. O juiz é, pois, um agente do Estado encarregado de aplicar o direito diante de um caso concreto, ou seja, de adjudicar.

No entanto, conforme discutido na Seção 2.2, nessa relação principal-agente entre o Estado (principal) e o juiz (agente), pode ser que o juiz-agente aja de forma oportunística e decida adjudicar o bem da vida não de acordo com as preferências sociais, *i.e.*, de acordo com a lei, mas sim de acordo com suas próprias preferências pessoais. Ao fazê-lo, o magistrado viola a democracia, viola o direito fundamental das partes e frustra a função social do processo.

É de tal forma importante para a sociedade brasileira que os conflitos sejam resolvidos pacificamente e o bem da vida em litígio seja adjudicado a quem de direito, que, caso uma decisão judicial viole uma lei ou lhe negue vigência, a própria Constituição Federal cria um mecanismo processual de correção, o recurso especial ao Superior Tribunal de Justiça (STJ). Segundo a alínea "a" do inc. III do art. 105 da CF: "Compete ao Superior Tribunal de Justiça [...] julgar, em recurso especial, as causas decididas, em única ou última instância, pelos Tribunais Regionais Federais ou pelos tribunais dos Estados, do Distrito Federal e Territórios, quando a decisão recorrida [...] contrariar tratado ou lei federal, ou negar-lhes vigência". Como se pode ver, a Constituição Federal afirma claramente que uma decisão judicial não pode contrariar uma lei ou negar-lhe vigência e, se o fizer, caberá um recurso especial para desfazer a ilegalidade cometida pelo tribunal.

O problema do comportamento oportunista[197] de magistrados que se recusam a aplicar a lei é tão grave na sociedade brasileira atual, que o legislador entendeu por bem criminalizar essa conduta, na esperança de fazer valer o direito fundamental previsto na Constituição Federal. Nesse sentido, a Lei nº 13.869, de 5 de setembro de 2019, mais conhecida como Lei de Abuso de Autoridade (LAA) instituiu "os crimes

---

197. Sempre lembrando que *comportamento oportunista* é o termo técnico da análise econômica do direito para denotar quando um agente não se comporta no melhor interesse do principal em um cenário de problema principal-agente.

de abuso de autoridade, cometidos por agente público, servidor ou não, que, no exercício de suas funções ou a pretexto de exercê-las, abuse do poder que lhe tenha sido atribuído" (art. 1º). Sendo que constitui abuso de autoridade "[e]xigir informação ou cumprimento de obrigação, inclusive o dever de fazer ou de não fazer, sem expresso amparo legal" (art. 33). Como se pode ver, o art. 33 da LAA criminaliza a violação do direito fundamental consubstanciado no Princípio da Legalidade, ou seja, o comportamento oportunista por parte de um magistrado no exercício da magistratura.

A LAA é clara no sentido de que o abuso de autoridade ocorre com a simples violação da lei pelo magistrado, independentemente de suas razões para descumprir a lei, pois, de acordo com o §1º do art. 1º: "As condutas descritas nesta Lei constituem crime de abuso de autoridade quando praticadas pelo agente com a finalidade específica de prejudicar outrem ou beneficiar a si mesmo ou a terceiro, ou, ainda, por mero capricho ou satisfação pessoal". Como se pode ver, o juiz que se nega a fazer valer a lei, ainda que seja para fazer valer as suas preferências pessoais de justiça, incorre no crime de abuso de autoridade. E para que não haja qualquer dúvida de que a LAA se aplica a magistrados no exercício da magistratura, o inc. IV do art. 2º diz: "É sujeito ativo do crime de abuso de autoridade qualquer agente público, servidor ou não, da administração direta, indireta ou fundacional de qualquer dos Poderes da União, dos Estados, do Distrito Federal, dos Municípios e de Território, compreendendo, mas não se limitando a: [...] membros do Poder Judiciário".

Note que em momento algum a Constituição Federal, o Código de Processo Civil ou a Lei de Abuso de Autoridade proíbem, impedem ou criminalizam a hermenêutica das escolhas ou a integração, que, na realidade, são obrigações legais decorrentes da vedação ao *non liquet*. Justamente por isso, a própria LAA estabelece que a interpretação legal não constitui um ilícito: "A divergência na interpretação de lei ou na avaliação de fatos e provas não configura abuso de autoridade" (art. 1º, §2º). Como se pode ver, não é a atividade adjudicatória ou a dúvida interpretativa em si que é ilícita, mas sim a violação pura e simples da lei pelo magistrado na prestação do serviço público adjudicatório, ou seja, seu comportamento oportunista.

Não obstante ser relativamente óbvio que um magistrado está adstrito à lei no exercício da magistratura, há um grande número de doutrinadores e juízes que acredita na possibilidade de afastar qualquer comando legal invocando algum princípio abstrato – e, lamentavelmente, age de acordo com ela – e, quando não acham um princípio positivado que lhes seja satisfatório, inventam um princípio qualquer e dizem que estaria implícito no ordenamento, ainda que ele não seja logicamente decorrente de algum comando legal ou constitucional. Não estou me referindo aqui ao controle de constitucionalidade, que, nos termos do art. 97 da CF, só pode ser realizado por tribunais ou seus órgãos especiais[198], mas ao uso abusivo de princípios

---

198. Art. 97. Somente pelo voto da maioria absoluta de seus membros ou dos membros do respectivo órgão especial poderão os tribunais declarar a inconstitucionalidade de lei ou ato normativo do Poder Público.

por qualquer magistrado para desconsiderar a lei, sem declará-la inconstitucional no âmbito do exercício regular de sua competência.

Nessa mesma linha, a literatura de Direito Processual é extremamente profícua na criação e discussão de princípios jurídicos aplicáveis ao processo, muitos dos quais sequer constam da Constituição Federal ou do próprio Código de Processo Civil. No entanto, hoje não é raro que obras doutrinárias de processo civil simplesmente não incluam o Princípio da Legalidade entre aqueles que se aplicam à atividade jurisdicional[199], apesar de ele ser claramente um dos mais importantes direitos fundamentais e estar previsto expressamente tanto na CF quanto no próprio CPC[200].

Alguém poderia acreditar que esse movimento de desrespeito à lei pelos magistrados e por parte da doutrina é um fenômeno moderno (até mesmo bom), decorrente diretamente dos fatos que ocorreram durante e após a 2ª Guerra Mundial e das limitações naturais do positivismo jurídico diante do Estado mau, mas isso não é verdade. Lamentavelmente, o Judiciário enquanto mecanismo de coordenação é incapaz de impedir o abuso da força pelo Estado se esta for uma política generalizada ao invés de um caso isolado. Ao contrário, a história nos mostra que o Judiciário e os juízes[201] rapidamente se tornam um mecanismo de injustiças e atrocidades, como o resto do aparato estatal. De qualquer forma, é importante ressaltar que o comportamento oportunista de juízes que se recusam a cumprir a lei é um problema cíclico, que se repete de tempos em tempos, tendo o Estado de voltar o seu arsenal coercitivo contra os próprios agentes, na tentativa de fazer com que eles passem a agir conforme as instruções do principal (lei) em vez de imporem suas próprias preferências pessoais e subjetivas à sociedade (decisões *contra legem*).

A título de exemplo, faço referência à Lei da Boa Razão, de agosto de 1769, que reafirmou a (óbvia) necessidade de os magistrados seguirem a lei e mudou a estratégia institucional para lidar com os casos de lacuna e de obscuridade jurídica, motivada

---

199. Cf., por exemplo, Ovídio Baptista (1996); Cintra, Grinover e Dinamarco (2013); Nery Jr. (2016); e Lunardi (2019), que discute 21 princípios supostamente aplicáveis ao processo civil, mas não o Princípio da Legalidade. Já Marinoni, Arenhart e Mitidiero (2015, p. 50 e ss.) chegam a negar expressamente a possibilidade de legalidade ao afirmar que a lei só existe após a interpretação e não antes, logo, legal é o que o intérprete achar que é. No entanto, não percebem que, se a sua posição fosse verdadeira, o Estado de Direito e o direito em si seriam impossíveis.

200. É curioso notar que os defensores desse tipo de posição são unânimes em afirmar que tanto a polícia quanto o exército, mecanismos estatais de uso interno e externo da força, devem ser controlados e vigiados, mas o Judiciário, que também é um mecanismo de uso da força estatal, não. Todavia, como a história e a lógica nos mostram, apenas o poder controla o poder, não sendo crível que esses agentes estatais chamados juízes vão se autoconter em qualquer aspecto significativo, daí a necessidade dos mecanismos jurídicos como o recurso especial e a LAA.

201. Para desmentir o mito tão repetido acriticamente na doutrina brasileira do Judiciário como bastião da justiça, sugiro o estudo de como funcionava o Judiciário nazista, em especial, chamo atenção não apenas para sua incapacidade de impedir o Holocausto, mas também para a sua participação expressa e ativa na violação direta de direitos de judeus e outras minorias, bem como o abuso dos conceitos abertos constantes do Código Civil, especialmente no Tribunal do Povo alemão (*Volksgerichtshof – VGH*). Cf. Müller (1991), Miller (1995) e Stolleis (1998). Na Itália, a instituição espelho durante o período fascista era o *Tribunale Speciale per la Difesa dello Stato*. Cf. D'Alessandro (2020).

pela preocupação com "as interpretações abusivas (d), que offendem a Magestade das Leis, desauctorizam a reputação dos Magistrados, e teem perplexa a justiça dos litigantes, de sorte que no direito, e dominio dos bens dos Vassallos não possa haver aquella provavel certeza, que só póde conservar entre elles o publico socego"[202]. Como se pode ver, a Lei da Boa Razão surgiu expressamente para melhorar as Ordenações Filipinas, trazendo maior segurança jurídica ao estabelecer limites para os julgadores[203].

Na busca da segurança jurídica e da uniformização da aplicação do direito no reino, a Lei da Boa Razão deixa claro que não eram aceitáveis decisões judiciais *contra legem* e contra direito expresso (§1º). Além disso, atribui à Casa da Suplicação a função de unificar as interpretações das leis (§2º)[204] e atribui expressamente força de lei a seus Assentos (§§4º e 5º), sendo todos os magistrados obrigados a seguir tanto a lei quanto os próprios Assentos (§6º). Por fim, e aqui está uma de suas mais revolucionárias contribuições, a Lei da Boa Razão restringiu as fontes do direito às leis do reino (§9º), aos Assentos e aos costumes (§14), excluindo o Direito Romano (§10), o Direito Canônico (§12) e os ensinamentos dos glosadores (§13). A boa razão seria utilizada apenas em casos de lacuna (§9º). Os paralelos da Lei da Boa Razão com a Constituição Federal, a Lei de Introdução às Normas de Direito Brasileiro e com o Código de Processo Civil atuais são simplesmente inegáveis, o que não é de surpreender, dado que o problema institucional de outrora é o mesmo de agora: garantir que o juiz-agente cumpra a lei[205].

Basta uma simples leitura da Constituição Federal e do Código de Processo Civil para se chegar à inescapável conclusão de que no exercício da magistratura, *i.e.*, na prestação do serviço público adjudicatório, o juiz está vinculado à lei, à vontade popular. Esse é o preço de viver em um Estado Democrático de Direito. Essa é a consequência do Princípio da Legalidade em seu aspecto material. No entanto, quando discutimos essa mesma questão do ponto de vista do Direito Processual, ela se torna um pouco mais complexa.

3.2.2   O Princípio da Legalidade: instrumentalidade das formas

Como discutido na Seção 2.2, o processo tem duas funções primordiais: (i) organizar a prestação do serviço público adjudicatório prestado diretamente pelo

---

202. Cf. Telles (1865, p. 5).

203. Também há uma previsão no Item 5.(e) de punição ao advogado "que com dolosos sophismas tractar de illudir umas, como outras Leis." Cf. Telles (1865, p. 8).

204. Note que a decisão da Casa de Suplicação seria aplicável a todos em geral, não apenas aos particulares e, portanto, teria a mesma lógica da súmula vinculante dos dias de hoje: "E ordeno que a esta glosa, e Assento sobre ella tomado neste caso, em que se não julga o direito das partes no particular de cada uma d'ellas, mas sim a intelligencia geral, e perpetua da Lei em commum beneficio, não possa haver embargos, nem outro algum recurso, que não seja aquelle immediato à Minha Real Pessoa, de que nunca é visto serem privados os Vassallos". Portugal, Lei de agosto de 1769, §2º.

205. Cf. Gico Jr. (2018).

juiz, em nome do Estado (administração); e (ii) proteger as partes litigantes de erros por parte do próprio juiz (proteção), aqui incluídos erros voluntários e involuntários. Se a função última do serviço público adjudicatório é alocar o bem da vida litigioso de acordo com o direito (Princípio da Legalidade material), a função do processo é equilibrar os objetivos de administrar e de proteger. Precisamos que o serviço público adjudicatório seja, o mais possível, livre de erros, mas quanto mais garantias e procedimentos são inseridos no sistema para evitar tais erros, mais complexa e custosa será a administração dele. Em outras palavras, há um claro *trade-off* entre proteção e administração; nesse sentido, as regras processuais e, portanto, o processo judicial em si, são o resultado da decisão política acerca do arranjo institucional desejável para aquele determinado contexto, que privilegiará uma ou outra.

Nesse sentido, se do ponto de vista do direito material não há qualquer relativização possível dentro do Princípio da Legalidade, *i.e.*, o resultado final do processo deve ser a alocação do bem da vida litigioso segundo a lei (fim), o mesmo não pode ser dito do ponto de vista do Direito Processual, pois as regras de Direito Processual são apenas um meio de alcançar o fim (fazer valer o direito) e, portanto, sempre serão um balanço entre os custos de administrar e os custos de erro, ou seja, uma tentativa de minimização do custo social do processo. No Direito Processual isso é denominado de **instrumentalidade das formas**, *i.e.*, o Direito Processual se presta a um fim, diferente do direito material, ele não é um fim em si mesmo.

Assim, em um linguajar juseconômico, conquanto a adjudicação equivocada de direitos (*error in judicando*) seja ineficiente do ponto de vista alocativo (dado que a decisão judicial se desvia das preferências da sociedade), não se pode necessariamente dizer o mesmo do *error in procedendo*. Como o processo é apenas o meio pelo qual o juiz adjudica o bem da vida litigioso a quem de direito, sem constituir um direito material em si, mesmo que ocorra alguma violação ao Direito Processual no caso concreto, tal violação não necessariamente importará em prejuízo para qualquer das partes se a finalidade pretendida por aquela norma violada (proteção) puder ser alcançada de outra maneira. Isso significa que, conquanto ninguém esteja autorizado a deliberadamente violar as regras do processo civil, é possível que um eventual descumprimento de alguma norma processual seja suprido durante a condução do processo se essa violação não importar em prejuízo para qualquer uma das partes ou, ao menos, da parte que não deu causa à nulidade[206]. Essa conclusão não advém da interpretação de algum princípio abstrato, mas da literalidade da lei e, portanto, da vontade popular.

É o que prevê o art. 277[207] do CPC ao ordenar ao juiz que considere válido ato que, a despeito de praticado de forma diversa da prevista em lei, alcance a mesma

---

206. No mesmo sentido, a título de exemplo, cf. Montenegro Filho (2016, p. 106), Câmara (2018, p. 147), Theodoro Jr. (2019, p. 81) e, invocando expressamente o Princípio da Eficiência, vide Arake (2019, p. 78).

207. Art. 277. Quando a lei prescrever determinada forma, o juiz considerará válido o ato se, realizado de outro modo, lhe alcançar a finalidade.

finalidade. Como as regras processuais não determinam, em si, a alocação de direitos, mas prescrevem normas para organização dos atos processuais e para proteção das partes durante o curso do processo, se a finalidade da norma processual foi alcançada por outra maneira, desde que não haja prejuízo para qualquer das partes, não há por que anular o ato problemático e mandar repeti-lo para chegar ao mesmo resultado. Seria produtivamente ineficiente fazê-lo e não haveria qualquer ganho em eficiência alocativa, dado que o resultado da adjudicação permaneceria inalterado.

Do mesmo modo, o art. 282, §1º, do CPC[208] veda a repetição de ato anulado se a sua falta não prejudicar a parte inocente. De fato, se a prática do ato nulo não prejudicou a parte inocente, não há razão para atrasar a conclusão do processo com a repetição do referido ato. Nesse mesmo sentido, o art. 283, caput e parágrafo único, do CPC[209] explicitamente ordena o aproveitamento dos atos processuais anuláveis desde que não resultem em prejuízo à defesa de qualquer parte. Assim, a despeito de o processo ser uma "sucessão de atos vinculados pelo objetivo comum da atuação da vontade da lei e procedendo ordenadamente para a consecução desse objetivo [...]"[210], nem todos os atos são dependentes entre si. Desse modo, ainda que um ato padeça de nulidade insanável e necessite ser repetido, não há razão para que os atos subsequentes e independentes também sejam repetidos, conforme, aliás, previsto no art. 281 do CPC: "Anulado o ato, consideram-se de nenhum efeito todos os subsequentes que dele dependam, todavia, a nulidade de uma parte do ato não prejudicará as outras que dela sejam independentes".

Esse aproveitamento é observado mesmo em caso de nulidade de citação do réu ou do executado. Nos termos do art. 280 do CPC[211], são nulas as citações feitas sem observância da forma legal. Entretanto, o art. 239, caput e parágrafo único, do CPC[212] prescreve que o comparecimento espontâneo do réu ou do executado aos autos supre eventual nulidade de citação. Assim, se a finalidade da citação é cientificar o réu de uma ação para que ele possa se defender adequadamente, o seu comparecimento espontâneo supre a necessidade de promover a sua citação. Portanto, ainda que tenha ocorrido alguma nulidade na citação, não há por que anular esse ato e ordenar nova citação se o réu já está ciente da existência da ação. O mesmo raciocínio, aliás, pode

---

208. Art. 282. [...] § 1º O ato não será repetido nem sua falta será suprida quando não prejudicar a parte.

209. Art. 283. O erro de forma do processo acarreta unicamente a anulação dos atos que não possam ser aproveitados, devendo ser praticados os que forem necessários a fim de se observarem as prescrições legais. Parágrafo único. Dar-se-á o aproveitamento dos atos praticados desde que não resulte prejuízo à defesa de qualquer parte.

210. Cf. Chiovenda (2009 [1933], pp. 91 e 92).

211. Art. 280. As citações e as intimações serão nulas quando feitas sem observância das prescrições legais.

212. Art. 239. Para a validade do processo é indispensável a citação do réu ou do executado, ressalvadas as hipóteses de indeferimento da petição inicial ou de improcedência liminar do pedido.
§ 1º O comparecimento espontâneo do réu ou do executado supre a falta ou a nulidade da citação, fluindo a partir desta data o prazo para apresentação de contestação ou de embargos à execução.

ser utilizado no caso de intimações. O art. 272, §2º, do CPC[213] impõe pena de nulidade às intimações feitas por meio de publicação nos diários oficiais que não constem o nome dos advogados das partes. Porém, se o advogado, por outro meio, tomar ciência da intimação e cumprir o seu comando sem prejuízo para qualquer das partes, a finalidade da publicação terá sido atingida e não haverá necessidade de ser repetida.

Por fim, é importante observar que o juiz está autorizado a decidir o mérito em favor da parte inocente mesmo em caso de nulidade processual que o obrigasse a extinguir o processo sem julgamento do mérito (art. 282, §2º, do CPC)[214]. A ideia aqui é aproveitar ao máximo os atos processuais já desenvolvidos. Ora, se a função do processo civil é permitir que o juiz adjudique o bem em litígio a quem tem o direito, sendo possível ao juiz verificar que a parte inocente de uma eventual nulidade processual tem direito ao bem litigioso e, assim, decidir o mérito da questão, é absolutamente ineficiente a extinção do processo sem julgamento do mérito quando já se podia adjudicar esse direito e solucionar o litígio. Vale dizer, se o processo for extinto sem julgamento do mérito em razão dessa determinada nulidade insanável, as partes terão que repetir todos os atos que praticaram até o presente momento do processo, atos estes que objetivavam, justamente, instruir o juiz a respeito dos fatos pertinentes à matéria de modo que se pudesse chegar a uma conclusão a respeito de quem tem razão no processo: a mesma conclusão a que o juiz já teria chegado. Dessa maneira, em vez de declarar a nulidade, o ordenamento jurídico determina que o juiz julgue, desde logo, o mérito da questão. Esse comando é ao mesmo tempo alocativamente eficiente, pois adjudica o bem a quem tem direito, e produtivamente eficiente, pois evita o desperdício dos atos processuais praticados até então.

Nesse sentido, fica evidente que a instrumentalidade das formas no Direito Processual é eficiente e, simultaneamente, que ela não decorre de algum princípio abstrato e sim de comandos legais expressos. Na realidade, a instrumentalidade das formas é o resultado conjunto da aplicação do Princípio da Legalidade (o aproveitamento de atos nulos é legalmente autorizado) e do Princípio da Eficiência, pois o aproveitamento dos atos, quando autorizado juridicamente, é produtivamente eficiente, desde que não afete a adjudicação final (eficiência alocativa).

Tanto a instrumentalidade das formas é o resultado da legalidade e da eficiência que o critério normativo básico para o julgamento de qualquer nulidade processual não é jamais a adesão do ato à formalidade, mas sim se alguma das partes foi prejudicada. Essa ideia está resumida no adágio: *pas de nullité sans grief*, ou seja, não há

---

213. Art. 272. Quando não realizadas por meio eletrônico, consideram-se feitas as intimações pela publicação dos atos no órgão oficial [...].

§ 2º Sob pena de nulidade, é indispensável que da publicação constem os nomes das partes e de seus advogados, com o respectivo número de inscrição na Ordem dos Advogados do Brasil ou, se assim requerido, da sociedade de advogados.

214. Art. 282. [...] § 2º Quando puder decidir o mérito a favor da parte a quem aproveite a decretação da nulidade, o juiz não a pronunciará nem mandará repetir o ato ou suprir-lhe a falta.

nulidade sem prejuízo. Desse modo, o formalismo processual, construído para dar segurança às partes contra arbitrariedades do juiz e para organizar o fluxo processual, não é reconhecido como um fim em si mesmo, podendo ser flexibilizado se não houver prejuízo para nenhuma das partes.

A esta altura deve estar claro que o critério de nulidade utilizado no processo civil brasileiro é o critério de eficiência de Pareto quando nenhumas das partes for culpada, *i.e.*, o ato processual será aproveitado ou superado se a sua manutenção ou superação (estado social B) não prejudicar alguém. Se a manutenção ou superação do ato não prejudica ninguém, esse estado social B será mantido pelo direito, pois é Pareto eficiente. Se prejudicar uma das partes, ele será anulado e o ato e seus consectários terão de ser refeitos, *i.e.*, retorna-se ao estado social A (*status quo ante*).

Note como o critério normativo da instrumentalidade das formas implica necessariamente a presença de uma redução do custo de administração do processo (aproveitamento de atos processuais), sem que haja aumento do custo de erro (uma das partes não pode ser prejudicada), logo, em hipótese alguma pode um juiz realizar a ponderação de benefícios e malefícios do ato nulo e utilizar o critério de eficiência Kaldor-Hicks. Em outras palavras, não pode um juiz entender que, apesar de uma das partes ser prejudicada pelo ato nulo, como o juízo ou a outra parte se beneficiam muito dele, o ato pode ser mantido em nome da eficiência porque o benefício líquido seria positivo. Por outro lado, quando foi uma das partes quem deu causa à nulidade, a próprio código permite que se mantenha o ato, desde que a parte inocente não seja prejudicada. Conforme os inúmeros exemplos citados acima, apenas no caso de a parte inocente não sofrer prejuízo é que o ato pode ser mantido, *i.e.*, se sua manutenção for eficiente. O uso de um critério mais restritivo aqui decorre do fato de aceitarmos a redução da proteção processual em um contexto específico, desde que esteja claro que – no caso concreto – não houve prejuízo. Aqui, *in dubio pro parte*.

Nessa linha, como discutido na Seção 3.2.1, considero não ter mérito[215] a posição de doutrinadores como Campos[216] e Pontes[217], para quem o princípio da eficiência autorizaria a violação da lei ou do princípio da legalidade, e a posição de Barroso, para quem o juiz teria um papel iluminista, *i.e.*, de déspota esclarecido a quem competiria "empurrar a história" em "momentos cruciais do processo civilizatório"[218]. A lei é o resultado mais próximo do agregado de preferências da sociedade, é a forma com que a sociedade escolheu distribuir entre si os direitos. Violar as preferências sociais é alocativamente ineficiente, de qualquer ponto de vista em que se analise

....

215. No mesmo sentido, cf. Arake (2019, p. 81).

216. Cf. Campos (2018, p. 70).

217. Cf. Pontes (2015, p. 314).

218. Cf. Barroso (2018). A posição levanta a pergunta sobre o que acontece quando o ministro ao invés de "iluminista" for, na realidade, retrógado e obstar aos avanços que a sociedade tenha adotado? Como de acordo com Barroso um ministro do STF não precisa seguir a lei e a Constituição, que defesa tem a sociedade civil contra esse ditador (in)constitucional? Além disso, se o juiz não é a boca da lei, ele é a boca de quem?

essa questão. Contudo, nenhuma das hipóteses aventadas no presente capítulo importa na validação da violação ao Princípio da Legalidade no seu aspecto material, até porque é o próprio CPC que traz as hipóteses nas quais o formalismo processual pode ser excepcionado em prol da busca pela decisão de mérito (instrumentalidade das formas). Em todas elas, o critério sempre foi eficiente e a eficiência alocativa foi respeitada.

Como se pode ver, é a obediência estrita ao Princípio da Legalidade no âmbito material, *i.e.*, à adjudicação do bem da vida de acordo com o direito, que garante o cumprimento da vontade popular e, portanto, da eficiência em seu aspecto alocativo. Já o Princípio da Legalidade no âmbito processual deve ser seguido pelas mesmas razões, podendo ser mitigado única e exclusivamente quando for Pareto eficiente fazê-lo, *i.e.*, quando não prejudicar a parte inocente e desde que o bem da vida seja adjudicado de acordo com o direito (instrumentalidade das formas). Dessa maneira, o magistrado agirá eficientemente, minimizando o custo social do processo e aumentando o bem-estar social.

3.3 O Princípio do Devido Processo Legal

No ordenamento jurídico brasileiro, a chamada cláusula de devido processo legal encontra-se prevista no art. 5º, inc. LIV, da CF, segundo a qual "ninguém será privado da liberdade ou de seus bens sem o devido processo legal". Como se pode ver, sem a utilização de nenhum argumento metafísico ou esotérico, o referido dispositivo constitucional reafirma simplesmente que a liberdade e a propriedade de uma pessoa, dois direitos fundamentais, só podem ser restringidos se o devido processo legal for seguido. Nas palavras de Lunardi[219], "[...] a opção política pelo Estado de Direito significa, dentre outras coisas, que o Estado deve obedecer às suas próprias leis. [...] Isso implica garantias do cidadão contra o Estado e contra outros cidadãos".

Nessa linha o devido processo legal pode ter uma dupla interpretação: (i) como garantia do cidadão contra o próprio Estado, que também precisa se submeter ao direito para poder restringir eventual direito de propriedade e direito de liberdade de alguém e (ii) como garantia contra o juiz-Estado, que deve se submeter ao Direito Processual na condução do processo e ao direito material no momento da adjudicação. Nesse contexto o devido processo legal é uma reafirmação tanto do Princípio da Eficiência quando da Legalidade e retoma as discussões das seções anteriores. Não obstante, quanto processo é devido para que o devido processo legal seja satisfeito?

Se entendêssemos que o devido processo legal é, na realidade, um superprincípio[220] que serve de restrição à atuação discricionária do juiz na condução do pro-

---

219. Cf. Lunardi (2019, p. 76).

220. Há quem defenda que a simples enunciação do princípio do devido processo legal seria suficiente para derivar as demais normas e garantias processuais, como Mariotti (2008, p. 119), Gonçalves Filho (2010, pp. 19-21) e

cesso por meio da imposição da observância obrigatória de um conjunto de outros princípios e direitos durante o seu curso – tais como o direito ao contraditório e à ampla defesa (art. 5º, LV, da CF/88)[221], à não utilização de provas ilícitas (art. 5º, LVI, da CF/88)[222], à publicidade e à motivação das decisões judiciais, dentre outros que, interpretados conjuntamente, comporiam a cláusula de devido processo legal –, então todas essas garantias específicas poderiam simplesmente ser excluídas do texto constitucional, pois seriam decorrências lógicas do art. 5º, LIV/CF. No entanto, a bem da verdade, não há um único elemento na Constituição Federal ou argumentação lógica coerente que autorize essa interpretação. Essa construção doutrinária é muito mais uma decorrência da tradição inglesa e americana, que precisam da cláusula genérica do *due process of law* no contexto da *common law*, que simplesmente é importada para o Brasil sem muita explicação do porquê aqui seria a mesma coisa ou haveria tal necessidade.

Nessa linha, se estivéssemos na Inglaterra da Idade Média, em um regime monárquico da *common law*, no qual não existia codificação do direito e muito menos um Código de Processo Civil, eu diria que a cláusula geral do devido processo legal seria o que a casuística e os precedentes assim determinassem. No entanto, estamos no Brasil do século XXI, em um Estado Democrático de Direito, em um país industrializado, sob um regime romano-germânico, no qual não apenas a Constituição é escrita, como também temos uma codificação de processo civil, uma codificação de processo penal, leis com regras processuais para questões tributárias e até mesmo uma lei de processo administrativo[223], razão pela qual a lógica só me permite concluir que o "devido processo legal" previsto no art. 5º, LIV, da CF é justamente o processo previsto em lei e na própria Constituição e nada mais.

Justamente porque a importação para nosso sistema jurídico da ideia de devido processo legal da *common law* inglesa e americana beira o truísmo no direito brasileiro, Gonçalves Filho, com rara candura entre os juristas brasileiros, reconhece que:[224] "A bem da verdade, no direito brasileiro, o devido processo legal acabou ficando como repositório de garantias processuais implícitas, porque não carecia aplicá-lo quando houvesse outras regras ou princípios positivados. Há quem sustente que, ainda que os outros princípios e regras que positivam garantias fundamentais no processo não existissem, eles decorreriam do devido processo legal. Além dessa função de integração de lacunas, o devido processo legal poderia justificar soluções que não tivessem

---

Nery Jr. (2016, p. 79), como se o processo fosse uma demonstração lógica que decorresse de um axioma e não uma escolha política consubstanciada na lei.

221. Art. 5º [...] LV - aos litigantes, em processo judicial ou administrativo, e aos acusados em geral são assegurados o contraditório e ampla defesa, com os meios e recursos a ela inerentes; [...].

222. Art. 5º [...] LVI - são inadmissíveis, no processo, as provas obtidas por meios ilícitos; [...].

223. Cf. Lei nº 9.784, de 29 de janeiro de 1999.

224. Cf. Gonçalves Filho (2010, pp. 19-20).

amparo na estrita letra da lei, ou ainda contra ela, desde que garantias fundamentais de justiça ou da aplicação do direito material pudessem ser violadas".

Conforme discutido na Seção 3.1.4, concordo que em caso de integração, caso não haja norma análoga ou costume aplicável ao caso, então, por força de lei, o juiz estaria autorizado a decidir com base nos princípios gerais do direito, dentre os quais poderíamos elencar o devido processo legal, a ideia de que, qualquer que seja a restrição à liberdade e à propriedade de alguém, ela deve ser equilibrada em função da finalidade da restrição e que deve seguir um procedimento mínimo que garanta ao cidadão o exercício da ampla defesa e do contraditório. No entanto, como visto nas Seções 3.1 e 3.2, nada na Constituição Federal autoriza um juiz a violar o direito fundamental de não ser obrigado a fazer ou deixar de fazer algo, senão em virtude de lei. Nesse sentido, não consigo encontrar qualquer fundamento jurídico ou lógico à violação ao Princípio da Legalidade em função do devido processo legal. Afinal de contas, e desculpem o trocadilho, a Constituição garante o devido processo legal e não o devido processo ideal.

De qualquer forma, para fins de nossa discussão no presente livro, o Princípio do Devido Processo Legal pode ser entendido como uma reafirmação de que, nos casos de restrição à liberdade e ao direito de propriedade de alguém, o juiz-Estado deve se submeter à lei e, portanto, deve conduzir o processo de acordo com as regras processuais (devido processo legal), limitando-se a sua flexibilidade aos casos em que a mudança ou aproveitamento dos atos processuais for legalmente autorizado ou Pareto eficiente[225].

3.4 O Princípio da Duração Razoável do Processo

Os processos devem ser decididos de forma tempestiva. Dificilmente alguém argumentaria contra essa proposição. A morosidade judicial é considerada um problema tão grave no Brasil, que o constituinte, no âmbito da Emenda da Reforma do Judiciário (EC nº 45/04), decidiu incluir no rol de direitos e garantias fundamentais o inciso LXXVIII, segundo o qual "a todos, no âmbito judicial e administrativo, são assegurados a razoável duração do processo e os meios que garantam a celeridade de sua tramitação". Como já discutido na Seção 3.1 sobre o Princípio da Eficiência, a exposição de motivos da EC nº 45/04[226] revela claramente que o objetivo era modificar a estrutura do Poder Judiciário[227] para que a "administração da Justiça" se tornasse

---

225. Justamente por isso o STF já decidiu o Tema nº 660, segundo o qual: "Violação dos princípios do contraditório e da ampla defesa quando o julgamento da causa depender de prévia análise da adequada aplicação das normas infraconstitucionais. Extensão do entendimento ao princípio do devido processo legal e aos limites da coisa julgada".

226. Cf. Câmara dos Deputados (2004, p. n/d).

227. Para críticas a respeito do modelo adotado para a reforma do Judiciário promovida pela EC nº 45/04, cf. Moreira (2004).

mais eficiente. Como se vê, há uma ligação entre duração razoável do processo, celeridade e eficiência.

Os próprios Poderes constituídos reconhecem esses problemas, como se percebe no chamado I Pacto pelo Judiciário, assinado em dezembro de 2004, cujo objetivo declarado era organizar as instituições públicas em favor de um Judiciário mais rápido e republicano: "Poucos problemas nacionais possuem tanto consenso no tocante aos diagnósticos quanto a questão judiciária. A morosidade dos processos judiciais e a baixa eficácia de suas decisões retardam o desenvolvimento nacional, desestimulam investimentos, propiciam a inadimplência, geram impunidade e solapam a crença dos cidadãos no regime democrático"[228].

No entanto, a existência de uma crise no Judiciário brasileiro decorrente de sua excessiva lentidão e de sua notória ineficácia não é um problema novo[229]. Desde a década de 1970, o ministro do Supremo Tribunal Federal e autor do antigo CPC/73, Alfredo Buzaid, já apontava para este problema decorrente de um descompasso entre a oferta e a demanda de serviços públicos adjudicatórios que impossibilitava o cumprimento de prazos judiciais[230].

Como aponta Araken de Assis, os efeitos da morosidade judicial são perversos, pois a dilação processual excessiva[231] "[e]m primeiro lugar, acentua a desigualdade, porque a resistência da pessoa pobre é menor do que a da pessoa provida de abundantes recursos financeiros. E, em cada processo, uma das partes sempre se encontrará mais habilitada a suportar a demora do que a outra, motivo por que a lentidão constitui fator de desigualdade processual, atribuindo a uma das partes vantagem sobre a outra. O impacto psicológico da lentidão sobre a parte frágil e desfavorecida de recursos não pode ser negligenciado. O processo que se move por décadas serve para 'cansar e moer' o adversário. Lança descrédito, ainda, nas instituições republicanas. E, por fim, a lentidão estimula a fuga da jurisdição, ou deixando o litígio sem solução (litigiosidade contida), ou socorrendo-se as partes de mecanismos alternativos de resolução dos conflitos – mecanismos vantajosos só para alguns segmentos sociais (v.g. a arbitragem)".

Justamente por isso, o atual CPC mantém o mote de redução da morosidade judicial, incluindo inúmeros instrumentos processuais justamente para dar maior celeridade ao processo[232]: "Levou-se em conta o princípio da razoável duração do processo. Afinal a ausência de celeridade, sob certo ângulo, é ausência de justiça. A simplificação do sistema recursal, de que trataremos separadamente, leva a um processo mais ágil. Criou-se o incidente de julgamento conjunto de demandas repe-

---

228. Cf. Gico Jr. (2014, p. 167).

229. A título de exemplo, cf. Buzaid (1972), Sobrinho (1980) e Gomes (1997).

230. Cf. Buzaid (1972, p. 144 e ss.).

231. Cf. Assis (2016, p. 484).

232. Cf. Senado Federal (2010, p. 12).

titivas, a que adiante se fará referência. Por enquanto, é oportuno ressaltar que levam a um processo mais célere as medidas cujo objetivo seja o julgamento conjunto de demandas que gravitam em torno da mesma questão de direito, por dois ângulos: a) o relativo àqueles processos, em si mesmos considerados, que serão decididos conjuntamente; b) no que concerne à atenuação do excesso de carga de trabalho do Poder Judiciário – já que o tempo usado para decidir aqueles processos poderá ser mais eficazmente aproveitado em todos os outros, em cujo trâmite serão evidentemente menores os ditos 'tempos mortos' (= períodos em que nada acontece no processo)".

Como se pode ver, o legislador reconhece claramente o ganho de eficiência processual como meio para alcançar a duração razoável do processo. Nesse sentido, o que se chama de duração razoável do processo pode ser interpretado como uma consequência da aplicação do Princípio da Eficiência, tanto no seu aspecto produtivo quanto no seu aspecto alocativo. O hiato temporal é um fenômeno corriqueiro da vida, presente em quase todas as coisas que fazemos. O problema não é, portanto, a demora em si, mas a demora excessiva, pois o processo deve ter uma duração razoável. Mas o que é excessivo ou razoável só pode ser determinado se soubermos os custos e os benefícios associados a níveis diversos de demora, ou seja, precisamos ponderar as consequências de cada arranjo institucional alternativo. "Afinal de contas, se uma Justiça lenta é ruim, uma injustiça rápida certamente não é um bom substituto"[233].

Além disso, como discutiremos em mais detalhes no Capítulo 6, tendo em vista que o Judiciário é um recurso comum, *i.e.*, ele é simultaneamente rival e não-excludente[234], fato é que quanto mais se utiliza o serviço público adjudicatório, mais congestionado ele ficará e, portanto, mais lenta será a prestação jurisdicional: é a Tragédia do Judiciário[235]. Nesse sentido, em virtude da própria natureza econômica tanto do direito, quanto dos tribunais, normalmente haverá algum grau de congestionamento do serviço público adjudicatório, um congestionamento de equilíbrio. O que se pode fazer é buscar a maior eficiência processual possível, de forma que o congestionamento de equilíbrio seja o mínimo possível[236]; nesse caso, a duração do processo poderá ser considerada razoável, pois ela será a menor possível (eficiência produtiva). A duração razoável do processo é, portanto, a duração ótima, no sentido de otimizada (não necessariamente ideal).

Sendo assim, da análise do comando constitucional, podemos extrair que o cidadão deve ter acesso aos meios para que seu processo seja resolvido o mais celeremente possível. Logo, a celeridade processual foi reconhecida como um valor constitucional a ser perseguido. Se célere é o que anda ou corre com rapidez, então

---

233. Cf. Gico Jr. (2014, p. 167).

234. Cf. Seção 6.1.

235. Cf. Gico Jr. (2012; 2014).

236. Note o claro paralelo desse raciocínio com o que disse antes na Seção 2.2, *i.e.*, que a função social do processo era minimizar o custo social do processo.

celeridade processual é quão rápido anda o processo, ou seja, celeridade é uma medida do hiato temporal entre o início do processo e o seu fim. No entanto, se dissermos que o processo durou um ano, ou seja, se conhecermos apenas o hiato temporal processual, ainda assim não seremos capazes de dizer se o processo foi célere ou não, pois sendo a celeridade uma questão de velocidade, trata-se de uma grandeza relativa, que precisa de um referencial para fazer sentido.

Nessa linha, um processo será ou não célere em relação a algum ponto de referência. Assim, se uma execução demora seis meses para tramitar e outra demora um ano, independentemente das razões que levaram a cada duração, a primeira execução foi mais célere que a segunda. Ela tramitou mais rápido. Se um caso que poderia ser concluído em dois anos é concluído em um ano, ele foi resolvido de forma mais célere. Celeridade é sempre uma medida relativa de velocidade. Nesse sentido, há um reconhecimento constitucional de que – *ceteris paribus* – quanto mais rápido o serviço público adjudicatório for prestado, melhor. E mais: o cidadão tem o direito fundamental a um serviço público adjudicatório célere. Todavia, a busca pela celeridade não pode ser o único critério, deve-se buscar celeridade com acurácia ou **precisão jurídica**[237] (ou eficiência alocativa, o que dá no mesmo). Expliquemos.

Suponha que o único critério pelo qual se mensurasse um processo fosse a sua velocidade. Nesse caso, quanto menos atos processuais, menos processo. Quanto menos processo, melhor. No entanto, como explicado nas Seções 2.2 e 2.3, o processo é um mecanismo de aquisição de informação sobre os fatos relevantes pelo juiz-Estado para que possa adjudicar o bem da vida em litígio a quem de direito, *i.e.*, de acordo com as regras jurídicas vigentes. Nesse sentido, o investimento em processo reduz a assimetria de informação e, consequentemente, os custos decorrentes do erro[238]. Além disso, o processo também serve de proteção das partes contra a arbitrariedade do magistrado, garantindo que o resultado da atividade adjudicatória seja a alocação determinada pelo direito. Logo, o não investimento em processo, ou seja, a eliminação do devido processo legal, da ampla defesa e do contraditório traria grande celeridade ao processo, mas também geraria grande custo social com decisões erradas, em desacordo com o direito.

É o que ocorreria, por exemplo, se um gabinete ou uma vara, preocupados única e exclusivamente com o seu estoque de processos, resolvesse extinguir, sem julgamento do mérito, todas as ações em seu escaninho de forma indiscriminada (uma extinção em massa de processos); ou quando a presidência de um tribunal resolvesse obstar a subida de todos os recursos especiais e extraordinários aplicando, aleatoriamente, enunciados da Súmula dos Tribunais Superiores. Sem a

---

237. Grande parte da doutrina fala em qualidade da decisão judicial, mas como para mim a qualidade de uma decisão judicial é o grau de sua aderência ao direito e de precisão em relação aos fatos, prefiro simplesmente falar em precisão ou acurácia da decisão judicial.

238. Apenas lembrando, o custo social do processo é o somatório dos custos de administração e dos custos de erro. E, quanto mais se investe em processo, menor o custo de erro, mas maior o custo de administração. Cf. Seção 2.3.

necessidade de se preocupar com a precisão da decisão, com sua qualidade, um processo poderia ser resolvido instantaneamente e a celeridade processual estaria incondicionalmente atendida.

No limite, "[...] um sistema adjudicatório que não segue qualquer regra (tribunal sem direito) não seria diferente de um sistema estocástico ergódigo[239]. Independentemente do caso apresentado, haveria uma probabilidade aleatória de sucesso do reclamante e, em qualquer disputa, a chance de prevalecer seria independente do estado inicial do sistema. Nesse cenário, não haveria necessidade de um juiz ou qualquer mecanismo de decisão alternativo que não fosse um computador com uma semente aleatória[240] para resolver a disputa. O serviço de resolução de disputas seria fornecido quase instantaneamente, mas o resultado seria um completo desperdício social, pois os agentes seriam incapazes de coordenar o comportamento *ex ante* (não há como saber qual regra será aplicada) e o resultado seria inútil para coordenar o comportamento *ex post* (como este caso foi decidido é irrelevante para casos futuros). Em outras palavras, o objetivo de se ter um sistema jurídico é coordenar o comportamento estabelecendo uma expectativa racional do comportamento dos outros, incluindo do Estado.[241] Se o mecanismo de resolução de controvérsia é aleatório, essa função básica do direito é negada, e se pode afirmar tanto que não há direito algum, quanto que os tribunais são inúteis. É por isso que afirmei que o Judiciário é uma tecnologia institucional desenvolvida por milhares de anos de experimentação humana com um único objetivo: resolver disputas impondo as regras. Se as regras não forem aplicadas, esse propósito do direito e dos tribunais é negado"[242].

O que eu quis dizer no trecho acima é que a única forma de alcançar a celeridade máxima é abrir mão por completo do direito, ou seja, que há um *trade-off* inescapável entre celeridade e precisão, e optar única e exclusivamente pela celeridade é abrir mão do próprio direito. Essa conclusão está em linha com o que discutimos na Seção 2.3 sobre o custo social do processo: o não investimento em processo reduziria drasticamente os custos de administração, que em um sistema aleatório seriam praticamente zero, acelerando o processo, mas aumentaria substancialmente os custos de erro, pois os litígios estariam sendo resolvidos em desacordo com o direito. Esse resultado violaria o direito fundamental à legalidade, frustraria o propósito democrático do direito e seria simultaneamente ineficiente do ponto de vista produtivo e alocativo.

---

239. Por exemplo, mesmo no sistema jurídico *busoga*, em Uganda, que supostamente não possui uma teoria de precedentes, quando se discutem casos e se litiga, os membros da comunidade esperam que casos semelhantes sejam tratados de forma semelhante e, portanto, esperam que mesmo o direito costumeiro *busoga* guarde algum grau de coerência interna. Cf. Fallers (1969, p. 19).

240. Alguém poderia se desesperar ao descobrir que números aleatórios criados por computadores não são, na verdade, aleatórios, dado que usam algum tipo de algoritmo para criar tais números. Verdadeira aleatoriedade é alcançada, apenas, se mensurado algum fenômeno externo ao próprio sistema.

241. Para uma discussão mais ampla do papel do Judiciário na viabilização de cooperação *ex ante*, vide Gico Jr. (2013).

242. Cf. Gico Jr. (2020).

Nesse sentido, as medidas de controle de produtividade do Judiciário implementadas pelo Conselho Nacional de Justiça (CNJ) são de extrema importância, pois é preciso adotar alguma medida de controle da produtividade dos juízes, mesmo porque o Princípio da Eficiência comanda a busca pela eficiência produtiva e, portanto, que se resolva a maior quantidade de litígios possível com os recursos disponíveis (produtividade)[243]. Todavia, o mesmo Princípio da Eficiência comanda que se busque a eficiência alocativa e, portanto, que os bens da vida em litígio sejam alocados a quem de direito, *i.e.*, que as decisões judiciais sejam precisas. Assim, é necessário ir além da simples mensuração da produtividade e medir a precisão das decisões judiciais produzidas, aqui entendidas como o grau de adesão dessas decisões ao direito e a adequação delas aos fatos.

Como discutiremos em mais detalhes na Seção 5.2.3, uma das formas de medir essa precisão (*proxy*) é começar a registrar individualmente, por cada juiz e por cada vara ou gabinete, a taxa de reversibilidade das decisões proferidas. Um juiz que é pouco revertido cometeu poucos erros, um juiz que é muito revertido cometeu muitos erros, sempre na visão da instância superior e, portanto, do próprio Judiciário. A mensuração da produtividade ponderada pela taxa de reversibilidade nos daria uma boa medida não apenas da eficiência produtiva do juiz, mas também de sua eficiência alocativa, logo, um quadro completo de sua eficiência (produtiva e alocativa) na prestação do serviço público adjudicatório.

Em parte por causa disso, há aqueles como Theodoro Jr. que, apesar de reconhecer a existência de um *trade-off* entre precisão e celeridade, defendem que diante da escolha "[e]ntre a rapidez da decisão e a qualidade da solução apresentada, o juiz deve primar pela segunda, de modo que nunca seja ela sacrificada em prol apenas da dinamicidade do processo"[244]. No entanto, seguir essa orientação é o mesmo que negar a existência do *trade-off* e dos efeitos deletérios da morosidade judicial. Dada a relação inversa entre o custo de administração e o custo de erro processual, a maximização do bem-estar social está intimamente associada à minimização do custo social do processo como um todo, ou seja, a alguma solução intermediária.

No mesmo sentido se posicionou Taruffo quando explica que[245] "[...] uma escolha entre o tudo ou o nada é provavelmente errada se alguém considerar apenas uma

---

243. Fauvrelle & Almeida (2018) encontraram evidências de que a produtividade judicial no Brasil vem aumentando, sem que haja um aumento proporcional da taxa de reversibilidade de decisões pelos tribunais, logo, pelo critério do próprio Judiciário, podemos dizer que houve aumento da produtividade judicial sem diminuição da precisão adjudicatória.

244. Cf. Theodoro Jr. (2018, p. 94).

245. No original: "[...] an all-or-nothing choice is probably wrong if one thinks to take one face of the coin and to exclude completely the other: probably a fair solution may be achieved just by thinking of a compromise or a point of equilibrium between the two competing ideas of efficiency. On the other hand, it should be considered that between such ideas there is a relationship of inverse and complementary proportionality: if a system maximizes its efficiency in terms of speed and low costs, it probably will minimize its efficiency in terms of accurate and just resolution of the dispute; on the contrary, if efficiency as accurate and just resolution is

face da moeda e excluir completamente a outra: provavelmente uma solução justa pode ser obtida apenas por meio de concessões ou por um equilíbrio entre as duas ideias de eficiência. Por outro lado, deve-se considerar que entre tais ideias há uma relação inversa e complementar de proporcionalidade: se um sistema maximiza sua eficiência em termos de velocidade e baixos custos, provavelmente minimizará sua eficiência em termos de uma resolução correta e justa para o litígio; por outro lado, se ocorrer a maximização da eficiência como resolução correta e justa, provavelmente a eficiência em termos de redução de tempo e custos será minimizada".

Assim, o Princípio da Duração Razoável do Processo impõe que se busque a melhor decisão possível e não a decisão perfeita, pois a busca da perfeição para cada caso, individualmente considerado, significaria um investimento muito alto ou quase infinito em processo – tanto na investigação dos fatos quanto no controle dos juízes em sua atividade adjudicatória. No limite, a própria atividade adjudicatória perderia por completo a sua utilidade. As circunstâncias em que uma determinada lide é instaurada condicionam a utilidade de sua composição para as partes ou para a sociedade, tornando-se primordial que seja decidida tempestivamente. Desse modo, uma decisão teoricamente perfeita, conquanto não onere a sociedade com custos decorrentes de erro judicial, certamente gerará um enorme custo de administração, sem contar a externalidade negativa decorrente do congestionamento judicial (a Tragédia do Judiciário) e o fato de a prestação jurisdicional poder ter se tornado inútil, pois o tempo para produzi-la destruiu todo o seu valor (utilidade)[246].

Em dezembro de 2018, o STJ finalmente concluiu um importante julgamento para a história do Brasil: a Princesa Isabel não tem direito de propriedade sobre o Palácio da Guanabara, no Rio de Janeiro, que lhe foi tomado com a Proclamação da República em 15 de novembro de 1889 e onde hoje funciona o governo do Rio de Janeiro. Trata-se originalmente de uma ação possessória de força velha, ajuizada pela Princesa Isabel em 1895 para reaver a posse do imóvel onde habitava com seu marido, o príncipe Gastão de Orléans, o conde d'Eu[247]. Independentemente do mérito, o problema é que a autora do processo não está viva para lamentar a decisão, eis que o processo demorou 123 anos para ser concluído[248].

Outro exemplo menos extremo, mas também relevante, é o caso do engenheiro brasileiro Nélio José Nicolai, inventor de um Equipamento Controlador de Chamadas Entrantes e do Terminal Telefônico, popularmente conhecido como Bina, tecnologia

---

maximized, probably efficiency in terms of reduction of time and money will be minimized". Cf. Taruffo (2008, p. 3).

246. Além de destruir o valor do direito, a demora judicial pode gerar um problema de seleção adversa, atraindo maus litigantes e desestimulando bons litigantes (pessoas que efetivamente detêm direito). Discutirei esse efeito adverso na Seção 6.6.

247. Em 1955, os herdeiros da Princesa Isabel ajuizaram uma ação reivindicatória para obter a restituição do imóvel e, se fosse impossível, a correspondente indenização (perdas e danos). Cf. REsp nº 1141490 e REsp nº 1149487.

248. Dos 123 anos que demorou o encerramento, o processo ficou "apenas" dez anos no STJ.

que permite identificar o número de quem está ligando para você. Nicolai patenteou sua invenção e, em função dessa carta-patente, ajuizou ações de indenização contra várias operadoras de telecomunicações que se beneficiaram da invenção cobrando de seus usuários dezenas de bilhões de reais pelos serviços de identificação de chamada[249]. Ele morreu em 2017, sem ver reconhecido nem usufruir plenamente de seu direito – ou ao menos receber um não, como a Princesa Isabel.

É justamente pelo fato de o processo moroso gerar custos para as partes e para a sociedade que o próprio ordenamento jurídico tenta minimizar o custo social do processo, colocando limites no investimento em processo para tentar alcançar o equilíbrio entre celeridade e precisão judicial. Nesse sentido, vários dispositivos legais demonstram que o legislador não optou pela busca de uma decisão perfeita, mas sim de uma decisão ótima[250], ou seja, a melhor decisão possível. Por exemplo, no caso de revelia[251], o juiz deixará de investir mais em redução da assimetria de informação e tomará os fatos alegados pelo autor como verdadeiros, simplesmente aplicando o direito ao caso concreto[252]. Ocorre o mesmo com a perempção ou preclusão, que impedem a nova realização de atos já praticados ou incompatíveis com atos anteriores[253], ou com a existência de coisa julgada, que impede o uso do serviço público adjudicatório para rediscutir a mesma questão[254]. Como se vê, mesmo o CPC reconhece que o processo precisa andar para a frente e deve haver um equilíbrio entre celeridade e precisão.

É esse equilíbrio que determinará o quão razoável é a duração de um determinado processo. Quando a Constituição assegura a duração razoável do processo, a avaliação acerca da razoabilidade ou não da duração de um determinado processo requer algum critério normativo que permita o julgamento de valor acerca de sua razoabilidade. Assim, por exemplo, quando comparando uma execução que tenha

---

249. A título de exemplo, cf. Ação Cominatória nº 2001.01.1.108596-4, Circunscrição de Brasília, 2ª Vara Cível, Tribunal de Justiça do Distrito Federal e Territórios (TJDFT).

250. Em matemática, o termo otimização refere-se ao estudo de problemas em que se busca minimizar ou maximizar uma função por meio da escolha sistemática dos valores de variáveis reais ou inteiras dentro de um conjunto viável. Assim, na análise econômica do processo, a **decisão ótima** é aquela que minimiza os custos sociais do processo, enquanto a **decisão perfeita** é aquela em que o custo de erro é zero.

251. Art. 344. Se o réu não contestar a ação, será considerado revel e presumir-se-ão verdadeiras as alegações de fato formuladas pelo autor.

252. Importante observar que o próprio legislador elencou as hipóteses em que a confissão ficta dos fatos é inadmissível no art. 345 do CPC:

    Art. 345. A revelia não produz o efeito mencionado no art. 344 se:

    I - havendo pluralidade de réus, algum deles contestar a ação;

    II - o litígio versar sobre direitos indisponíveis;

    III - a petição inicial não estiver acompanhada de instrumento que a lei considere indispensável à prova do ato;
    IV - as alegações de fato formuladas pelo autor forem inverossímeis ou estiverem em contradição com prova constante dos autos.

253. Art. 507. É vedado à parte discutir no curso do processo as questões já decididas a cujo respeito se operou a preclusão.

254. Art. 502. Denomina-se coisa julgada material a autoridade que torna imutável e indiscutível a decisão de mérito não mais sujeita a recurso. Para uma análise econômica da coisa julgada, cf. Bodart (2018).

durado apenas seis meses com outra que tenha durado um ano, a depender do critério de razoabilidade utilizado, pode ser que a duração da primeira não seja considerada razoável, enquanto a duração da segunda execução seja considerada razoável, ainda que a primeira tenha sido mais célere.

Nesse sentido, a avaliação da celeridade de um processo será sempre uma avaliação objetiva, ainda que relativa, pois um processo que dure seis meses será mais célere do que um processo que dure um ano. Por outro lado, a avaliação da razoabilidade da duração de um processo será sempre uma avaliação subjetiva, pois depende do critério normativo que se utilize para realizar o julgamento de valor e, por isso, essa avaliação depende do contexto em que o processo analisado está inserido. A título de exemplo, no processo administrativo tributário, a Secretaria da Receita Federal do Brasil tem 360 dias para proferir decisão administrativa, a contar do protocolo de petições, defesas ou recursos administrativos do contribuinte[255]. Já a Administração Pública, em geral, tem até 30 dias para proferir uma decisão após a conclusão do processo administrativo[256]. Em tais casos, dado que existe um critério de avaliação da duração razoável do processo, se ele for decidido dentro dos prazos estabelecidos, sua duração terá sido razoável. Se for além, não. Lamentavelmente (ou não), no processo civil tais prazos para a conclusão do processo ou para o proferimento da decisão não existem e, portanto, permanecemos com o critério abstrato de duração razoável.

Na ausência de um critério objetivo para a apreciação da razoabilidade da duração do processo, a par dos atos exigidos por lei (direito fundamental à legalidade), *i.e.*, quando o juiz estiver exercendo livremente a gestão do processo, ele deve pautar a sua atuação pela eficiência; ou seja, deve realizar ou dar autorização para que se realizem apenas os atos que conduzam efetivamente a uma alocação precisa do direito (eficiência alocativa) e que não possam ser substituídos por outros atos que alcancem o mesmo efeito, mas a custos menores (eficiência produtiva).

É a minimização do custo social do processo que explica, por exemplo: (i) a cognição sumaríssima dedicada a processos de pequena complexidade e impacto social (tais como aqueles de competência dos juizados especiais cíveis), (ii) o julgamento de tutelas de urgência (quando o custo social de reverter uma liminar for inferior ao perigo do dano ou do risco ao resultado útil do processo), ou (iii) o aprofundamento da discussão (muitas vezes convocando-se audiências públicas e convidando-se *amici curiae* para complementar a instrução) para fixação de uma tese de repercussão geral pelo STF com impacto nacional.

---

255. De acordo com o art. 24 da Lei n° 11.457, de 16/3/2007: "É obrigatório que seja proferida decisão administrativa no prazo máximo de 360 (trezentos e sessenta) dias a contar do protocolo de petições, defesas ou recursos administrativos do contribuinte".

256. De acordo com o art. 49 da Lei 9.784, de 29/1/1999: "Concluída a instrução de processo administrativo, a Administração tem o prazo de até trinta dias para decidir, salvo prorrogação por igual período expressamente motivada".

Se os ganhos sociais superarem o custo do processo, a análise de custo-benefício determina que seja feito o investimento correspondente, mas se os ganhos sociais forem inferiores ao investimento, então não se deve fazê-lo, ainda que não se alcance uma decisão perfeita. No limite, o juiz deve investir em sua atividade cognitiva até o momento em que o custo marginal do processo se iguale ao benefício marginal de aperfeiçoar a decisão judicial. Agindo dessa forma, o juiz minimizará o custo social do processo e a duração do processo terá sido razoável.

3.5 Legalidade, Eficiência e Justiça

Para concluir a discussão dessa parte mais geral, é interessante examinar a relação entre legalidade, eficiência e justiça, tanto a título de conclusão quanto a título de esclarecimentos. Uma discussão completa e produtiva acerca do que venha a ser justiça do ponto de vista normativo (moral), bem como empírico (psicológico, sociológico e econômico), requereria um ou mais livros dedicados exclusivamente ao tópico. Não é esse o objetivo aqui, mas posso realizar alguns apontamentos que facilitarão a comunicação com o leitor, esclarecendo certos pontos, premissas e con-clusões. Assim, não só a interação será facilitada, como o leitor poderá se concentrar em melhor avaliar as posições adotadas neste livro.

De início, é importante deixar claro que minha posição é de que justiça é uma noção inteiramente subjetiva e o que as pessoas chamam de justo varia no tempo e no espaço, inclusive para o mesmo sujeito em períodos diferentes. Nesse sentido, apesar de a vasta maioria das pessoas se sentir confortável em afirmar que uma dada situação é justa ou injusta, na prática, acredito que essa posição tende a ser um re-flexo das idiossincrasias e das preferências do próprio julgador e não o resultado de um modelo objetivo de justiça. Na realidade, a experiência diz, e acredito que a sua experiência seja a mesma, que mesmo grupos relativamente homogêneos – como juristas, advogados, magistrados ou políticos – possuam preferências e visões de mundo substancialmente diferentes e, por isso, desejam coisas diversas tanto para si quanto para o próximo e para a sociedade. A diversidade de opiniões e valores faz com que não seja possível falar em um critério universal de justiça, e sim em critérios pessoais e particulares de justiça.

Em verdade, entendo que não há uma teoria positiva da justiça, aqui compreen-dida como uma teoria que explique a realidade, *i.e.*, uma teoria que explique e prediga se um dado fato será considerado justo ou injusto por uma dada comunidade. Não há um critério ético universal. As teorias que existem, como a Teoria da Justiça de Rawls[257], são o que chamamos de teorias normativas – construções teóricas sobre o que deve ser a justiça e não sobre o que ela é de fato para as pessoas. Não obstante há uma vasta literatura, tanto na psicologia, quanto na sociologia e na economia

---

257. Cf. Rawls (1997 [1971]).

experimental que investiga o que as pessoas acham moralmente aceitável (justo) ou moralmente inaceitável (injusto), mas não existe uma teoria positiva da justiça.

A inexistência de uma teoria positiva da justiça é lamentável, pois se tivéssemos um mecanismo objetivo para identificar que situações ou regras são justas e quais são injustas, como, por exemplo, utilizamos a ciência para discutir que substâncias fazem bem ou mal à saúde humana, então poderíamos utilizá-la para determinar quais regras jurídicas deveriam reger a nossa sociedade e quais não deveriam. No contexto processual seríamos capazes de decidir objetivamente, de acordo com esse critério ético universal, quais regras jurídicas deveriam ser aplicadas pelo Judiciário na solução dos conflitos e quais não deveriam. Todavia, como esse critério ético universal – essa teoria positiva da justiça – não existe, precisamos utilizar algum outro critério normativo para as decisões coletivas. As decisões pessoais, que preponderantemente afetam apenas o decisor e mais ninguém, podem ser tomadas de acordo com o seu critério individual e idiossincrático de justiça, mas as decisões coletivas, ou aquelas que afetam substancialmente a vida de terceiros, precisam ser escolhidas de outra forma.

Diante da ausência de um critério ético universal que permita identificar teoricamente o que as pessoas consideram moralmente aceitável ou o que desejam que seja provido pelo Estado, muitas civilizações modernas adotaram a organização sociopolítica de uma democracia, na qual seus membros votam em representantes do povo que, depois de eleitos, se reúnem em assembleia e deliberam sobre as regras que governarão a vida em sociedade (direito) e quais bens e serviços serão providos pelo Estado, ou seja, como serão alocados os recursos públicos (orçamento). Esses são os dois papéis mais importantes do Poder Legislativo. Em suma, na ausência de um critério ético universal, as sociedades modernas optaram pela maneira mais viável de realizar a vontade popular: a democracia.

Nas sociedades modernas, o direito substitui a justiça. Enquanto a justiça é uma noção pessoal, subjetiva e particular, o direito é objetivo, pode ser aferido independentemente dos valores e da visão de mundo das pessoas. Só o direito viabiliza a vida em sociedade e só ele pode proteger as pessoas da tirania dos demais. Além disso, dado que em qualquer sociedade minimamente aberta e pluralista há um elevado número de valores e ideais, muitas vezes divergentes, o direito constitui, na realidade, não algo oposto à noção de justiça, mas sim a maior aproximação possível do que uma determinada população considera justo. Em outras palavras, na ausência de um mecanismo perfeito de agregação de preferências sociais, a democracia e o direito, seu produto, são a melhor aproximação possível da vontade popular e, portanto, do que é moralmente aceitável para essa população[258].

---

258. Quanto mais competitiva ou perfeita for a democracia, mais próximas as leis serão da vontade popular. No entanto, não podemos perder de vista o problema da ação coletiva. Veja a discussão na nota 183 acima.

Se não é possível afirmar que o direito é sempre justo, pois ele é o resultado da vontade estatal e o Estado pode não ser justo, como no caso de um Estado ditatorial, tudo muda quando se adota a organização sociopolítica de uma democracia. Em um Estado democrático, o direito é o justo e o justo é o direito, ou pelo menos o mais justo possível, pois as leis democraticamente escritas e a alocação dos recursos públicos votada no orçamento são, literalmente, o mais próximo que se pode chegar da vontade popular (média) em uma sociedade pluralista e aberta[259]. Um determinado indivíduo ou um grupo de indivíduos pode discordar de uma determinada lei ou de uma determinada alocação orçamentária, e é esperado que isso aconteça em uma democracia, dado que o direito será o resultado da vontade média. No entanto, o direito, a lei, continuará sendo a maior aproximação possível da vontade popular.

Em uma democracia representativa como o Brasil, o Estado é o único mecanismo de agregação de preferências de sua população e as leis por ele produzidas são o resultado, mais próximo possível, dessas preferências sociais. Como a lei é o resultado da vontade popular, o bem-estar social é aumentado ou protegido quando as leis democraticamente escritas são adotadas e implementadas. A lei, o resultado da vontade popular, é, pois, a consubstanciação das preferências sociais e fazer cumprir a vontade popular é simultaneamente justo e eficiente. É justo no sentido de que o resultado é moralmente aceito por uma parcela substancial da comunidade (e não de acordo com alguma teoria normativa) e alocativamente eficiente no sentido de que aloca os recursos públicos e adjudica os bens da vida, em caso de conflito, àqueles a quem o direito e, portanto, a sociedade – assim determina.

Desse modo, ao invés de a legalidade, a justiça e a eficiência serem ideais que se contradizem, como muitos gostam de asseverar, em uma democracia competitiva elas são, na realidade, o requisito ou a condição necessária umas das outras. Se justo é o moralmente aceitável, então o justo depende do que a maioria das pessoas entende como aceitável, ou seja, de suas preferências. O mecanismo de revelação e agregação de preferências sociais – ainda que imperfeito[260] – é o Estado, por meio do Poder Legislativo composto dos representantes do povo, e pelo referendo popular, quando as pessoas se manifestam diretamente (art. 1º e parágrafo único da CF[261]). Já o Poder Legislativo, esse mecanismo de revelação e agregação de preferências, se manifesta

---

259. Obviamente, se todas as pessoas pensassem igual e tivessem o mesmo senso de justiça, o que é impossível, não seria a vontade média, mas a vontade exata.

260. Para que não restem dúvidas, o Estado, enquanto mecanismo agregador de preferências, é altamente imperfeito, podendo inclusive errar, a depender do desenho institucional, mesmo em uma democracia. No entanto, um único indivíduo ou grupo de 11 indivíduos integrantes de uma Suprema Corte é ainda mais imperfeito. Por isso, o critério de análise não é nem poderia ser o mundo ideal (falácia do nirvana), mas sim o mundo real e a opção "menos ruim". Do ponto de vista jurídico a escolha foi feita pelo Estado e pela democracia, o resto é material de debate.

261. É importante reforçar que há dois mecanismos básicos de agregação de preferências sociais, o Estado e o mercado, cada qual com suas particularidades e limitações. Cf. Gico Jr. (2018). Todavia, como aqui estamos discutindo a relação entre lei e justiça, o mercado não está sendo debatido.

predominantemente pelo direito, por meio de leis. A lei é, portanto, o resultado mais próximo possível da vontade popular, das preferências sociais e, assim, do que é moralmente aceitável. Como ser alocativamente eficiente é alocar os recursos na cesta de bens e serviços que a sociedade mais valoriza, e a lei reflete a alocação desejada pela sociedade, temos que seguir a lei – em uma democracia competitiva – é o mais justo e eficiente possível do ponto de vista social (*second best*), ainda que possa não o ser do ponto de vista de um determinado indivíduo.

Apenas a título de alerta e curiosidade, na década de 1970 Richard Posner chegou a propor que, na ausência de uma teoria do valor operacionalizável e consensual, haveria justificativas éticas para adotar a maximização da riqueza social como critério normativo, pois ela funcionaria como uma forma de aproximação da busca pela eficiência[262]. Não obstante, após um longo e intenso debate dentro[263] e fora[264] da tradição juseconomista, Posner reconheceu que essa posição era insustentável e não havia base moral para limitar o objetivo imediato do direito à maximização da riqueza[265]. De qualquer forma, como visto na Seção 3.1, não compartilho de sua posição original e, como o próprio Posner já evoluiu de posição, esse debate está – há muito – encerrado[266].

Dito isso, trazendo a discussão para o nosso contexto processual, se a lei reflete a vontade popular e a sua aplicação é justa e eficiente, então o Judiciário estará sendo justo e alocativamente eficiente quando atribuir o bem da vida a quem de direito, de acordo com a lei. É por isso que, como vimos na Seção 2.2, a função social do processo é administração e proteção. Administrar significa estruturar e organizar o serviço público adjudicatório para que as partes saibam como proceder, e proteção significa reduzir os custos de erro do serviço adjudicatório, tanto em decorrência dos erros involuntários do juiz quanto dos erros voluntários (comportamento oportunista).

O Poder Legislativo é composto dos representantes eleitos democraticamente pela sociedade para que sirvam como *proxy* dos valores dessa sociedade e criem o direito por meio do processo legislativo. Portanto, o resultado do processo legislativo (o direito) é o resumo, o sumário, o agregado legítimo dos valores e preferências da sociedade, ainda que imperfeito. Desse modo, seja lá qual for o resultado desse processo, o pressuposto é que ele é o mais próximo possível do que a sociedade entende

---

262. Para a proposta original, cf. o artigo *Utilitarianism, Economics, and Legal Theory* de Posner (1979) ou, ainda, o livro *The Economics of Justice* (1983 [1981]).

263. São exemplos de críticas juseconomistas da época Calabresi (1980) e Kronman (1980).

264. A título de exemplo, cf. Coleman (1980), Dworkin (1980(a)), (1980(b)) (2001, Cap. IV) e Rizzo (1980).

265. Cf. Posner (1990, p. 382 e ss.).

266. Curiosamente, muitos críticos da AED se referem a esse debate de quarenta anos atrás como se ele ainda existisse, dentro ou fora da tradição juseconômica. Uma explicação possível para esse anacronismo pode ser o fato de o livro de Dworkin com os textos da década de 1980 ter sido traduzido para o português, cf. Dworkin (2001), e as demais fontes do debate, não.

por justo e correto, pois foi produzido por seus representantes democraticamente eleitos. É o que a sociedade prefere.

Obviamente, diante de uma lacuna legal, *i.e.*, quando o juiz não consegue descobrir as preferências da sociedade para um caso concreto mediante o uso da analogia ou da investigação dos costumes, o próprio ordenamento o autoriza a preencher essa lacuna legal utilizando os princípios gerais do direito. Por sua vez, quando as regras não são claras e mais de uma interpretação válida é possível para o texto normativo (Hermenêutica das Escolhas), o juiz deve escolher uma interpretação e aplicá-la. Em ambos os casos, e dentro dos limites semânticos possíveis, o juiz revelará suas próprias preferências sobre como o direito deve ser adjudicado no caso concreto.

Não obstante, como já discutido em outra oportunidade, de acordo com o **ciclo da litigância**[267], se o Poder Legislativo não concordar *ex post* com a regra criada pelo Judiciário para os casos concretos na hipótese de integração ou de hermenêutica das escolhas, basta ele criar uma lei que estabeleça uma regra jurídica para aquela situação antes não regulada (eliminando a lacuna) ou tornar a linguagem do comando legal original mais precisa (eliminando a ambiguidade).

O Ciclo da Litigância
Figura 3-6

Fonte: Adaptado de Gico Jr. (2013, p. 458).

---

267. A primeira proposição do ciclo da litigância foi feita em Gico Jr. (2012; 2013).

Nesse caso, se o sistema jurídico funcionar tal como estruturado, o ordenamento jurídico será estável, conducente à maior segurança jurídica, mas também se mostrará dinâmico e adaptativo. A aderência do Judiciário à legalidade dará a segurança jurídica necessária para a vida em sociedade e garantirá que o direito seja justo e alocativamente eficiente. Nos casos em que não houver regra jurídica ou ela for ambígua, o Judiciário irá, gradualmente, preenchendo o sistema à medida que novos casos concretos forem surgindo. Tais decisões se consolidarão em jurisprudência e precedentes, e integrarão o ordenamento jurídico. Caso o Legislativo entenda que a solução supletiva adotada pelo Judiciário é adequada ou indiferente, ele pode restar inerte. Se discordar, ele pode criar uma lei suplantando a jurisprudência anterior. Como o Judiciário se submete à lei (legalidade), as preferências sociais consubstanciadas na lei prevalecerão.

Por outro lado, se o Judiciário agir regularmente *contra legem* e não se submeter à legalidade, todo esse ciclo da litigância se rompe e (i) não existe maneira de gerar segurança jurídica, pois qualquer juiz pode violar qualquer lei, a qualquer pretexto, dado que princípios jurídicos possuem conteúdos suficientemente abstratos para ser articulados de acordo com as preferências do próprio juiz; e (ii) não existe maneira racional de garantir nem sugerir que a decisão judicial *contra legem* se aproxime mais das preferências sociais do que a lei. Na realidade, tudo nos leva a crer que tais decisões serão deliberadamente contrárias à vontade do povo e o resultado único e exclusivo das preferências e peculiaridades do próprio julgador. Não é à toa que muitos neoconstitucionalistas[268] hoje sustentam que a função do STF é justamente violar a democracia e a Constituição Federal para tomar decisões contra a vontade do povo, *i.e.*, contramajoritárias, enquanto outros extrapolam admitindo abertamente que suas decisões judiciais não apenas são antidemocráticas (ou contramajoritárias) como são melhores do que a vontade popular, o que explicaria o seu papel de iluminar os ignorantes[269], ou seja, todos que deles discordarem. De qualquer forma, tais posições pelo menos deixam bastante claro que uma decisão judicial *contra legem* viola a vontade popular e, portanto, não é justa (pelo menos não para a sociedade).

Independentemente da discussão alocativa, suponho que mesmo os neoconstitucionalistas hão de concordar que, do ponto de vista produtivo, é injustificável que

---

268. Minha definição de *neoconstitucionalista* é todo aquele que entende que uma lei pode ser afastada para a aplicação de um princípio, sem a declaração de sua inconstitucionalidade, ou que toda e qualquer questão jurídica possa e/ou deva ser resolvida prioritariamente pela aplicação de um princípio em vez de pela lei, mesmo quando esta existe.

269. De acordo com Barroso: "Por fim, em situações excepcionais, com grande autocontenção e parcimônia, cortes constitucionais devem desempenhar um papel iluminista. Vale dizer: devem promover, em nome de valores racionais, certos avanços civilizatórios e empurrar a história. **São decisões que não são propriamente contramajoritárias**, por não envolverem a invalidação de uma lei específica; **nem tampouco são representativas**, por não expressarem necessariamente o sentimento da maioria da população." Cf. Barroso (2018, p. 8). Algumas perguntas que o ilustre professor não responde são: (i) como isso pode ser compatível com a democracia; (ii) o que acontece se as pessoas não concordarem com o juiz iluminista, mesmo depois de "iluminadas"; (iii) por que alguém deveria acreditar em autocontenção, quando a história e a experiência demonstram o exato oposto; e (iv) o que acontece se ao invés de "iluminista" o ditador constitucional for reacionário?

a implementação de qualquer política ou que a adjudicação de qualquer direito não tenha como preocupação o uso mínimo dos recursos necessários para a realização de ambas as tarefas. Dito de maneira diferente, uma vez posto o direito material, ainda que sua fonte seja a sabedoria do neoconstitucionalista ou um princípio *creatio ex nihilo*, não há justificativa moral ou ética para que as regras sejam implementadas de forma ineficiente[270]: "Em um mundo onde os recursos são escassos e as necessidades humanas potencialmente ilimitadas, não existe nada mais injusto do que o desperdício. Nesse sentido, a AED pode contribuir para (i) a identificação do que é injusto – toda regra que gera desperdício (é ineficiente) é injusta, e (ii) é impossível qualquer exercício de ponderação se quem o estiver realizando não souber o que está efetivamente em cada lado da balança, isto é, sem a compreensão das consequências reais dessa ou daquela regra. [...] Não sabemos o que é justo, mas sabemos que a ineficiência é sempre injusta, por isso, não consigo vislumbrar qualquer conflito entre eficiência e justiça, muito pelo contrário, uma é condição de existência da outra".

Nesse passo, se justiça puder ser definida como reparar violações do direito de cada jurisdicionado – o que pode ser feito por meio do processo judicial –, então o processo judicial será considerado alocativamente eficiente quando adjudicar o bem da vida litigioso a quem de direito e será produtivamente eficiente quando adjudicá-lo ao menor custo possível. Nessa linha, quanto mais os juízes impuserem os seus valores no momento da adjudicação em substituição ao que a lei determina (decisões *contra legem*), mais distantes os resultados da atividade adjudicatória ficarão das preferências da sociedade, mais bens da vida serão adjudicados a quem não tem direito e menos justiça será promovida.

Por outro lado, quanto mais produtivamente eficiente for o processo judicial, *ceteris paribus*, mais célere será a sua conclusão e mais rapidamente o bem da vida será adjudicado a quem de direito e, portanto, mais valioso será esse direito para a parte, eis que não terá sido corroído pelo tempo (maior valor presente do direito)[271]. Ademais, quanto mais processos forem concluídos corretamente, maior o número de violações a direitos remediadas e mais justiça será promovida. A eficiência é, portanto, condição necessária para que se faça a justiça, não havendo como falar em conflito de qualquer sorte.

Feitas essas considerações de ordem mais filosóficas e uma vez estabelecidos os conceitos e princípios fundamentais da Teoria Geral do Processo, devemos agora avançar para o que há de mais interessante na Análise Econômica do Processo: seus modelos de comportamento, que nos auxiliarão a compreender melhor as estruturas de incentivos de cada uma das partes na relação processual, inclusive do juiz, e, com isso, permitirão que sejamos capazes de identificar, discutir e testar as consequências das regras jurídicas processuais. É o que faremos a seguir.

---

270. Cf. Gico Jr. (2010, p. 28).

271. Sobre o impacto do elemento temporal sobre o valor do direito, vide Seção 6.6 adiante.

4

Teoria Positiva do Processo: a análise econômica do processo

A principal razão pela qual as pessoas ajuízam ações é a incerteza com relação ao resultado esperado. Se não houvesse incerteza, ou seja, em um – mundo do direito e do Judiciário perfeitos, o comportamento esperado das partes seria quase sempre a celebração de acordo, pois não haveria como ganhar mais por meio do litígio. Por exemplo, suponha que Antônio seja um consumidor que tenha sofrido um prejuízo de R$ 100.000 em decorrência de um acidente supostamente causado pela empresa de Roberta. Suponha, ainda, que seja incontroverso que houve um dano, que houve a prática de um ato ilícito, e que estamos diante de uma hipótese de responsabilidade objetiva. Logo, bastaria que ele provasse em juízo o nexo de causalidade entre o ato ilícito e o dano para que seu pleito de indenização fosse julgado procedente. Os custos de litigar para ambas as partes são estimados em R$ 10.000 dada a complexidade do caso.

Nesse cenário, o custo esperado do litígio para Roberta é de R$ 110.000 (a indenização mais os custos de litigar) e o benefício esperado do litígio para a Antônio é de R$ 90.000 (a indenização menos os custos de litigar). Como se pode ver, há claramente um ganho potencial de R$ 20.000 se as partes não litigarem, que equivale exatamente ao somatório dos custos de litigar, e esse é justamente o espaço dentro do qual as partes poderiam fazer um acordo. Qualquer pagamento realizado por Roberta a Antônio entre R$ 110.000 e R$ 90.000 melhorará a posição de ambas as partes em comparação com o cenário de ajuizamento da ação, *i.e.*, seria Pareto eficiente. Nesse caso, litigar apenas destruiria valor para ambas as partes. Mas se litigar é tão ineficiente, por que a judicialização no Brasil e em outros países é tão grande?

De acordo com o Relatório do Conselho Nacional de Justiça – CNJ de 2019[272], o índice de conciliação, aqui entendido como o percentual de sentenças e decisões resolvidas por homologação de acordo em relação ao total de sentenças e decisões terminativas proferidas, é de 11,5%, *i.e.*, apenas uma em dez ações termina em acordo no Brasil. Na fase de conhecimento, esse índice sobe para 16,7%; na fase recursal despenca para 0,9% e, na execução, é de apenas 6%.

A evolução dos dados de 2015 para 2018 demonstra que, pelo menos por enquanto, o novo CPC não parece ter tido qualquer impacto sobre o índice de conciliação no Brasil. Apenas para se entender o tamanho do problema, nos Estados Unidos, no ano de 2018, estima-se o exato oposto, *i.e.*, que cerca de 1% dos casos na justiça civil tenha sido finalizado por decisão terminativa, ou seja, que 99% dos casos se encerraram por acordo[273]. O que explicaria essa disparidade tão grande?

Inúmeras razões já foram oferecidas para explicar o baixo número de acordos e o congestionamento dos tribunais[274], desde a falta de recursos, procedimentos complexos, incentivos dos advogados, incentivos dos juízes, má gestão, cultura de litígio, baixa qualidade das leis, número excessivo de leis, baixo investimento

---

272. Cf. CNJ (2019, p. 142).

273. Cf. *Administrative Office of the U.S. Courts* (2018, Table C-4).

274. Cf. Gico Jr. (2012; 2019).

em segurança jurídica e até a própria natureza do direito e do sistema público adjudicatório, como veremos no Capítulo 6. Mas todas as explicações passam – de um jeito ou de outro – pela compreensão do comportamento das partes e de suas respectivas estruturas de incentivos, *i.e.*, pela compreensão de por que as partes litigam, por que fazem ou não fazem acordo, por que recorrem de uma decisão judicial – portanto, a compreensão do problema requer mais do que a simples abordagem dogmática tradicional do Direito Processual. Precisamos de uma **Teoria Positiva do Processo – TPP.**

Uma Teoria Positiva do Processo deve ser capaz não apenas de descrever os institutos e organizações processuais, de interpretar e explicar as regras jurídicas contidas em cada comando legal, mas também deve nos ajudar a compreender como as partes litigantes se comportam no curso do processo e como elas interagem com o juiz nessa relação tripartite, em cada etapa do processo. Em outras palavras, para realmente compreendermos o processo, precisamos não apenas saber o que as regras jurídicas do CPC dizem, *i.e.*, sua hermenêutica, mas também descobrir como as partes se comportam antes, durante e depois de um litígio[275]. Além disso, precisamos averiguar o impacto das referidas regras processuais sobre esse comportamento e o potencial impacto, caso uma regra ou sua interpretação seja alterada, inclusive para discutir eventuais mudanças, se for o caso. Só assim poderemos dizer que efetivamente compreendemos o processo civil. E é justamente isso que me proponho a fazer nos próximos capítulos: apresentar os fundamentos da Teoria Positiva do Processo.

Note que a TPP não é um substituto a Teoria Geral do Processo – TGP, mas o seu complemento. A TGP está focada na identificação dos conceitos e categorias comuns a todas as áreas do processo enquanto a TPP está orientada à compreensão do fenômeno no mundo dos fatos, da conduta, do comportamento das partes durante o curso do litígio em função das regras jurídicas. Enquanto a TGP se pergunta quais são os elementos essenciais comuns a todas as áreas do processo, a TPP se pergunta como os agentes envolvidos se comportam no processo e, portanto, as consequências sociais desta ou daquela regra jurídica. Combinadas, TGP e TPP são um poderoso ferramental para a compreensão e análise do Direito Processual e, espera-se, para a construção de um sistema jurídico mais eficiente e justo. É para o estudo de como as partes se comportam que nos voltaremos agora.

---

275. Salvo engano, o primeiro trabalho no Brasil que aplicou a análise econômica ao processo civil foi o livro de Jean Carlos Dias (2009) e o último, pelo menos até a publicação do presente livro, foi o curso de análise econômica do direito de Porto e Garoupa (2020). Quiçá, muitos outros virão.

4.1 Fundamentos do Modelo Juseconômico do Processo

4.1.1 Decisão com e sem Risco (Certeza e Incerteza)

Antes de começarmos a discutir como surge uma lide, em que condições ela se judicializa e a construir o modelo juseconômico do processo, precisamos explorar um pouco mais a Teoria da Escolha Racional – TER apresentada na Seção 1.3 e nos aprofundar na discussão acerca de como as pessoas decidem diante de opções com e sem risco.

Apenas relembrando, quando digo **decisão sem risco** estou me referindo àquelas decisões nas quais cada alternativa disponível é determinística, *i.e.*, se selecionada pelo decisor, ela ocorrerá (ou pelo menos a crença do decisor é que ela ocorrerá). Já uma **decisão com risco** será aquela em que pelo menos uma das alternativas não seja determinística. Logo, há pelo menos uma alternativa que o decisor acredita ter uma probabilidade de ocorrência inferior a 100%, ou seja, pode não ocorrer, mesmo se escolhida. Comecemos com as decisões sem risco.

Suponha que Roberta esteja diante de duas opções, ela pode vender o seu carro usado para a concessionária *A* por R$ 45.000 ou para a concessionária *B* por R$ 42.000. A escolha de Roberta pode ser representada da seguinte forma:

ESCOLHA SEM RISCO
Figura 4-1

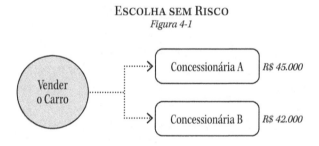

Dado que Roberta é uma agente racional, a conduta esperada é que ela opte por vender o carro para a concessionária *A*, pois essa opção lhe gerará o maior retorno. Como este exemplo não envolve risco, a decisão é apenas entre as condutas possíveis (alternativas ou cursos de ação), e o critério de escolha é informado pelos resultados (certos) de cada alternativa.

Se tomarmos como pressuposto que as pessoas geralmente agem de forma racional, podemos afirmar que quando alguém se vê diante de uma escolha semelhante, em que os resultados forem certos (sem risco), e uma opção for claramente melhor que a outra (A > B), então, a opção associada a um melhor retorno tende a ser a escolhida. Lembre-se: *melho*r aqui está no sentido de gerar maior utilidade para o agente tomador da decisão de acordo com suas preferências subjetivas. Esta conclusão é uma decorrência direta do pressuposto da racionalidade, segundo o qual se A > B, então, dada a opção entre A e B, a escolha será por A, salvo um engano. Assim, diante de escolhas sem risco, o agente preferirá a opção que lhe trouxer maior benefício ou o melhor retorno segundo a sua opinião, ou seja, os agentes são racionais.

Dessa forma, se um consumidor está procurando um aparelho de TV específico e sabe que o aparelho está sendo vendido por R$ 3.000 em uma loja e por R$ 2.500 em outra loja, em um mesmo *shopping center*, nas mesmas condições comerciais (*ceteris paribus*), então, a conduta esperada é que o consumidor adquira o produto na loja com o menor preço. O mesmo raciocínio se aplica, sem ressalvas, se o produto que estiver procurando for cocaína. Como disse, é a melhor escolha de acordo com as preferências do decisor, não a nossa. Não estamos discutindo um critério objetivo de avaliação de condutas, mas uma teoria sobre como as pessoas se comportam.

Além disso, para os agentes racionais, o que interessa é o resultado líquido de sua decisão e não o valor bruto oferecido. Por exemplo, suponha que a concessionária *A* fique em São Paulo, e o custo do frete para transportar o carro de Brasília até lá seja R$ 8.000, enquanto a concessionária *B* fique em Goiânia, e o custo de frete seja menor, R$ 4.000. Agora a opção pela concessionária *A* gera apenas R$ 37.000 (= 45.000 – 8.000) e a opção pela concessionária *B* gera R$ 38.000 (= 42.000 – 4.000). Portanto, as alternativas de Roberta passam a ser:

Escolha sem Risco com Custo
Figura 4-2

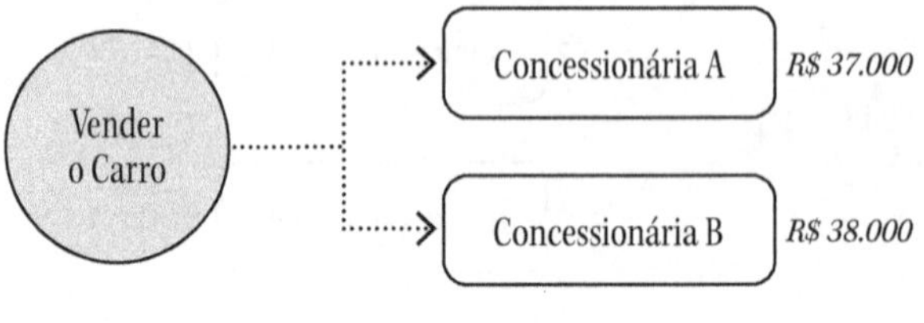

Apesar de o preço pago ter se mantido constante nos dois exemplos, a análise anterior se alterou com a inclusão do custo do frete, e a alternativa mais interessante passou a ser a concessionária *B*, apesar de a concessionária *A* pagar mais. Esse resultado é óbvio, mas relevante para nos alertar que o que importa para a decisão do agente racional é o **benefício líquido** obtido com a opção, o resultado (*outcome* ou *payoff*) e não o valor bruto pago ou recebido. Logo, devemos ter em mente que não apenas os ganhos, mas também os custos importam para a decisão final do agente racional.

Vamos agora inserir o risco na análise e ver como isso pode afetar o comportamento dos agentes. Suponha que, com o dinheiro da venda do carro, Roberta deseje abrir um negócio. Ela não tem experiência como empresária, mas quer começar uma nova carreira. Após ler muitos livros, conversar com pessoas que atuam na área e estudar o mercado, ela estima que, se investir para abrir uma sorveteria próxima ao lago, terá 50% de chance[276] de ser bem sucedida e lucrar R$ 5.000 e 50% de chance de ser malsucedida e perder R$ 10.000. Você acha que a Roberta abriria esse negócio? Você abriria? Reflita sobre isso antes de continuar.

Note que apesar de as chances de sucesso de Roberta não serem ruins, 50% equivale a um jogo de cara ou coroa, os resultados esperados do empreendimento são desproporcionais. Ela tem 50% de chance de ganhar R$ 5.000, mas os mesmos 50% de chance de perder R$ 10.000, ou seja, o dobro. Nesse sentido, apesar de as chances serem equivalentes, a desproporcionalidade dos resultados parece inclinar a decisão para o não investimento nesse negócio. Seria interessante termos uma forma mais estruturada do que a mera intuição para pensarmos sobre esse tipo de decisão, mas antes de apresentá-la, vamos complicar ainda mais o dilema de Roberta com outro exemplo.

Suponha agora que Roberta tenha realizado mais pesquisa e tenha percebido que quiosques de cerveja e outras bebidas fazem mais sucesso no lago do que sorvete e que, se mudasse de linha de negócio, suas chances de sucesso aumentariam de 50% para 75%. Isso equivale a dizer que em vez de um jogo de cara ou coroa, ela estaria diante de um dado de quatro lados (tetraedro): teria lucro se tirasse, 1, 2 ou 3 no dado. Ela só teria prejuízo se tirasse 4^{277}. Os resultados continuam desproporcionais, ela perderia o dobro do que ganharia, caso perdesse, mas agora as chances estão do lado dela. Ela tem três vezes mais chances de ganhar (1, 2 e 3 no dado de 4) do que de perder (4 no dado de 4). Seria o aumento das chances de êxito suficiente para fazê-la investir no negócio? Como você agiria? Se tivesse de descrever o comportamento médio das pessoas diante de uma escolha como essa, e não de um indivíduo em particular, como você o faria?

A essa altura está claro que a inserção do risco tornou a decisão de abrir ou não o negócio muito menos direta do que as decisões sem riscos; e agora precisamos considerar não apenas os resultados (*payoffs*) associados a cada alternativa, mas também a probabilidade de ocorrência de cada uma. É fácil perceber que, para cada opção, quanto maior a probabilidade de sua ocorrência, maior será o seu peso na decisão final, tanto para o lado positivo, quanto para o lado negativo.

A forma como representamos essa intuição é por meio da ponderação de cada resultado por sua probabilidade de ocorrência (risco), de maneira a considerarmos os efeitos tanto de variações no *payoff*, quanto de variações nas probabilidades de ocorrência. Assim, a variação do valor do resultado tornará a opção mais atraente, se

---

276. Lembre-se de que as pessoas costumam usar a palavra *chance* para probabilidades associadas a resultados positivos, desejáveis; e usam a palavra *risco* para probabilidades associadas a resultados negativos, indesejáveis. Mas, na realidade, tanto chance quanto risco não passam de probabilidades.

277. Se o leitor estiver se perguntando se existe um dado de quatro lados, é porque nunca participou de um jogo de interpretação (*role-playing game* ou RPG). Um kit padrão de RPG tem dados de vários lados, inclusive de 4, de 8, de 10, de 12 e de 20 lados, além dos tradicionais dados de 6 lados. Fim do momento *nerd*.

for positiva, e menos atraente, se for negativa, enquanto o aumento da probabilidade tornará aquela opção mais relevante para decisão final – e a diminuição da probabilidade a tornará menos relevante.

Assim, o **retorno esperado**[278] de uma alternativa é o *payoff* associado ao resultado, que pode ser positivo ou negativo, multiplicado pela probabilidade de sua ocorrência. Nesse sentido, o valor esperado de uma aposta de R$ 100 com 60% de chance de sucesso é R$ 60, *i.e.*, 100 • 0,60 = 60, enquanto o valor esperado de um acidente que gere um prejuízo de R$ 100 com probabilidade de ocorrência de 10% é -R$ 10; ou seja, -100 • 0,1 = -10. Podemos agora combinar o resultado esperado de cada alternativa para gerar o valor esperado da decisão como um todo. Raciocinar dessa forma nos permitirá avaliar melhor os dois exemplos acima e compará-los.

No primeiro exemplo, Roberta estava diante de duas opções: investir ou não investir na sorveteria. A opção de não investir na sorveteria a mantém no estado inicial, no *status quo*; já o investimento na sorveteria pode levar a dois resultados diversos: lucro ou prejuízo[279]. As opções de Roberta são as seguintes:

RETORNO ESPERADO DO INVESTIMENTO NA SORVETERIA
Figura 4-3

	Probabilidade (A)	Resultado (B)	Retorno Esperado (A • B)
Lucro	50%	5.000	2.500
Prejuízo	50%	-10.000	-5.000
Retorno Esperado			-2.500

Como se pode ver, o retorno esperado do investimento na sorveteria para Roberta é -R$ 2.500 [280], o que significa que se esse negócio fosse aberto várias vezes, o retorno esperado seria um prejuízo médio de R$ 2.500; ou que considerando todas as sorveterias no lago, em média, elas perdem R$ 2.500. Logo, de um ponto de vista racional, o investimento na sorveteria não faz sentido para Roberta, pois ela espera obter um retorno negativo. A decisão de Roberta também pode ser representada na seguinte **árvore de decisão:**

---

278. Em matemática ou estatística o retorno esperado também é chamado de valor esperado, de esperança matemática ou de expectativa.

279. Do ponto de vista matemático é relativamente simples fazer com que o resultado seja qualquer valor entre 0% e 100% de sucesso, gerando infinitos resultados. No entanto, o tratamento dos modelos requereria algum grau de domínio de cálculo matemático, o que é desnecessário para nosso leitor captar as intuições dos modelos.

280. Retorno Esperado (RE) = 0,5 • 5.000 + 0,5 • (-10.000) = -2.500.

INVESTIR OU NÃO INVESTIR – SORVETERIA
Figura 4-4

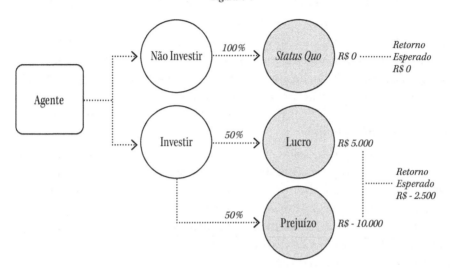

O caso do investimento no quiosque de bebidas é quase idêntico ao caso da sorveteria, com todas as alternativas permanecendo iguais, inclusive os *payoffs* de cada resultado, mudando apenas as probabilidades associadas a cada resultado. Podemos resumir o caso do quiosque de bebida assim:

RETORNO ESPERADO DO INVESTIMENTO NO BAR
Figura 4-5

	Probabilidade (A)	Resultado (B)	Retorno Esperado (A · B)
Lucro	75%	5.000	3.750
Prejuízo	25%	-10.000	-2.500
Retorno Esperado			1.250

Note que a simples mudança das probabilidades associadas a cada resultado foi o suficiente para alterar o retorno esperado do investimento, que passou de um prejuízo médio de R$ 2.500 para o ganho médio de R$ 1.250[281], apesar de todas as demais variáveis permanecerem constantes. Logo, a mudança das probabilidades a favor foi o suficiente para tornar o investimento no quiosque uma opção racional para Roberta.

É importante ressaltar que, em uma decisão com risco, o valor esperado não representa necessariamente qualquer um dos resultados possíveis, nem é o resultado mais provável (associado a uma maior probabilidade); ele é apenas o valor médio que se obteria, caso a mesma decisão fosse tomada um número grande de vezes. Assim, no caso da sorveteria, o retorno esperado é -R$ 2.500, mas os resultados possíveis

---

281. Retorno Esperado (RE) = 0,75 · 5.000 + 0,25 · (-10.000) = 1.250.

são apenas R$ 5.000 e -R$ 10.000, enquanto no caso do quiosque de bebida, o retorno esperado é R$ 1.250, com os mesmos resultados possíveis de R$ 5.000 e -R$ 10.000.

Nesse sentido, o retorno esperado não é uma medida dos resultados possíveis da decisão com risco, mas *um indicativo de quanto vale a aposta em si*, considerando-se todos os resultados possíveis e suas respectivas probabilidades de ocorrência. Como em qualquer decisão com risco, por definição, não é possível saber qual será o resultado da aposta, é razoável valorar a decisão sob incerteza como o resultado da média de todos os resultados possíveis ponderados pelas suas respectivas probabilidades, *i.e.*, por seu retorno esperado.

Agora, suponha que Roberta tenha investido no quiosque de bebidas, mas ainda não tenha começado a operar. Quanto você acha que vale o quiosque[282]? Suponha que você esteja interessado em abrir o mesmo negócio e que Roberta esteja disposta a lhe vender o quiosque por R$ 1.250, seu retorno esperado. Quanto você estaria disposto a pagar pelo quiosque? Aqui temos apenas três opções possíveis: você estaria disposto a pagar os R$ 1.250, mais de R$ 1.250 ou menos de R$ 1.250. Cada opção dessas revela um aspecto das preferências do agente decisor.

Se o adquirente valorizar o negócio tanto quanto valoriza R$ 1.250, seu retorno esperado, diremos que o agente é **neutro ao risco**, *i.e.*, a atitude do agente em face da presença de risco é neutra; ele nem extrai maior utilidade pelo simples fato de estar correndo um risco, nem sofre qualquer desutilidade por estar correndo um risco. Já se o agente valoriza a aposta mais do que valoriza o retorno esperado, diremos que ele é **propenso ao risco**, pois extrai mais utilidade da aposta do que o retorno esperado. Por fim, se o agente valoriza a aposta menos do que valoriza o retorno esperado, então, ele é considerado **avesso ao risco**. Alguns exemplos poderão facilitar a compreensão.

Comecemos com os propensos ao risco. Se a ideia de que alguém possa ser propenso a riscos o surpreende, pense novamente. A Mega-Sena é um jogo de 60 números, em que o jogador pode apostar de 6 a 15 números (com o custo da aposta subindo se o apostador marcar mais números). O prêmio é integralmente pago a quem acertar 6 números. Assim, se apostamos 6 números, a chance de ganhar é de 1 em 50.063.860[283], aproximadamente 0,000002%, ou seja, para um prêmio de R$ 20 milhões, o retorno esperado da Mega-Sena é de apenas R$ 0,40 por aposta. E ainda assim, milhões de pessoas, todas as semanas, apostam pelo menos R$ 6,50 para concorrer, portanto, estão dispostas a pagar 16,5 vezes o valor esperado da aposta pela chance de concorrer a R$ 20 milhões.

Por outro lado, há circunstâncias em que as pessoas são extremamente avessas ao risco. Por exemplo, é comum pessoas não retirarem um carro novo da concessio-

---

282. Em geral, negócios são vendidos por múltiplos de seu retorno esperado e não pelo retorno esperado em um único período, para refletir o fato de que a operação gerará resultados no tempo. No entanto, para fins de simplificação, pense no exemplo como uma aposta, um ticket da loteria, que vale para apenas um sorteio.

283. A chance é calculada fazendo a combinação simples de 60 elementos tomados 6 a 6, *i.e.*, $C_{60,6}$.

nária sem antes realizar um contrato de seguro, apesar do alto preço das apólices. A compra de um seguro, de qualquer espécie (*e.g.* de carro, de vida, de saúde), significa que o segurado valoriza mais a transferência do risco para a seguradora (extrai mais utilidade) do que o preço pago pela apólice, ainda que o preço da apólice seja superior ao retorno esperado do sinistro, ou seja, muitas pessoas são avessas ao risco quando se trata de acidentes (perdas). É a aversão ao risco das pessoas que explica a existência de um mercado de seguro, pois, se todas as pessoas fossem neutras ao risco, elas aceitariam pagar pela apólice de seguro apenas o retorno esperado do sinistro, sem nenhum prêmio adicional – então, a seguradora não conseguiria obter qualquer lucro. Mas como muitas pessoas extraem mais utilidade da transferência de risco do que do equivalente em dinheiro do retorno esperado[284], há um mercado de seguros.

Não por outra razão, uma boa parte das pessoas prefere um resultado menor, mas certo, do que a opção com um retorno esperado maior: quando oferecidas duas notas de R$ 20 ou um *ticket* de loteria para ganhar R$ 100 com 50% de chance (RE = 50 = 100 • 0,5), é comum que, em vez de maximizar o retorno esperado, as pessoas prefiram minimizar riscos e optem por receber R$ 40, que é um resultado certo. Afinal de contas, mais vale um pássaro na mão do que dois voando, já dizia minha mãe. Na realidade, pesquisas mostram que até mesmo o gênero das pessoas pode afetar sua propensão ao risco, com os homens sendo mais propensos a ele, enquanto as mulheres são mais cautelosas. O mesmo ocorre com relação à idade, os jovens são mais propensos ao risco do que os idosos. Por isso, as mulheres pagam prêmios menores do que os homens na hora de contratar seguro contra acidente de carro (apesar de muitos homens insistirem que dirigem melhor), e os jovens pagam prêmios maiores dos que os mais velhos, da mesma forma que os solteiros pagam mais que os casados e assim por diante. Pura estatística.

Quando discutimos a utilidade de uma decisão com risco para um determinado agente, estamos lidando com sua **utilidade esperada.** Quando discutimos os resultados possíveis, ponderados pelas respectivas probabilidades, estamos tratando do valor ou retorno esperado da aposta. Como visto acima, a utilidade esperada se iguala ao retorno esperado apenas quando o agente é neutro ao risco. De qualquer forma, a partir de agora, adotaremos o pressuposto simplificador de que, em geral, as pessoas são neutras ao risco, ainda que isso não seja sempre verdade, pois isso facilitará nossas discussões futuras. Quando a aversão ao risco se tornar algo relevante, poderemos relaxar esse pressuposto.

Dito isso, temos que, de acordo com a Teoria da Escolha Racional, em decisões sem risco, o agente sempre escolherá a opção que mais lhe gerar benefício, o melhor

---

284. As pessoas não costumam pensar assim, mas no contrato de seguro, os segurados são os vendedores e as seguradoras são as compradoras. O problema é que os segurados vendem risco, o que é ruim, logo, o preço pago pela seguradora é negativo, *i.e.*, o segurado tem de pagar à seguradora (apólice) para que ela compre o seu risco. É por isso que quem faz a proposta de seguro é o segurado e a seguradora aceita ou não, de acordo com o perfil, e não o contrário.

retorno, enquanto nas decisões com risco, pessoas neutras ao risco escolherão a opção que lhes gerará o maior retorno esperado. Ao decidir, uma pessoa racional realizará uma análise custo-benefício (ainda que intuitivamente) de todas as opções disponíveis (que conseguir identificar) e atribuindo uma probabilidade subjetiva[285] a cada uma, estimará o retorno esperado de cada opção. Uma vez identificada a opção com o melhor retorno esperado, esse será o curso de ação escolhido. Nessa linha, para sabermos qual a provável decisão de alguém, basta identificarmos qual decisão lhe trará o maior retorno esperado.

4.1.2 Teoria da Barganha: ou por que existem as trocas?

Na seção anterior discutimos como as pessoas decidem diante de opções com e sem risco. Mas a discussão foi sobre a decisão de um único agente racional diante de alternativas concorrentes. Nada dissemos sobre o processo de decisão de dois agentes quando interagem para realizar uma troca e como decidem os termos dessa interação. Por isso, antes de avançarmos para a Análise Econômica do Processo, precisamos explicar brevemente por que e como as pessoas realizam trocas; para isso, usaremos a Teoria da Barganha, *i.e.*, a parte da Teoria dos Jogos que investiga problemas de negociação sobre a divisão de bens entre dois ou mais agentes.

Em 1776, Adam Smith[286] disse: "O homem quase sempre precisa da ajuda de seus semelhantes, e seria vão esperar obtê-la somente da benevolência. Terá maiores chances de conseguir o que quer se puder interessar o amor-próprio deles a seu favor e convencê-los de que terão vantagens em fazer o que deles pretende. Todos os que oferecem a outros qualquer espécie de trato propõem-se fazer isso. *Dê-me aquilo que eu desejo, e terás isto que desejas, é o significado de todas as propostas desse gênero e é dessa maneira que nós obtemos uns dos outros grande maioria dos favores e serviços de que necessitamos.* Não é da benevolência do açougueiro, do cervejeiro e do padeiro que esperamos o nosso jantar, mas da consideração que eles têm pelos próprios interesses. Apelamos não à humanidade, mas ao amor-próprio, e nunca falamos de nossas necessidades, mas das vantagens que eles podem obter". Como se pode ver, há muito tempo já percebemos que, para obter algo de outrem, em geral, precisamos oferecer-lhe uma contraprestação que o interesse. Essa é a ideia central da Teoria da Barganha.

---

285. A probabilidade de um evento incerto pode ter seus valores atribuídos de forma subjetiva ou de forma objetiva. A **probabilidade subjetiva** é uma porcentagem que indica o grau de confiança ou a estimativa do sujeito quanto à possibilidade de ocorrência de um determinado evento. Por exemplo, quando afirmamos "Acho que há 30% de chance de chover hoje". A **probabilidade objetiva** é a proporção da ocorrência de um evento em relação ao número de eventos possíveis associado a um experimento frequentista. Como aqui estamos estudando o comportamento do agente, é a probabilidade subjetiva que importa, pois é ela que determinará o retorno esperado percebido e, em última instância, a conduta esperada.

286. Cf. Smith (2013 [1776], p. 19).

Considere a seguinte situação: Antônio possui uma casa voltada para o nascente, com vista única e desimpedida para o vale, e Roberta, que mora na rua de baixo, sempre quis morar nessa casa. Em que condições a troca ocorreria? Se estivéssemos no *estado da natureza* (ausência de Estado), talvez Roberta pudesse usar a força para obter a casa que deseja. Ela poderia entrar à noite na casa de Antônio e assassiná-lo para ficar com a casa, ou, se fosse muito forte, poderia simplesmente ameaçá-lo e coagi-lo a deixar a casa para ela. No entanto, em função da existência do direito de propriedade (*sociedade civil*), Roberta não pode usar a própria força para expropriar Antônio. Então, como disse Adam Smith, ela precisa encontrar algo que interesse mais a Antônio do que a casa para que consiga convencê-lo a trocá-la voluntariamente. É o que os juristas tradicionais chamam de autonomia da vontade. Do ponto de vista da Teoria da Barganha, na presença do direito de propriedade (ausência de violência), a troca ocorrerá se – e somente se – Roberta for capaz e estiver disposta a pagar pela casa mais do que Antônio a valoriza. Do contrário, a troca não ocorrerá.

Suponha que Antônio esteja disposto a vender sua casa pelo **preço mínimo** de R$ 850.000, ou seja, ele valoriza a casa em R$ 850.000, enquanto Roberta está disposta a pagar o **preço máximo** de R$ 1.250.000, *i.e.*, ela valoriza a casa em R$ 1.250.000. Se a troca acontecer – se Roberta comprar a casa de Antônio – por qualquer preço entre R$ 850.000 e R$ 1.250.000, ambos estarão em uma situação melhor do que estavam antes da troca. Em outras palavras, a troca voluntária, livre de erro e vício de vontade, é Pareto eficiente. Logo, nessa situação, os dois agentes possuem um *interesse convergente* em realizar a troca. Ao mesmo tempo, porém, eles possuem um *interesse divergente* sobre o preço para realizar a troca. Ambos concordam que a troca é benéfica, mas Antônio gostaria que o preço fosse o mais alto possível, enquanto Roberta gostaria que o preço fosse o mais baixo possível.

Qualquer situação de negociação em que dois ou mais de agentes podem realizar uma troca que seria mutuamente benéfica – mas na qual divergem acerca dos termos da troca – é uma **situação de barganha**. Em termos gerais, uma situação de barganha é uma conjuntura na qual dois ou mais jogadores[287] possuem o interesse convergente em cooperar, mas possuem interesses divergentes sobre a forma exata de como a cooperação deve acontecer (conflito de interesses).

Assim, a principal questão que os jogadores enfrentam em qualquer situação de barganha é como chegar a um acordo sobre os termos da cooperação, da troca. Cada jogador prefere chegar a algum entendimento e celebrar o acordo, a discordar e, por isso, não celebrar acordo algum. Cada jogador, é claro, também prefere que o acordo seja o mais favorável possível para si. Nesse sentido, é possível que os jogadores

---

287. Jogadores é como a Teoria dos Jogos se refere aos agentes em um contexto estratégico, *i.e.*, em um jogo. Eles podem ser uma pessoa, uma família, um grupo ou uma organização, por exemplo.

cheguem a um acordo apenas após incorrerem em grandes **custos de negociação**[288] (*e.g.* gastem muito tempo) ou mesmo que falhem em alcançar um acordo.

A barganha é o processo pelo qual as partes tentam chegar a um acordo. O processo de barganha normalmente é demorado, cada parte faz propostas e contrapropostas à outra, em um processo contínuo de teste da força do lado oposto e de aquisição de mais informações (redução da assimetria de informações). A barganha pode ser muito prejudicial para ambos e gerar muitos custos, como, por exemplo, quando empregados e empregadores celebram um acordo coletivo, mas somente depois de uma longa e custosa greve que paralisou a produção e suspendeu os salários; ou quando acionistas de uma empresa celebram um acordo de acionistas, mas só após anos de briga societária na justiça e de impedimento de decisões lucrativas para a empresa.

Retomando o nosso exemplo, Antônio valoriza a casa em R$ 850.000 e, portanto, assumindo a ausência de violência (troca voluntária), ele só aceitará transferi-la se receber esse valor ou mais. Por isso, esse será o seu preço mínimo, seu **valor de reserva** ou **valor de ameaça** (V_A = R$ 850.000). A proposta de qualquer valor abaixo do valor de reserva pode levar Antônio a se levantar da mesa de negociações, pois estará em uma situação melhor se não vender. Por outro lado, Roberta valoriza a casa em R$ 1.250.000 e, portanto, ela só aceitará comprar a casa se tiver de pagar um montante igual ou inferior a esse valor. Por isso, esse será o seu preço máximo, seu valor de reserva ou de ameaça (V_R = R$ 1.250.000). Se Antônio pedir qualquer valor acima de seu preço máximo, Roberta pode sair da mesa de negociação, pois estará melhor se não comprar a casa. Suponha agora que Roberta tenha R$ 2.000.000 no banco. O negócio jurídico será realizado? Se sim, por quanto?

Se $V_R < V_A$, *i.e.*, se Roberta valorizasse a casa menos do que Antônio, não haveria espaço para troca, e a negociação se encerraria quase imediatamente. Não há ganho para as partes em continuar. No entanto, como no nosso exemplo $V_R > V_A$, há **espaço de acordo**[289], pois há valor a ser criado com a troca. Se Antônio transferir a casa para Roberta por qualquer valor entre R$ 850.000 e R$ 1.250.000 será criado um valor adicional de R$ 400.000. Esse valor adicional, criado pela alocação do bem para uma destinação que é mais valiosa (de Antônio para Roberta), é chamado de **excedente cooperativo**. Toda troca voluntária gera bem-estar, pois a toda troca voluntária se

---

288. Os custos de negociação são um dos **custos de transação** associados à utilização do mercado (mecanismo de preço) para a realização de uma operação, como uma troca. Os custos de transação incluem os *custos de procura* de um parceiro, os *custos de negociação* dos termos da troca, os *custos de monitoramento* da transação após o acordo e os *custos de coerção* para fazer valer o acordo, caso o parceiro não cumpra com o acordado. Cf. Coase (1937; 1960) e Williamson (1983 [1975]; 1985; 1999), ambos ganhadores do Prêmio Nobel em economia.

289. Em análise econômica dos contratos e em microeconomia, o espaço de acordo também é chamado de *curva contratual*. A curva contratual é o conjunto de pontos que representam todas as alocações finais de dois bens entre dois agentes e que podem ocorrer como o resultado de trocas voluntárias, dada uma alocação inicial de recursos. A curva contratual pode ser representada por uma *Caixa de Edgeworth*. A ideia original foi apresentada por Francis Y. Edgeworth em seu *Mathematical Psychics: An Essay on the Application of Mathematics to the Moral Sciences*, ao discutir a Teoria da Barganha (1881, pp. 28 e 113). Sua formulação mais moderna no formato de uma caixa foi feita por Pareto, no seu já citado livro *Manuale di Economia Politica* (1919, p. 187 e ss.).

associa um excedente cooperativo. Para entender como a simples troca de um bem pode gerar valor para a sociedade e para as partes envolvidas, basta lembrarmos que o valor decorre das preferências de cada agente e, portanto, sua utilidade não se confunde com o preço[290]. O preço pago na operação de compra e venda será exatamente o mesmo preço recebido na operação de compra e venda, mas o valor extraído do bem da vida trocado pelas partes, não. O quadro abaixo pode facilitar a visualização desse conceito simples, mas fundamental:

EXCEDENTE COOPERATIVO DECORRENTE DA TROCA VOLUNTÁRIA
Figura 4-6

	Antes da Troca (A)	Depois da Troca (B)	Saldo (B – A)
Antônio	R$ 850.000 (casa)	R$ 1.050.000 (banco)	R$ 200.000
Roberta	R$ 2.000.000 (banco)	R$ 1.250.000 (casa) R$ 950.000 (banco)	R$ 200.000
Total	R$ 2.850.000	R$ 3.250.000	R$ 400.000

Na figura acima, assumimos que o preço pago foi a metade entre o preço mínimo e o máximo que cada parte estava pedindo, o que parece um resultado razoável. No entanto, note que a criação do excedente cooperativo e sua magnitude independem do preço que as partes acertarão para o negócio jurídico, desde que ele esteja entre o preço de reserva de Antônio e de Roberta ($V_R \geq P \geq V_A$). O que muda, a depender do preço ajustado pelas partes, é a *distribuição* do excedente cooperativo, mas não sua existência ou magnitude. Assim, por exemplo, suponha que, sabendo do intenso desejo de Roberta pela casa, Antônio tenha adotado uma postura mais dura na negociação até conseguir que ela aceitasse pagar R$ 1.250.000. Haveria a criação de excedente cooperativo? Se sim, de quanto e como ele estaria distribuído? A tabela abaixo responde a essas perguntas:

DISTRIBUIÇÃO DO EXCEDENTE COOPERATIVO
Figura 4-7

	Antes da Troca (A)	Depois da Troca (B)	Saldo (B – A)
Antônio	R$ 850.000 (casa)	R$ 1.250.000 (banco)	R$ 400.000
Roberta	R$ 2.000.000 (banco)	R$ 1.250.000 (casa) R$ 750.000 (banco)	R$ 0
Total	R$ 2.850.000	R$ 3.250.000	R$ 400.000

Como se pode ver, o excedente cooperativo gerado pela transação continuou a ser exatamente de R$ 400 mil. Ele apenas foi capturado integralmente por uma das partes (Antônio), mas Roberta recebeu ao menos o seu valor de ameaça (preço mínimo).

---

290. Mais uma vez, sobre a diferença entre preço e valor, cf. Gico Jr. (2019).

Dado que os agentes são racionais, uma troca voluntária sempre gerará valor para as partes (excedente cooperativo), cuja distribuição dependerá da barganha realizada. E mesmo que uma das partes capture todo o excedente cooperativo, ainda assim a outra parte não terá sido prejudicada, pois estará com o bem da vida que desejava e numa situação no mínimo igual à que estava antes; portanto, a mudança será Pareto eficiente (a situação de alguém melhorou sem prejudicar outrem). Isso ocorre porque, como a troca é voluntária, cada jogador deve receber ao menos o seu preço de reserva, ou ele não cooperará e a troca não será realizada. Se tiver sido realizada, é porque foi vantajosa para ambos.

O processo de negociação pode ser entendido tanto como um mecanismo de redução de assimetria de informação como uma disputa pela distribuição do excedente cooperativo. E todo processo de negociação passará por três etapas: (i) a identificação dos valores de ameaça (preço máximo e mínimo); (ii) a criação do excedente cooperativo; e (iii) a distribuição do excedente cooperativo.

Quando uma pessoa diz que uma negociação foi injusta, muitas vezes está se referindo não ao fato de o negócio jurídico ter efetivamente prejudicado uma das partes (violação do preço máximo ou mínimo), mas sim à sua opinião de que a distribuição do excedente cooperativo não teria sido adequada de acordo com algum critério normativo (julgamento de valor). Todavia, como demonstrado, uma troca voluntária não pode prejudicar uma pessoa racional, independentemente da distribuição do excedente cooperativo, salvo em caso de erro.

Mas o que determina o resultado desse processo de negociação? Se não houvesse custos de transação, ou melhor, se a negociação não envolvesse tempo, investimento em informação, advogados, elaboração de contratos, paciência etc., a barganha provavelmente continuaria até que as partes chegassem a um resultado que agradasse a ambas, algo entre os preços de reserva dos negociadores. Por outro lado, elas poderiam ficar presas em um impasse, pois o momento do acordo não importaria, e as partes não incorreriam em custos para negociar (mundo sem atrito). No entanto, como toda negociação consome no mínimo tempo e tempo é um recurso valioso, negociar é custoso. Há custos de transação associados a qualquer processo de negociação (mundo com atrito).

Além dos custos de transação, que podem ser distribuídos assimetricamente entre as partes, há outros fatores que podem afetar o resultado da negociação (a distribuição do excedente cooperativo), como a existência de assimetria de informação ou a impaciência (ou ansiedade) das partes. Como já se disse, há uma assimetria de informação quando, em uma relação entre dois ou mais agentes quaisquer, um deles possui informações em quantidade ou qualidade superior às da outra parte (*e.g.* fornecedor com o consumidor em relação ao seu produto), logo, um dos agentes possui informação privada (*e.g.* segurado em relação à seguradora). Nesse caso, o detentor da informação privada pode capturar uma parcela maior do excedente cooperativo. Já a ansiedade ou *impaciência* ocorre quando, por qualquer razão, uma das partes atribui um valor substancial a variável tempo na negociação (maior taxa de desconto)[291].

Em geral, quanto mais paciente uma parte for, maior será seu poder de barganha e quanto mais impaciente, menor será seu poder de barganha. A impaciência é especialmente importante quando a outra parte está em condição financeira desfavorável, pois ela tende a precisar muito de dinheiro em curto prazo; ou seja, quem precisa muito de dinheiro agora aplica uma taxa de desconto muito grande sobre o dinheiro no futuro e, portanto, está disposta a receber menos hoje ou a pagar mais no futuro pelo mesmo montante no presente[292].

Agora que temos uma compreensão mais profunda acerca de como agentes racionais tomam decisões e de como e por que eles realizam trocas, estamos prontos para aplicar esse conhecimento no âmbito do processo civil e avançarmos para o modelo juseconômico do processo.

4.2 Da Lide ao Processo: o modelo juseconômico do litígio

4.2.1 Autocomposição e Análise Custo-Benefício

Como discutido no Capítulo 2, a função social do Judiciário é resolver conflitos aplicando as regras jurídicas. Neste sentido, enquanto o Poder Executivo e o Poder Legislativo, compostos por representantes do povo, podem – *ex officio* – iniciar medidas e/ou políticas públicas que entendam do interesse da sociedade, o Poder Judiciário é um poder passivo, reativo. Não é seu papel, nem pode ele agir *moto proprio*, devendo apenas reagir às demandas que a sociedade traz na forma de conflitos[293] (ações judiciais) e, quando provocado, resolver tais conflitos de acordo com o direito. Assim, a prestação do serviço público adjudicatório está sempre condicionada não apenas à existência prévia de uma lide, mas também a que essa lide seja efetivamente trazida perante o Judiciário para resolução por uma das partes envolvidas[294].

Na abordagem tradicional de Carnelutti[295], a lide é um conflito de interesses qualificado por uma pretensão resistida, *i.e.*, alguém quer algo, mas a pessoa que pode prover o bem da vida pretendido se recusa a fazê-lo. Há quem critique essa de-

---

291. Essa questão será muito importante quando discutirmos a seleção adversa decorrente da Tragédia do Judiciário na Seção 6.6 adiante.

292. É por isso que pessoas impacientes pegam empréstimos para comprar carros, casas ou financiar viagens, e, portanto, pagam juros pelo aluguel do dinheiro de terceiros; ou ainda, credores do Estado aceitam vender seus precatórios com descontos substanciais sobre o principal. Tudo isso é o resultado da ansiedade ou da impaciência do agente.

293. De acordo com o art. 2º do CPC: "O processo começa por iniciativa da parte e se desenvolve por impulso oficial, salvo as exceções previstas em lei."

294. Excepcionalmente, o Ministério Público pode iniciar a ação em nome dos interessados (como nas ações civis públicas), bem como os sindicatos em nome de seus substituídos.

295. Cf. Carnelutti (2000 [1953], p. 93).

finição de lide porque o Judiciário também pode ser acessado em casos em que não haveria pretensão resistida – como na hipótese de um pedido de alteração de nome ou em um divórcio consensual. No entanto, apesar de essa ressalva ser parcialmente verdadeira[296], para fins da presente discussão, as atividades desempenhadas pelo Judiciário que não envolvem uma lide são residuais e, muitas vezes, são ou poderiam ser transferidas para cartórios ou outros entes administrativos, pois não requerem a prestação de serviço público adjudicatório[297] – como é o caso de divórcio ou de inventário consensuais que não envolvam menores.

De qualquer forma, minha reserva à definição de lide não se deve ao fato de o Judiciário também realizar trabalho não-adjudicatório, mas sim ao fato de que nem toda pretensão é exercida e, das que são exercidas, nem todas são resistidas; e, das que são resistidas, nem todas são judicializadas. Logo, há pretensões que não viram lides, e há lides que não viram processos. Compreender por que isso ocorre é o primeiro passo para entendermos o comportamento das partes no curso de um processo.

De início, é importante ressaltar que todos os dias as pessoas querem os mais variados tipos de coisas. Ora alguém deseja receber um aumento de salário, ora alguém deseja começar a namorar outrem, ora alguém deseja comprar um carro novo etc. O número de pretensões é quase infinito. Como o ser humano é um ser movido pelo propósito, é justamente o agregado de todos esses desejos ou pretensões que move a humanidade. Uma parte substancial dessas pretensões é frustrada e nunca passa disso, desejos frustrados. Muitas vezes, as pessoas tentam submeter os outros às suas pretensões e, às vezes, o detentor do bem da vida se submete à pretensão alheia espontaneamente, em outros casos, não.

Por exemplo, normalmente quando se pede licença na rua, a pessoa a bloquear o caminho costuma liberá-lo sem muita resistência. Ela se submete à pretensão do outro, que é passar livremente. Já quando se dá seta no trânsito para virar à esquerda, como o leitor deve ter experimentado, nem sempre o motorista do veículo ao lado cede espaço; e, muitas vezes, mesmo que haja espaço, o outro motorista acelera para impedir que você entre. Mais uma pretensão frustrada. Dos mais simples aos mais complexos, esta lista de exemplos poderia continuar eternamente.

Como os recursos são escassos e as pessoas são racionais, é natural que concorram entre si pelos recursos existentes. Muitas vezes tal disputa – essa concorrência – pelos recursos escassos gera oportunidades de cooperação (trocas voluntárias); outras vezes gerará um conflito. Um conflito surge quando alguém tem uma pretensão

---

296. Os casos de jurisdição voluntária podem ser interpretados como uma pretensão contra o Estado que resiste *ab initio*, mas que pode ceder se o Judiciário aquiescer, ou como uma atividade regulatória, em que o juiz está lá para garantir que a vontade da lei e os interesses de um vulnerável não sejam prejudicados.

297. Na ausência de um litígio, de uma lide, o Judiciário não *adjudica*, não atribui o direito, mais do que uma agência que emite uma carteira de motorista, apenas desempenha uma atividade meramente administrativa ou regulatória.

sobre determinado recurso ou bem da vida e o seu detentor resiste. Estará formada uma lide no sentido clássico.

No entanto, a vasta maioria dos conflitos humanos é resolvida entre os próprios participantes do conflito (*autocomposição*), mediante uma solução negociada entre si ou com uma das partes abrindo mão de sua pretensão ou a outra se submetendo. Apenas uma pequena parcela dos conflitos humanos é levada ao conhecimento do Judiciário para resolução (*heterocomposição*). Como disse, para que uma lide se transforme em um processo, não basta que a pretensão seja resistida, ela precisa ser judicializada.

Suponha, por exemplo, que Roberta tenha abalroado a traseira do veículo de Antônio em alguma via movimentada de Brasília. Ainda que não haja controvérsia quanto aos fatos acima descritos, é possível que Antônio e Roberta discordem sobre alguns aspectos do acidente. Roberta pode acreditar que Antônio foi negligente e parou onde não deveria, sendo responsável pelo acidente. Antônio, por sua vez, pode acreditar que Roberta não mantinha uma distância razoável de seu veículo e, que se tivesse mantido essa distância, o acidente não teria ocorrido. Roberta, ainda, pode simplesmente não se importar com o prejuízo de Antônio e não ter interesse algum em arcar com os custos de reparo do carro de outra pessoa, pois já basta consertar o seu próprio veículo. Nesse contexto, seria possível Antônio e Roberta se autocomporem?

Se Antônio e Roberta vivessem no estado da natureza, *i.e.*, em um país sem lei, sem um mecanismo pacífico de solução de controvérsias, sem monopólio do uso legítimo da força, portanto, sem Estado, talvez ambos negociassem pacificamente alguma solução entre eles (autocomposição). Eles poderiam ser vizinhos, membros de uma mesma tribo, simplesmente por medo de que o conflito escalasse[298] ou porque são boas pessoas (preferências). Todavia, também é possível que o simples incidente de trânsito evoluísse para a violência e um dos dois tentasse subjugar o outro à sua pretensão pelo exercício da força. Antônio poderia ameaçar Roberta por ser mais forte, ou Roberta poderia ameaçar Antônio por vir de uma família mais rica e poderosa. Lembre-se dos *fayu* do início do Capítulo 2 e da substancial redução de sua população por causa da violência entre eles. É justamente para tentar mitigar o escalonamento da violência em geral que o Estado procura impedir que as pessoas exerçam as suas próprias razões e usem a força para fazer valer suas pretensões, mesmo quando são detentores do direito[299].

Ainda que o uso da força privada não seja uma alternativa viável para a solução do conflito, se Antônio pressionar Roberta para que conserte o seu carro (se ele exercer a sua pretensão), ela pode resistir ou se submeter espontaneamente. Con-

---

298. Sobre a resolução de conflitos entre vizinhos sem a necessidade do direito, cf. Ellickson (1991).

299. De acordo com o art. 345 do Código Penal é crime: "Fazer justiça pelas próprias mãos, *para satisfazer pretensão, embora legítima,* salvo quando a lei o permite:
Pena - detenção, de quinze dias a um mês, ou multa, além da pena correspondente à violência.
Parágrafo único - Se não há emprego de violência, somente se procede mediante queixa."

siderando que tanto Antônio quanto Roberta são agentes racionais, o que se espera é que na tomada de suas decisões, eles ponderem os custos (C) e os benefícios (B) associados a cada uma de suas opções. Assim, Antônio exercerá a sua pretensão se entender que os benefícios de o fazer mais do que compensam os custos de fazê-lo ($B > C$). Se ele achar que vale a pena, exercerá a sua pretensão, do contrário, não a exercerá.

Por exemplo, quantas vezes você já fez uma compra em que o troco ou o produto veio levemente errado ou em desacordo com o pedido original e você sabia que, se voltasse, o vendedor ajustaria espontaneamente o pedido, mas simplesmente deixou de fazê-lo porque o custo não compensava? Talvez não queiramos perder tempo voltando à loja, talvez não queiramos esperar mais pelo sanduíche correto ou talvez não queiramos ir ao correio devolver o produto comprado pela internet. Não importa. Em todos esses casos, o custo de exercer a pretensão é percebido pelo agente como maior que o benefício associado ao seu exercício e, por isso, o agente racional não exercerá a sua pretensão. Sem o exercício da pretensão, não se forma a lide.

Por outro lado, se Antônio exercer a sua pretensão, Roberta também agirá de acordo, *i.e.*, ela também ponderará sobre os custos e os benefícios de resistir ou não à pretensão de Antônio. Se ela entender que resistir traz mais benefícios do que custos ($B > C$), Roberta racionalmente o fará. Se resistir trouxer menos benefícios do que custos ($B < C$), então, Roberta racionalmente se submeterá à pretensão de Antônio. Como regra, a contraparte exigida se submete à pretensão quando o benefício de resistir for menor que o seu custo ($B < C$).

Por exemplo, às vezes, um comerciante aceita trocar um produto, ainda que não tenha qualquer defeito, apenas para agradar o cliente e não incorrer no desgaste de uma discussão[300]; ou então, aceitamos dividir os custos de um novo sistema de vigilância coletivo da rua, ainda que a nossa casa já tenha um sistema de vigilância próprio, apenas para não criarmos um clima adverso na vizinhança. Pense em suas reuniões familiares e talvez você perceba o quanto capitulamos em relação às pretensões alheias para evitar conflitos.

Quando $B < C$, a contraparte racional aceitará submeter-se espontaneamente à pretensão, e a autocomposição será alcançada. Mas quando $B > C$, não. Em ambos os casos, a decisão será o resultado de uma ponderação de custos e benefícios pelos agentes racionais, ou seja, de uma análise custo-benefício. Nesse sentido, tanto a conduta do agente pretendente quanto a conduta do agente pretendido serão regidas pelo mesmo pressuposto de racionalidade, *i.e.*, o curso de ação escolhido

---

300. Lembre-se da política quase corriqueira de lojas físicas que, a despeito de não realizarem vendas a distância, aceitam trocar os produtos vendidos em até trinta dias sem que haja qualquer obrigação legal para tanto.

por cada um será aquele que gerar o maior benefício líquido esperado[301], segundo a percepção subjetiva dos custos e benefícios associados a cada opção, por cada um deles. Esse raciocínio pode ser ilustrado na seguinte árvore de decisão[302]:

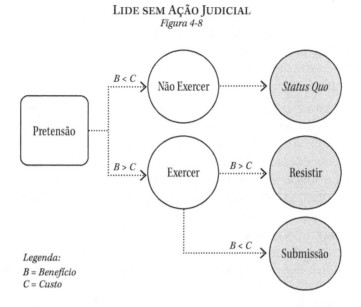

LIDE SEM AÇÃO JUDICIAL
Figura 4-8

Legenda:
B = Benefício
C = Custo

Em resumo, considerando que os agentes são racionais, a autocomposição ocorrerá apenas quando ambos os agentes acharem que lhes é benéfico cooperar, ou seja, quando, para ambos, $B > C$. Assim, na análise custo-benefício de avaliação acerca da conveniência e oportunidade de se propor ou resistir a uma ação, cada agente racional estimará os custos e os benefícios associados à ação judicial. Para entendermos como esse raciocínio funciona, precisamos entender como é a decisão de *judicializar*, o que faremos a seguir.

4.2.2 Judicialização como uma Decisão com Risco

Suponha que, por qualquer razão, uma parte exerça sua pretensão e a contraparte resista a essa pretensão, o que ocorre? No estado da natureza, o agente pretendente conta apenas com a sua força privada ou com a boa vontade de sua contraparte para ter sua pretensão atendida. Já na sociedade civil, o agente pretendente pode exercer o seu direito de ação e requerer ao Estado-juiz que intervenha e, se o

---

301. Lembre-se de que, em análise econômica, tanto o custo quanto o benefício referem-se à utilidade e não apenas a questões financeiras. Assim, alguém pode extrair utilidade de agir corretamente, segundo algum critério normativo (moral) e pode incorrer em custos associados a agir em desconformidade com tais parâmetros. Depende de suas preferências.

302. Note que *B* e *C* não são iguais para Antônio e Roberta, mas não coloquei subscritos identificando cada um por simplificação.

autor tiver direito – de acordo com as regras vigentes –, então, que o juiz direcione a força estatal para fazer valer esse direito e lhe entregue o bem da vida pretendido (coerção), caso o réu não o faça espontaneamente. Não obstante, apesar de todos terem o *direito de ação*, ou seja, o direito de provocar o Estado a se manifestar sobre determinado pedido (serviço público adjudicatório), a adjudicação, o uso da força estatal para tentar realizar a entrega do bem da vida pretendido, depende do julgamento de mérito acerca da existência ou não do *direito material* ao bem da vida pretendido. Em outras palavras, a manifestação estatal é um direito, enquanto o uso da força estatal é uma possibilidade.

Nesse contexto, a decisão de exercer ou não o direito de ação, *i.e.*, de propor ou não uma ação judicial, é uma decisão com risco, nos mesmos moldes do que discutimos na Seção 4.1.1. Uma vez proposta a ação, os resultados para o autor podem ser um julgamento de procedência ou de improcedência[303], a depender do entendimento do juiz acerca da presença ou não de seu direito material. O autor sempre pode propor uma ação, é seu direito subjetivo de provocar o Estado, mas o resultado dessa ação é incerto. O primeiro a modelar a decisão de litigar como uma decisão sob incerteza foi Alan Friedman, enquanto ainda era estudante de direito[304], em 1969, no que foi seguido por William Landes, John Gould e Richard Posner[305]. O resultado desse esforço é conhecido hoje como o modelo básico da litigância. Começaremos por ele e, gradualmente, iremos expandi-lo.

Do ponto de vista do potencial autor, a decisão de ajuizar ou não ajuizar a ação é claramente uma decisão arriscada, no sentido de que não há garantia de que o resultado seja o pretendido, *i.e.*, pode ser que o pedido seja julgado procedente ou improcedente, seja por questões de prova, de direito ou de erro no ajuizamento ou condução da ação. Assim, a decisão do agente racional seguirá o mesmo princípio de racionalidade: a ação será proposta se $B > C$, mas o benefício agora é incerto e, portanto, há uma probabilidade p de o pedido ser julgado procedente e uma probabilidade $(1-p)$ de ser julgado improcedente[306]:

....

303. A decisão de procedência parcial não altera a discussão que segue, razão pela qual, para simplificar, discutimos apenas as opções binárias.

304. Cf. Friedman (1969). Nos Estados Unidos, quando um aluno publica um artigo em uma *Law Review*, ele é publicado como uma *Note*.

305. Cf. Landes (1971), Gould (1973) e Posner (1973). Apesar de nenhum dos três autores citar o trabalho de Friedman, seu trabalho já possui os elementos essenciais do modelo juseconômico do processo. Assim, apesar de o modelo, muitas vezes, ser referido na literatura como modelo LPG (Landes-Posner-Gould), Friedman foi – de fato – o primeiro a propor um modelo econômico do litígio.

306. Lembrando que, se em um espaço amostral (Ω) há apenas dois eventos possíveis e um deles tem a probabilidade p de ocorrer, necessariamente a probabilidade de o outro evento ocorrer será de *1-p*, *i.e.*, 100% menos a probabilidade do primeiro evento, dado que o somatório das probabilidades tem que ser 100%, ou seja, 1.

Judicialização como Decisão com Risco
Figura 4-9

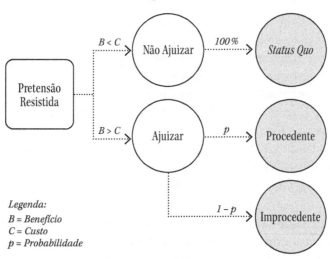

Até o momento, temos discutido genericamente que a conduta tanto do potencial autor quanto do eventual réu será comandada pela racionalidade, ou seja, que adotarão determinado curso de ação se $B > C$, logo, se $B - C > 0$ (os benefícios forem maiores que os custos). No entanto, ainda que o valor atribuído ao bem da vida em disputa seja o mesmo para ambos (B), os custos incorridos por um agente na negociação e na propositura da ação não necessariamente serão. O modelo pode ser alterado para comportar que as partes também atribuam valores diversos para o mesmo bem da vida, *i.e.*, $B_A \neq B_R$, como faremos na Seção 4.3.1, mas, por ora, para fins de simplificação, assumiremos que tanto autor quanto o réu valorizam igualmente o bem da vida.

Dito isso, assim como a negociação na fase de autocomposição, a propositura de uma ação judicial impõe custos ao autor[307]. Via de regra, a propositura de uma ação judicial requer a contratação de um advogado, o pagamento de custas processuais, o tempo de preparação da ação, a coleta de documentos, a identificação de testemunhas, os honorários de eventuais peritos etc. Todos os custos que o autor terá de incorrer caso ajuíze uma ação serão denotados por C_A. Desse modo, mesmo que o autor tenha sua ação julgada procedente e o juiz ordene que o réu lhe entregue o bem da vida B, como o autor teve de incorrer no **custo irrecuperável**[308] C_A, o resultado final da ação para o autor será, no máximo, $B - C_A$[309]. Já se sua ação for julgada improcedente, o re-

---

307. Sobre os efeitos da mitigação desses custos, como é o caso dos juizados especiais, da defensoria pública e da gratuidade de justiça, cf. Gico Jr. (2012; 2014) e Gico Jr. e Arake (2014).

308. Um custo irrecuperável ou *sunk cost* é um custo que, se nele incorrido, não pode ser recuperado posteriormente. Por exemplo, se compro um imóvel por R$ 45 mil e depois posso vendê-lo pelo mesmo valor, esse custo é recuperável. Mas se eu gasto R$ 10 mil em uma ação judicial e não serei reembolsado, esse custo é irrecuperável.

309. Note que em caso de vitória, a parte vitoriosa terá de volta apenas as custas e os honorários periciais, os honorários advocatícios, o tempo e os demais custos incorridos não serão reembolsados ao vitorioso.

sultado final será um prejuízo de C_A. Portanto, os resultados possíveis de uma decisão de litigar para o potencial autor (os *payoffs*) são: $B - C_A$ ou $- C_A$.

Além disso, como o julgamento de procedência ou de improcedência da ação não depende da decisão do autor – é um resultado incerto (não determinístico) – a cada um desses *payoffs* associamos uma probabilidade de ocorrência. Seja p_A a expectativa de sucesso que o autor atribui à sua ação, isso significa que o autor acredita (probabilidade subjetiva) que existe uma probabilidade p_A de obter B a um custo C_A. Dessa forma, o retorno esperado dessa ação para o autor é dado pela ponderação do valor do bem da vida (ou pedido) pela probabilidade de sucesso de sua ação, menos os custos de ajuizamento da ação: $p_A \cdot B - C_A$. Em outras palavras, o autor neutro ao risco acredita que o **valor da ação** para si é dado por $p_A \cdot B - C_A$.

Note que, como discutimos na Seção 4.1.1, dizer que o valor da ação é dado pela expressão $p_A \cdot B - C_A$ não significa dizer que esse é o valor da causa. O **valor da causa** é o termo técnico que se refere ao valor monetário certo, ainda que o pedido não tenha conteúdo econômico imediatamente aferível, que deve constar da petição inicial e da reconvenção, nos termos do art. 291/CPC[310]. O valor da causa é utilizado pelo Judiciário para calcular o pagamento de multas, das custas processuais e dos honorários de sucumbência[311]. O cálculo do valor da causa está previsto no art. 292/CPC e, em resumo, é uma estimativa monetária do valor do bem da vida pretendido. Já o **valor da condenação** é o valor efetivamente atribuído pelo Judiciário ao autor ao final do processo. Se a ação for julgada integralmente procedente, o valor da causa será igual ao valor da condenação. Se for parcialmente procedente ou improcedente eles serão diversos.

Nesse sentido, o valor da causa pode ser entendido como o maior resultado possível da ação, ou seja, o valor do *payoff* caso a ação seja julgada integralmente procedente (perspectiva *ex ante*). É o valor que deve ser inicialmente atribuído ao processo. O valor da condenação é o resultado que efetivamente se concretizou no encerramento da ação (perspectiva *ex post*), enquanto o valor da ação é o quanto vale a aposta em si, *i.e.*, se o agente fosse neutro ao risco, quanto estaria disposto a pagar por aquela ação antes de seu ajuizamento; logo, é o somatório de cada um dos resultados possíveis, inclusive o resultado de improcedência, mas não limitado a ele, ponderado pelas respectivas probabilidades de ocorrência.

Assim o valor esperado de uma ação para o autor é dado por $p_A \cdot B$ (procedência) $+ (1 - p_A) \cdot 0$ (improcedência), menos os custos do litígio C_A. Como no caso de impro-

---

310. Art. 291. A toda causa será atribuído valor certo, ainda que não tenha conteúdo econômico imediatamente aferível.

311. Art. 85. A sentença condenará o vencido a pagar honorários ao advogado do vencedor. [...]
   § 2º Os honorários serão fixados entre o mínimo de dez e o máximo de vinte por cento sobre o valor da condenação, do proveito econômico obtido ou, não sendo possível mensurá-lo, sobre o valor atualizado da causa, atendidos: [...].

cedência o valor esperado será zero, a **condição de ajuizamento** de uma ação pode ser resumida da seguinte forma:

Inequação 4.2-1

$$p_A \cdot B - C_A > 0$$

Quando a condição de ajuizamento for satisfeita e, portanto, o valor da ação for positivo, chamaremos essa ação de **ação de VEP** (valor esperado positivo). Quando a condição de ajuizamento de uma ação não for satisfeita, *i.e.*, o valor da ação for negativo ($p_A \cdot B - C_A < 0$), chamaremos essa ação de **ação de VEN** (valor esperado negativo). Por óbvio, um agente racional neutro ao risco ajuizaria apenas uma ação de VEP e não ajuizaria uma ação de VEN. No entanto, a depender do modelo e do contexto, é possível que uma ação tenha o retorno esperado negativo e, ainda assim, seja proposta ou, no mínimo, que seja mantida após a sua propositura, como discutiremos na Seção 5.1.2. Essa diferença também será importante quando discutirmos o papel do advogado na Seção 5.3[312]. Por ora, foquemos na regra geral, ou seja, nas ações que satisfazem a condição de ajuizamento.

4.2.3 O Direito de Ação e seu Impacto sobre a Autocomposição

Agora que temos o valor da ação e sabemos a condição de ajuizamento, podemos voltar à discussão de autocomposição e explorar como a existência da possibilidade de ajuizamento de uma ação judicial (direito de ação) afeta a estrutura de incentivos dos agentes em suas decisões na fase de autocomposição. Quando o potencial autor exerce a sua pretensão, o eventual réu deve decidir se se submete à pretensão ou não. O agente racional se submeterá apenas se o benefício associado à resistência for menor do que o seu custo ($B < C$), ou seja, no estado da natureza, as partes cooperarão apenas se houver mecanismos que convençam ou coajam o agente pretendido a cooperar. Se o custo de resistir for menor que o benefício de resistir[313], por exemplo, se não houver direito de ação e não houver ameaça crível de uso de força privada, então, o eventual réu não cederá à pretensão e a autocomposição fracassará. Estará formada a lide.

No entanto, a partir do momento em que o Estado assume para si a atividade adjudicatória, o potencial autor pode ameaçar o eventual réu com o exercício do seu direito subjetivo de ação e, caso sua ação seja julgada procedente, o Estado utilizará toda a sua força para subjugar o eventual réu. Mas quanto vale essa ameaça de coerção estatal? Justamente o valor da ação. Se, durante a negociação de acordo, o eventual

---

312. Para uma discussão mais aprofundada de ações de VEN, cf. Bone (2003, p. 40 e ss.) e Fux e Bodart (2019, p. 85 e ss.).

313. Aqui incluídos os custos psicológicos ou morais de agir corretamente. Lembre-se, nem todo mundo tem em sua função utilidade agir corretamente e, portanto, a moral não é suficiente para fazer todas as pessoas cooperarem.

réu não oferecer ao potencial autor ao menos $p_A \cdot B - C_A$, *i.e.*, quanto ele ganharia caso propusesse a ação, então, o autor preferirá ajuizar a ação e a lide não será composta espontaneamente.

Colocado de outra forma, nos termos da Teoria da Barganha, seja A a proposta de acordo oferecida pelo eventual réu ao potencial autor durante as negociações na fase de autocomposição. Se $A \geq p_A \cdot B - C_A$, *i.e.*, se o valor oferecido para acordo for maior ou igual ao valor esperado da ação, então, o agente racional aceitará a proposta e a lide será composta espontaneamente. Por outro lado, se $A < p_A \cdot B - C_A$, a opção mais interessante para o potencial autor será ajuizar a ação, logo, o acordo não será celebrado e a autocomposição fracassará.

Apenas para ilustrar como um modelo simples como esse pode ser muito interessante, veja que se não houver a possibilidade de uma ação judicial ($p_A \cdot B = 0$) ou se ela for muito custosa ($p_A \cdot B - C_A \leq 0$), qualquer valor que o eventual réu ofereça ao potencial autor será aceito, inclusive *nada*, pois $A \geq 0 \geq p_A \cdot B - C_A$. Por outro lado, se houver o direito de ação com um valor esperado positivo ($p_A \cdot B - C_A > 0$) e o eventual réu não realizar qualquer oferta ($A \leq 0$), então, a ação será ajuizada. Podemos agora agregar todas as decisões em uma única árvore para demonstrar a dinâmica da autocomposição:

DECISÃO DE AUTOCOMPOSIÇÃO E DE AJUIZAMENTO
Figura 4-10

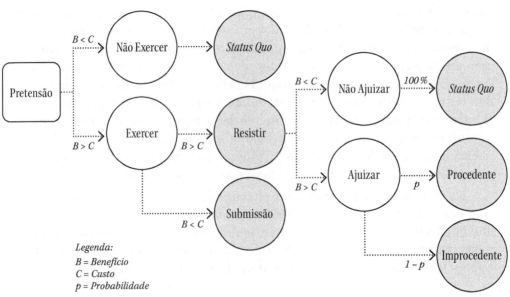

Não obstante, como visto acima, mesmo a negociação entre as partes na fase de autocomposição tem custos (*e.g.* tempo, estresse, levantamento de orçamentos etc.). Logo, tanto a opção de ajuizar a ação quanto a de negociar geram custos. Para diferenciarmos os custos de propositura da ação dos custos de negociação, denotaremos estes de N, sendo N_A o custo de negociação do potencial autor e N_R o custo de negociação do eventual réu. Dessa forma, uma autocomposição será alcançada se – e somente se – $A - N_A \geq p_A \cdot B - C_A$, o que pode ser reescrito como $A \geq p_A \cdot B - C_A + N_A$.

Se um acordo só será alcançado caso a oferta do eventual réu seja maior ou igual ao valor da ação acrescido dos custos de negociação, então, uma lide será instaurada caso a oferta seja menor do que esse valor, *i.e.*, se $A < p_A \cdot B - C_A + N_A$. A esse limite da negociação chamaremos de **Valor de Reserva do Autor** (V_A), pois é o mínimo que o autor aceitará para que a lide seja composta espontaneamente. Em resumo:

Equação 4.2-2

$$V_A = p_A \cdot B - C_A + N_A$$

De acordo com a Teoria da Barganha, para que haja uma troca voluntária, deve haver um excedente cooperativo a ser distribuído entre as partes, logo, o valor de reserva da parte a quem se alocará o bem da vida deve ser maior que o valor de reserva da parte que abrirá mão dele; do contrário, as partes não perceberão qualquer benefício em realizar o acordo e a troca só ocorrerá mediante coerção. No contexto de uma ação judicial, o que se está negociando é a ação judicial em si, *i.e.*, se está negociando a propositura ou a não de uma ação pelo autor. Se o réu valorizar a não propositura da ação mais do que o autor valoriza a sua propositura, então, haverá espaço para acordo, pois haverá um excedente cooperativo a ser distribuído. Do contrário, não haverá acordo, pois o réu prefere que a ação seja proposta a se submeter voluntariamente à pretensão. Se é assim, então, precisamos descobrir quanto o réu valoriza a ação.

Para fins de simplificação, comecemos assumindo que tanto o autor quanto o réu valorizam igualmente o bem da vida em disputa, ou seja, $B_A = B_R$, logo, podemos usar simplesmente B e podemos assumir que, se o réu sucumbir integralmente na ação, ele perderá B. Além disso, assim como o autor, o réu também incorrerá em custos para negociar um acordo na fase pré-processual, os quais denotaremos de N_R e, caso a ação seja ajuizada, ele incorrerá em custos para se defender, os quais denotaremos de C_R. De início, vamos assumir que, tal qual nos juizados especiais, cada parte arca com seus próprios custos do litígio.[314] Assim, ainda que o réu venha a ganhar a ação e não tenha que pagar B para o autor, ela terá incorrido no custo irrecuperável C_R e, portanto, o resultado da ação terá sido negativo. Por outro lado, se o réu for sucum-

....

314. Na literatura *juseconômica*, essa regra processual é chamada de regra americana, pois é assim que, em geral, funciona nos Estados Unidos. Já a regra segundo a qual a parte sucumbente indeniza a outra parte é chamada de regra britânica ou continental. Todavia, essa indenização nunca é integral, logo, C sempre será maior que zero. Por isso, para fins de simplificação, adotamos a dita regra americana na exposição, pois ela se aproxima mais da realidade.

bente, ele terá de entregar o bem da vida B e ainda terá incorrido no custo C_R, ou seja, terá perdido $B + C_R$.

Mais uma vez, assim como para o autor, também para o réu a decisão judicial é um evento aleatório (não determinístico), sobre o qual nenhuma das partes litigantes tem pleno controle, e cujo resultado esperado depende da probabilidade subjetiva que o réu atribui a cada um dos possíveis resultados. Assim, denotaremos de p_R a probabilidade que o réu atribui ao evento procedência da ação, que pode ou não ser igual à probabilidade de êxito estimada pelo autor para o mesmo evento (p_A). Neste contexto, o réu acredita que, se for acionado pelo autor, ele terá uma probabilidade p_R de ter de pagar B ao autor, logo, seu custo esperado é $p_R \cdot B$ acrescido do custo de litigar C_R, portanto, $p_R \cdot B + C_R$.

Nesse sentido, caso a autocomposição reste frustrada, o réu acredita que estará exposto a um prejuízo máximo esperado de $p_R \cdot B + C_R$ e esse é o valor da ação para o réu, pois, se ganhar a ação, perderá apenas C_R. Dado que o valor da ação é o limite do prejuízo esperado do réu, na hipótese de fracasso da autocomposição, não é racional que ele ofereça ao autor, em uma proposta de acordo, qualquer montante acima desse valor. O réu neutro ao risco oferecerá ao autor durante as negociações nada acima do retorno esperado da ação para si. Todavia, devemos manter em mente que o réu também incorrerá em custos da negociação, razão pela qual a sua oferta levará isso em consideração. Assim, para o réu, é racional oferecer uma proposta na fase pré--processual se o seu benefício esperado for maior que o seu custo esperado, ou seja, se $A + N_R \geq p_R \cdot B + C_R$.

Isolando apenas o valor da oferta de acordo, a inequação acima pode ser reescrita da seguinte maneira $A \geq p_R \cdot B + C_R - N_R$ para reforçar o impacto negativo dos custos de negociação sobre a autocomposição. Como se pode ver, não apenas o montante A é relevante para a realização de uma oferta, mas também os custos de transação associados à negociação em si. Quanto mais custoso for negociar, ou seja, quanto maior for N_R, menor será o valor da oferta realizada pelo réu e, portanto, maior deve ser o valor esperado da ação para que seja racional para o réu negociar. Em tese, se os custos de transação para realizar a negociação forem muitos elevados, será mais interessante resolver a questão judicialmente, não negociar. Nesse sentido, a plataforma *consumidor.gov.br*, na qual consumidores podem cadastrar seus pleitos consumeristas e as empresas cadastradas podem realizar ofertas de acordo eletronicamente, pode ser interpretada como uma tentativa de redução dos custos de transação da negociação, ou seja, de N_R. A expectativa é que, com a redução dos custos de negociação para ambos os lados, mais acordos sejam feitos. É a eficiência a serviço do consumidor.

Como a inequação $A \geq p_R \cdot B + C_R - N_R$ representa o valor máximo que o eventual réu estaria disposto a oferecer ao potencial autor, antes de litigar se tornar a opção mais interessante, podemos afirmar que uma lide será instaurada se $A < p_R \cdot B + C_R - N_R$, e esse é o **Valor de Reserva do Réu** (V_R). Se o potencial autor aceitar receber qualquer valor igual ou inferior a V_R, o eventual réu preferirá o acordo a litigar. Se ele exigir um valor superior a V_R, então, será mais interessante para o réu racional resistir. O valor de reserva do réu pode ser expresso da seguinte forma:

Equação 4.2-3

$$V_R = p_R \cdot B + C_R - N_R$$

Agora que temos o valor de reserva do autor e o valor de reserva do réu, a Teoria da Barganha nos ensina que – para que haja um excedente cooperativo e seja possível a celebração de uma troca voluntária –, o valor da ação para o réu deve ser maior que o valor da ação para o autor, e eles têm de acordar em algum valor A entre o valor de reserva de ambos, ou seja, $V_R \geq A \geq V_A$. Por isso, antes de avançarmos nessa discussão, é interessante compararmos o valor de reserva do autor com o do réu:

Equação 4.2-2

$$V_A = p_A \cdot B - C_A + N_A$$

Equação 4.2-3

$$V_R = p_R \cdot B + C_R - N_R$$

Note que, no valor de reserva do autor, os custos de litígio são extraídos $(- C_A)$ e o custo de negociação é adicionado $(+ N_A)$, pois, quando estiver decidindo entre o acordo e o ajuizamento da ação, o autor estará ponderando entre incorrer em N_A se negociar – logo, é um custo que precisa ser coberto pela oferta para que seja interessante – e evitar C_A ao não litigar. Logo, esse é um ganho que pode ser reduzido da oferta. Já no caso do valor de reserva do réu, a situação se inverte, pois, se o réu negocia, ele evita C_R, isso significa que ele pode acrescentar esse valor poupado na oferta, mas incorre em N_R e, portanto, precisa descontar esse valor do quanto está disposto a oferecer. Essas diferenças, além das expectativas diversas, podem possibilitar (ou não) a realização da autocomposição.

Dito isto, teremos um acordo quando o mínimo que o autor está disposto a aceitar, V_A, for menor ou igual ao máximo que o réu está disposto a pagar V_R, assim, quando $V_A \leq V_R$ e, portanto, houver um excedente cooperativo a ser distribuído. Quando não for o caso, um acordo não será alcançado e uma ação será ajuizada, dado que $V_A > V_R$, e essa condição, que é suficiente para o fracasso da autocomposição e, portanto, para o surgimento do processo, é a **condição de litigância**[315]. Se substituirmos o preço de reserva do autor (Equação 4.2-2) e o preço de reserva do réu (Equação 4.2-3) na

---

315. Cf. Gico Jr. (2014, p. 183 e ss.).

condição de litigância, temos que: [cuidado com a equação abaixo, especialmente as duas linhas, coloquei como imagem para facilitar]

Inequação 4.2-4

$$V_A > V_R$$

$$p_A \cdot B - C_A + N_A > p_R \cdot B + C_R - N_R$$

$$p_A \cdot B - p_R \cdot B > C_R - N_R + C_A - N_A$$

$$(p_A - p_R) \cdot B > (C_A + C_R) - (N_A + N_R)$$

$$(p_A - p_R) > \frac{(C_A + C_R) - (N_A + N_R)}{B}$$

$$\Delta p > \frac{C - N}{B}$$

onde $C = C_R + C_A$, $N = N_R + N_A$ e $\Delta p = p_A - p_R$. Em uma primeira análise, a formulação acima pode parecer muito complexa ou até mesmo muito simples, a depender do gosto do leitor, para nos ajudar a compreender o comportamento das partes em um litígio. Mas se olharmos com cuidado, depois de passado o susto, veremos que esse simples modelo é muito poderoso e traz importantes implicações para nossa compreensão do comportamento das partes.

(a) Bem da Vida. Primeiro, quanto mais importante for o bem da vida para as partes, ou seja, quanto maior o valor de B, maior será a probabilidade de um litígio, pois mais fácil será satisfazer a condição de litigância. Como, no modelo, o denominador B divide o numerador $C - N$, quanto maior for B, mais fácil será que a condição seja satisfeita, *i.e.*, que $\Delta p > (C - N) / B$. Nesse sentido, à medida que o valor do bem da vida B em disputa cresce, menos relevantes se tornam os custos totais de um eventual litígio (C) e a poupança dos custos de negociação ($- N$). Dito de outra forma: os custos de contratação de um advogado ou o tempo que a lide demorará para ser resolvida são mitigados em face do prêmio almejado pelo autor ou pelo prejuízo que o réu espera evitar. Assim, a probabilidade de um litígio é uma função crescente[316] do valor do bem da vida B: quanto mais valioso o bem da vida, maior a probabilidade de um litígio.

(b) Custos de Litigar. Segundo, a intuição nos diz que quanto mais barato for litigar, mais as pessoas litigarão[317], e é justamente isso que o modelo aponta, pois, quanto menor for o custo de litigar (C), menor será o numerador ($C - N$) e, mais fácil

....

316. Uma função é *crescente* em uma variável quando o aumento dessa variável leva ao aumento do valor atribuído pela função. E será *decrescente* quando o aumento dessa variável leva ao decréscimo do valor atribuído pela função.

317. Note como essa intuição é uma aplicação pura e simples da lei da oferta e da demanda. Se o preço de um serviço cai, a quantidade demandada aumenta. Logo, se o preço de consumo do serviço público adjudicatório cai, aumenta a quantidade demandada, ou seja, o número de litígios.

a condição será satisfeita, *i.e.*, que $\Delta p > (C - N) / B$. E quanto maior for C, maior será o numerador e mais difícil será que a condição de litigância seja satisfeita.

Por consequência, quanto menor o custo de litigar, mais facilmente a condição de litigância será satisfeita, e maior será a probabilidade de um litígio ser instaurado. Assim, por exemplo, quando uma das partes se beneficia da gratuidade da justiça ou é assistida pela defensoria pública, ela não tem de arcar com os custos de litigar, nem é exposta aos ônus da litigância, logo, mais provável será que essa pessoa queira litigar.

Por outro lado, quanto mais custoso for negociar (N), menores as chances de se alcançar um acordo e maiores as chances de a lide se converter em um processo judicial. Por exemplo, em casos de divórcio, em que as partes estão emocionalmente envolvidas com o processo em si e não apenas com o resultado, negociar pode ser muito difícil para elas. No modelo, como os custos de negociação são subtraídos do numerador ($-N$), quanto maiores forem os custos de negociar, mais fácil a condição de litigância será satisfeita. Quanto mais barato for negociar, maior será a chance de acordo.

(c) Hiato de Expectativas. Terceiro, o modelo descreve e prevê claramente que, *ceteris paribus*, quanto maior for a distância das expectativas entre autor e réu (Δp) em relação ao potencial êxito da ação, maior será a probabilidade de haver um litígio. Essa diferença de expectativas entre os agentes, tão importante para a compreensão de seu comportamento, é o que chamo de o **hiato de expectativas**[318], pois a probabilidade de um litígio também é uma função crescente dessa diferença de expectativas. Por sua vez, considerando que os agentes envolvidos são racionais, o hiato de expectativas é uma função de duas variáveis[319]: insegurança jurídica e assimetria de informação.

De uma forma mais objetiva, segurança jurídica é a capacidade que o agente tem de prever, com precisão, como o Judiciário julgará um determinado caso antes mesmo do ajuizamento. Quanto mais previsível for o julgamento, mais segurança jurídica há. Quanto menos previsível, menos segurança. Note que a ideia de segurança jurídica está vinculada única e exclusivamente à previsibilidade do direito, não importando a qualidade da regra jurídica, sua justiça ou a fonte do direito. Nesse sentido, há claramente uma distinção[320] entre o problema do **ativismo judicial** e o problema do **anarquismo judicial**. Se um Judiciário é ativista, *i.e.*, profere decisões *contra legem*, mas o faz de maneira coerente e consistente, portanto, previsível, haverá inseguran-ça jurídica apenas curto prazo (nas primeiras rodadas), enquanto o jurisdicionado ainda acredita na lei. No médio e no longo prazo, depois de o jurisdicionado (ou sua advogada) aprender que o Judiciário ativista não segue a lei, o jurisdicionado será

---

318. Cf. Gico Jr. (2014, p. 184).

319. O hiato de expectativas também é afetado por certas limitações cognitivas, como o viés de otimismo, mas como não podemos influenciar essa variável, estamos deixando a sua discussão de fora no momento. Mais sobre isso, cf. Seção 5.4.

320. Cf. Gico Jr. (2015, pp. 483 e 484).

capaz de prever com precisão a posição ativista adotada – desde que o Judiciário siga a própria jurisprudência – assim, haverá algum grau de segurança jurídica.

Já o anarquismo judicial, aqui entendido como o alto grau, persistente e sistemático, de dispersão da jurisprudência sobre o mesmo assunto, afeta profundamente a segurança jurídica e, portanto, o hiato de expectativas. O anarquismo judicial é o estado não-cooperativo em que regras jurídicas diferentes podem ser aplicadas a processos similares, a depender das preferências do magistrado, sem que a jurisprudência caminhe para se tornar uniforme e dominante. É a falta de segurança jurídica decorrente da ausência de cultura e de mecanismos jurídicos de uniformização jurisprudencial, o que significa que há uma dificuldade de coordenação entre magistrados das diversas instâncias para a formação de e respeito à jurisprudência. Como as partes não sabem que regra jurídica será aplicada a seu caso, o viés de otimismo natural das pessoas tende a fazer com que as expectativas de autor e réu se distanciem, aumentando a litigância. Exatamente como o modelo acima prevê.

O não investimento em segurança jurídica pode levar a um aumento da divergência entre as probabilidades subjetivas de êxito atribuídas pelo autor (p_A) e pelo réu (p_R). O aumento do hiato de expectativas aumenta o retorno esperado do litígio e, *ceteris paribus*, o número de litígios. Nos termos do ciclo da litigância[321], se houvesse incentivos adequados para o investimento em segurança jurídica por parte dos magistrados, a expansão do número de litígios levaria à formação de jurisprudência sobre determinado assunto que, por usa vez, informaria a baixos custos os potenciais autores e réus acerca do conjunto de regras que seria aplicado em casos semelhantes no futuro, fazendo convergir suas probabilidades subjetivas ($p_A \to p_R$). No limite, pressupondo-se ausência de informações privadas, teríamos $p_A = p_R$. Se não há assimetria de informação e a segurança jurídica é perfeita ($p_A = p_R$), então, $\Delta p = 0$, logo, no mundo do direito e do Judiciário perfeitos, só não haverá acordo se os custos de transação associados à negociação forem maiores que os custos associados ao litígio ($N > C$)[322]. Como negociar, em geral, é muito menos custoso que litigar, no mundo do direito e do Judiciário perfeitos, praticamente todos os casos acabariam em acordo, pois sempre seria racional compor. Mais uma vez, tudo isso pode ser extraído do modelo acima descrito.

Por outro lado, se a regra jurídica aplicada a cada caso varia com as preferências do magistrado (ativismo e anarquismo judicial) e a distribuição de casos entre as varas é aleatória, então, autor e réu podem ter muita dificuldade em estimar p_A e p_R. No limite, tal estimativa pode ser impossível, e as partes estariam diante de uma incerteza *stricto sensu*. A dificuldade de estimar a probabilidade de êxito de uma

---

321. Cf. Gico Jr. (2013) e a discussão da Seção 3.5 neste livro. Para uma breve revisão da literatura sobre o aumento da taxa de litigância decorrente do aumento da incerteza decorrente da insegurança jurídica vide Dari-Mattiacci e Deffains (2007, p. 11 e ss.). E para uma demonstração empírica dessa relação, vide Rezende e Zylbersztajn (2011).

322. De forma explícita: se $\Delta p = 0$, então, $0 > (C - N) / B$, logo, $0 > C - N$ e, portanto, $N > C$, c.q.d.

demanda pode acionar uma limitação cognitiva conhecida como viés de otimismo ou otimismo irrealista ou, ainda, otimismo comparativo[323].

O viés de otimismo é uma limitação cognitiva já identificada na literatura em diversos contextos, segundo qual o cérebro humano está programado para ser otimista, *i.e.*, em média, as pessoas acreditam que estão expostas a riscos menores de ocorrência de eventos negativos do que as demais pessoas. Justamente por serem otimistas, pessoas podem, por exemplo, investir menos em prevenção, usando menos contraceptivos[324] ou não usando cintos de segurança ou dirigindo em excesso de velocidade[325]. No presente caso, um autor otimista e um réu otimista podem superestimar suas respectivas chances de êxito, aumentando o hiato de expectativas, diminuindo ou simplesmente eliminando a possibilidade de realização de um acordo. Quanto mais difícil estimar tais probabilidades, maior a chance de o viés de otimismo ser relevante no caso concreto.

A insegurança jurídica, todavia, não afeta apenas a capacidade de as partes estimarem suas chances de sucesso, ela também afeta a capacidade de estimar o que está juridicamente disponível como resultado do próprio litígio, ou seja, *B*. Diante da inexistência de regras jurídicas ou diante de sua obscuridade, autores potenciais – otimistas ou não – podem iniciar ações para que magistrados reduzam os juros de um financiamento, ainda que tais juros estejam de acordo com a lei e o contrato; podem pedir para que um magistrado obrigue a outra parte a negociar um desconto na mensalidade escolar; podem pedir R$ 1 milhão de um hospital por supostos danos morais decorrentes de um atendimento médico supostamente grosseiro, ainda que eficaz, e assim por diante. Sem um parâmetro claro acerca do que é ou não um interesse juridicamente protegido, ou seja, do que é viável pedir ao Judiciário, a imaginação dos autores (ou de seus advogados[326]) é o limite do que pode ser pedido e, portanto, de *B*.

(d) Aversão e Propensão ao Risco. Quarto, é interessante notar que a discussão acima foi toda realizada assumindo a neutralidade ao risco, ou seja, que ambas as partes valorizam a ação pelo seu retorno esperado. Quando relaxamos esse pressuposto os efeitos são interessantes. Por exemplo, se relaxarmos o pressuposto de neutralidade de risco e assumirmos que as partes são avessas ao risco, a probabilidade de realização de um acordo aumenta, pois, o valor da ação cai para o autor – que aplica um desconto ao seu valor maior que o retorno esperado – e o valor da ação sobe para o réu – que aplica um desconto ao seu valor da ação menor que o retorno esperado. A diminuição de V_A e o aumento de V_R dificulta a satisfação da condição de litigância $(V_R > V_A)$ e, portanto, aumenta a probabilidade de autocomposição.

---

323. A título de exemplo, vide Armor e Taylor (1998). Confira, também, a Seção 5.4 adiante.

324. Cf. Burger e Burns (1988).

325. Cf. McKenna, Stanier e Lewis (1991).

326. Sobre o problema principal-agente entre advogado e cliente, cf. Seção 5.3 adiante.

O exato oposto ocorre se as partes forem propensas ao risco, pois, pelas mesmas razões, mas no sentido contrário, o valor da ação para o autor aumentará mais que seu retorno esperado, incrementando V_A e o valor da ação para o réu será menor que o retorno esperado, diminuindo V_R. Logo, o litígio será mais provável. Discutiremos mais estes efeitos na Seção 4.3.1.

(e) Formação de Expectativas. Quinto, apesar de o modelo não informar como as expectativas são formadas[327], ele aponta que quanto mais alta for a expectativa do autor com relação ao sucesso de sua ação (p_A) e quanto mais baixa for a expectativa do réu com relação ao sucesso dessa ação (p_R), maior será o hiato de expectativas e mais facilmente a condição de litigância será satisfeita, logo, maior a probabilidade de a lide se converter em um litígio. Essa conclusão é coerente com a intuição. Se o réu acredita que as chances de o autor vencer são baixas, certamente o seu valor de reserva será igualmente baixo, o que limitará a sua oferta durante a fase de autocomposição. De modo semelhante, se o autor acredita que suas chances de êxito são altas, o seu valor de reserva será igualmente alto, o que limitará os valores aceitáveis por ele para uma autocomposição.

O inverso também é verdade. Se o autor acredita que suas chances de êxito são muito baixas, o seu valor de reserva será igualmente baixo, o que aumenta a probabilidade de que uma autocomposição seja alcançada. Do mesmo modo, se o réu acreditar que as chances de sucesso do autor são muito altas, o seu valor de reserva também será alto, o que aumenta a probabilidade de alcance da autocomposição. Como se pode ver, as expectativas das partes são um elemento fundamental para a compreensão de suas condutas, mas como são estimadas essas probabilidades?

Considerando-se que estamos no âmbito do processo civil, é razoável assumir que a maioria das pessoas busque o auxílio de um advogado antes de ajuizar uma ação. Advogados são profissionais treinados justamente para estudar as leis e a jurisprudência na tentativa de antever o resultado provável de um determinado pleito[328]. Sem saber, advogados são especialistas em estimar probabilidades. Assim, quando um advogado avalia a propositura de uma ação, ele avalia a probabilidade de sucesso, o valor provável da condenação e os custos de se chegar lá[329]. Quanto mais experiente for o advogado, maior será a sua vivência com determinada área do direito (terá visto mais casos semelhantes) e maior será seu conhecimento dos tribunais que julgarão a causa, logo, espera-se que mais precisa seja sua estimativa. Obviamente, o exercício da advocacia traz uma boa dose de intuição, dado que advogar é uma arte, não uma

---

327. Como o modelo não explica de onde vêm as expectativas, dizemos que sua formação é *exógena* ao modelo, portanto, está fora dele.

328. Sobre a utilidade do direito como previsão de como o Judiciário se comportará, cf. a Seção 6.2 adiante.

329. Aqui discutiremos o advogado como um agente fiel a seu cliente. Na Seção 5.3 exploraremos as consequências do relaxamento desse pressuposto, *i.e.*, da existência de um problema agente-principal entre cliente e advogado.

ciência. Todavia, como demonstramos acima, o domínio de uma abordagem científica do processo pode auxiliar, em muito, o exercício e a compreensão dessa atividade.

No momento de estimar a probabilidade de êxito de um processo (p_A), utilizando sua experiência e a informação disponível, inclusive sobre as provas do alegado, o advogado tentará identificar não a probabilidade exata de ocorrência do êxito (o que ainda não é possível), mas uma ordem de grandeza que dê uma ideia de p_A. Assim, se o advogado achar que as chances são meio a meio, ou seja, que o caso é equilibrado, ele pode estimar em 50% a chance de êxito (p_A). Já se o êxito for mais provável que o fracasso, o advogado pode atribuir uma probabilidade de 60% ou 70% e, se for muito provável, de 80% ou 90%. Por outro lado, se a chance de êxito for menos que provável, ele pode atribuir uma probabilidade de 40% ou 30% e, se for muito improvável, de 20% ou 10%. Essas estimativas não são exatas, mas são próximas o suficiente para informar uma decisão.

Na realidade, a depender do contexto, o advogado é obrigado a fazer esse tipo de estimativa. Por exemplo, o Comitê de Pronunciamentos Contábeis – o outro CPC – responsável pela regulação técnica dos procedimentos contábeis no Brasil, tem uma resolução específica sobre o assunto, a CPC 25[330], que regula como as provisões, passivos contingentes[331] e ativos contingentes devem ser qualificados e registrados contabilmente. Por isso, todos os anos, os advogados de empresas devem elaborar um relatório de auditoria em que classificam individualmente cada processo sob seus cuidados como provável, possível ou remoto. Uma ação será provável se: (i) o direito invocado se encontrar amparado em norma jurídica vigente; (ii) o conjunto probatório for suficiente para amparar o pedido; e (iii) houver jurisprudência sobre casos similares que permita o confronto de decisões favoráveis e desfavoráveis[332]. Além disso, uma ação será considerada um ativo contingente se o resultado considerado for o recebimento de um valor pela pessoa e será um passivo contingente se for a imposição de uma obrigação à pessoa de entregar B. Assim, em uma ação de cobrança, o cobrador considera a ação como um ativo contingente, enquanto o devedor a considera um passivo contingente[333].

Retomando a discussão sobre a decisão de litigar, a estimativa realizada pelo advogado não se limita a p_A. O mesmo tipo de estimativa é feito em relação ao montante que será adjudicado (B) e os prováveis custos envolvidos com o litígio (C_A). Nesse

---

330. "O objetivo do Pronunciamento Técnico CPC 25 é o de assegurar que sejam aplicados critérios de reconhecimento e bases de mensuração apropriados a provisões, passivos contingentes e ativos contingentes e que seja divulgada informação suficiente nas notas explicativas, para permitir que os usuários entendam a sua natureza, oportunidade e valor." Note como a lógica é a mesma que utilizamos.

331. Aqui *contingente* é utilizado no sentido de que depende de um resultado futuro incerto, de uma contingência, logo, todo ativo ou passivo contingente é um ativo ou passivo com risco.

332. Note como até as normas de contabilidade já entenderam que, nos dias de hoje, não basta o texto da lei, deve-se considerar também como os tribunais estão aplicando (ou não) a lei.

333. A título de exemplo, veja o art. 195 da Lei das S.A. sobre a criação de reserva de contingência.

contexto, espera-se que quanto mais experiente for o advogado e quanto maior for o grau de segurança jurídica, maior será a precisão da estimativa de cada variável, e que se expostos à mesma informação (ausência de assimetria de informação), advogados diferentes chegarão a estimativas próximas, não necessariamente iguais, para cada uma delas. Assim, nos juizados especiais, onde as partes possuem capacidade postulatória (não precisam de advogado), espera-se que haja uma grande dispersão de expectativas, dado que são leigos estimando suas chances de êxito sem o domínio do direito e da jurisprudência. Já nos casos de maior valor, nos quais a presença do advogado é obrigatória, espera-se que o hiato de expectativas seja menor. Além disso, como veremos mais adiante, se as expectativas são estimadas em um dado momento, elas serão gradualmente atualizadas (*update* bayesiano[334]) à medida que a assimetria de informações for sendo reduzida pelo avançar do processo.

Como se pode ver, apesar de o modelo juseconômico do litígio ser relativamente simples[335], ele é aderente à realidade e possui um enorme potencial explicativo e preditivo, *i.e.*, nos ajuda não apenas a explicar vários comportamentos que observamos efetivamente no dia a dia dos fóruns, mas também nos ajuda a prever como eventuais mudanças nas regras processuais poderão alterar as estruturas de incentivos das partes e, assim, seu comportamento. Agora, vamos avançar na fase processual e investigar o que acontece após a propositura da ação.

4.3. Contestação ou Acordo: o modelo juseconômico da transação

Superada a fase de autocomposição, estamos agora no momento processual logo após o ajuizamento da ação pelo autor e da citação do réu, em que este, ciente da existência da ação, deve decidir o seu próximo passo: contestar ou fazer um acordo. O pressuposto da racionalidade permanece o mesmo, *i.e.*, ambos os agentes agirão de acordo com seus próprios interesses e adotarão a conduta que lhes trouxer maior benefício. A pergunta é que conduta será essa? Além disso, agora os custos da negociação pré-processual (N) não são mais relevantes, pois ou a negociação já ocorreu e fracassou, portanto, já se incorreu em tais custos e são irrecuperáveis, ou a negociação não ocorreu e estes custos não foram incorridos. Em ambos os casos, não afetarão mais a conduta dos agentes.

Na seção acima utilizamos o modelo básico, com algumas discussões adicionais, para explorar essa questão. Esse tipo de abordagem é conhecido como modelo de otimismo mútuo[336]. Agora, além de retomarmos o modelo de otimismo, apresenta-

---

334. *Inferência bayesiana* é o método de inferência estatística na qual o Teorema de Bayes é utilizado para atualizar as probabilidades de uma hipótese à medida que novas evidências ou informações se tornam disponíveis. Essa atualização de probabilidade é chamada de *update* bayesiano ou atualização bayesiana.

335. Para um interessante modelo de autocomposição, sob a ameaça de judicialização, como um jogo de negociação, cf. Cooter, Marks e Mnookin (1982).

336. Cf. Baird, Gertner e Picker (1994, p. 247).

remos o modelo de assimetria de informação para sofisticar a discussão e a nossa compreensão acerca das razões de as partes litigantes celebrarem ou não um acordo no curso de um processo.

4.3.1 O Modelo de Otimismo Mútuo

Retomemos o exemplo do início deste capítulo e suponhamos que Antônio seja um consumidor que tenha sofrido um prejuízo de R$ 100.000 (B) em decorrência de um acidente supostamente causado pela empresa de Roberta. Suponha, ainda, que seja incontroverso que houve um dano e que houve a prática de um ato ilícito e que estamos diante de uma hipótese de responsabilidade objetiva, logo, basta que Antônio prove em juízo o nexo de causalidade entre o ato ilícito e o dano para que seu pleito de indenização seja julgado procedente. Os custos de litigar para cada parte são estimados em R$ 10.000 ($C = C_A = C_R$), dada a complexidade do caso.

Nesse cenário, o custo esperado do litígio ou o valor da ação para Roberta é de R$ 110.000 (a indenização mais os custos de litigar, i.e., $B + C_R$) e o benefício esperado do litígio ou o valor da ação para a Antônio é de R$ 90.000 (a indenização menos os custos de litigar, i.e., $B - C_A$). Como se pode ver, há claramente um excedente cooperativo de R$ 20.000, que equivale ao somatório dos custos do litígio ($C_A + C_R$), e esse é o espaço de acordo entre as partes. Qualquer pagamento realizado entre R$ 90.000 e R$ 110.000 melhorará a posição de ambas as partes em comparação com a opção de ajuizamento da ação, i.e., será Pareto eficiente. Logo, não é racional continuar litigando, pois litigar é custoso e o litígio apenas destruiria valor para ambas as partes. As partes podem dividir entre si os custos esperados da continuação do litígio e, assim, poupar recursos.

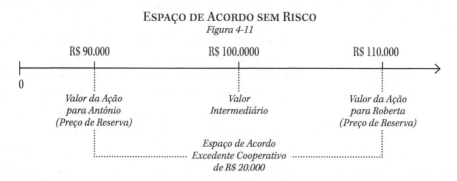

ESPAÇO DE ACORDO SEM RISCO
Figura 4-11

No entanto, no mundo real, dificilmente as partes sabem exatamente o tamanho do excedente cooperativo e dificilmente possuem as mesmas expectativas. Para que isso ocorra, as partes devem concordar não apenas com a probabilidade de sucesso da ação (p), mas também com o montante que seria adjudicado, ou seja, o bem da vida (B). Mesmo assim, a simples presença de risco não é suficiente para impedir o acordo. Se ambas as partes possuírem a mesma expectativa, i.e., estimarem a mesma probabilidade de êxito para a ação e do valor do bem da vida, então, elas também conseguirão identificar o valor da ação, o tamanho do excedente cooperativo e, portanto, o acordo será viável.

Para demonstrar como a simples inserção do risco não é suficiente para alterar nossa conclusão, portanto, que continua sendo racional realizar o acordo, retomemos o exemplo acima e suponhamos que, agora, as partes não têm certeza de que Roberta seria condenada a pagar a indenização. Se a probabilidade de êxito for de 75% ($p = p_A = p_R = 0{,}75$), a única coisa que muda é o espaço de acordo, ou seja o intervalo dentro do qual é racional celebrar o acordo, mas ele continua a existir. O espaço de acordo original, que era de R$ 90.000 a R$ 110.000, será reduzido para o intervalo de R$ 65.000 (= 100.000 · 0,75 – 10.000) a R$ 85.000 (= 100.000 · 0,75 + 10.000). Note que o excedente cooperativo continua exatamente o mesmo, R$ 20.000, pois é o somatório dos custos de litigar, que não mudaram:

Espaço de Acordo com Risco
Figura 4-12

Como a maioria dos casos não acaba em acordo, algum pressuposto deve ser relaxado para aproximar esse modelo do resultado observado no mundo real. Nesse sentido, devemos assumir que, além da presença de incerteza com relação ao resultado do processo (que seja uma decisão com risco), também é necessário que as partes discordem a respeito da magnitude dessa incerteza, *i.e.*, deve haver uma divergência sobre as chances de êxito ($p_A \neq p_R$) e/ou sobre o valor do bem da vida ($B_A \neq B_R$)[337]. Logo, não é o risco puro e simples que impede o acordo, mas a existência de uma divergência de expectativas grande demais, ou seja, *o tamanho do hiato de expectativas*.

Para demonstrar essa afirmação, no exemplo acima, podemos variar tanto a expectativa quanto à probabilidade de êxito, quanto ao montante da condenação que, se o hiato de expectativas não for muito grande, ainda assim haverá espaço de acordo. Suponha agora que $p_A = 50\%$ e $p_R = 75\%$, isto é, que tanto Antônio quanto Roberta sejam pessimistas. Além disso, é mais custoso para Roberta litigar do que para Antônio, por exemplo, $C_A = 10.000$ e $C_R = 15.000$. Agora nem as expectativas estão alinhadas, nem os custos são simétricos. Nesse exemplo, o valor da ação para Antônio é R$ 40.000

---

337. O relaxamento do pressuposto de concordância das partes acerca do valor do bem litigioso, não afeta as conclusões básicas do modelo. Cf. Cooter e Rubinfeld (1989).

(= 100.000 · 0,5 − 10.000) e para Roberta é R$ 90.000 (= 100.000 · 0,75 + 15.000). Não obstante essas variações, não apenas o acordo ainda é possível, como ele é mais provável, como o diagrama abaixo mostra:

Espaço de Acordo com Pouca Divergência de Expectativa
Figura 4-13

Na realidade, como nessa variação o réu acredita que a chance êxito da ação é maior do que o autor espera, mesmo sendo mais custoso para o réu litigar, o espaço de acordo ao invés de diminuir, aumentará. O excedente cooperativo a ser dividido nesse caso é de R$ 50.000. Note que, apesar de haver uma divergência de expectativas, essa divergência não é suficiente para destruir o excedente cooperativo e, a depender de sua direção, pode até aumentá-lo, como no exemplo acima.

Agora se invertermos algumas variáveis e aumentarmos demais o hiato de expectativas, a distância pode ser o suficiente para impedir a realização de um acordo. Assim, por exemplo, assuma que p_A = 75% e p_R = 50%, ou seja, que tanto Antônio quanto Roberta sejam otimistas. Além disso, é tão custoso para Antônio litigar quanto para Roberta, por exemplo, $C_A = C_R$ = 10.000. Nesse exemplo, o valor da ação para Antônio será R$ 65.000 (= 100.000 · 0,75 − 10.000) e para Roberta será de apenas R$ 60.000 (= 100.000 · 0,5 + 10.000), ou seja, a ação vale mais para o autor do que para o réu ($V_A > V_R$), logo, está satisfeita a condição de litigância. Nesse caso, não há excedente cooperativo a ser distribuído e, portanto, não há espaço para acordo, como o diagrama abaixo demonstra:

Espaço de Acordo com Muita Divergência de Expectativas
Figura 4-14

Como se pode ver, a existência ou não de um excedente cooperativo depende da interação da expectativa de ambos autor e réu e não apenas de um deles. As variações em que o acordo é possível são infinitas, desde que a divergência entre as partes não seja grande demais. O que importa para nossa discussão é que o leitor perceba a dinâmica de cada variável sobre a estrutura de incentivo das partes e o seu impacto sobre a probabilidade de composição e que entenda que, *sem um excedente cooperativo a ser partilhado, é racional litigar*. Nesse contexto, faz sentido voltarmos ao modelo para investigarmos quando isso será verdade.

Retomando o modelo básico, seja p_A e p_R as probabilidades subjetivas acerca do êxito da ação, B_A e B_R o valor estimado do bem da vida e C_A e C_R os custos de litigar. O valor da ação para o autor e, portanto, seu preço de reserva é $V_A = p_A B_A - C_A$, enquanto o valor da ação para o réu e o seu preço de reserva será $V_R = p_R B_R + C_R$. Usando a condição de litigância, temos que um acordo é possível apenas se o valor da ação para o autor for menor que o valor da ação para o réu, *i.e.*, se $V_A \leq V_R$, logo, haverá um espaço de acordo se $p_R B_R + C_R > p_A B_A - C_A$, ou seja, se a perda esperada para o réu for maior que o ganho esperado para o autor. Assim, reorganizando a condição de litigância, temos que a **condição de acordo** é:

Inequação 4.3-1

$$C_A + C_R > p_A B_A - p_R B_R$$

O lado esquerdo da condição de acordo representa os custos totais do litígio[338], enquanto o lado direito representa a divergência entre o valor esperado da ação para o autor e para o réu. Dessa forma, a condição de acordo nos ensina que um acordo será possível toda a vez que a diferença de expectativas das partes sobre o valor da ação ($\Delta p \cdot B$) não for maior que os custos totais do litígio (C). Em outras palavras, as

---

338. Note que, como estamos estudando o comportamento das partes, estou considerando apenas os custos privados do litígio e, portanto, para as próprias partes. Na realidade, o litígio pode envolver outros custos, *e.g.* quando as custas processuais não cobrem todos os custos do processo (subsídio público), ou quando o litígio gera externalidades negativas, como discutido no Capítulo 6. Em ambos os casos, o custo social do processo será maior que a soma dos custos percebidos pelas partes litigantes (privados).

partes podem até ter expectativas divergentes com relação ao resultado esperado da ação, mas desde que tais divergências não sejam maiores que os custos de litigar, um acordo ainda é possível. Do contrário, as partes litigarão. Exploremos brevemente as implicações da condição de acordo.

(a) Identidade de Expectativas. Se as partes concordarem com o valor esperado da ação, *i.e.*, se $p_A = p_R$ e $B_A = B_R$, então, sempre haverá espaço de acordo, pois $C_R + C_A >$ 0. Note que a identidade de expectativas gera um espaço para acordo independentemente do valor do bem da vida em disputa (B). Por outro lado, quando existe um hiato de expectativas ($p_A \neq p_R$), a probabilidade de haver um litígio é afetada pela divergência de expectativas sobre o valor da potencial condenação ($B_A \neq B_R$). Em outras palavras, quanto maior a segurança jurídica, maior a probabilidade de acordo e, quanto menor segurança jurídica com relação à probabilidade de êxito, mais relevante para a probabilidade de litígio será a divergência sobre o valor do bem em litígio.

(b) Condição de Litigância. A condição de acordo é o inverso da condição de litigância, assim, se a condição de acordo não estiver satisfeita a condição de litigância estará[339], portanto, $C_A + C_R < p_A B_A - p_R B_R$. Nesse caso, os custos de litigar serão menores que o hiato nas crenças das partes sobre o valor esperado da ação. Note que nessa hipótese, para que um litígio ocorra, o valor da ação para o autor tem que ser maior que o valor da ação para o réu e isso pode ser o resultado tanto de uma probabilidade subjetiva maior, quanto de uma expectativa de montante de condenação maior. Como nessa situação $p_A > p_R$ e/ou $B_A > B_R$, a literatura costuma dizer que há um otimismo mútuo, daí o nome dos modelos.

(c) Componentes do Excedente Cooperativo. É interessante notar que o modelo também nos ensina que o excedente cooperativo é composto de duas partes: os custos de litigar e as divergências de expectativas sobre o valor da ação. São essas duas parcelas que, conjuntamente, tornam possível que seja criado valor para as partes pela celebração de um acordo (excedente cooperativo). Assim, quando um acordo é realizado, na prática, as partes dividem entre si a poupança dos recursos que gastariam com o litígio e o valor de troca do direito de ação.

Além disso, como visto na Seção 4.1.2, como o excedente cooperativo nada mais é que a diferença do preço de reserva do réu para o preço de reserva do autor, *i.e.*, $V_R - V_A = (p_R B_R + C_R) - (p_A B_A - C_A)$, então, assumindo que as partes concordam com o valor do bem em litígio ($B = B_A = B_R$), para simplificar, podemos reescrever essa diferença para encontrarmos a expressão que nos dará o *tamanho do excedente cooperativo*[340]:

Equação 4.3-2

$$Excedente\ Cooperativo = (C_A + C_R) + (p_R - p_A)B$$

---

339. Obviamente, excluindo-se o ponto de indiferença, quando ao invés de uma inequação teremos uma igualdade.

340. Note que a única diferença, caso não assumamos que $B = B_A = B_R$ é que os valores esperados da ação permanecerão separados, mas a lógica continua igual, sendo o excedente cooperativo = $(C_A + C_R) + [(p_R B_R - p_A B_A)]$.

Expresso dessa forma, fica perfeitamente claro que o excedente cooperativo é composto por duas parcelas. O termo $(C_A + C_R)$ corresponde aos custos de litigância das partes que serão poupados com a realização do acordo e podem partilhados, e o termo $(p_R - p_A) B$ corresponde à diferença de valor que as partes atribuem à ação em função de haver um hiato de expectativas entre elas, e que também pode ser partilhado. Note que é possível, por exemplo, que o autor seja mais otimista que o réu ($p_A > p_R$), o que tornaria o termo $(p_R - p_A) B$ negativo e, ainda assim haver espaço para um acordo. Basta que os custos do processo sejam elevados o suficiente para compensar. Por outro lado, se autor e réu forem pessimistas, ainda que o hiato de expectativas caia, se os custos de litigar forem muito baixos, como na hipótese de gratuidade de justiça e de uso da defensoria pública, litigar ainda pode ser racional. Por fim, se o hiato de expectativas entre o autor ou o réu excessivamente otimista for grande demais a ponto de superar os custos do processo, então, o excedente cooperativo será negativo e não haverá acordo.

(d) Impacto do Custo de Negociação. É interessante notar que, se reinserirmos os custos de negociação nessa etapa processual, *i.e.*, se relaxarmos o pressuposto de que não há custos de negociação durante o curso do processo ou que esse custo é desprezível, o efeito será apenas a redução do espaço de acordo. É relativamente simples de perceber isso, pois, como visto acima, sem os custos de negociação, o excedente cooperativo é o somatório dos custos de litigar e do valor de troca da ação. A reinserção do custo de negociação apenas consumiria parte desse valor e, portanto, reduziria o excedente cooperativo.

Voltemos ao exemplo da Figura 4-13, mas agora um eventual acordo custará R$ 10.000 para cada parte em perícias contábeis, tempo, estresse etc. Como o valor da ação para Antônio era R$ 40.000 e o valor da ação para Roberta era R$ 90.000, para que um acordo custoso seja racional estes custos adicionais precisam ser compensados. Logo, para Antônio aceitar negociar, ele precisa receber ao menos R$ 50.000 (= 40.000 + 10.000), enquanto Roberta aceita pagar apenas R$ 80.000 (= 90.000 − 10.000). O novo diagrama do espaço de acordo é o seguinte:

ESPAÇO DE ACORDO COM CUSTOS DE NEGOCIAÇÃO
Figura 4-15

Como se pode ver, a simples inserção dos custos de negociação restringiu o espaço de acordo de R\$ 40.000 a R\$ 90.000 para R\$ 50.000 a R\$ 80.000 e, ao fazê-lo, reduziu o excedente cooperativo de R\$ 50.000 para R\$ 30.000. O acordo ainda é possível, mas o espaço de acordo agora é bem menor. Não obstante, é improvável que os custos de negociação consigam de alguma forma superar os custos de litigar, pois, por exemplo, se peritos são necessários para negociar, também serão para liquidar a sentença, logo, ainda que provavelmente existam custos de negociação, como eles sempre (ou quase sempre) serão menores que o custo de litigar, podemos manter o pressuposto simplificador de negociação sem custo no curso do processo. Via de regra, não serão os custos de negociação que impedirão um processo de terminar em acordo, ainda que sempre valha a pena reduzi-los.

Dito isso, modelos elaborados com base na divergência de expectativas, seja sobre a probabilidade de sucesso, seja sobre o montante da condenação, são chamados de modelos de otimismo mútuo, pois neles o litígio só ocorre porque as partes são otimistas em relação às chances de sucesso e não apenas pela presença de risco. No entanto, é importante alertar que isso não significa, necessariamente, que ambas as partes são otimistas em relação às suas próprias chances, apenas que elas discordam entre si de suas chances (hiato de expectativas) e que ao menos uma delas é otimista demais. Todavia, em vez de o litígio decorrer do otimismo, pode ser que ele seja o resultado de informações assimétricas. É o que exploramos a seguir.

4.3.2 O Modelo de Assimetria de Informação

Os modelos de otimismo trabalham com diferenças de crenças, de expectativas, enquanto os modelos de assimetria de informação trabalham com informações imperfeitas. A distinção é sutil, porém relevante, pois enquanto as crenças de uma das partes não são alteradas pela simples crença da sua contraparte, tais crenças podem, sim, ser alteradas pelo acesso à informação privada que antes apenas a outra parte tinha. Em outras palavras, as opiniões das partes podem não ser suficientes para alterar a opinião de seus oponentes, mas ambos estão constantemente atualizando suas crenças à medida que novas informações são disponibilizadas (*update* bayesiano).

Por exemplo, suponha que o exemplo inicial da seção anterior fosse um caso de responsabilidade subjetiva (logo, requereria a demonstração de culpa), mas Roberta tenha informação privada de que, na realidade, a sua empresa tomou o nível de cuidado exigido do homem médio e, portanto, que dificilmente será considerada negligente. Todavia, Antônio não tinha como observar o nível de cuidado tomado por Roberta quando sofreu o acidente. Nesse caso, há uma assimetria de informação entre as partes que afeta a formação de suas respectivas expectativas quanto a probabilidade de sucesso de uma eventual ação. Essa é uma diferença de informação, não apenas de expectativas, pois se Antônio tivesse acesso à informação privada de Roberta de forma crível, ele atualizaria suas expectativas e ajustaria sua probabilidade subjetiva convergindo-a com a de Roberta.

A distinção entre divergência de expectativa em função de mera opinião e divergência de expectativa em função de assimetria de informação é relevante, pois as regras processuais impõem às partes oportunidades e obrigações de revelar informações e documentos umas às outras, em diferentes momentos processuais, que gradualmente vão reduzindo a assimetria de informação entre as partes litigantes e entre as parte e o juiz, fazendo com que o hiato de expectativa vá se estreitando ao longo do processo e a divergência de crenças sobre o valor esperado da ação se reduza. Se esse processo for bem-sucedido e houver convergência de crenças, um acordo pode surgir mesmo após a propositura da ação[341].

Nesse sentido, modelos de informação assimétrica podem ser mais sensíveis a variações de informação à medida que o processo segue o seu curso. Assim, por exemplo, se na fase de autocomposição o autor não desejasse revelar integralmente seus argumentos ao réu, por uma questão estratégica, no momento de propositura da ação, por força de lei[342], ele é obrigado a revelar os fatos e os fundamentos jurídicos que entenda subsidiarem o seu pleito, bem como deve informar exatamente qual é o seu pedido e as provas que pretende produzir. Caso haja qualquer documento preexistente que fundamente o pedido, ele também terá de acompanhar a petição inicial[343]. Se o autor não satisfizer tudo isso e, portanto, a petição inicial não cumprir todos estes requisitos, o juiz determinará que emende inicial[344]. E, se o autor não o fizer, o juiz deve indeferir a petição inicial e encerrar o processo.

Essas regras processuais são claramente direcionadas à redução de eventual assimetria de informação entre réu e autor – permitindo um *update* bayesiano – e à estabilização da lide[345], mas também são direcionadas à redução da assimetria de informação entre as partes e o juiz, que é quem terá que decidir o caso e, portanto, precisa saber: o que e por que se pede. Com a estabilização da lide e o acesso às informações privadas, o réu poderá analisar com maior segurança as alegações realizadas e os documentos juntados pelo autor e atualizar suas crenças acerca da viabilidade

---

341. Por outro lado, os custos irrecuperáveis podem tornar o acordo não interessante, como veremos na Seção 5.1.2.

342. Art. 319. A petição inicial indicará:[...]
    III - o fato e os fundamentos jurídicos do pedido;
    IV - o pedido com as suas especificações;
    V - o valor da causa;
    VI - as provas com que o autor pretende demonstrar a verdade dos fatos alegados; [...].

343. Art. 320. A petição inicial será instruída com os documentos indispensáveis à propositura da ação.

344. Art. 321. O juiz, ao verificar que a petição inicial não preenche os requisitos dos arts. 319 e 320 ou que apresenta defeitos e irregularidades capazes de dificultar o julgamento de mérito, determinará que o autor, no prazo de 15 (quinze) dias, a emende ou a complete, indicando com precisão o que deve ser corrigido ou completado. Parágrafo único. Se o autor não cumprir a diligência, o juiz indeferirá a petição inicial.

345. A estabilização da lide significa que, com o aperfeiçoamento da relação tripartite, o autor não pode mais mudar o seu pedido e o réu só é obrigado a se defender dele. Qualquer julgamento além do pedido é ilegal, por ser *ultra petita*.

da ação proposta. Da petição inicial podemos concluir uma de duas coisas: (i) ou o autor possuía informações privadas e agora é obrigado a revelá-las; ou (ii) o autor não possuía informação privada a revelar e isso, por si só, constitui uma nova informação. De um jeito ou de outro, o réu atualizará suas crenças à luz das novas informações e avaliará a conveniência e a oportunidade da propositura de um acordo, ou seja, realizará uma análise custo-benefício para decidir se contesta a ação ou capitula.

A mesma redução de assimetria de informação pode ser assumida com relação à contestação, pois, também de acordo com a lei, incumbe ao réu alegar, na contestação, toda a matéria de defesa, expondo as razões de fato e de direito com que impugna o pedido do autor e especificando as provas que pretende produzir (art. 336/CPC). Ao fazê-lo, o réu reduz a eventual assimetria de informação que existia entre ele e o autor.

Suponha que, após a análise da inicial, o réu tenha decidido contestar e, portanto, não propor um acordo[346]. Da contestação podemos concluir uma de duas coisas: (i) ou o réu possuía informações privadas e agora é obrigado a revelá-las; ou (ii) o réu não tinha nada a revelar, e a ausência de novas informações em si constitui informação nova para o autor. De um jeito ou de outro, após a contestação, o autor também atualizará suas crenças e realizará uma nova análise custo-benefício para decidir como agir[347].

Considerando apenas o primeiro grau de jurisdição, podemos ilustrar a gradual redução do hiato de expectativas entre as partes, em decorrência da marcha processual na forma da Figura 4-16 abaixo. Obviamente, nela estamos assumindo a ausência de contradição, omissão ou obscuridade, hipótese na qual o hiato de expectativas não tenderia a zero e seria o caso de oposição de embargos de declaração. Nesse contexto, o hiato de expectativas evolui da seguinte forma:

REDUÇÃO DA ASSIMETRIA PELO PROCESSO
Figura 4-16

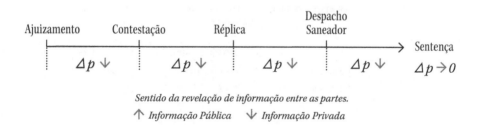

---

346. Obviamente o réu pode fazer ambos, propor um acordo e contestar, mas, para simplificar, mantemos apenas uma escolha.

347. Note que, com a estabilização da lide, *i.e.*, após a contestação pelo réu, via de regra, o autor não pode mais desistir da ação, devendo replicar ou propor um acordo (que inclui a possibilidade de desistência), mas, como é uma proposta de acordo, depende da concordância do réu.

No entanto, às vezes, as informações disponibilizadas na fase postulatória não são suficientes para esgotar a controvérsia e, portanto, para que as partes tenham segurança dos fatos alegados, é necessária a realização de instrução processual, como a oitiva de testemunhas, a realização de perícias etc. A persistência da assimetria de informações na fase postulatória pode afetar substancialmente a estrutura de incentivos das partes e, assim, o seu comportamento. Exploremos essa ideia.

O modelo clássico de litígio com base em assimetria de informação foi proposto inicialmente por Lucian Bebchuck[348] e, a partir desse momento, a literatura da análise econômica do processo praticamente se voltou integralmente para a utilização da Teoria dos Jogos e as diversas formas que o processo de barganha poderia tomar. A grande maioria dos modelos é excessivamente técnica, mas sem uma contribuição definitiva para a compreensão do processo que seja comparável à dificuldade de utilizá-los. Como o objetivo do presente livro é apresentar a análise econômica do processo de uma maneira que juristas de todas as estirpes possam apreciar e utilizar, empregaremos uma ilustração para demonstrar os principais *insights* dessa abordagem sem adentrar nos detalhes do modelo.

Suponha o caso de um advogado de uma grande operadora de plano de saúde que, após receber a citação, é convocado pela empresa para decidir se aquele caso específico deve ser litigado ou se a empresa deve propor um acordo[349]. Existem dois tipos de autores em casos de negativa indevida de cobertura: autores com casos fortes e autores com casos ruins. Os casos fortes são aqueles em que a cobertura era devida e têm 80% de chance de êxito ($p_f = 0,8$). Os casos ruins são aqueles em que a cobertura não era devida e têm apenas 20% de chance de êxito ($p_r = 0,2$). Assuma que a indenização pretendida é de R$ 100.000 ($B = 100.000$) e que o custo do litígio é R$ 10.000 para cada parte ($C_A = C_R = 10.000$). De início, suponhamos que, tanto a operadora quanto o autor da ação saibam se o caso é forte ou fraco desde o início (informação perfeita). Este exemplo pode ser representado da seguinte maneira:

VALOR ESPERADO NO MODELO DE ASSIMETRIA DE INFORMAÇÃO
Figura 4-17

Tipo de Litigante		Valor Esperado do Autor	Valor Esperado do Réu
	Caso Forte	$p_f \cdot B - C = 70.000$	$p_f \cdot B + C = 90.000$
	Caso Fraco	$p_r \cdot B - C = 10.000$	$p_r \cdot B + C = 30.000$

---

348. Cf. Bebchuck (1984). O modelo de Bebchuck assume que a ameaça de litigar do autor era crível, *i.e.*, o valor esperado do litígio é positivo. Nalebuff relaxou esse pressuposto para investigar o problema de ameaças críveis. Cf. Nalebuff (1987).

349. Nosso exemplo assume que uma operadora de plano de saúde deve garantir aos seus segurados apenas os serviços e os medicamentos previstos em lei e no contrato, nos termos do direito fundamental à legalidade. Obviamente, se a operadora tivesse que oferecer qualquer tipo de atendimento aos seus segurados, independentemente do contrato ou da lei, então, toda ação por negativa de cobertura contra ela seria bem-sucedida.

A Figura 4-17 mostra o valor da ação tanto para os dois tipos de autores, quanto para a operadora de saúde, por tipo de litigante. Em ambos os casos, assim como no modelo de otimismo mútuo, é possível a celebração de um acordo, pois há um excedente cooperativo a ser partilhado. Note que o excedente cooperativo em ambas as hipóteses é de R$ 20.000, correspondente ao custo do litígio, variando apenas o intervalo de negociação. Para os casos mais fortes, o espaço de acordo é de R$ 70.000 a R$ 90.000, enquanto para os casos mais fracos é de R$ 10.000 a R$ 30.000.

Nesse exemplo, a celebração de um acordo é simples e direta porque não há assimetria de informações, *i.e.*, tanto a operadora de plano de saúde quanto os segurados conseguem identificar quais casos são fortes e quais casos são fracos. As coisas ficam mais complicadas se a operadora não conseguir identificar o tipo do litigante no momento de decidir oferecer um acordo ou não e, portanto, quando inserimos a assimetria de informação.

Suponha agora que da petição inicial e pelo histórico do segurado, a operadora não consiga saber se o caso é forte ou fraco, mas apenas que a cobertura foi negada. Para saber se a negativa está correta na prática, precisará realizar a instrução processual e uma eventual perícia. No entanto, por sua experiência, o advogado da operadora sabe que uma parcela de casos é forte e uma parcela de casos é fraca. Suponha agora que, por causa do prazo exíguo e do tempo que demora para aprovar internamente qualquer acordo, a operadora possa realizar uma única oferta de acordo dentro do prazo de contestação que o segurado deve pegar ou largar. Se você fosse o advogado da operadora, como reagiria a este cenário? Faria uma proposta de acordo? Se sim, de quanto? Por quê? Gaste um tempo pensando nestas perguntas antes de avançar no texto.

Em tal cenário, em que o réu enfrenta um tipo desconhecido de autor, a operadora tem duas estratégias possíveis: ela pode agrupar todos os autores em um grande grupo e fazer uma proposta uniforme, que todos aceitem, a chamada **estratégia de agrupamento** (*pooling strategy*), ou ela pode adotar uma proposta que segregue os autores por tipos, a chamada **estratégia de separação** (*separating strategy*).

Considerando que o valor de reserva dos litigantes com casos fortes na média é R$ 70.000 e o valor de reserva dos litigantes com casos fracos na média é R$ 10.000, a operadora de plano de saúde poderia nivelar por cima e oferecer R$ 70.000 para todo e qualquer um que propusesse uma ação contra ela por negativa de cobertura. Nessa hipótese, todos os litigantes seriam agrupados em uma única categoria, daí o nome da estratégia, *agrupamento*, e todas as propostas seriam aceitas (dado que são iguais ou superiores ao preço de reserva de todos os autores). Haveria certeza de que todas as propostas seriam aceitas e todos os litígios seriam evitados, mas o custo seria sempre de R$ 70.000 por processo, independentemente do tipo de segurado com que a operadora estivesse lidando. Em outras palavras, a operadora estaria comprando a certeza do acordo com R$ 60.000 por litigante com caso fraco. Ela só não sabe quantos são e, portanto, quanto isto lhe custará.

Uma segunda estratégia possível seria adotar como regra uma proposta que apenas os litigantes com casos fracos aceitariam. Assim, a operadora adotaria como padrão de comportamento sempre ofertar R$ 10.000 a título de acordo para todos os litigantes. Nesse caso, todos os litigantes com caso fraco aceitariam a proposta, pois o valor oferecido é igual ao seu preço de reserva, mas todos os litigantes com casos fortes rejeitariam e continuariam a litigar, pois o valor está muito abaixo de seu preço de reserva. Como cada tipo de litigante reagirá de forma diferente à mesma oferta, essa estratégia separa os litigantes por tipo, daí o seu nome, *separação*.

Além disso, como a estratégia de separação gera litígio, o seu custo para a operadora dependerá da parcela da população de litigantes com casos fortes que continuará a ação. Mas qual das duas seria a melhor estratégia para a operadora?

Não é possível responder a esta pergunta teoricamente, pois, como dito, o retorno esperado de cada uma delas depende da distribuição de casos fortes e fracos na população de casos ajuizados. Mas se tivermos os dados ou uma estimativa razoável, podemos fazê-lo. Suponha, por exemplo, que os tipos de casos estejam distribuídos igualmente, *i.e.*, para qualquer caso individualmente considerado, há 50% de chance de ele ser forte e 50% de chance de ele ser fraco. Nesse cenário, o custo médio por processo da estratégia de agrupamento será de R$ 70.000, ou seja, será de R$ 70 milhões por bloco de 1.000 processos.

Já na estratégia de separação, como todos os litigantes fracos aceitarão a proposta de R$ 10 mil, sobrarão apenas os litigantes fortes que continuarão o litígio até o fim. O custo médio esperado da estratégia de separação será R$ 50.000 (= 0,5 • 10.000 + 0,5 • 90.000), ou seja, R$ 50 milhões por bloco de 1.000 processos. *Ergo*, neste cenário, a estratégia de separação é mais barata para a operadora de plano de saúde que a estratégia de agrupamento, ainda que gere mais litígio. Portanto, é a escolha racional que a operadora adotará. Como se pode ver, do ponto de vista privado, nem sempre litigar é um desperdício de recursos. Às vezes, litigar é a estratégia mais eficiente[350].

Curiosamente, e isso é muito interessante, enquanto na estratégia de agrupamento nenhum caso vai para julgamento (todos terminam em acordo), na estratégia de separação muitos casos vão a julgamento e, contraintuitivamente, apenas casos fortes vão a julgamento[351]. Logo, a operadora de plano de saúde perderá a maioria dos casos que litigar (80%) e, ainda assim, essa estratégia será mais vantajosa, dado que separa os litigantes. Nesse sentido, quando alguém observa certos grandes litigantes que costumeiramente perdem no Judiciário, mas continuam litigando, pode ser que esse cenário seja o resultado de um comportamento estratégico do réu para separar

---

350. Eu suspeito que quase todos os grandes litigantes do setor privado, como empresas aéreas, bancos, empresas de telecomunicação, possuam uma modelagem dos custos de litigância e adotem a estratégia que maximiza o seu retorno. Logo, que ajam estrategicamente. Aqueles que não possuem tal estratégia, podem estar perdendo dezenas de milhões de reais todos os anos.

351. Note que, neste cenário, os casos que vão a julgamento não são os difíceis, como previsto por Priest e Klein (1984), mas justamente os fáceis (ou seja, os casos fortes). Sobre essa discussão, cf. Seção 6.6.

os vários tipos de autores. Portanto, um reflexo de seu comportamento racional e estratégico, não necessariamente um caso de litigância de má-fé. Se a conduta é socialmente desejável é outra discussão, mas que pode ser racional e eficiente do ponto de vista privado, como demonstrado acima, pode. Estamos diante de mais uma hipótese na qual o uso da Teoria dos Jogos pode nos ajudar a compreender adequadamente a realidade.

No entanto, é importante lembrar que a superioridade de uma ou outra estratégia não está na estratégia em si, mas no cenário construído. Assim, se mudarmos algum parâmetro, pode ser que a estratégia de agrupamento se torne mais interessante que a estratégia de segregação. Por exemplo, suponha que $p_f = 80\%$ e $p_r = 20\%$. A estratégia de separação agora custa R$ 74.000 ($=0{,}2 \cdot 10.000 + 0{,}8 \cdot 90.000$) por processo, ou seja, custará R$ 74 milhões por bloco de 1.000 processos. Enquanto a estratégia de agrupamento custará R$ 70.000 ($= 0{,}2 \cdot 70.000 + 0{,}8 \cdot 70.000$) por processo, ou seja, custará R$ 70 milhões por bloco de 1.000 processos. Neste cenário, a operadora estaria em melhor situação se agrupasse todos os litigantes e fizesse acordo em todos os casos pagando o preço de reserva dos casos fortes, ainda que em alguns casos fracos ela pagasse mais do que precisaria[352].

Assim, está claro que existe um *trade-off* entre a estratégia de agrupamento e a estratégia de separação. A primeira economiza custos de litigância ao preço de um incremento nos custos de acordo (paga-se demais para litigantes fracos), já a segunda economiza custos de acordo ao não pagar demais aos litigantes fracos, ao preço de litigar demais com litigantes fortes, aumentando o custo de litigância. Portanto, é de se esperar que o agente varie de estratégia à medida que sua percepção da distribuição de tipos de litigantes varie no tempo. À medida que a população de casos fracos cresce, é de se esperar que o número de litígios também cresça, pois o réu estratégico começará a migrar para a estratégia de separação. À medida que a população de casos fracos cai, é de se esperar que o número de litígios também caia, pois o réu estratégico começará a migrar para a estratégia de agrupamento. Este é um resultado muito interessante, pois são os casos fracos que determinam a estratégia do réu.

A literatura é vasta em outros modelos que discutem variações desse caso, como mudar quem faz a oferta para o detentor da informação privada, introduzindo a possibilidade de uma fase de puntuação[353] ou mesmo quando ambos os lados possuem informações privadas (assimetria recíproca)[354]. Entretanto, as conclusões alcançadas

---

352. O leitor consegue perceber como a lógica da estratégia de agregação parece um seguro?

353. Em direito contratual, a fase de puntuação é a fase em que cada lado faz ofertas e contraofertas não vinculantes umas às outras.

354. Para o leitor realmente animado, sugiro que consulte o Volume V da *Encyclopedia of Law and Economics*, disponível *online*. Cf. Bouckaert e De Geest (2000). Se estiver disponível em sua biblioteca, vá direto para o Volume 8 – *Procedural Law and Economics*, da segunda edição da enciclopédia. Cf. Sanchirico (2012) e, em especial, o Capítulo 15 – *Settlement* de Andrew F. Daugherty e Jennifer F. Reinganum.

não alteram substancialmente as principais conclusões discutidas acima e são, em larga medida, compatíveis com o modelo de otimismo mútuo.

O principal mérito dessa literatura é demonstrar os ganhos que a negociação pode ter com a revelação de informação de uma parte para a outra e, em especial, com o comportamento da outra parte. Já sua principal limitação, além do alto nível de complexidade matemática, é que pressupõem regras para a negociação que não necessariamente se aplicam no mundo real, como a hipótese de se realizar uma única oferta.

Como nota final deste capítulo, é importante ressaltar que o que fizemos até aqui foi uma aplicação da análise econômica do direito positiva, *i.e.*, investigamos como a conduta dos agentes é e não como ela deveria ser, segundo algum critério normativo. Nesse sentido, o modelo teórico dos jogos discutido acima nos ajuda a compreender certos comportamentos de litigantes de massa que, individualmente considerados, podem não fazer sentido à primeira vista, mas que se revelam plenamente racionais quando considerados no agregado. Além disso, como neste capítulo estamos investigando o mundo do ser (positivo) e não o do dever-ser (normativo), não estamos discutindo se essa conduta é boa ou ruim para a sociedade. Estamos apenas tentando entender o mundo.

Para o leitor interessado na discussão juseconômica acerca da "adequação social" de um litigante ajuizar uma ação ou não, recomendo o trabalho de Steven Shavell, que foi o primeiro a demonstrar que os custos sociais do litígio podem ser diferentes dos custos privados e, portanto, que pode haver excesso ou falta de litigância[355], a depender do caso. Por outro lado, no Capítulo 6, investigaremos as consequências sociais desse excesso de litigância e como a sobreutilização do Judiciário pode destruir sua capacidade de adjudicar adequadamente, em função de congestionamento endêmico, a chamada Tragédia do Judiciário[356], e também que essa tragédia pode ser uma decorrência direta da própria natureza econômica do direito e dos tribunais[357]. Mas antes disso, agora que dominamos os modelos básicos, vamos explorar alguns tópicos avançados da análise econômica do processo que ampliarão, ainda mais, o rol de possíveis aplicações da Teoria Positiva do Processo.

355. Cf. Shavell (1982).

356. Cf. Gico Jr. (2012; 2014).

357. Cf. Gico Jr. (2019; 2020).

5

Tópicos Avançados na Teoria Positiva do Processo

No capítulo anterior apresentamos e discutimos os fundamentos da análise econômica do processo e os modelos básicos a partir dos quais fomos capazes de entender e discutir fenômenos processuais sobre os quais a teoria do processo tradicional, via de regra, não se debruça, tais como a decisão de ajuizar uma ação, de contestá-la ou de celebrar um acordo. Agora, munidos desse ferramental, podemos expandir a análise para alguns tópicos mais avançados e que não ainda foram explorados, mas que são igualmente importantes para a compreensão do fenômeno processual.

Em especial, vamos falar de quatro questões específicas: (i) a insuficiência do espaço de acordo para a celebração de um acordo; (ii) a função do duplo grau de jurisdição e seu impacto sobre a estrutura de incentivos dos litigantes; (iii) o impacto do problema agente-principal entre cliente e advogado e, por fim; (iv) uma apresentação dos principais vieses identificados na análise econômica comportamental e que podem ser relevantes em uma discussão processual.

5.1 A Insuficiência do Espaço de Acordo

No final do capítulo anterior, utilizamos a Teoria dos Jogos para tentar entender o impacto da presença de assimetria de informação no comportamento do réu ao decidir se faz uma proposta de acordo ou se contesta a ação judicial após ser devidamente citado. Agora, vamos usar a mesma teoria, mas um modelo diferente para estudar o cenário em que, mesmo diante da existência de um excedente cooperativo e, portanto, da racionalidade de celebração de um acordo, as partes talvez não consigam chegar a um acordo e, portanto, cooperar.

Primeiro, vamos explorar essa possibilidade como o resultado do comportamento estratégico das partes (Seção 5.1.1); depois, vamos explorar como esse comportamento pode ser o resultado da racionalidade prospectiva decorrente dos efeitos dos custos irrecuperáveis sobre a estrutura de incentivos dos agentes (Seção 5.1.2).

5.1.1 Excesso de Negociação e o Dilema do Prisioneiro

Ao pensar sobre a questão do excesso de negociação, beneficio-me da experiência de décadas como mediador em grandes negociações, como litigante perante os tribunais e como árbitro em arbitragens comerciais. Nesse sentido, a experiência mostra que é de se esperar que, em casos emocionalmente carregados, como nos casos de divórcio ou de dissolução societária de empresas familiares (a versão comercialista do divórcio), as partes possam se comportar de maneira contrária ao seu próprio interesse de longo prazo. A depender do contexto, em algumas circunstâncias, punir ou prejudicar o outro lado da mesa pode trazer mais utilidade para a pessoa do que resolver o problema.

Por outro lado, em situações não tão carregadas emocionalmente, seria de se esperar uma postura mais objetiva, mais focada em resultados, especialmente quando as partes estão acompanhadas de um advogado. O acordo deveria ser fácil de ser alcançado. Todos os litígios em que há um excedente cooperativo deveriam terminar em acordo, com as partes – devidamente orientadas por seus advogados – dividindo o excedente e evitando os custos do litígio. No entanto, nem sempre é isso que ocorre, mesmo quando há excedente a ser dividido. Por quê?

Uma possível explicação é o excesso de negociação ou o que os americanos costumam chamar de *hard bargaining*. Assim como em quase toda relação com um especialista, em geral, o cliente não é capaz de mensurar efetivamente a qualidade do serviço do advogado, exceto pelos sinais externos facilmente perceptíveis[358]. No caso de uma negociação, um advogado que se comporte de forma dura e intransigente pode ser visto – pelo seu cliente – como um advogado que defende ferrenhamente os seus interesses, enquanto o advogado mais ponderado, que considera os dois lados da mesa, pode ser percebido como um advogado fraco, que capitula facilmente. Sem saber como o cliente perceberá a qualidade de sua atuação, um advogado pode simplesmente adotar a postura mais agressiva por precaução e, como veremos, isso dificultará a negociação, podendo, inclusive, levar a um impasse[359].

Apenas a título de exemplo, o autor deste livro teve a feliz oportunidade de presenciar a negociação de uma dissolução societária em que o advogado do outro lado era um antigo professor seu (sim, alguns ainda estão vivos). Antes mesmo de começar a negociação, o professor entrou em contato para reforçar que, qualquer palavra eventualmente mais dura dita durante as negociações não seria um ataque pessoal, mas apenas o resultado de militância ferrenha. O que ele estava tentando dizer é que, apesar de ser um cavalheiro e muito educado, o que de fato é, durante as negociações, ele poderia agir, digamos assim, de forma mais dura.

Em tese, o papel de um advogado negociador é chegar a um resultado que seja benéfico para ambas as partes, pois, como visto na Seção 4.1.2 sobre a Teoria da Barganha, essa é a única forma de um acordo voluntário ser celebrado. Logo, a função de um negociador é transformar um **jogo de perde-ganha** (jogo competitivo), em que o

---

358. Você já se perguntou por que muitos advogados gastam demasiadamente em ternos, relógios e carros caros e escritórios nababescos? Da próxima vez, pergunte-se se não estão eles sinalizando para o cliente como são profissionais bem-sucedidos. Tão bem-sucedidos que podem alocar recursos em luxos supérfluos; logo, "devem" ser bons advogados. Essa conduta se assemelha ao frondoso rabo do pavão que, ao invés de ajudar a sua sobrevivência, dificulta. Logo, sinaliza para a fêmea que seu detentor é tão jovem e forte que consegue manter um rabo frondoso e ainda assim sobreviver. Em biologia evolucionária, esse tipo de estratégia é chamado de sinalização. Na economia, a Teoria da Sinalização ou Teoria dos Sinais estuda os mecanismos utilizados por alguns agentes para sinalizar (honesta ou desonestamente) informações para a outra parte e, assim, resolver os problemas de assimetria de informação. A título de exemplo, para uma aplicação da Teoria da Sinalização ao comportamento do consumidor, cf. Boulding e Kirmani (1993).

359. A literatura de negociação condena o uso da estratégia de posicionamento como um perigo aos sucessos das negociações, mas a literatura comportamental sugere que o viés de ancoragem pode facilitar um acordo, como discutido na Seção 5.4 adiante. Cf. Korobkin e Guthrie (1994).

que um lado ganha o outro perde, em um **jogo de ganha-ganha** (jogo cooperativo)[360], **153**
em que todos ganham, e, assim, chegar ao acordo. Qualquer manual de negociação ou de formas alternativas de resolução de controvérsia vai lhe dizer isso. Mas se isso é tão óbvio, insisto, por que muitas vezes partes e advogados racionais não conseguem fechar um acordo ainda que haja excedente cooperativo a ser partilhado? Uma resposta pode ser o problema do comportamento estratégico.

Voltando à ideia de excedente cooperativo, suponha que Antônio tenha um carro que ele valoriza em R$ 10 mil, e Roberta valorize o mesmo carro em R$ 20 mil. O excedente cooperativo é a diferença dos valores de reserva, logo, há um excedente de R$ 10 mil a ser gerado com a troca. Mas como esse valor será distribuído entre as partes? Se Antônio disser a Roberta que só venderá o carro por R$ 19 mil, e ela acreditar, então, o negócio será fechado a esse preço e ela ficará com apenas R$ 1 mil do excedente, mas adquirir o carro a R$ 19 mil é preferível a não adquirir o carro. Por outro lado, ela poderia retrucar, dizendo que não compra o carro por mais de R$ 12 mil, e a mesma lógica se aplicaria. Como se resolve essa situação?

Se estivermos em um contexto de mercado competitivo[361], tanto Antônio quanto Roberta terão outras opções para comprar e para vender o carro e nenhum deles terá condições de forçar o outro a aceitar o seu preço. Logo, a ameaça de levantar da mesa de negociações de nenhum deles é crível. Se um dos lados não oferecer um preço razoável, tanto Antônio quanto Roberta poderão buscar um outro parceiro no mercado para realizar a troca. A concorrência entre consumidores e a concorrência entre ofertantes faz com que o preço das trocas, em um mercado competitivo, na média, seja o preço de mercado. Nesse sentido, é de se esperar que eles fechem o negócio a um preço próximo ao de mercado, que mais se aproxima do preço com o qual as outras pessoas estão fechando negócios semelhantes, por exemplo, R$ 15 mil.

Se a negociação de um acordo judicial ocorresse em um mercado competitivo, não haveria problema de comportamento estratégico e um acordo sempre seria alcançado, pois se o autor não quisesse aceitar a proposta do réu, ele poderia negociar com outra pessoa. E se o réu não aceitasse a proposta do autor, ele poderia negociar com outra pessoa. Todavia, obviamente, não é assim que funciona em uma ação judicial, pois a obrigação vincula apenas pessoa do obrigado, em geral o réu[362], e não pode ser exigida de outrem. Por isso, no contexto de uma negociação

---

360. Do ponto de vista teorético dos jogos, um jogo não-cooperativo é aquele em que as partes não podem se vincular por um contrato, enquanto um jogo cooperativo é aquele em que elas podem fazê-lo. O conceito é levemente diverso do que se está dizendo aqui. Para uma discussão sobre a imprecisão terminológica da Teoria dos Jogos e a confusão que isso gera nos juristas, cf. Gico Jr. (2007, p. 233 e ss.).

361. Sobre o funcionamento do mercado, cf. Gico Jr. (2007; 2018). Sobre o que é preço e sua formação, cf. Gico Jr. (2019).

362. Aqui estamos desconsiderando os casos em que outros agentes podem ser responsáveis pelo débito de terceiros, como na fiança, aval etc. e os casos de cessão de direito, mas nestes casos eles seriam devedores também.

de um acordo judicial, normalmente, o autor só pode negociar com o réu e o réu só pode negociar com o autor, razão pela qual dizemos que estão em uma situação de **monopólio bilateral**[363].

Nesse sentido, no contexto de um monopólio bilateral, em que uma das partes só pode negociar com a outra, apesar de haver um excedente cooperativo a ser partilhado e, portanto, as partes terem interesse convergente na realização do acordo, elas também possuem um interesse divergente acerca de quanto do excedente cooperativo ficará para cada uma. E é possível que esse interesse divergente leve a um impasse e impossibilite a celebração de um acordo judicial.

Voltando ao nosso exemplo, o advogado de uma parte que perceba ou espere que o advogado da parte adversária adote uma postura mais dura na negociação, estrategicamente, pode adotar a mesma estratégia dura de negociação em resposta, com o justo receio de seu cliente ficar com uma parte muito pequena do excedente cooperativo; e, ainda pior, que seu cliente o perceba como um advogado ruim, fraco. Na literatura de negociação, esse cenário é normalmente retratado como um contexto de **dilema do prisioneiro**.

Como dito antes[364], "[o]s jogos, cuja estratégia dominante leva a um resultado inferior ao auferível caso houvesse cooperação, são normalmente denominados dilema do prisioneiro. Concebido inicialmente apenas como um jogo matemático pelos cientistas Merril Flood e Melvin Desher, em sua versão adaptada por Albert W. Tucker em carta ao último, o dilema do prisioneiro se põe da seguinte forma: dois homens, acusados de violar conjuntamente a lei são mantidos separados pela polícia. A cada um é dito que (i) se um confessar e o outro não, o primeiro será premiado e o segundo multado; e (ii) se ambos confessarem, cada um será multado. Ao mesmo tempo, ambos têm boas razões para acreditar que (iii) se nenhum dos dois confessar, ambos sairão incólumes. Obviamente, ambos estariam melhor se pudessem combinar para não confessar; todavia, não havendo forma de se comunicar e, mesmo se houvesse, existindo séria suspeita de que o outro trapacearia, a probabilidade maior é a de que confessem, pois essa estratégia é a melhor independentemente do que o outro decida fazer."

Apliquemos esse raciocínio a um contexto de negociação de um acordo judicial. Vamos retomar a versão mais simples do nosso exemplo de um acidente envolvendo Antônio, que sofreu um prejuízo de R$ 100 mil (B) supostamente causado pela empresa de Roberta. Suponha que $p_A = p_R = 50\%$, portanto, tanto Antônio quanto Roberta atribuem as mesmas probabilidades ao sucesso da ação. Para simplificar, assumamos também que $C_A = C_R = 10.000$ e que os custos de negociação são despre-

----

363. Para o leitor mais sofisticado em direito concorrencial, a rigor, se de um lado há um monopólio (único ofertante), do outro lado obviamente só pode haver um monopsônio (único comprador), mas a literatura usa a expressão – levemente imprecisa – monopólio bilateral.

364. Cf. Gico Jr. (2007, p. 256).

zíveis ($N_A = N_R = 0$). O valor da ação para Antônio será de R$ 40 mil (= 100.000 · 0,5 − 10.000) e para Roberta será de R$ 60 mil (= 100.000 · 0,5 + 10.000). Logo, o excedente cooperativo criado por um acordo judicial seria de R$ 20 mil. Como esse excedente será distribuído é a questão.

ESPAÇO DE ACORDO NO JOGO DO ACORDO
Figura 5-1

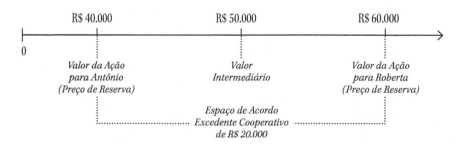

Os advogados de Antônio e de Roberta se encontram e, devidamente instruídos por seus clientes, devem adotar uma das estratégias de negociação: negociar duro ou de forma conciliatória. A negociação dura tem por objetivo trazer para o seu cliente o máximo de valor possível dentro dos limites do acordo, enquanto a negociação conciliadora seria adotar uma postura mais equilibrada, mais próxima de uma divisão equânime dos ganhos do acordo.

Suponha que, se ambos adotarem uma estratégia conciliadora, eles dividam o excedente cooperativo em partes iguais. Se um adotar uma postura mais dura e o outro adotar uma postura mais conciliadora, quem negociou duro fica com 75% do excedente, e quem capitulou fique com apenas 25%. Caso ambos negociem de forma dura, as negociações terminam em um impasse que é superado em apenas 60% das vezes, com ambas partes capitulando e recebendo uma parte igual do excedente. Nesse cenário, as alternativas são as seguintes:

ESTRUTURA DO JOGO DE ACORDO
Figura 5-2

Estratégia de Antônio	Estratégia de Roberta	Probabilidade de Acordo	Distribuição	Excedente Cooperativo
Conciliador	Conciliadora	100%	50%, 50%	10.000, 10.000
Agressivo	Conciliadora	100%	75%, 25%	15.000, 5.000
Conciliador	Agressiva	100%	25%, 75%	5.000, 15.000
Agressivo	Agressiva	60%	50%, 50%	6.000, 6.000

Se o resultado da negociação for o par de estratégias C-C, então, o acordo será fechado em R$ 50 mil e cada parte fica com metade do excedente, R$ 10 mil. Se Antônio for agressivo e Roberta for conciliadora, – ou seja, o par de estratégia for A-C –, o acordo será fechado em R$ 55 mil, ficando Antônio com R$ 15 mil do excedente cooperativo (75%) e Roberta com apenas R$ 5 mil (25%). Já se Antônio for conciliador e Roberta for agressiva, ou seja, o par de estratégia for C-A, o acordo será fechado em R$ 45 mil, ficando Antônio com apenas R$ 5 mil do excedente cooperativo (25%) e Roberta com R$ 15 mil (75%). E, caso ambos decidam ser agressivos, eles superarão o impasse em 60% das vezes, dividindo o excedente igualmente quando houver acordo e, em 40% das vezes as negociações se encerrarão, continuando o litígio.

Caso ambas as partes adotem uma postura agressiva (estratégia A-A), para Antônio, isso significa que os *payoffs* associados ao jogo serão: 60% de chance de um acordo meio a meio, com um retorno de R$ 30.000 (= 0,6 · 50.000) e 40% de chance de ir a julgamento, com um retorno de R$ 16.000 (= 0,4 · 40.000), pois o valor da ação para Antônio é de apenas R$ 40.000. Logo, o retorno esperado do resultado A-A para Antônio será R$ 46.000 (= 30.000 + 16.000), o que significa um ganho de R$ 6.000 do excedente cooperativo. Já para Roberta os *payoffs* associados ao jogo serão: 60% de chance de um acordo meio a meio, com um retorno de R$ 30.000 (= 0.6 · 50.000) e 40% de chance de ir a julgamento, com um retorno de R$ 24.0000 (= 0,4 · 60.000), pois o valor da ação para Roberta é de R$ 60.000. Logo, o retorno esperado do resultado A-A para Roberta será um custo de R$ 54.000 (= 30.000 + 24.000), ou seja, também um ganho de R$ 6.000 do excedente cooperativo. Como tanto Antônio quanto Roberta só percebem R$ 6.000 cada do excedente cooperativo, isso significa que a estratégia agressiva na busca por uma maior distribuição para si destruiu R$ 8.000 de valor. Este é o custo da não cooperação.

Agora que temos os resultados de todos os pares de estratégia para todos os jogadores, podemos reorganizar os *payoffs* em uma matriz que nos permitirá enxergar o jogo de forma mais simples e clara:

O DILEMA DO ACORDO
Figura 5-3

		Roberta	
		Agressiva	Conciliatória
Antônio	Agressivo	R$ 46.000 / -R$ 54.000	R$ 55.000 / -R$ 55.000
	Conciliatório	R$ 45.000 / -R$ 45.000	R$ 50.000 / -R$ 50.000

A maneira de solucionar o jogo (maximizar o retorno) é, pois, averiguar a existência ou não de uma estratégia dominante, *i.e.*, identificar um conjunto de decisões que garanta o melhor retorno ao jogador independentemente da estratégia a ser adotada pelo outro jogador[365], todavia, nem todo jogo possui um. No nosso exemplo não apenas há uma estratégia dominante, como ela é fácil de ser percebida, agora que a matriz de *payoff* está montada: ambos negociadores, agindo racionalmente, adotarão a estratégia agressiva de negociação. Analisemos a perspectiva de cada jogador no Dilema do Acordo para vermos por que isso acontece.

Comecemos pelo autor. Sem saber qual será a estratégia adotada por Roberta, Antônio sempre estará melhor se adotar a estratégia da negociação agressiva, pois, se Roberta vier conciliadora, seu retorno esperado será de R$ 55 mil, um resultado melhor que os R$ 50 mil que esperaria, caso também chegasse na negociação de forma conciliadora. Por outro lado, se Roberta vier de forma agressiva, Antônio também estará melhor se tiver adotado a estratégia agressiva, pois os R$ 46 mil de valor esperado decorrentes da estratégia A-A são superiores aos R$ 45 mil que esperaria caso adotasse a estratégia conciliatória, *i.e.*, do par C-A. Assim, para Antônio, a estratégia agressiva domina a estratégia conciliatória em todas as hipóteses. O mesmo raciocínio se aplica a Roberta. Logo, mesmo agindo racionalmente, ambos adotarão a estratégia agressiva.

Veja que em todas as combinações, menos o par A-A, o somatório total do jogo é zero, e o excedente cooperativo de R$ 20 mil é integralmente dividido. Já no caso de ambos adotarem a estratégia agressiva o somatório total do jogo será de -R$ 8 mil (= 46.000 – 54.000), ou seja, serão destruídos R$ 8 mil de valor do excedente cooperativo. Como se pode ver, o excesso de negociação entre as partes pode impedir a celebração de acordos – mesmo quando existe um excedente cooperativo a ser distribuído – ainda que as partes se comportem de forma racional. Essa é a natureza desse jogo estratégico e do dilema do prisioneiro.

Se o exemplo parece artificial para você, posso usar um caso concreto do escritório para ilustrar. O autor advogou para um grande grupo empresarial, com um faturamento superior a R$ 1 bilhão por ano, mas que estava envolvido em uma disputa societária que durava mais de 25 anos[366]. Depois de décadas de litígio, mesmo sendo uma sociedade anônima, o STJ acabou por decidir que o sócio descontente tinha direito de se retirar e a receber o valor estabelecido no laudo pericial, corrigido monetariamente, desde que atualizado o valor dos imóveis a valor presente.

---

365. Note que se houver tal opção, essa estratégia constituirá um **equilíbrio não-cooperativo de Nash**. Como já disse (2007, p. 233): "Um equilíbrio possui as qualificações propostas por John F. Nash quando, considerando-se constantes as estratégias de todos os demais jogadores (*ceteris paribus*), nenhum jogador pode obter retorno superior pela alteração unilateral de sua conduta, *i.e.*, escolhendo estratégia distinta. Um equilíbrio não--cooperativo de Nash aplicado ao caso é uma coletânea de melhores respostas simultâneas e, como resultado, se caracteriza pela ausência de incentivos para qualquer empresa alterar unilateralmente sua linha de ação, pois já estarão maximizando seus lucros. [O] conceito não se preocupa em examinar o mecanismo pelo qual o equilíbrio é alcançado."

366. O caso durou tanto que participei dele enquanto ainda era recém-formado e voltei ao caso décadas depois, para conduzir a sua conclusão.

Por outro lado, como o sócio retirante não havia saído da sociedade e recebeu dividendos todos aqueles anos, ainda não lhe eram devidos juros. Suponha, para fins de ilustração, que o montante que uma parte tinha para receber era de aproximadamente R$ 20 milhões, se os imóveis fossem atualizados. E cerca de R$ 18 milhões, se não fossem. No entanto, determinar esse valor corretamente iria requerer que, depois de 25 anos de litígio, o caso voltasse à primeira instância para nova perícia, com chances de nova impugnação, e o litígio subir novamente até o STJ, o que, certamente, se estenderia por mais dez a quinze anos. Lembre-se: sem juros. Claramente há um espaço para acordo.

Se ambas as partes sentassem à mesa de negociação com uma postura conciliadora, seria possível alcançar algum valor entre R$ 18 e R$ 20 milhões ou até mesmo algo menor que R$ 18 milhões, que beneficiasse a todos, dado que o sócio retirante estaria recebendo o valor à vista, ao invés de esperar tantos anos, sem juros. A dificuldade desta negociação foi usar o modelo acima para mostrar para o cliente devedor que fazer um acordo agora seria mais vantajoso do que postergar o pagamento até a nova liquidação, quando a empresa estaria vulnerável ao pagamento integral e desordenado. O segundo passo foi convencer o outro lado de que valeria a pena dar um desconto sobre os R$ 20 milhões, pois receber R$ 18 milhões hoje é mais vantajoso do que R$ 20 milhões daqui a dez anos (valor temporal do dinheiro).

De qualquer forma, às vezes, seja por personalidade, seja pelo histórico, seja pela relação com o cliente, os advogados adotam uma postura agressiva na negociação, e essa postura pode levar a um impasse. Tal postura não é uma conduta irracional, muito pelo contrário, ela pode ser a conduta estrategicamente mais racional. Todavia, se ela transformar o jogo do acordo em um dilema do prisioneiro, os advogados terão de mostrar habilidade extra para sair do impasse causado pelas estratégias dominantes a fim de chegar a um acordo. Como se pode ver, a depender da estrutura de incentivos dos agentes, pode ser que mesmo na presença de um excedente cooperativo, não se alcance um acordo.

Além disso, se não bastasse o problema do comportamento estratégico na negociação de um acordo o qual pode gerar um impasse, talvez a redução de assimetria de informação no curso do processo não seja suficiente para dissuadir um autor a abandonar sua ação de baixa probabilidade em função do efeito prospectivo dos custos. Exploremos essa ideia.

5.1.2 O Problema dos Custos Irrecuperáveis

O Relatório Justiça em Números de 2019 diz que o número de acordos homologados no segundo grau foi de apenas 6% em 2018, em comparação a 16,7% no 1º grau em fase de conhecimento (excluída a fase de execução)[367]. Como se explica isso? Depois

---

367. Cf. CNJ (2019, p. 142).

de toda a instrução processual e de o juiz ter prolatado a sentença, tanto a assimetria de informação entre as partes litigantes, quanto a assimetria de informação entre as partes e o juiz já teria sido substancialmente reduzida, se não praticamente eliminada, dado que todos saberão qual regra jurídica regerá a solução do caso e que fatos foram provados e quais não foram. Com a redução substancial do hiato de expectativas entre as partes seria esperado que houvesse um número maior de acordos. No entanto, como os dados demonstram, isso não acontece.

Uma possível explicação parcial pode ser o efeito dos custos irrecuperáveis sobre a estrutura de incentivos dos agentes. Conforme discutido na Seção 4.2, os custos irrecuperáveis são aqueles que não podem ser recuperados posteriormente, caso se incorram neles; logo, esses custos não afetam as decisões posteriores tomadas pelos agentes após se incorrer neles. Uma vez nele incorridos, são irrelevantes para as decisões futuras[368]. Nesse sentido, imagine um caso em que Antônio, após receber a contestação de Roberta, descubra que seu caso não era tão forte assim. Após a fase do saneamento, o despacho saneador informa que a regra jurídica a ser aplicada pelo magistrado é ainda mais desfavorável do que ele supunha e, após a realização da perícia, seu caso, que era fácil, ficou bem difícil. Por que Antônio não abandonaria esse caso a essa altura, ou faria um acordo com Roberta por um valor bem baixo para encerrar o assunto?

Suponha o seguinte cenário. Um paciente precisa desesperadamente da realização de uma angioplastia e da implantação de dois *stents*. Pelo menos é o que diz o seu médico cardiologista em um laudo. De posse desse laudo médico, Antônio se interna em um hospital e aciona a operadora de plano de saúde para que autorize a realização da cirurgia; mas, após analisar o histórico médico e os exames complementares, os médicos da operadora chegam à conclusão de que não é o caso de angioplastia, nem de implantação de *stents,* negando a cobertura. Antônio confia em seu médico e está certo de que a operadora se recusa a liberar a cirurgia apenas por razões de contenção de gastos. Confiante, ele aciona a operadora com uma estimativa de êxito de 80% (p_A = 0,8). O custo estimado da operação e dos *stents* é de R$ 200 mil (B = 200.000). Dada a urgência e a complexidade do caso, ele conseguiu um advogado de confiança que o representa por R$ 20 mil à vista para negociar um acordo, mais R$ 20 mil para propor a ação, caso necessária, e mais R$ 10 mil se houver perícia (C_A = 50.000). Assim, no início do processo, o valor da ação para Antônio será de R$ 110 mil (= 200.000 · 0,8 – 50.000). Sendo seu pleito claramente uma ação de valor esperado positivo (VEP), Antônio ajuizará a ação.

De início, o advogado de Antônio notifica a operadora e tenta convencê-la de que deve autorizar a operação, mas a negociação fracassa. Antônio recebe uma cópia do laudo técnico do corpo clínico da operadora, demonstrando que a cirurgia não é nem necessária nem recomendada. Diante dessa evidência, Antônio começa a achar

---

368. Algo do tipo: águas passadas não movem moinhos, ou não adianta chorar pelo leite derramado.

que a ação já não será tão fácil assim e ajusta sua expectativa para 60% de chance de êxito ($p_A = 0,6$). No entanto, ele já incorreu no custo irrecuperável de R$ 20 mil e a propositura da ação e a perícia, neste momento, custam apenas R$ 30 mil. Logo, o valor da ação para Antônio continua positivo e é de R$ 90 mil (= 200.000 · 0,6 – 30.000). Como sua pretensão ainda é uma ação de VEP, ele autorizará o advogado a avançar para a próxima etapa e investe os R$ 20 mil adicionais.

À medida que o processo avança, Antônio vai gradualmente descobrindo que seu caso é ainda mais fraco do que imaginava. Já na contestação, a operadora de plano de saúde apresenta o laudo técnico de seu corpo clínico, a que teve acesso, e agora é a opinião técnica do seu médico *versus* a opinião técnica do médico da operadora. Além disso, apesar de Antônio ter invocado o Código de Defesa do Consumidor e requerido a inversão do ônus da prova para a operadora, no despacho saneador, o juiz entende que a questão só pode ser resolvida pela realização de perícia técnica, fazendo com que Antônio incorra nos últimos R$ 10 mil de despesa ($p_A = 0,2$; $C_A = 10.000$; $V_A = 30.000$). Agora ele já incorreu em todos os custos do litígio e nenhuma decisão seguinte será afetada pelos custos irrecuperáveis já incorridos.

O laudo pericial do juízo é desfavorável a Antônio, que passa a acreditar que seu caso é fraco, pois o seu médico havia se baseado em um critério já superado pelos Consensos / Diretrizes de cardiologia. Nesse momento, após atualizar suas crenças com as novas informações (*update* bayesiano), Antônio acredita que suas chances de êxito são de apenas 10%. Neste cenário, seria racional continuar a litigar? Após ter incorrido em todos os custos até aqui, mesmo com a drástica queda da probabilidade de êxito, o valor da ação para Antônio nesse momento ainda é de R$ 20 mil (= 200.000 · 0,1 – 0). Como sua pretensão ainda é uma ação de VEP, é racional para ele continuar litigando, mesmo que quase não tenha mais chances de êxito. Essa evolução das crenças de Antônio e o efeito compensatório dos custos irrecuperáveis pode ser organizada da seguinte forma:

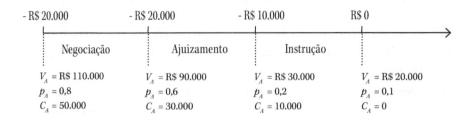

Custo Irrecuperável e Update Bayesiano
Figura 5-4

Como se pode ver, após já ter incorrido em todos os custos de litigar, enquanto o valor da ação for positivo, será racional para Antônio continuar litigando, mesmo que ele venha a receber menos do que pagou, no caso R$ 20 mil, pois os honorários advocatícios e periciais já foram pagos e não podem ser recuperados; logo, são custos irrecuperáveis. Além disso, note que, se Antônio tivesse as mesmas informações que obteve após a instrução, no momento da negociação, ele não teria proposto a ação, pois saberia que seu valor esperado era negativo em R$ 30 mil (= 200.000 • 0,1 – 50.000). Não obstante, como no momento de revelação dessa informação já se incorreu nos custos de litigar (que são irrecuperáveis[369]), tais custos não afetam a decisão de continuar litigando, pois agora qualquer valor positivo da ação seria um ganho para Antônio.

Apenas a título de exemplo, de acordo com o Relatório Justiça em Números de 2019 do CNJ[370], "quanto maior a instância, maior o índice de recorribilidade, tanto externa quanto interna." A existência desse comportamento anômalo não passou despercebida a Fux e Bodart[371], ao identificarem que, de 2010 a 2019, 96,82% dos recursos ao STF em matérias cíveis não foram providos, *i.e.*, a taxa de sucesso no Supremo é de apenas 3,18% e, ainda assim, mais de 350 mil recursos foram distribuídos ao tribunal no mesmo período.

Além de haver uma possível assimetria de informação – a taxa de sucesso no STF não é uma informação facilmente disponível para partes e advogados –, uma possível explicação para o aumento do índice de recorribilidade, à medida que se ascende na hierarquia do Judiciário, é o efeito dos custos irrecuperáveis. Dado que já se incorreu em grande parte das despesas de litígio nas instâncias inferiores, o custo do próximo recurso (seu custo marginal) se aproxima apenas das custas processuais e da elaboração de uma simples petição e, por isso, mesmo para casos com baixa probabilidade de êxito, pode ser racional tentar.

Nesse sentido, a depender da estrutura de custos de um litígio e do ritmo de redução da assimetria de informações entre as partes, pode ser que as partes decidam continuar litigando mesmo quando não teriam proposto inicialmente as referidas ações, caso tivessem informações perfeitas *ex ante*. A aquisição gradativa de informação e o gasto com custos irrecuperáveis geram efeitos opostos sobre a estrutura de incentivos do agente, e o resultado da interação dessas duas forças é que determinará a conduta do agente. Esse fenômeno decorrente dos custos irrecuperáveis pode explicar, em parte, por que, muitas vezes, um litigante insiste no litígio, mesmo quando descobre – posteriormente – que suas chances de êxito são pequenas. Ao fim e ao cabo, a conduta das partes vai depender de qual dos efeitos predominará no caso concreto.

---

369. Perceba que ainda que os honorários periciais fossem reembolsados a Antônio em caso de vitória, os honorários advocatícios não seriam, e os honorários de sucumbência iriam para o advogado do vencedor e não para a parte. Por tanto, do ponto de vista de alocação de custos, as regras processuais brasileiras, em alguma medida, se aproximam do que a literatura juseconômica chama de regra americana.

370. Cf. CNJ (2019, p. 101).

371. Cf. Fux e Bodart (2019, p. 154).

5.2 O Duplo Grau de Jurisdição: o modelo juseconômico do ataque à decisão judicial

A possibilidade de se atacar uma decisão judicial apelando a uma instância superior é normalmente chamada de duplo grau de jurisdição. O direito ao duplo grau de jurisdição não decorre da Constituição[372]. Em outras palavras, não existe na Constituição Federal qualquer previsão de que contra uma decisão judicial qualquer deva haver a possibilidade de um recurso[373]. Justamente por não haver previsão constitucional é que, não raro, a jurisprudência e a doutrina invocam o devido processo legal previsto no art. 5º, inc. LV como fundamento para exigi-lo. No entanto, conforme discutido na Seção 3.3, se o processo devido é o processo legal, por definição, o duplo grau só será devido se houver lei que o determine. Logo, salvo nas hipóteses de recursos previstos na própria Constituição, bastaria uma modificação na lei processual para que não houvesse a possibilidade de recurso. Em resumo, o direito a um recurso não é nem uma decorrência lógica, nem um impositivo de um sistema adjudicatório, mas apenas uma escolha do legislador que pode existir ou não.

A vasta maioria dos sistemas jurídicos prevê a possibilidade de alguma forma de ataque à sentença. No entanto, devido à sobreutilização do Judiciário, alguns países, como a Itália[374] e a Inglaterra[375], passaram a impor alguns limites à possibilidade de apelação e, consequentemente, a limitar o duplo grau de jurisdição. O Brasil ainda mantém o direito irrestrito à apelação, mesmo no juizado especial[376], mas o mesmo não pode ser dito sobre o acesso às instâncias extraordinárias. Por exemplo, o acesso ao STF foi restringido com a imposição da exigência de que o recurso extraordinário tenha repercussão geral[377].

De qualquer forma, fato é que, hoje, o ordenamento jurídico brasileiro prevê expressamente a possibilidade de ataque à sentença pela parte vencida, *i.e.*, o CPC

---

372. No mesmo sentido, cf. Fux e Bodart (2019, p. 151).

373. Note que quanto ao argumento daqueles que invocam o Pacto de San José da Costa Rica para dar *status* constitucional ao duplo grau de jurisdição, minha resposta, em linha com a jurisprudência do STF, é de que ele não alterou – nem poderia alterar – a Constituição Federal.

374. A restrição foi incluída no art. 348-bis do Código de Processo Civil Italiano, para bloquear apelações em que não haja uma probabilidade razoável de ser acolhida ("*una ragionevole probabilità di essere accolta*."). Sobre o significado dessa restrição e a dificuldade de sua aplicação, por exemplo, cf. Balena (2013).

375. De acordo com o item (1) da Regra 54 do *Access to Justice Act* de 1999, nos termos das regras de cada tribunal, o direito de apelação só pode ser exercido após a concessão de permissão para tanto. Essa restrição não se aplica aos casos criminais, nos termos do item (2).

376. Sendo que o recorrente vencido será condenado a pagar custas e honorários de sucumbência, nos termos do art. 55 da Lei nº 9.099, de 26/9/95.

377. Art. 1.035. O Supremo Tribunal Federal, em decisão irrecorrível, não conhecerá do recurso extraordinário quando a questão constitucional nele versada não tiver repercussão geral, nos termos deste artigo. § 1º Para efeito de repercussão geral, será considerada a existência ou não de questões relevantes do ponto de vista econômico, político, social ou jurídico que ultrapassem os interesses subjetivos do processo.

autoriza a interposição de uma apelação[378] contra uma sentença, e essa possiblidade altera a estrutura de incentivos dos litigantes. Assim, do ponto de vista da Teoria Positiva do Processo, a pergunta não é se o texto constitucional prevê ou não prevê o duplo grau de jurisdição, mas sim como essa possibilidade afeta a estrutura de incentivos das partes.

5.2.1 A Decisão de Recorrer

Até agora nossos modelos levaram em consideração apenas a decisão de realizar um acordo (autocomposição) *versus* a decisão de litigar (heterocomposição) e não discutimos a possibilidade de a sentença ser revista por uma instância superior e o impacto dessa possibilidade sobre os agentes. Justamente por isso, na Figura 4-16 na Seção 4.3.2, mostramos o hiato de expectativas gradualmente reduzido, à medida que o processo avançava, até o ponto da sentença, quando o hiato de expectativas tendia a zero ($\Delta p \rightarrow 0$). Quando da prolação da sentença, não apenas as partes saberiam todos os fatos relevantes para a decisão, mas também quais deles foram provados, quais não foram, bem como a regra jurídica aplicável ao caso concreto e o resultado final do julgamento. Se o serviço público adjudicatório se encerrasse ali, não haveria mais diferença de expectativas entre as partes e estaríamos diante de uma certeza, pois o resultado da ação seria conhecido. O que muda com a possibilidade de um recurso[379]?

Para entendermos como as partes se comportarão, devemos agora nos colocar na posição delas após a prolação da sentença. Ao fim do processo, temos três desfechos possíveis: o pedido foi julgado procedente, parcialmente procedente ou improcedente. Se o pedido foi julgado procedente, o autor teve reconhecido o direito de usar a força estatal para coagir o réu. Se o pedido foi julgado improcedente, o réu teve reconhecido o direito de não ser coagido a se submeter à pretensão do autor. E se foi parcialmente procedente, o autor teve reconhecido parte do direito de coagir e o réu teve reconhecido parte do direito de não ser coagido. Como nesses casos a situação do autor e do réu é simétrica, *i.e.*, não importa quem originariamente era o detentor da pretensão, agora há apenas vencedor e vencido – e não utilizaremos mais a terminologia de autor e réu.

Dito isso, o vencido – seja ele quem for originariamente (autor ou réu) –, sabe que perdeu a ação e tem diante de si uma escolha: recorrer ou não recorrer, o que, em larga medida, quase equivale ao ajuizamento de uma nova ação, desta vez perante a instância superior, dado que a apelação devolve tanto a matéria de fato quanto a de direito ao tribunal[380]. Nesse sentido, o pressuposto da racionalidade permanece

---

378. Art. 724. Da sentença caberá apelação.

379. Esta questão já foi discutida antes, em Gico Jr. e Arake (2019), e aqui vamos expandi-la.

380. Nos EUA, a apelação devolve ambas as matérias para apreciação, mas o critério de revisão é diverso para cada uma. As questões de direito são revistas amplamente, sem nenhuma deferência ao juiz de 1ª instância (*de*

igualmente válido para a decisão de recorrer ou não, *i.e.*, o vencido recorrerá da sentença quando o benefício esperado do recurso for maior que o custo esperado da sucumbência ($B > C$). Nessa linha, precisamos agora descobrir quando vale o recurso para o vencido.

Seja p_S a probabilidade subjetiva do vencido acerca do êxito do recurso; B_S o valor do bem da vida[381] e C_S os custos de recorrer. O retorno esperado do recurso para o vencido é dado por $p_S \cdot B_S$, do qual devem ser abatidos os eventuais custos de recorrer, *i.e.*, C_S. Logo, o **valor do recurso** para o vencido e, portanto, seu preço de reserva é $V_S = p_S \cdot B_S - C_S$. Se for bem-sucedido em seu recurso, o vencido deixará de pagar ou receberá B_S, mas incorrerá no custo irrecuperável de recurso C_S. Retomando a lógica da condição de ajuizamento (cf. Inequação 4.2-1), o valor esperado de um recurso para o vencido é dado por $p_S \cdot B_S$ (provimento) $+ (1 - p_S) \cdot 0$ (desprovimento), menos os custos do recurso C_S. Como, no caso de desprovimento, o valor esperado do recurso será zero[382], *i.e.*, o vencido permanecerá no *status quo ante* a **condição recursal** pode ser resumida da seguinte forma:

Inequação 5.2-1

$$p_S \cdot B_S - C_S > 0$$

Como se pode ver, um vencido racional interporá o recurso quando seu retorno líquido for positivo, *i.e.*, quando o benefício esperado ($p_S \cdot B_S$) for maior que o custo esperado (C_S) de recorrer. A condição recursal pode ser reorganizada para explicitar o impacto da variável mais importante nas discussões de recurso, a probabilidade de êxito do recurso:

Inequação 5.2-2

$$p_S \cdot B_S - C_S > 0$$

$$p_S > \frac{C_S}{B_S}$$

---

novo review), enquanto as questões de fato são revistas apenas quando claramente houve um erro (*clearly erroneous*), o que significa um amplo grau de deferência ao julgamento de 1ª instância. Apesar de essa distinção não existir no direito brasileiro, a experiência prática, enquanto advogado, diz que o comportamento dos tribunais brasileiros se aproxima dessa distinção, dado que eles raramente realizam nova instrução.

381. Em breve explicarei por que o valor do recurso não é igual ao valor da condenação.

382. Note que o que é zero no caso de improcedência é o valor do recurso, não o valor da ação, pois a parte sucumbente terá de pagar o valor da condenação integralmente, logo, não terá ganhado nada com o recurso. No entanto, esse já era seu *status quo*, portanto, não ganhou nada com o recurso, *ergo*, seu valor é zero.

Novamente, em uma primeira análise, a formulação acima pode parecer muito **165** complexa ou até mesmo muito simples, a depender do gosto do leitor, para nos ajudar a compreender o comportamento do vencido. Mas considerando que a essa altura o leitor já se acostumou a analisar modelos, veremos que apresentada dessa forma, a condição recursal nos revela importantes conclusões acerca do comportamento dos potenciais recorrentes.

(a) Bem da Vida. Primeiro, assim como na decisão de ajuizamento da ação, quanto maior o valor da condenação para o vencido, ou seja, quanto maior o valor de B_S, maior será a probabilidade de interposição de um recurso, pois mais fácil será satisfazer a condição recursal. Como, no modelo, o denominador B_S divide o numerador C_S, quanto maior for B_S, *ceteris paribus*, mais fácil será que a condição seja satisfeita, *i.e.*, que $p_S > C_S / B_S$. Nesse sentido, à medida que o valor da condenação B_S cresce, menos relevantes se tornam os custos totais de um recurso (C_S). Dito de outra forma, se o valor da condenação for muito grande, os custos adicionais com advogado ou com o tempo que a lide demorará para ser resolvida serão mitigados em face do prejuízo que o vencido espera conseguir evitar. Assim, a probabilidade de um recurso é uma função crescente de B_S: quanto maior a condenação, maior a probabilidade de um recurso.

(b) Custos de Litigar. Segundo, a intuição também nos diz que quanto mais barato for recorrer, mais os vencidos recorrerão, e é justamente isso que o modelo aponta, pois, quanto menor for o custo de recorrer (C_S), menor será o numerador da fração C_S / B_S e, mais fácil a condição recursal será satisfeita, *i.e.*, que $p_S > C_S / B_S$. E quanto maior for C_S, maior será o numerador e mais difícil será que a condição recursal seja satisfeita. Em outras palavras, quanto menor o custo de recorrer, mais facilmente a condição recursal será satisfeita e, portanto, maior será a probabilidade de um recurso ser interposto.

Nesse sentido, na mesma medida em que a gratuidade de justiça facilita o acesso à justiça aos mais necessitados, também incentivará que eles recorram mais, pois não arcarão com custas processuais e/ou honorários de sucumbência, caso sejam vencidos. O mesmo acontece com os beneficiários de assistência da defensoria pública, pois eles não arcam com despesas advocatícias adicionais para interpor o recurso e, portanto, mais facilmente satisfarão a condição recursal. Note que o impacto da assistência da defensoria pública na estrutura de incentivos do vencido é idêntico ao caso de o advogado já ter cobrado integralmente os honorários advocatícios de *pro labore*, pois, como estes custos são irrecuperáveis, para o recorrente racional, simplesmente não há custo adicional com advogado para recorrer, tal qual estivesse representado pela defensoria pública.

(c) Honorários Sucumbenciais. Terceiro, e essa é uma questão interessante, se no momento de ajuizamento da ação e, portanto, *ex ante*, a possibilidade de ter de pagar honorários sucumbenciais sobre o valor da condenação desincentiva ambas

as partes ao litígio e favorece a autocomposição[383], os mesmos honorários, *ex post,* incentivam a interposição de recurso pelo vencido. Veja que a decisão de recorrer ou não é tomada após a condenação, portanto, após a imposição dos honorários sucumbenciais. Assim, do ponto de vista do recorrente racional, o efeito de tais honorários é aumentar o valor do prejuízo esperado com o não-recurso, *i.e.*, de B_S. *Ergo*, a previsão de condenação a honorários sucumbenciais reduz o valor da ação e gera incentivos para a autocomposição *ex ante*, mas, quando essa falha, aumenta o valor do recurso e, portanto, gera incentivos à interposição de recursos *ex post.*

É interessante notar que, em todas as causas, nos termos do §2º do art. 85 do CPC[384], o vencido deve ser condenado a satisfazer não apenas a condenação, mas também a pagar honorários de sucumbência de 10 a 20% sobre o valor da condenação ou da causa. No entanto, como esse valor não vai para a parte vencedora e sim para seu advogado, esse dispositivo aumenta a diferença entre o valor do recurso para o vencido e para o vencedor. Assim, considerando apenas o efeito dos honorários sucumbenciais, apesar de o vencedor receber apenas o valor da condenação (B_V), o vencido pagará B_S, que é de 10% a 20% maior que B_V. Dessa forma, em função dessa regra processual, podemos afirmar que $B_S > B_V$. E essa diferença incentivará o litígio na fase recursal.

(d) Probabilidade de Reversão. Quarto, como demonstra a Inequação 5.2-2, o modelo descreve e prevê claramente que, *ceteris paribus*, quanto maior for a chance de a sentença ser revertida, portanto, quanto maior for p_S, mais fácil a condição recursal será satisfeita e, quanto mais respeito pela sentença o tribunal tiver, logo, menor for p_S, menor será a chance de interposição de recurso pelo recorrente racional. É a existência da possibilidade de reversão da sentença atacada que torna racional a interposição de um recurso. Se uma decisão judicial jamais fosse revertida, *i.e.*, se p_S = 0, então, a condição recursal jamais seria satisfeita, ou seja, p_S jamais seria maior que C_S / B_S, mesmo que $C_S = 0$ e $B_S \rightarrow \infty$. Note que, nesse caso, o valor da condenação não importa e uma parte recorreria apenas se fosse remunerada para fazê-lo ($C_S < 0$) ou se houvesse externalidades positivas associadas.

Se o modelo demonstra, claramente, que se a chance de reversão for nula não será racional recorrer, o que aconteceria se o êxito na reversão fosse uma certeza? Vamos considerar a hipótese de que o tribunal nunca respeitasse a decisão de primeira instância, *i.e.*, se o tribunal desse provimento a todas as apelações. Pode parecer um caso extremo, mas o autor já participou de inúmeros cursos de formação de magistrados recém-empossados e de outros cursos para o Judiciário com públicos misturados de magistrados e servidores. Em um desses cursos com público misturado,

---

383.   Você consegue ver por que a previsão de honorários de sucumbência afeta a ambas as partes e não apenas ao autor?

384.   Art. 85. A sentença condenará o vencido a pagar honorários ao advogado do vencedor. [...]
§ 2º Os honorários serão fixados entre o mínimo de dez e o máximo de vinte por cento sobre o valor da condenação, do proveito econômico obtido ou, não sendo possível mensurá-lo, sobre o valor atualizado da causa [...].

eu explicava a dupla função do duplo grau de jurisdição e dizia que, na ausência de uma divergência jurisprudencial ou de um erro claro, não era socialmente desejável que um tribunal revertesse uma decisão judicial e, portanto, não era socialmente desejável dar provimento à apelação. Nesse momento, um assessor de desembargador[385], que parecia uma pessoa muito boa de coração, se levantou para expressar sua discordância, pois – na visão dele –, se a parte apelou, é porque ela estava frustrada com a decisão atacada e, portanto, para dar-lhe alguma satisfação, alguma paz de espírito, ele sempre dava parcial provimento ao recurso, nem que fosse para aumentar um pouco a indenização ou reduzir um pouco a multa. Só para não negar tudo. Nesse cenário, usando a condição recursal, qual seria o impacto na estrutura de incentivos do vencido se todos os tribunais adotassem essa postura "gentil" do assessor?

Bem, se o tribunal nunca respeitasse a decisão judicial e, portanto, sempre desse provimento ao recurso, então, por definição, a probabilidade de êxito seria de 100%, ou seja, $p_s = 1$ e só não seria racional para o vencido recorrer se o custo de recorrer fosse maior que o valor da condenação:

$$1 > \frac{C_s}{B_s}$$

$$B_s > C_s$$

Como os custos de recorrer no Brasil são muito baixos e o valor da condenação incluirá o valor dos honorários advocatícios sucumbenciais de 10 a 20% sobre o valor da condenação, é razoável esperar que apenas em casos excepcionais a condição recursal não será satisfeita, logo, se todos se comportassem como o "gentil" assessor de desembargador, praticamente todas as decisões judiciais seriam apeladas e os tribunais, que possuem um número de turma menor que o número de juízes (lembre-se da estrutura piramidal) ficariam completamente abarrotados de recursos. Seria um completo desastre.

De uma forma geral, a quantidade de recursos que o tribunal recebe é uma função de sua **taxa de reversibilidade**[386]. A taxa de reversibilidade pode ser calculada tanto para os casos em geral, quanto para tipos específicos de caso e, no limite,

---

385. Se o leitor está surpreso com o fato de estarmos discutindo a decisão de um assessor e não a de um desembargador, é porque o leitor não interagiu o suficiente com o Judiciário. Como você acha que é possível um ser humano julgar 5.000 casos em apenas um ano? Suponha que cada caso tenha em média 100 páginas e que se demore 1 minuto para ler 3 páginas, isso significa que, apenas para ler os processos, precisaríamos de 347,22 dias úteis de 8 horas ininterruptas de leitura (mais de um ano), sem contarmos o tempo de refletir e elaborar uma decisão ou realizar alguma diligência. Dado o estado atual de sobreutilização do Judiciário brasileiro, lamentavelmente, não são mais os magistrados que estão decidindo nossos os casos. Pronto, contei o segredo...

386. Em outra oportunidade, Gico Jr. e Arake já definiram taxa de reversibilidade como "a razão entre a quantidade de decisões judiciais revertidas pelo total de decisões recorridas de uma determinada instância ou órgão julgador. Com ela pretendemos descobrir a relação (proporção) entre as sentenças apeladas que são reformadas e as que não são reformadas." Gico Jr. e Arake (2019, p. 13).

se calculada para um único caso se confundirá com a probabilidade de êxito do recurso, *i.e.*, com p_s. Antes do litígio, o hiato de expectativas era uma consequência da insegurança jurídica e da assimetria de informação[387] entre as partes. No entanto, após a fase de instrução e julgamento, não apenas as partes já produziram todas as provas que necessitavam, como não podem mais produzir novas provas (preclusão[388]) na fase recursal, logo, é de se esperar que, nessa fase, não haja entre elas uma assimetria de informação substancial[389]. Os fatos sobre os quais se litiga estão estáveis. Portanto, espera-se que uma eventual divergência de expectativas sobre a viabilidade do recurso decorra principalmente de suas percepções subjetivas acerca da precisão da decisão judicial atacada, ou seja, da presença ou não de erros na decisão judicial recorrida.

Nesse sentido, do ponto de vista social, considerando-se que é extremamente custosa a manutenção de grupos de juízes (tribunais) revendo o trabalho de juízes individuais, nenhum dos dois cenários extremos discutidos acima faz sentido, *i.e.*, não é eficiente nem rejeitar todos os recursos, nem aceitar todos. A pergunta é, então, quais casos devem e quais casos não devem ser revistos? Além disso, se é a taxa de reversibilidade que gera o incentivo para o recurso e a manutenção de uma segunda instância é custosa para a sociedade, então, deve haver alguma explicação racional que justifique a existência de tribunais, ou seja, do duplo grau de jurisdição. É sobre isso que passamos a discutir na seção seguinte.

5.2.2 A Dupla Função do Duplo Grau de Jurisdição

As sociedades, em geral, e o Brasil, especificamente, adotam o duplo grau de jurisdição por duas razões: a necessidade de uniformização de regras jurídica e a correção de erros. Essas duas funções do duplo grau de jurisdição explicam a razão de investirmos tantos recursos sociais na custosa manutenção de grupos de juízes (*i.e.* tribunais) para a revisão do trabalho de outros juízes singulares, ao invés de alocarmos esses mesmos juízes para decidirem mais casos e, assim, prestar mais serviço público adjudicatório, o objetivo último do Judiciário. Aqui claramente há um *trade-off* entre uniformização de regras e precisão processual *versus* celeridade processual e prestação jurisdicional, sendo que a opção pelas primeiras tem prevalecido.

---

387. Cf. Gico Jr. (2014, p. 184).

388. Art. 507. É vedado à parte discutir no curso do processo as questões já decididas a cujo respeito se operou a preclusão.

389. Apenas a título de curiosidade, como na França as partes podem produzir provas novas na segunda instância, muito litigantes veem a primeira instância como um mero aquecimento, inclusive não apresentando todos os seus argumentos e provas, o que, claramente, é antiprodutivo. Cf. Fisher-Achoura (2004). E mesmo a ampla reforma de 2019, implementada em 2020, não parece ter alterado o quadro, pois o art. 563 do Código de Processo Civil francês ainda estabelece que: "Para justificar em apelação, as pretensões que foram submetidas ao primeiro juiz, as partes podem invocar novos fundamentos, produzir novas peças ou propor novas provas. No original: "*Pour justifier en appel les prétentions qu'elles avaient soumises au premier juge, les parties peuvent invoquer des moyens nouveaux, produire de nouvelles pièces ou proposer de nouvelles preuves.*"

O Judiciário é organizado de forma piramidal por uma razão muito simples: as decisões precisam ir se afunilando até que se tenha uma única decisão uniforme para todos os casos similares. A sociedade precisa e deseja viver sob o manto da segurança jurídica, de uma regra única que se aplique a todos os casos semelhantes, ou seja, sob o manto do Estado de Direito (art. 1º/CF):

ESTRUTURA HIERÁRQUICA DO JUDICIÁRIO
Figura 5-5

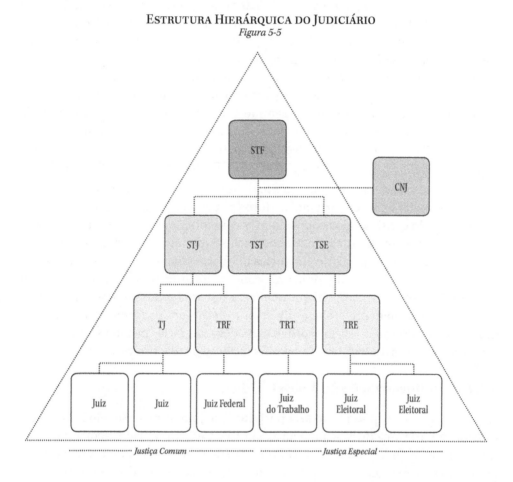

Fonte: Gico Jr. (2013, p. 277)[390].

Se não fosse assim, não haveria necessidade de um Judiciário hierarquizado, poderíamos ter apenas juízes de primeira instância que decidissem conforme sua interpretação particular do direito ou seu idiossincrático senso de justiça (equidade). Além disso, sem a uniformização das regras jurídicas, o valor preditivo do direito seria

---

390. A Justiça Militar foi excluída por causa de suas especificidades organizacionais.

nulo[391], *i.e.*, as partes não saberiam como se portar *ex ante*, pois o comportamento dos juízes *ex post* seria tão aleatório quanto a distribuição de casos. O mesmo caso poderia ser decidido de forma completamente diversa a depender de para qual juiz o caso foi distribuído, ou seja, nesse *Judiciário lotérico*, o resultado dependeria do homem sorteado e não do direito da parte. Viveríamos na antítese do Estado de Direito.

Como já disse[392], "supondo-se a unicidade de posicionamento dentro do Tribunal de Justiça, do STJ e do STF (alinhamento horizontal), o sistema parece estruturado para convergir à uniformização de regras jurídicas (alinhamento vertical), já que todas as decisões das etapas anteriores são passíveis de revisão pelo STJ e/ou pelo STF. Todavia, é importante indagar se a simples possibilidade de decisões contrárias serem revertidas nas instâncias superiores é suficiente para uniformizar a jurisprudência nas instâncias inferiores [...]". Nesse sentido, podemos modelar o comportamento dos juízes como se fossem todos membros de um mesmo time, com o mesmo objetivo (Teoria dos Times)[393] ou como se tivessem objetivos diferentes e cada um estivesse tentando fazer valer suas próprias preferências (Problema Agente-Principal)[394].

Quando considerados como um time, o desafio é comunicar com precisão as decisões tomadas e coordenar as ações de todos, para que o time aja como um único corpo. Quando considerados como agentes com interesses próprios, não necessariamente convergentes, o desafio das instâncias superiores (principal) é monitorar o que estão fazendo os juízes de instâncias inferiores (agentes) para garantir que os casos estejam sendo decididos de acordo com a regra jurídica adotada pelo tribunal. De um jeito, ou de outro, seja por que os juízes estão tentando cooperar entre si, seja por que eles possuem preferências diversas e discordam da forma como o direito deva ser aplicado, é necessário coordenar as ações das várias instâncias judiciais e o primeiro desafio, nesse contexto, é a uniformização de regras jurídicas.

5.2.2.1 Uniformização de Regra Jurídica

Comecemos supondo um juiz perfeito, que jamais erre. Se não houvesse a possibilidade de uma decisão judicial estar errada, algum vencido recorreria? Seria racional apelar em alguma hipótese? A resposta é sim, mesmo no mundo do juiz perfeito, ainda assim haveria espaço para o duplo grau de jurisdição, pois esses juízes perfeitos poderiam interpretar – *bona fide* – a mesma lei de formas diferentes quando houvesse dubiedade no texto legal[395]. Se lembrarmos da existência da pluralidade de

---

391. Essa discussão será retomada na Seção 6.3 adiante. Cf. ainda Gico Jr. (2019; 2020).

392. Cf. Gico Jr. (2013, p. 278).

393. Cf. Gico Jr. (2012; 2013).

394. Cf. Gico Jr. (2012; 2015).

395. Note que alguns, como Fux e Bodart consideram a divergência interpretativa como um erro a ser corrigido pelo sistema, ou pelo menos que a divergência dificulta a identificação de um eventual erro. Cf. Fux e Bodart (2019, p. 153).

interpretações legais possíveis em alguns casos (hermenêutica das escolhas), devemos concluir que, mesmo na presença de um Judiciário perfeito, isento de erros, seria racional apelar de uma sentença no caso de divergência jurisprudencial. Conforme discutido na Seção 3.1.5, temos que a atividade jurisdicional tradicional se limita a três hipóteses: subsunção direta, hermenêutica das escolhas e integração, que podem ser organizadas no Diagrama Hermenêutico, que replicamos abaixo novamente por mera conveniência:

DIAGRAMA HERMENÊUTICO
Figura 3-4

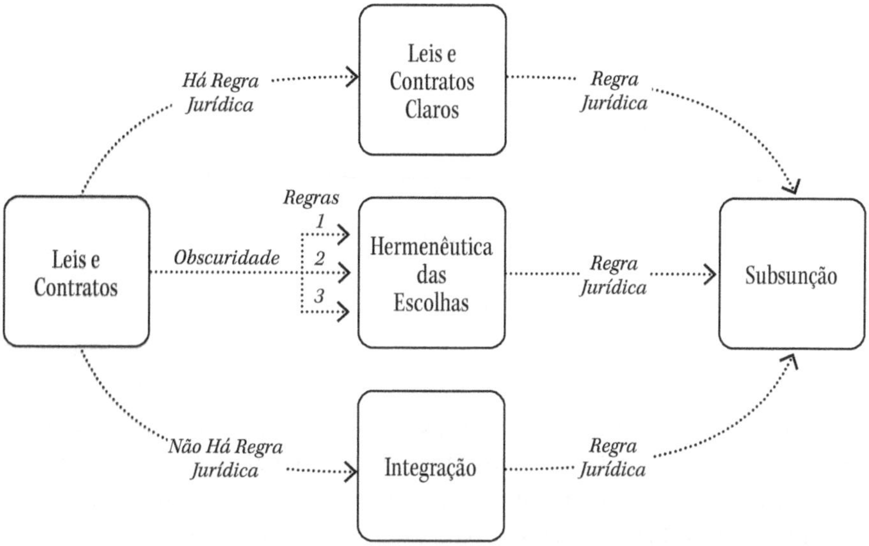

Fonte: Gico Jr. (2018, p. 80).

Como o Diagrama Hermenêutico nos mostra, mesmo na hipótese hercúlea de um Judiciário perfeito, isento de erros, fato é que os juízes ainda teriam de, no dia a dia, resolver casos em que há lacuna jurídica, mediante integração, além de casos em que há dubiedade ou obscuridade da lei, para manter o linguajar do CPC, mediante a hermenêutica das escolhas. Lembre-se, nosso pressuposto é de que é o Judiciário que é perfeito, não o ordenamento jurídico.

Assim, considerando que há milhares de juízes no Brasil, tanto em uma quanto em outra hipótese, é razoável esperar que juízes diferentes, com posições e históricos diferentes, estabeleçam regras jurídicas diferentes como o resultado de suas atividades de integração e de hermenêutica das escolhas. Consequentemente, pelo menos parte dos casos iguais ou similares estará sendo decidida de forma diversa e, por consequência, a sociedade brasileira estará vivendo sob regras jurídicas variáveis, que se alteram aleatoriamente de vara para vara, e essa insegurança jurídica gerará um aumento da litigância que, por sua vez, poderá levar a sobreutilização do Judiciário, nos termos do já mencionado ciclo da litigância:

O Ciclo da Litigância
Figura 3-6

Fonte: Adaptado de Gico Jr. (2013, p. 458).

Se houver um mecanismo de uniformização de regras jurídicas em funcionamento, a insegurança jurídica decorrente da lacuna legal ou da obscuridade da lei gerará uma expansão da litigância em função do aumento do hiato de expectativas das partes. O aumento de litigância, por sua vez, gerará um aumento de decisões judiciais que, quando devidamente uniformizadas pelo mecanismo de uniformização, gerarão segurança jurídica, reduzindo o hiato de expectativas e levando o Judiciário a realizar apenas a atividade de subsunção (agora da regra jurídica integrada ou escolhida). O ganho de previsibilidade decorrente da estabilização da jurisprudência, levará a uma retração da litigância. O ciclo da litigância estará funcionando normalmente, até que um choque externo tire o ordenamento jurídico do equilíbrio e o coloque novamente no ciclo da litigância.

Por outro lado, sem um mecanismo de uniformização de jurisprudência, *i.e.*, de uma segunda instância que uniformizasse as regras jurídicas, ao menos no âmbito do respectivo tribunal, o ciclo da litigância não funcionaria corretamente nas áreas em que houvesse permanência da divergência jurisprudencial. Como as partes não teriam como saber *ex ante* que regra jurídica se aplicaria ao seu caso concreto, o hiato de expectativas seria mantido e, como visto na condição de litigância (Inequação 4.2-4), o hiato de expectativas é uma das explicações para o fracasso da autocomposição. Nesse sentido, por mais que o Judiciário produzisse decisões judiciais, como elas não seriam uniformes, ao menos nessa área do direito, não haveria produção de segurança jurídica, e a ausência dessa previsibilidade levaria à sobreutilização do Judiciário. E, **173** no limite, levaria à sua destruição como mecanismo de solução de controvérsia[396].

Além disso, existem 27 tribunais estaduais, 3 tribunais de justiça militar estaduais, sem contar os 5 tribunais regionais federais, os 27 tribunais regionais eleitorais e os 24 tribunais regionais do trabalho. Assim, ainda que em um determinado tribunal todos os magistrados concordassem com a jurisprudência adotada, por si só uma hipótese hercúlea, algum tribunal provavelmente adotaria uma interpretação diversa de algum congênere, gerando uma diversidade do direito aplicável no âmbito da União, ou seja, o direito aplicável em um estado seria diferente do direito aplicável em outro estado, para o mesmo tipo de caso, o que violaria a ideia de União (art. 1º/CF). Essa é a razão pela qual uma das principais competências do STJ é a de uniformizar as interpretações adotadas pelos tribunais inferiores[397], de forma que uma única interpretação da lei federal prevaleça em todo o território nacional.

Dito isso, exploremos o impacto de uma eventual divergência jurisprudencial entre duas varas no âmbito de um mesmo tribunal. Suponha que o vencido tenha tido um caso decidido na 1ª Vara Cível contra si pela aplicação de uma determinada regra jurídica, mas, após alguma pesquisa, seu advogado descubra que a 2ª Vara Cível já julgou vários casos semelhantes aplicando uma interpretação diversa da lei que, se fosse aplicada ao seu caso, lhe daria ganho de causa. Suponha ainda que em pesquisa aos acórdãos do tribunal, o advogado identifique que essa é a primeira vez que alguém adotou essa interpretação divergente da lei, ou seja, o tribunal nunca se manifestou sobre qual das duas deve prevalecer. Nesse cenário, supondo que ambas as interpretações são razoáveis à luz da letra da lei (hermenêutica das escolhas), podemos assumir que uma eventual apelação terá cerca de 50% de chances de ser provida, *i.e.*, $p_S = 0,5$, pois ambas as interpretações são razoáveis. Substituindo esse valor na condição recursal, teremos que:

$$0,5 > \frac{C_S}{B_S}$$

$$B_S > 2\,C_S$$

Logo, nesse cenário, basta que o valor da condenação (B_S) seja superior ao dobro dos custos do recurso (C_S) para que seja racional recorrer. Como as custas processuais de apelação são geralmente baixas e nem sempre os advogados cobram honorários adicionais por instância, o mais provável é que em quase todos os casos em que hou-

---

396. Retomaremos a discussão acerca da sobreutilização do serviço público adjudicatório e o impacto disso sobre a sociedade, a Tragédia do Judiciário, no Capítulo 6.

397. Art. 105. Compete ao Superior Tribunal de Justiça:

III - julgar, em recurso especial, as causas decididas, em única ou última instância, pelos Tribunais Regionais Federais ou pelos tribunais dos Estados, do Distrito Federal e Territórios, quando a decisão recorrida: [...]

c) der a lei federal interpretação divergente da que lhe haja atribuído outro tribunal.

ver uma divergência jurisprudencial, o vencido recorra. Com o recurso, o tribunal terá a possibilidade, a baixos custos, de decidir qual das interpretações adotadas deve prevalecer no âmbito da jurisdição desse tribunal. Ao fazê-lo, ao menos nessa circunscrição, o direito terá se tornado uniforme. Após essa uniformização, nos casos similares futuros, as partes já saberão como o tribunal provavelmente se comportará e, portanto, suas expectativas sobre a chance de sucesso da ação em casos similares convergirão mais, reduzindo o hiato de expectativas e aumentando as chances de autocomposição.

Do ponto de vista do ciclo da litigância, com o aumento da segurança jurídica, deve haver uma diminuição do número de casos discutindo a mesma regra, o que é apenas o resultado macro (agregado) da mudança micro (individual) no incentivo das partes. Como dito na Seção 1.3, este é um visível exemplo de como podemos utilizar a estrutura de incentivos do indivíduo para compreender o comportamento social (individualismo metodológico). O mesmo raciocínio pode ser aplicado para a divergência entre a vara e o tribunal, entre turmas do tribunal e o pleno ou entre tribunais e o STJ ou o STF. A lógica permanece a mesma. No entanto, a perfeição do juiz é um pressuposto muito forte, que se relaxado, nos levará à segunda função do duplo grau de jurisdição, qual seja, a correção de erros.

5.2.2.2 Correção de Erros

É socialmente desejável que as decisões judiciais sejam tomadas o mais corretamente possível[398]. No entanto, nem todo investimento na redução de erro judicial é socialmente desejável. Como discutido na Seção 2.3, em virtude da assimetria de informação entre as partes e o juiz, os investimentos em processo e os procedimentos de instrução podem ser considerados um mecanismo de descobrimento da realidade para que o juiz, reduzindo essa assimetria de informação, possa adequadamente resolver o conflito de acordo com o direito. Quanto mais informação o juiz tiver, mais perfeita será a sua decisão, sendo que perfeição, aqui, se refere ao grau de adesão da decisão judicial às regras jurídicas vigentes. Desconsiderando o problema principal--agente, um juiz com informação perfeita é um juiz que pode decidir perfeitamente. No entanto, como dito, garantir que o juiz adquira tais informações impõe custos tanto às partes quanto ao próprio juízo.

Por outro lado, mesmo que o juiz adquira informação perfeita e, portanto, tenha pleno domínio dos fatos e do direito, pode ser que ele, em razão de suas preferências subjetivas, não concorde com o resultado x' e, portanto, se recuse a aplicar ao caso

---

398. Cf. nota 219 *supra*. É possível que alguém queira discutir o que significa a decisão ser correta, se é seguir a lei, a jurisprudência ou algum outro critério abstrato e idiossincrático de justiça, como o princípio preferido do interlocutor. No entanto, uma vez estabelecido o critério de *correttezza*, todos desejarão que a lide seja decidida de acordo com esse critério.

concreto a regra jurídica devida x. Nessa hipótese, apesar de o juiz ser um agente do Estado, ele estará adotando um comportamento oportunista e se desviando do direito para impor às partes e, portanto, à sociedade, a sua visão de mundo pessoal em detrimento do direito[399]. O juiz estará agindo de maneira oportunista e *contra legem*[400].

Tanto para mitigar o risco do erro adjudicatório por informação incompleta, quanto o erro adjudicatório por comportamento oportunista do juiz é que, em vez de contratarmos um único juiz e de nos darmos por satisfeitos com a sua sentença, também contratamos um tribunal para rever a referida sentença. A justificação parcial para a existência do duplo grau de jurisdição é a preocupação social com o erro na prestação do serviço público adjudicatório. Não obstante, tanto essa garantia adicional, quanto todas as demais garantias e procedimentos de proteção geram uma complexa estrutura judicial, que não vem sem ônus.

A gestão desse complexo sistema judicial gera custos de administração. Quanto mais garantias, procedimentos e processos de revisão houver, menor será a probabilidade de um erro adjudicatório acontecer. Em compensação, quanto mais garantias e procedimentos, ou seja, quanto mais complexo o sistema judicial for para a proteção dos litigantes, maiores serão os custos de administração do próprio sistema.

Nesse sentido, como discutido na Seção 2.3, o custo social do processo é composto por duas variáveis com comportamentos opostos: os custos de erro $c(e)$ e os custos de administração c_A. Quanto mais investimentos em processo, menor serão os custos com erro adjudicatório ($\downarrow c(e)$). No entanto, quanto mais se investe em processo, mais complexo e demorado será o sistema e, portanto, maior será o custo de administração ($\uparrow c_A$), e vice-versa. Em suma, o investimento em processo diminui o custo decorrente do erro e aumenta o custo de administração, e a diminuição do custo de administração aumenta o custo com erro. Se entendermos que a função social do Direito Processual é proteger as partes de erros na adjudicação (proteção) e organizar a atividade adjudicatória (administração), então, podemos compreender o processo como uma tentativa de minimizar o custo social do processo e não apenas um de seus componentes.

A sociedade poderia alcançar o objetivo de redução do custo social do processo de várias formas. A mais óbvia delas é investir mais em juízes de qualidade, em processo, em investigação etc. Como dizem Fux e Bodart[401], "o legislador poderia adotar apenas um grau de jurisdição, composto por custosos e exaustivos atos de postulação, instrução e cognição, e obter certo nível de redução de erros judiciários". Uma outra forma de reduzir o custo social do processo é investir em uma

---

399. Sobre o direito fundamental à legalidade, cf. Seção 3.2, e sobre a ineficiência do ativismo, cf. Seção 3.1.

400. Note que para mim, a divergência de entendimento por ausência de clareza da lei ou de jurisprudência dominante não constitui um erro em si, mas um ruído no sistema a ser esclarecido pelo ciclo da litigância, enquanto a decisão judicial que viola a lei ou a jurisprudência dominante constitui um erro judicial, que pode ser doloso ou não.

401. Cf. Fux e Bodart (2019, p. 152).

segunda instância que reveja as decisões e, em caso de erro, as reverta. Todavia, da existência de uma segunda instância não decorre logicamente que os casos que ela aprecie sejam necessariamente escolhidos pelos vencidos, ou seja, a existência de uma segunda instância não requer que o vencido tenha ou deva ter o direito de apelar. Os casos para revisão poderiam ser escolhidos pelo próprio julgador, da mesma forma que o STF escolhe quais casos deseja julgar pela repercussão geral ou o Tribunal de Contas da União – TCU, que pode realizar uma tomada de contas. Outra possibilidade seria selecionar aleatoriamente os casos para revisão, como em uma auditoria. Por fim, todos os casos poderiam ser revistos indiscriminadamente, como, por exemplo, ordena o art. 496 do CPC na hipótese de remessa necessária[402]. Como se pode ver, há mais de uma abordagem possível na busca pela redução do custo social do processo, sendo que – em geral – os sistemas jurídicos escolhem o direito de o vencido apelar.

Spitzer e Talley[403] propuseram um modelo teorético dos jogos muito interessante para demonstrar como os tribunais estrategicamente escolhem quais casos serão revistos por eles, a depender da preocupação com imprecisão fática ou com divergência ideológica dos juízes ou tribunais inferiores. Seu modelo é extremamente interessante para a análise do comportamento estratégico do STJ e do STF que, efetivamente escolhem que casos apreciarão. O STF, por expressa previsão legal e o requisito da presença de repercussão geral no recurso extraordinário; e o STJ, por meio de uma aplicação estratégica da Súmula 7[404] e outros filtros processuais aos recursos especiais. Essa abordagem está em linha com a abordagem agente-principal e o comportamento oportunista do juiz.

Já Daughety e Reinganum[405] apresentam um modelo de comunicação e ruído entre as instâncias, em que os envolvidos usam as apelações e a reversibilidade para tentar descobrir as preferências das instâncias superiores, em um esforço de coordenação. Em outro oportunidade utilizei uma abordagem semelhante[406] para modelar o Judiciário brasileiro como um time e aferir a possibilidade de formação de jurisprudência estável e superação do problema de anarquismo judicial.

No entanto, esses modelos são mais sofisticados e específicos do que necessitamos para o presente livro e, por isso, aqui vamos explorar o duplo grau de

---

402. Art. 496. Está sujeita ao duplo grau de jurisdição, não produzindo efeito senão depois de confirmada pelo tribunal, a sentença:

I - proferida contra a União, os Estados, o Distrito Federal, os Municípios e suas respectivas autarquias e fundações de direito público;

II - que julgar procedentes, no todo ou em parte, os embargos à execução fiscal.

403. Cf. Spitzer e Talley (2000).

404. Súmula 7 – A pretensão de simples reexame de prova não enseja recurso especial.

405. Cf. Daughety e Reinganum (2000).

406. Cf. Gico Jr. (2013).

jurisdição como um mecanismo de correção de erros em função da existência de uma assimetria de informação entre as partes, de forma parecida com a proposta original de Shavell[407].

Para isso vamos combinar duas ideias já discutidas antes: a estratégia de agrupamento e de separação em um modelo de assimetria de informação (cf. Seção 4.3.2) e a condição recursal (cf. Seção 5.2.1). De início, vamos supor que há uma assimetria de informação entre as partes litigantes e o tribunal, de tal forma que, antes da apreciação do recurso (*ex ante*), as partes saibam se a decisão judicial atacada contém ou não um erro (informação privada), mas o tribunal não saiba. Além disso, vamos inserir um ruído nas informações de tal maneira que, mesmo possuindo informação privada, as partes não tenham certeza absoluta do resultado do recurso; ou que o tribunal, ele próprio, incorra em erro em alguns recursos e não reverta uma decisão errada (**Erro Tipo I**), ou reverta uma decisão correta (**Erro Tipo II**)[408]. Suponha que nesse cenário teremos dois tipos de recursos: os fortes, com 80% de chance de provimento (p_f = 0,80) e os fracos, com apenas 20% de chance de provimento (p_r = 0,20). Assuma que o valor da condenação foi de R$ 100.000 (B = 100.000) e que o custo do recurso é R$ 10.000 para cada parte ($C_S = C_V$ = 10.000). Este exemplo pode ser representado da seguinte maneira:

VALOR ESPERADO DO RECURSO COM BAIXO CUSTO
Figura 5-6

		Valor Esperado para o Vencido
Tipo de Apelação	Caso Forte	$p_f . B - C = 70.000$
	Caso Fraco	$p_r . B - C = 10.000$

Para o tribunal analisar todos os casos julgados é muito custoso. Então, ele prefere que apenas os casos fortes sejam apelados, mas ele não tem como saber *ex ante* quais seriam estes casos. Todavia, o tribunal tem a competência de fixar suas próprias custas processuais e, assim, afetar C_S, pois, de acordo com a condição recursal, o vencido recorrerá apenas se o valor do recurso for positivo. Logo, é possível se criar um equilíbrio de separação em que os vencidos fracos não apelem, mas os vencidos fortes sim. Usando a condição recursal no exemplo acima, temos:

---

407. Cf. Shavell (1995).

408. Em estatística, considera-se um erro do tipo I quando se rejeita uma hipótese verdadeira e erro do tipo II quando não se rejeita uma hipótese falsa. Em Direito Processual, podemos dizer que o tribunal incorre em um erro tipo I quando não dá provimento a um recurso ao qual deveria dar provimento (rejeitou o recurso verdadeiro) e incorre em um erro tipo II quando dá provimento a um recurso ao qual não deveria dar provimento (não rejeitou o recurso falso).

$$p_S > \frac{C_S}{B_S}$$

$$p_S > \frac{10.000}{100.000}$$

$$p_S > \frac{1}{10}$$

A condição recursal nos informa que, nesse cenário, o vencido recorrerá se a sua probabilidade de êxito for de, ao menos, 10%, ou seja, 0,1. Como a probabilidade de êxito do vencido fraco é de 20% e a do vencido forte é de 80%, isso significa que ambos recorrerão, e o tribunal terá de rever todos os recursos, desperdiçando tempo revisando casos fracos e errando em 20% deles. Em outras palavras, teríamos um equilíbrio de agregação. Agora se o custo do recurso fosse elevado para R\$ 30.000, a situação se alteraria e teríamos um equilíbrio de separação, dado que agora o valor do recurso é positivo apenas para os vencidos fortes:

VALOR ESPERADO DO RECURSO COM ALTO CUSTO
Figura 5-7

		Valor Esperado para o Vencido
Tipo de Apelação	Caso Forte	$p_f \cdot B - C = 50.000$
	Caso Fraco	$p_r \cdot B - C = -10.000$

Com o aumento do custo do recurso foi possível criar um equilíbrio de separação em que se apela apenas em casos fortes e o tribunal concentra sua atenção limitada nos casos que realmente a demandam. Obviamente, além do custo do recurso, uma outra variável que o tribunal poderia alterar seria a probabilidade de êxito dos vencidos. Suponha que o tribunal tenha melhorado seus procedimentos internos de análise de casos de forma que sua precisão tenha aumentado substancialmente e, agora, a probabilidade de êxito de um caso forte seja de 90% ($p_f = 0,90$) e a probabilidade de êxito dos casos fracos seja de apenas 10% ($p_r = 0,10$). Neste caso será possível criar um equilíbrio de separação mesmo com baixos custos de recurso:

VALOR ESPERADO DO RECURSO COM MAIOR ACURÁCIA
Figura 5-8

		Alto Custo	Baixo Custo
Tipo de Apelação	Caso Forte	$p_f \cdot B - C = 60.000$	$p_f \cdot B - C = 80.000$
	Caso Fraco	$p_r \cdot B - C = -20.000$	$p_r \cdot B - C = 0$

Como se pode ver, o tribunal que deseje alocar eficientemente seus recursos na fase recursal (desculpem o trocadilho), pode criar um equilíbrio de separação de vencidos seja pelo aumento das custas do processo, seja pelo investimento na acurácia de seus julgamentos. Note que, como aqui a estratégia de aumento de custos do processo significa um aumento de seu valor absoluto, e não de uma alíquota, casos de menor valor, ainda que sejam fortes, não serão recorridos. Por outro lado, o investimento em acurácia tende a ser mais custoso para o tribunal, mas cria o equilíbrio de separação sem discriminar contra casos de menor valor. Como de costume, no mundo dos recursos escassos, sempre há um *trade-off.* De qualquer forma, essas são as duas variáveis que o tribunal tem a sua disposição para regular o fluxo de casos e as que poderá usar para gerar um equilíbrio de separação da forma mais justa e eficiente.

5.2.3 Taxa de Reversibilidade e Taxa de Recorribilidade

Como já disse em outra oportunidade[409], o controle e a publicização das taxas de reversibilidade e de recorribilidade[410] de cada vara e de cada juiz individualmente considerado pode reduzir substancialmente a assimetria de informações entre as partes e entre o tribunal e o juiz, reduzindo o número de recursos fracos e aumentando o de recursos fortes. Assim, por exemplo, se uma parte está considerando interpor um recurso e sabe de antemão que a taxa de reversibilidade de um determinado juiz e/ou de uma determinada vara é baixa, o potencial recorrente naturalmente levará em consideração essa informação na hora de realizar sua escolha.

Considerando que as partes são racionais, o resultado esperado do aumento da transparência (mais informação) acerca da baixa taxa de reversibilidade, é a queda da taxa de recorribilidade, aumentando o tempo disponível para o tribunal julgar casos mais difíceis ou mais rapidamente, ou seja, uma alocação mais eficiente de seus recursos escassos.

Além do mais, quanto mais completa e difundida for a informação, maior a probabilidade de as partes evitarem entrar com novas ações para discutir questões sobre as quais o tribunal já se manifestou de forma clara. A diminuição da litigância em primeiro grau também deve permitir ao juiz que aloque mais tempo aos casos mais difíceis e, assim, aumente a qualidade de suas decisões e diminua o tempo de adjudicação. Ambos os efeitos tendem a gerar um círculo virtuoso de diminuição de litigância, seguido de um aumento de qualidade das decisões judiciais, o que reforça o círculo virtuoso de litigância.

Por outro lado, se a parte souber que a taxa de reversibilidade de um determinado juiz e/ou de uma determinada vara é alta, isso significaria uma maior probabilidade

---

409. Cf. Gico Jr. e Arake (2019, p. 13 e ss.).

410. A **Taxa de Recorribilidade** é a razão entre a quantidade de recursos interpostos contra decisões judiciais pelo total de decisões proferidas por uma determinada instância ou órgão julgador.

de sucesso do recurso, aumentando – em um primeiro momento – a taxa de recorribilidade. No entanto, considerando que os magistrados são racionais, o resultado esperado é que, com o aumento da transparência (mais informação) acerca da alta taxa de reversibilidade de suas decisões, o magistrado seja capaz de perceber que há uma divergência constante entre o seu posicionamento e o do tribunal, podendo assim, ajustar sua conduta.

De tal modo, a redução da assimetria de informação entre tribunal e magistrado permitirá a este que desenvolva com maior segurança e efetividade a sua atividade adjudicatória e – em um segundo momento –, a taxa de reversibilidade naturalmente cairá. Lembrando que, como se trata de uma análise dinâmica, com a queda da taxa de reversibilidade, gradualmente também deve cair a taxa de recorribilidade, liberando tempo e recursos de ambas as instâncias para melhor desempenhar suas funções adjudicatórias. Dá-se início a um novo ciclo virtuoso.

Assim, tanto a taxa de recorribilidade quanto a taxa de reversibilidade são variáveis dinâmicas e inter-relacionadas, razão pela qual é mais útil e eficiente que se construam e se publiquem ambas continuamente, pois é esperado que o comportamento dessas taxas varie no tempo, de acordo com o comportamento de todos os agentes envolvidos. Ter acesso a essas informações relevantes, hoje escondidas tanto das partes quanto dos próprios julgadores, é um eficiente instrumento de gestão judicial e deve contribuir significativamente para a celeridade e para o acesso à justiça.

Para demonstrar como, do ponto de vista analítico, é importante que ambas as taxas sejam aferidas e publicadas, suponha agora que, uma vez revelada essa informação oculta (*hidden information*), descubra-se que um determinado tribunal possui alta taxa de recorribilidade agregada. Em uma abordagem inicial, essa taxa pode ser explicada de duas formas: (*i*) os juízes de primeira instância estão errando muito, na visão do tribunal, ou (*ii*) os custos de recorrer estão muito baixos para as partes. Para resolvermos essa ambiguidade analítica, podemos utilizar a agora revelada taxa de reversibilidade agregada desse tribunal.

Uma vez aferida a taxa de reversibilidade do tribunal, se esta for alta, há, também, duas conclusões possíveis: (*i*) os juízes estão, de fato, errando muito na visão do tribunal; ou (*ii*) a jurisprudência do tribunal não está clara. Se realizarmos uma simples análise combinatória de todos os resultados possíveis, tanto para a taxa de recorribilidade quanto para a taxa de reversibilidade, veremos que, na prática, há quatro cenários possíveis, cada qual com suas implicações específicas para o comportamento das partes litigantes: (alta, alta), (alta, baixa), (baixa, alta) e (baixa, baixa).

Para facilitar a compreensão de cada resultado possível e uma possível comparação entre tribunais e/ou entre varas, podemos conjugar esses resultados em um espaço bidimensional e construir um mapa de desempenho judicial:

Mapa do Desempenho Judicial
Figura 5-9

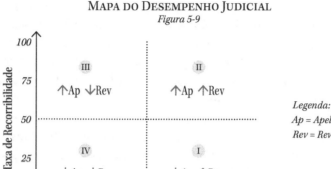

Fonte: Gico Jr. e Arake (2019, p. 15).

Relembrando o quanto se afirmou nos parágrafos anteriores, é esperado que o vencido recorra em duas hipóteses: (*i*) se acreditar que a probabilidade de reforma da sentença seja suficientemente alta para compensar os custos de recorrer; ou (*ii*) se os custos de recorrer forem suficientemente baixos para compensar o risco de não reforma. Dito isso, os cenários que se coadunam com o item (*i*) são os quadrantes à direita do gráfico, uma vez que descrevem uma alta taxa de reversibilidade e, portanto, uma grande probabilidade de reforma da sentença. Vamos iniciar a discussão por esses quadrantes.

O Quadrante I da Figura 5-9 (baixa, alta) denota a situação teórica ideal, ou seja, baixa taxa de recorribilidade com alta taxa de reversibilidade. Significa que os vencidos são relativamente capazes de identificar quando houve um erro em uma sentença e, portanto, apelam pouco e preponderantemente nesses casos (baixa taxa de recorribilidade). Por outro lado, como os recursos interpostos são preponderantemente em casos com alta probabilidade de reversão, há uma alta taxa de reversibilidade.

Já o Quadrante II da Figura 5-9 (alta, alta) denota uma situação indesejável: altas taxas de recorribilidade e de reversibilidade. Logo, há muitas sentenças apeladas e um número substancial dessas apelações é provido. Esse cenário significa que, na visão do tribunal, os juízes estão errando muito (são muito revertidos). Todavia, nesse caso, tanto a jurisprudência do tribunal pode não estar clara o suficiente e, portanto, os magistrados não sabem como decidir –, ou eles sabem como decidir, mas simplesmente não desejam decidir dessa forma – o que denota certa rebeldia institucional.

Diante de um quadro como esse, o Judiciário poderia realizar uma pesquisa qualitativa para identificar a razão pela qual o comportamento das taxas é (alta, alta). Se o resultado identificado for falta de coerência da jurisprudência, cabe o Pleno do tribunal uniformizar as questões e comunicar de forma clara aos demais magistrados a posição do tribunal (que, obviamente, também deve ser seguida pelos desembargadores vencidos), resolvendo o problema. Se o resultado for uma insurgência da primeira instância, mecanismos de uniformização de jurisprudência devem ser implementados[411]. De um jeito ou de outro, o Judiciário poderá gerir melhor a prestação de seu serviço público adjudicatório.

Por seu turno, o único cenário que se coaduna com o item (*ii*) é o Quadrante III da Figura 5-9 (alta, baixa), pois descreve uma alta taxa de recorribilidade, porém uma baixa taxa de reversibilidade. Desse modo, as partes estão recorrendo, mesmo em face de uma pequena probabilidade de êxito, como identificamos antes na discussão dos custos irrecuperáveis e o excesso de recursos ao STF (vide Seção 5.1.2). Esse cenário indica, portanto, que, mesmo os juízes errando pouco, e o tribunal respeitando as sentenças prolatadas, as partes continuam recorrendo muito, o que pode indicar a necessidade de revisão dos incentivos para as partes recorrerem. Em outras palavras, seria o caso de se considerar o aumento dos custos de recorrer, sejam eles as custas, sejam eles os honorários de sucumbência.

Nesse sentido, a alteração no Código de Processo Civil, que possibilitou a fixação de honorários de sucumbência de 10% na primeira instância e majorá-lo para 20% em nova sucumbência na segunda instância, parece ser um mecanismo interessante, capaz de reverter este quadro ou de, ao menos, mitigá-lo. Outra forma não excludente de diminuir os incentivos ao recurso aventureiro é o aumento das custas processuais em caso de apelação. A eliminação do teto das custas pode ser especialmente interessante, inclusive para reduzir o subsídio público ao litigante. Como se pode ver, o conhecimento das taxas de recorribilidade e de reversibilidade pode ser utilizado para informar a aplicação de política judiciária e, assim, melhor construir a estrutura de incentivos dos agentes.

Por fim, o Quadrante IV da Figura 5-9 (baixa, baixa) descreve um cenário de baixa taxa de recorribilidade e de baixa taxa de reversibilidade. Esse cenário também parece indicar uma situação socialmente desejável, pois as partes, em regra, se conformam com as sentenças, dado que a probabilidade de reforma pelo tribunal é baixa, e essa situação é conhecida – o que se confirma pela baixa taxa de recorribilidade. Nesse caso, a aderência dos magistrados à orientação jurisprudencial é alta, o que se confirma pela baixa taxa de reversibilidade. Em outras palavras, esse cenário indica que os juízes estão, na visão do tribunal, errando pouco e que existem poucas pessoas tentando mudar a jurisprudência consolidada, sem sucesso. É um quadro de maturação e estabilidade judicial, típica de jurisdições maduras em que há estabilidade e conhecimento das regras jurídicas em vigor.

---

411. Para uma discussão sobre como criar incentivos para que os magistrados sigam a jurisprudência dos tribunais, cf. Gico Jr. (2014).

Não obstante, considerando-se a quantidade impressionante de casos no Judiciário brasileiro, deve-se tomar particular cuidado com um desempenho judicial que se enquadre no Quadrante IV, pois esse cenário pode indicar não a maturação do sistema judicial em si, mas sim a presença da nefasta jurisprudência defensiva, em que soterrados pelo excesso de trabalho, os tribunais abandonam por completo qualquer compromisso com a correta aplicação da lei e passam a focar única e exclusivamente na redução quantitativa de casos, na prática, recusando-se a prestar o serviço público adjudicatório.

Um exemplo disso foi a decisão do STJ na Reclamação nº 36476/SP (2018/0233708-8), segundo a qual, apesar da literalidade do art. 988 do CPC[412], não cabe mais reclamação contra acórdão de tribunal inferior para fazer valer as decisões do próprio STJ. Em outras palavras, o STJ (principal) dirá qual a regra jurídica deve ser aplicada pelos tribunais (agentes), mas não mais monitorará diretamente se estão seguindo o seu comando. Uma excelente oportunidade para comportamento oportunista dos tribunais inferiores.

Outra hipótese plausível é o corporativismo judicial, em que, para não ferir susceptibilidades de seus colegas, um magistrado se recusa a rever a decisão do outro. Apesar de plausível, a experiência parece indicar que o fenômeno do "respeito à posição do colega" é mais comum entre desembargadores e ministros dos tribunais superiores (corporativismo horizontal) do que entre instâncias (corporativismo vertical), o que explicaria a dificuldade de os Plenários e das Seções uniformizarem a jurisprudência dentro do próprio tribunal em face de divergência entre as Turmas que o compõem. Não raro, mesmo após a uniformização, as Turmas oportunistas continuam a desobedecer ao Pleno ou à Seção, na confiança de que não haverá consequências. Além disso, há casos em que uma Turma deliberadamente adota fundamento ou linguagem obscura para ocultar sua divergência da Seção ou do Pleno, apenas para a decisão não ser revertida. Como se pode ver, não são apenas as partes litigantes que adotam comportamentos estratégicos.

De qualquer forma, acredito que está fartamente demonstrada a importância da medição e da publicização da taxa de reversibilidade e de recorribilidade das decisões judiciais, por vara, por gabinete e por magistrado individualmente considerado. A redução de assimetria de informação resultante, além de claramente ser um grande avanço em questão de transparência e publicidade (art. 37 da CF e art. 8º do CPC), reduziria o hiato de expectativas entre as partes e incrementaria a eficácia do ciclo da

---

412. Art. 988. Caberá reclamação da parte interessada ou do Ministério Público para:

I – preservar a competência do tribunal;

II – garantir a autoridade das decisões do tribunal; [...]

IV– garantir a observância de acórdão proferido em julgamento de incidente de resolução de demandas repetitivas ou de incidente de assunção de competência

§ 1º A reclamação pode ser proposta perante qualquer tribunal, e seu julgamento compete ao órgão jurisdicional cuja competência se busca preservar ou cuja autoridade se pretenda garantir. [...]

litigância, gerando maior segurança jurídica e economizando recursos do Judiciário, para que ele possa focar na decisão de casos difíceis.

A título de nota final, nessa seção e nas anteriores, vimos que o juiz racional não necessariamente permanece impassível diante do litígio, apenas julgando os casos que lhe são apresentados pelas partes mecanicamente. O juiz racional, como parte que é na relação processual tripartite, pode e age estrategicamente, levando em consideração não apenas a potencial reação das partes litigantes, mas também a eventual reação de seus pares e da organização a qual pertence, o Judiciário. Em resumo, o juiz age de forma estratégica. Mas ele não é o único. Agora vamos investigar os advogados, aqueles que representam seus clientes, e como sua estrutura de incentivos pode afetar as decisões processuais.

5.3 O Papel do Advogado: o problema principal-agente cliente-advogado

Até este momento nos referimos a autor e a réu, na fase de conhecimento, e a vencido ou a vencedor, na fase recursal; e, quando mencionamos a presença de um advogado, foi apenas para reforçar o seu papel na redução de assimetria de informação do cliente e na estimativa de probabilidades de êxito. No entanto, assim como as partes e o juiz, o advogado é um agente autônomo que pode, ou não, ter seus interesses alinhados com os de seu cliente. Como todos os demais agentes no jogo processual, dado que o advogado também é um agente racional, ele pautará a sua conduta pela racionalidade e, portanto, de acordo com a sua estrutura de incentivos[413] em uma análise custo-benefício. Como a estrutura de incentivos do advogado é substancialmente afetada por sua forma de contratação, explorarei aqui como algumas formas de contratação podem alterar os incentivos dos advogados, em especial, em três decisões cruciais no curso do processo: (i) a decisão de ajuizar uma ação; (ii) a decisão de celebrar um acordo; e (iii) a decisão de quanto investir em uma causa, o seu grau de zelo[414].

De início, vamos assumir que os advogados possuem mais informações sobre o direito, sobre o comportamento dos tribunais e sobre a probabilidade de êxito da ação que os clientes (assimetria de informação), enquanto os clientes possuem mais informações sobre os fatos. Além disso, no mercado de serviços advocatícios há três formas tradicionais de contratação: (i) honorários por hora; (ii) honorários por êxito e (iii) honorários de *pro labore* (fixos).

....

413. Note que a ética integra (ou não) as preferências do advogado. Quando mais ético ele for, mais valorizará fazer a coisa certa, quanto menos ético, menos valorizará. Todavia, tanto em um caso, quanto em outro, o advogado estará se comportando de acordo com sua estrutura de incentivos, o que muda na discussão ética são apenas suas preferências. Veja a discussão sobre preferências e utilidade na Seção 1.3.

414. Para uma revisão da literatura, cf. Rubinfeld e Scotchmer (1993).

O **contrato por hora** é baseado no famoso *timesheet* e é normalmente preferido para casos consultivos, de estruturação de operações societárias ou por grandes empresas e empresas internacionais. Nele o advogado lança todas as horas trabalhadas em um determinado período (*timesheet*) e fatura ao cliente as horas trabalhadas de acordo com uma tabela horária pré-acordada. Sob esse tipo de contrato, a remuneração do advogado é uma função das horas trabalhadas, *i.e.*, trabalhou mais, ganhou mais, trabalhou menos, ganhou menos. Note que, nesse caso, o risco do caso é do cliente, pois se o caso for muito complexo e demandar muitas horas trabalhadas, o cliente pagará mais, e se for resolvido mais rapidamente, o cliente pagará menos.

O **contrato por êxito** ou por sucesso é normalmente celebrado em casos contenciosos ou de recuperação de crédito, muito comum na advocacia trabalhista e tributária, e nele o advogado recebe apenas um percentual do benefício econômico auferido pelo cliente, normalmente entre 10% a 50%, quando e se o benefício for efetivamente auferido. O primeiro arranjo é um contrato de prestação de serviço típico, enquanto no contrato por sucesso há um compartilhamento de riscos entre o cliente e o advogado. O cliente não paga nada pelo serviço e o advogado arca com o custo da prestação do serviço[415], mas se o caso for bem-sucedido, o advogado ficará com uma parte do proveito econômico. Se o cliente não for bem-sucedido, o advogado nada recebe. Logo, este é um contrato de compartilhamento de risco.

O **contrato de *pro labore*** ou fixo é normalmente celebrado para casos contenciosos, que envolvam litígios, podendo ou não ser estruturados por etapa. Se no contrato por hora o risco é integralmente do cliente e no contrato por êxito advogado e cliente compartilham o risco, no contrato de *pro labore*, o advogado deve estimar o número de horas a trabalhar no caso e estabelecer o preço de seus serviços adequadamente. Se o caso demandar menos horas, ganha o advogado, se o caso demandar mais horas de trabalho, ganha o cliente. Nesse sentido, o contrato de *pro labore* pode ser compreendido como um meio-termo entre o contrato por hora e o de êxito, pois o risco do caso é alocado para o cliente na proporção dos honorários pré-fixados, mas o que exceder é risco do advogado.

Esse tipo de contrato é interessante porque força o advogado a revelar de forma crível informações sobre a quantidade de trabalho esperada e limita a exposição do cliente ao risco do processo. Por outro lado, como o risco passa a ser do advogado, em contratos como esse, o profissional avesso ao risco pode inserir no preço uma margem de erro e, portanto, cobrar um valor adicional para cobrir eventuais surpresas. Esse adicional é o prêmio pela assunção do risco e pela certeza do preço para o cliente.

Também é possível se pensar em outros arranjos, como no caso da advocacia de partido, em que o cliente paga um valor fixo mensal e o advogado é responsável

---

415. Algumas vezes os contratos preveem ao menos o reembolso das despesas como deslocamento, cópias, telefone etc., mas, muitas vezes, mesmo quando previsto o reembolso, ele não é cobrado.

por cuidar de todos os assuntos incluídos no contrato que venham a aparecer, pelo valor fixado, ou uma contratação por hora com limite (*timesheet* com *cap*), mas para fins de nossa discussão vamos focar nossas atenções nos três tipos inicialmente indicados.

Além disso, como este é um livro de Processo Civil, concentraremos nossas atenções sobre as estruturas de incentivos criadas por cada forma de remuneração sobre a decisão de litigar, fazer um acordo ou investir na condução da ação, ignorando os casos de advocacia consultiva. Dito isso, comecemos avaliando como a forma de contratação afeta a decisão de ajuizamento da ação.

5.3.1 Condição de Ajuizamento

Na parte final da Seção 4.2.2, quando discutimos a judicialização como uma decisão com risco, vimos que a condição de ajuizamento de uma ação é dada por $p_A \cdot B - C_A > 0$, onde p_A é a probabilidade de êxito do autor, B é o valor do bem da vida em litígio e C_A são os custos com o processo. Logo, um autor racional ajuizará a ação quando o benefício do ajuizamento $(p_A \cdot B)$ for maior que o seu custo (C_A). Nesse sentido, uma ação ajuizada terá um valor esperado positivo (ação de VEP) quando a condição de ajuizamento estiver satisfeita e terá o valor esperado negativo (ação de VEN) quando não estiver. Em regra, o autor racional neutro ao risco ajuizará apenas uma ação de VEP e não uma ação de VEN.

Se para o autor a decisão de litigar é uma função do retorno esperado da ação, o mesmo ocorre com o advogado, mas seus incentivos podem ser afetados pela forma de contratação. Um advogado contratado por hora terá incentivos para propor uma ação, quer ela seja de VEP, quer ela seja de VEN, pois será remunerado por hora e, portanto, extrairá benefícios com a propositura da ação de qualquer jeito. Se o advogado estiver advogando por um valor fixo, ele também pode ter incentivos a ajuizar mesmo uma ação de VEN, pois receberá independentemente do resultado. Por outro lado, se o advogado estiver trabalhando no sucesso, *i.e.*, por êxito, esse efeito é anulado, pois o advogado receberá apenas se o caso for bem-sucedido e, portanto, ele não terá incentivos para ajuizar ações de VEN.

Por isso dizemos que o contrato por êxito tem três vantagens do ponto de vista de alinhamento de incentivos. Primeiro, o autor que não tem condições de arcar com os custos do processo pode ter acesso ao serviço advocatício por esse arranjo alternativo. Segundo, como já dito, esse arranjo permite o compartilhamento de risco entre advogado e cliente. Terceiro, o contrato de sucesso pode ser visto como uma solução parcial para o problema de agência entre cliente e advogado decorrente do desalinhamento de incentivos associado ao contrato por hora. Nesse contexto, a estrutura de compensação do advogado pode ser importante para induzi-lo a aceitar apenas casos de VEP e a adotar o nível de zelo (quantidade ótima de horas de trabalho) adequado na condução da ação[416]. No entanto, esse tipo de arranjo não está livre de problemas.

Considerando o número de casos frívolos na justiça do trabalho, onde o contrato por êxito é mais comum, alguém poderia alegar que o fato de o autor não arcar incialmente com os custos do processo[417] poderia levá-lo a ajuizar ações frívolas ou de retorno esperado negativo (ações de VEN). Todavia, se isso é verdade quando o autor está albergado pela gratuidade de justiça e/ou pela assistência gratuita da defensoria pública[418], o mesmo não acontece necessariamente com os contratos de êxito, pois o advogado racional não tem interesse em representar causas de VEN, dado que isso significaria que o seu retorno esperado também seria negativo. Logo, o papel de filtro do próprio advogado impediria que ações de VEN sejam propostas, ainda que o autor assim desejasse. Como se diz: o advogado é o primeiro juiz da causa.

Note que uma ação que tenha baixa probabilidade êxito, mas tenha custos de ajuizamento muito baixos, não será de VEN, apenas terá um baixo VEP, mas ainda assim o retorno será positivo e, portanto, será racional ajuizá-la. Além disso, dado o excesso de protecionismo da justiça do trabalho, na realidade, a propositura de várias ações de baixo VEP ou simplesmente de VEN pode constituir uma estratégia de portfólio, em que a maioria dos empreendimentos fracassa, mas os que vingam mais do que compensam os custos de todo o portfólio. Espera-se que a inserção de honorários de sucumbência na justiça trabalhista elimine ou mitigue essa estratégia de portfólio.

Na realidade, do ponto de vista do cliente, o problema dos contratos de êxito não é o excesso de ações ajuizadas, mas sim que algumas ações de VEP de baixo retorno serão recusadas. Para entender o porquê basta retomarmos a condição de ajuizamento na perspectiva do potencial autor e do advogado para ver como o contrato por êxito altera os incentivos de cada um. Para o potencial autor, a condição tradicional é $p_A \cdot B - C_A > 0$, mas, com o arranjo da advocacia por êxito, o custo do processo é eliminado ($C_A = 0$) e o valor de B é reduzido proporcionalmente aos honorários de êxito. Assim, se o acordo foi de que o autor potencial pagaria 1/3 de honorários de êxito, então, sua condição de ajuizamento seria $2/3 \cdot p_A \cdot B > 0$. Nesse caso, só seria racional para o autor não ajuizar uma ação se ele atribuísse nenhum valor ao bem da vida ($B = 0$) ou se não houvesse qualquer chance de êxito ($p_A = 0$). Do contrário, o autor sempre desejará propor a ação no regime de contratação por sucesso, pois – para o cliente – ela sempre será uma ação de VEP[419].

---

416. Perceba que esse efeito corretor do contrato por sucesso pode ser parcialmente compensado pelo fato de o cliente normalmente ter uma única causa e o advogado ter várias e, portanto, tratar seus casos como um portfólio, em que uns casos são mais viáveis que os outros, mas só se descobre *ex post*. Sobre essa questão, cf. Shepherd e Cloud (1999).

417. Estamos desprezando aqui outros custos com o processo, como o custo temporal e as custas processuais.

418. Cf. Gico Jr. e Arake (2014).

419. Lembre-se de que aqui estamos assumindo que os custos do processo, além dos honorários, são desprezíveis. Pense no caso da gratuidade de justiça, por exemplo.

O mesmo raciocínio não se aplica ao advogado, para quem a condição de ajuizamento é dada por $1/3\,p_A \cdot B - C_A > 0$, pois ele arcará com todos os custos da propositura da ação (C_A)[420]. Como há causas em que a condição de ajuizamento é satisfeita $(p_A \cdot B - C_A > 0)$, mas que não é racional para o advogado assumir $(1/3\,p_A \cdot B - C_A < 0)$, nem todas as ações de VEP serão propostas sob o regime de sucesso. A origem dessa divergência é o retorno esperado negativo para o advogado, já que ele arcará com todos os custos do litígio (C_A), mas receberá apenas uma fração do benefício $(1/3\,B$, o êxito). Logo, no regime de contratação exclusivamente por êxito, algumas ações de VEP não seriam propostas.

Por outro lado, como no regime de contratação por êxito o cliente não arca com parcela substancial dos custos de litigar (C_A), os clientes em geral terão incentivos para propor mais ações do que seria esperado, caso arcassem com os custos. Lembre-se, como quem tem o domínio dos fatos é o cliente e não o advogado (assimetria de informação), sua estrutura de incentivos será no sentido de omitir ou enviesar os fatos na hora de apresentar o caso ao advogado, na tentativa de convencê-lo a aceitar a representação. Assim, é de se esperar que algumas ações frívolas ou de VEN sejam propostas no regime de contratação por êxito, mas não muitas, dado que o advogado racional, ciente desses fatos, tomará medidas para corroborar o exposto pelo cliente. Além disso, os honorários de sucumbência mitigam um pouco o ímpeto do cliente de propor ações de VEN, pois quem recebe os honorários é o advogado do outro lado.

Sendo assim, podemos concluir que, em termos gerais, comparando-se com modelo básico de litigância, há excesso de incentivos ao ajuizamento de ações sob o regime de remuneração por hora ou preço fixo e não há incentivos suficiente para litigar sob o regime de honorários de êxito. Uma possível alternativa seria um sistema misto em que o potencial autor pagasse parte da remuneração fixa e outra parte no êxito. Assim o advogado não arcaria com todo o risco do processo, e ações de VEP que não seriam propostas serão propostas; a dificuldade é identificar e negociar esse ponto de equilíbrio.

5.3.2 Condição de Acordo

Apesar de a decisão de realizar ou não um acordo ser sempre uma decisão da parte, dado que o advogado é apenas o mandatário do cliente, fato é que o advogado está em uma posição privilegiada para orientar seu cliente a fechar um acordo ou seguir adiante com o litígio. Nesse contexto, a estrutura de remuneração do advogado pode, novamente, afetar o alinhamento ou o desalinhamento de interesses na relação cliente-advogado[421].

420. Note que aqui estamos considerando que o serviço e o tempo do advogado são os custos relevantes do processo, sendo as custas processuais desprezíveis e excluindo honorários de sucumbência.

421. Cf. Miller (1987) e Donohue III (1991).

Na Seção 4.2.3, discutimos a condição de litigância e o valor de reserva do autor que precisa ser superado ou igualado pela oferta de acordo para que transacionar seja racional, enquanto na Seção 4.3.1 discutimos o seu inverso, *i.e.*, a condição de acordo considerando tanto o autor quanto o réu. Juntando o que aprendemos em ambas as seções, temos que, seja A a proposta de acordo oferecida pelo réu ao autor durante as negociações. Se $A \geq p_A \cdot B - C_A$, ou seja, se o valor oferecido para acordo for maior ou igual ao valor esperado da ação, então, o autor racional aceitará a proposta e a lide será resolvida. Por outro lado, assumindo que as partes concordam com o valor do bem da vida B, temos que a condição de acordo nos é dada por $C_A + C_R > (p_A - p_R) B$.

E como a forma de contratação poderia afetar o valor de reserva e a condição de acordo? Primeiro, se um advogado estiver contratado apenas por hora, isso significa que ele terá incentivos para recusar um acordo, mesmo quando $A \geq p_A \cdot B - C_A$, pois o seu ganho será maior quanto mais tempo durar o processo[422]. Uma possível estratégia de mitigação é também incluir uma parcela de êxito na celebração de um acordo. Assim, os honorários de êxito poderiam mitigar ou suprir o custo de oportunidade do advogado e alinhar os incentivos.

No caso de um advogado contratado por preço fixo ou partido, a situação se inverte completamente. Uma vez que o advogado por partido ou preço fixo não ganha mais, caso o processo vá a julgamento, mas incorre no custo de conduzir o caso, seu incentivo será de promover um acordo, pois isso reduzirá seus custos. Por outro lado, dado que o pagamento do advogado por preço fixo ou por partido já foi incorrido e é irrecuperável (cf. Seção 5.1.2), na prática, para o autor, tais custos não afetam mais a decisão de celebrar um acordo, e isso pode levar a um incentivo a litigar demais, rejeitando bons acordos, em uma lógica semelhante aos casos de contratação por êxito.

Na contratação por êxito, o autor tem incentivos a levar mais casos do que deveria a julgamento (litigar), e o advogado tem mais incentivos a aceitar acordos do que deveria. Vejamos por quê. Comecemos analisando a questão do ponto de vista do autor. Se essa negociação estiver sendo conduzida sob o regime de uma contratação por êxito, então, o autor receberá apenas uma fração de A e não arcará com os custos do processo ($C_A = 0$). Mantendo nosso exemplo acima, que o autor e o advogado tenham negociado o pagamento por sucesso no percentual de 1/3. Portanto, a condição de acordo para o autor passa a ser $2/3\,A \geq p_A \cdot 2/3\,B - 0$, o que equivale a $A \geq p_A \cdot B$. Isso ocorre porque o réu oferecerá o acordo inteiro A, mas – na prática – o autor receberá apenas $2/3\,A$, caso celebre o acordo. Por outro lado, o valor da ação também deve ser ajustado, dado que, sob o regime de êxito, o autor não arca com o

---

422. Aqui sob o pressuposto razoável de que é melhor continuar trabalhando em um caso em andamento do que tentar conseguir outro cliente. Se o advogado estiver com excesso de demanda e a realização de um acordo simplesmente significar a troca de caso, mas não uma redução do número de horas cobradas, então, os incentivos do cliente e do advogado estarão alinhados, pois o advogado será indiferente em relação ao número de horas por caso, dado que o total de horas trabalhadas não muda.

custo da ação ($C_A = 0$) e, em caso de sucesso, receberá apenas $2/3\ B$, que é o valor da condenação menos os honorários de êxito.

Lembre-se que, como visto na Seção 4.3.1, para que haja um acordo, o valor de reserva do réu deve ser superior ao valor de reserva do autor, justamente para que haja um excedente cooperativo a ser distribuído, e, portanto, a condição de acordo é, normalmente, dada pela expressão $C_A + C_R > p_A B_A - p_R B_R$. Assumindo $B_A = B_R = B$, ou seja, que as partes concordam com o valor do bem da vida, e $C_A = 0$, isto é, que o autor externalizou os custos do litígio para o advogado, então, teremos que a condição de acordo para o autor sob o regime de sucesso será:

Inequação 5.3-1

$$C_R > (p_A - p_R)\ B$$

Como se pode ver, como a contratação por êxito altera tanto o valor do acordo quanto o valor esperado da ação para o autor, na prática, seu único efeito é excluir os custos da ação da Inequação 4.3-1, a condição de acordo. Para ficar mais claro: se lembrarmos da fórmula de cálculo do excedente cooperativo prevista na Equação 4.3-2, $(C_A + C_R) + (p_R - p_A)B$, temos que o regime de contratação por êxito diminui o excedente cooperativo justamente em C_A, que é o custo em que o autor não terá de incorrer se continuar a litigar e, portanto, não constitui mais um ganho do acordo a ser partilhado. Logo, o autor sob o regime de êxito está mais inclinado a litigar do que o autor no regime de contratação por hora ou preço fixo, quando $C_A > 0$. Essa conclusão é compatível com o fato de que, no regime de sucesso, o autor gasta menos e sua decisão de ir a julgamento não tem custo, ou custa menos para ele.

A situação é completamente diferente da perspectiva do advogado, que arcará integralmente com os custos do litígio[423]. Para o advogado, a condição de acordo em nosso exemplo é $1/3\ A \geq p_A \cdot 1/3\ B - C_A$, portanto, os honorários de êxito decorrentes do acordo ($1/3\ A$) devem exceder o custo esperado da ação para ele ($p_A \cdot 1/3\ B - C_A$) que, diferentemente do autor, incluirá integralmente os custos do litígio (C_A). Se multiplicarmos ambos os lados da condição de acordo do advogado por 3, teremos que $A \geq p_A \cdot B - 3C_A$, ou seja, para o advogado, o valor do acordo oferecido deve ser maior ou igual ao valor esperado da ação menos três vezes os custos de litigar.

Aplicando o mesmo raciocínio que usamos acima para o autor, só que agora em relação ao advogado, teremos que, para que haja acordo, o valor de reserva do réu ($p_R B + C_R$) deve ser maior que o valor de reserva do advogado ($p_A \cdot B - 3C_A$). Logo, a

---

423. É importante ressaltar que Polinsky e Rubinfeld combinaram a análise da condição de acordo com o nível de zelo na instrução para propor que, como o advogado poderá investir menos tempo na fase de instrução, na realidade, ele pode ter incentivos insuficientes para fazer um acordo. Cf. Polinsky e Rubinfeld (2002).

condição de acordo será $p_R B + C_R > p_A \cdot B - 3C_A$. Assim como feito no exemplo anterior, simplificando para $C_A = C_R = C$, teremos que a condição de acordo para o advogado sob o regime de sucesso será $p_R B + C > p_A \cdot B - 3C$, que pode ser reescrita para:

Inequação 5.3-2

$$4C > (p_A - p_R) B$$

Como o advogado recebe apenas 1/3 do benefício, mas arca com 100% dos custos do processo, o peso dos custos em sua estrutura de incentivos é igualmente desproporcional, e o advogado estaria disposto a celebrar o acordo por um valor substancialmente menor do que o autor estaria disposto a aceitar. Assim, se o advogado estiver no controle e for responsável pela decisão de transacionar – talvez por força de uma cláusula contratual, talvez por força de seu poder de convencimento em decorrência da assimetria de informação –, o acordo provavelmente será celebrado, mas a um valor mais baixo do que no modelo básico. Mas, se o autor estiver no controle, há uma maior chance de o caso ir para instrução e julgamento, mesmo que o acordo proposto fosse maior que o valor da ação.

É interessante notar que, de acordo com o Relatório Justiça em Números do CNJ de 2019[424], na justiça do trabalho, onde a forma de contratação por êxito é mais comum, a taxa de celebração de acordo na fase de conhecimento é de 39%, enquanto na justiça comum a taxa na mesma fase é de apenas 14%, *i.e.*, se fazem quase três vezes mais acordos na justiça do trabalho do que na justiça comum[425]. A explicação para essa divergência tão grande talvez seja justamente a forma de contratação de honorários prevalecente em cada seara e a estrutura de incentivos resultante. Esse é justamente o resultado que a Teoria Positiva do Processo prevê, mas seria muito interessante que fossem realizadas pesquisas empíricas no Brasil para testar especificamente essa previsão da teoria. Até o momento, o que sabemos é que, pelo menos nos Estados Unidos, há alguma evidência de que essas conclusões são verdadeiras[426], como também reconhecem Fux e Bodart[427].

Sendo assim, podemos concluir que, em termos gerais, comparando-se com modelo básico de litigância, há excesso de incentivos para o advogado recusar bons acordos sob o regime de remuneração por hora, mas há excesso de incentivos para que ele aceite acordos não tão bons quando remunerado a preço fixo ou no êxito. Já do ponto de vista do autor, o regime de remuneração no êxito (externaliza o custo), por preço fixo ou por partido (custo irrecuperável) gera um incentivo ao excesso de

---

424. Cf. CNJ (2019, p. 143).

425. Já na justiça federal, onde os procuradores da Fazenda e os advogados da União são muito limitados em sua capacidade de propor e aceitar acordos, a taxa de acordo é de apenas 9%.

426. Cf. Thomason (1991).

427. Cf. Fux e Bodart (2019, p. 74).

litigância, pois bons acordos serão rejeitados. Novamente, uma possível alternativa é um sistema misto em que o potencial autor paga parte da remuneração fixa, por etapas do processo, de forma que haja custo de litigar, e outra parte da remuneração condicionada ao êxito. Assim o advogado não arca com todo o risco do processo, e os incentivos possam a ser mais alinhados para ambos os lados.

5.3.3 Nível de Zelo Processual

Uma última análise interessante é a interação da estrutura de incentivos do advogado e o nível de zelo que ele emprega no curso do processo, *i.e.*, quanto o advogado investe no processo durante a instrução. Suponha que, por qualquer razão, não tenha sido celebrado o acordo em um dado processo e, portanto, ele foi para a fase de instrução. Neste caso, como a estrutura de incentivos do advogado afetaria o nível de zelo que ele empregará na condução do processo[428]?

De início, considerando os casos por hora, é relativamente simples perceber que o advogado terá incentivos para investir demais no processo, pois ele ganhará mais quanto mais trabalhar. Já do ponto de vista do autor, o ideal seria que o montante trabalhado fosse a quantidade ótima de horas, mas ele não tem como saber esse montante em função da assimetria de informações. Como o autor não tem como controlar essa informação e é o advogado quem escolhe o número de horas trabalhadas, a tendência é que se invista demais no processo sob esse regime[429]. É justamente por isso que as grandes empresas e as empresas estrangeiras, que normalmente empregam contratos por hora, possuem advogados internos para rever os relatórios de horas e extirpar eventuais excessos dos advogados contratados. É sempre um momento difícil, dado que é quase impossível diferenciar o controle por excesso de hora da redução para adequação ao orçamento da empresa, principalmente quando o bônus do diretor jurídico está atrelado não a resultado, mas à redução de despesas com advogados.

Por sua vez, nos contratos por êxito, apesar de o advogado não ter incentivos para trabalhar em excesso no processo, ele investirá menos do que a quantidade ótima de horas, dado que – como visto na seção anterior –, o advogado arca integralmente com os custos do processo, mas desfruta de apenas parte dos benefícios resultantes. Nesse sentido, os contratos por êxito levam a um nível de zelo subótimo na condução do processo.

---

428. Se o leitor estiver pensando que o advogado *deveria* sempre zelar igualmente pelas suas causas e que a forma de contratação *não deveria* afetar o seu grau de zelo, perceba que está realizando um julgamento de valor (dever-ser) e não uma descrição da realidade. É um raciocínio semelhante a dizer que as pessoas *deveriam* se comportar bem, independentemente da ameaça do direito. Revisite a discussão da Guilhotina de Hume na Seção 1.1.

429. No escritório nós temos uma piada interna de que, para o cliente por hora, se gastarmos uma semana escrevendo uma petição, estamos lhe aplicando um golpe. Para o cliente fixo ou por partido, estamos salvando sua vida e, para o cliente por êxito, não fazemos mais que a obrigação. Alguns clientes mais sofisticados conseguem apreciar a piada, outros não.

Vamos usar um exemplo para ilustrar a diferença do efeito da contratação por hora e por êxito sobre a estrutura de incentivos dos agentes relativo ao nível de zelo. Suponha que um caso não tenha terminado em acordo e, portanto, agora vai para instrução. Por simplicidade, suponha que os custos de ajuizar uma ação se resumam aos honorários advocatícios, *i.e.*, os demais custos são desprezíveis, e que o advogado está sob um regime de contratação por hora. Considerando que a tabela horária do advogado é de R\$ 100 por hora em casos de contencioso civil, e o valor da condenação pretendida é R\$ 60 mil (B), há dois níveis possíveis de zelo: baixo e alto.

No nível baixo de zelo, o advogado investe 50 horas de trabalho no processo ao custo de R\$ 5 mil (C_b), o que gera uma probabilidade de êxito de 60% (p_b) e dá um retorno esperado para o autor de R\$ 31 mil (= 60.000 · 0,6 – 5.000). Já no nível alto de zelo, o advogado investe 120 horas de trabalho no processo ao custo de R\$ 12 mil (C_a), o que gera uma probabilidade de êxito de 80% (p_a) e dá um retorno esperado de R\$ 36 mil (= 60.000 · 0,8 – 12.000). Logo, do ponto de vista do autor, investir mais no processo (nível alto de zelo) seria racional. Por outro lado, do ponto de vista do advogado, como ele ganha por hora, investir mais no processo (mais horas trabalhadas) também é racional. O exemplo pode ser resumido assim:

INCENTIVOS ALINHADOS SOB O REGIME HORÁRIO
Figura 5-10

		B	p	C	$p \cdot B - C$
Autor	Baixo	60.000	0,6	5.000	31.000
	Alto	60.000	0,8	12.000	36.000

		R\$/Hora	Horas	Benefício
Advogado	Baixo	100	50	5.000
	Alto	100	120	12.000

No exemplo acima, mudemos apenas o regime de contratação que será por êxito, tendo as partes combinado o honorário em 25% da condenação. Assim, o autor não arcará com os honorários advocatícios de *pro labore*, logo, $C_a = C_b = 0$, mas uma parte do benefício econômico vai para o advogado e, portanto, seu benefício será de apenas R\$ 45.000 (= 0,75 · 60.000). Portanto, o valor esperado da ação para o autor no nível baixo de zelo será de R\$ 27.000 (= 0,60 · 45.000 – 0) e no nível alto de zelo será de R\$ 36.000 (= 0,80 · 45.000 – 0). *Ergo*, no regime de contratação por sucesso, continua a ser racional para o autor o investimento em zelo com o processo.

Já para o advogado os incentivos mudaram e investir tanto no processo já não faz mais sentido. Se antes a remuneração do advogado era uma certeza e ele ganhava por hora, agora, no regime de êxito, seu benefício também será um resultado com risco. Assim como para o autor, apesar de o valor da condenação ser R\$ 60 mil, a parcela a que o advogado tem direito é apenas uma fração desse valor, para ser mais preciso, 25%, logo, o valor esperado dos honorários é de R\$ 15.000 (= 0,25 · 60.000). Além disso, o custo das horas trabalhadas foi alocado para o próprio advogado. Dessa forma, se decidir adotar o nível baixo de zelo, o advogado gastará 50 horas de trabalho[430] no processo ao custo de R$ 5 mil (C_b), para gerar uma probabilidade de êxito de 60% (p_b) e, portanto, o valor esperado da ação para o advogado será de R$ 4 mil (= 15.000 · 0,6 – 5.000). Já se adotar o nível alto de zelo, gastará 120 horas de trabalho ao custo de R$ 12 mil (C_a), para gerar uma probabilidade de êxito de 80% (p_a) e obter um retorno esperado de R$ 0 (= 15.000 · 0,8 – 12.000). Assim, não ganhará nada investindo mais, ao contrário, perderá. Essa situação pode ser resumida da seguinte forma:

INCENTIVOS DESALINHADOS SOB O REGIME DE ÊXITO
Figura 5-11

		$0,75\ de\ B$	p	C	$p.0,75\,B - C$
Autor	Baixo	45.000	0,6	0	27.000
	Alto	45.000	0,8	0	36.000

		$0,25\ de\ B$	p	C	$p.0,25\,B - C$
Advogado	Baixo	15.000	0,6	5.000	4.000
	Alto	15.000	0,8	12.000	0

Como se pode ver, a depender do contexto, pode ser que o regime por hora alinhe os incentivos do autor e do advogado e que o regime por êxito desalinhe tais incentivos. Mas há situações em que o desalinhamento é ainda maior, como no caso dos contratos por partido. Os contratos por partido geram incentivos para um investimento ainda menor no nível de zelo do que os contratos de êxito, pois, se no contrato de êxito o advogado recebe ao menos parte do benefício econômico e, portanto, tem algum incentivo de investir, ainda que de forma subótima, nos contratos por partido o advogado não tem qualquer incentivo em investir no processo, pois dele não extrairá nada mais[431]. No contrato por partido, o processo é simplesmente um custo para o advogado. Justamente por isso, como na Seção 5.3.2, os contratos por partido incentivam a celebração de acordo por parte do advogado e a litigância por parte do autor.

Como se pode ver, o jogo processual é muito mais sofisticado e complexo do que pode parecer à primeira vista, sendo que a estrutura de incentivos de todos os agentes envolvidos importa para a compreensão plena do fenômeno. Espero que a discussão

---

430. Se o leitor não entendeu por que investir no processo gera um custo para o advogado, basta lembrar-se do conceito de custo de oportunidade. Cada hora que o advogado trabalhar no processo será uma hora em que ele poderia estar trabalhando em outro caso por hora ou realizando qualquer outra atividade. Portanto, é um custo econômico.

431. Obviamente aqui estamos assumindo que o advogado é indiferente ao resultado para o cliente (preferências), que não há custos de reputação, e que o cliente não consegue monitorar o advogado. Em suma, estamos assumindo que a pressão competitiva não alterará o cenário.

ilustrativa acima acerca das diferentes estruturas de incentivo para autor e advogado demonstre não apenas as dificuldades de se alinhar os interesses em qualquer contexto de relação de agência, mas também como um modelo simples pode gerar resultados contraintuitivos que revelem aspectos interessantes da realidade. A discussão acima de forma alguma foi exaustiva, mas serve para mostrar ao leitor como até mesmo a questão de contratação de advogado pode ser objeto de uma análise econômica do processo e, mais importante, que tanto na relação Estado-juiz quanto na relação cliente-advogado temos um problema de agência. Dito isso, para encerrarmos esse capítulo de tópicos avançados, vamos apresentar algumas contribuições da análise econômica comportamental do direito e como elas podem sofisticar as discussões anteriores.

5.4 Análise Econômica Comportamental do Processo

Conforme visto no Capítulo 4, a AED nos auxilia a construir uma teoria positiva sobre o processo civil, em contraposição a uma abordagem meramente normativa e dogmática (dever-ser), tradicional no direito. Nesse sentido, assim como o próprio direito é baseado na racionalidade dos agentes, como visto na Seção 1.3, a AED constrói os seus principais blocos analíticos a partir da Teoria da Escolha Racional – TER. A Teoria da Escolha Racional, por sua vez, se baseia em alguns pressupostos simplificadores sobre o comportamento humano que são capazes de gerar modelos simples e compreensíveis, mas com alto grau de poder preditivo e explicativo.

Conforme discutimos na Seção 1.4, a conveniência da utilização de um modelo não decorre necessariamente do realismo de seus pressupostos, mas sim da acurácia de suas previsões e de seu poder explicativo. Por isso, como todo o resto da ciência, a economia, em geral, e a AED, em especial, adotam pressupostos simplificadores sobre o comportamento humano, o que, não necessariamente, invalida a análise decorrente de tais modelos e pressupostos[432]. As discussões desenvolvidas nos Capítulos 2 e 3, bem como os vários modelos e *insights* discutidos nos Capítulos 4 e neste são uma demonstração de como essa abordagem simples pode nos trazer uma compreensão muito mais ampla e profunda do Direito Processual e do fenômeno social chamado processo, complementando e estendendo o alcance da Teoria Geral do Processo muito além do seu estágio atual.

Mas agora que o leitor está confortável (ou devo dizer, deveria estar?) com a abordagem econômica do direito, podemos refinar ainda mais nossa análise introduzindo também os *insights* da Análise Econômica Comportamental do Direito – AEC[433]. Na realidade, já fizemos isso quando, discretamente, discutimos o

---

432. Cf. Friedman (1953, pp. 3-43).

433. O campo da AEC cresceu tanto que seria impossível apresentar um retrato completo aqui, mesmo porque o nosso interesse no presente livro é o processo civil. Por isso, remetemos o leitor interessado a Jolls, Sunstein e Thaler (1998), Korobin e Ulen (2000), Sunstein (2000) e Zamir e Techman (2014; 2018).

otimismo e o pessimismo das partes no processo de decisão, mas agora faremos uma apresentação mais explícita. A economia comportamental é a subárea da economia que emprega experimentos em laboratório e experimentos naturais[434] para estudar empiricamente como os indivíduos respondem a vários tipos de incentivos e como suas preferências são formadas. Enquanto a análise econômica tradicional toma as preferências do indivíduo como dadas e utiliza as escolhas de cada agente como *proxy* dessas preferências (preferências reveladas), a economia comportamental se une à psicologia aplicada e à neurociência para tentar entender como se formam essas preferências[435].

Muitos desses experimentos reforçam o poder preditivo da TER[436], mas alguns deles indicam que, às vezes, a depender do contexto, o comportamento encontrado pode se desviar substancialmente do previsto pela Teoria da Escolha Racional; e, portanto, que para tais casos um modelo baseado na TER poderia não ser o mais adequado para representar a realidade; ou que o modelo deveria ser ajustado para levar em consideração essas anomalias comportamentais. Nesse sentido, por ora, a economia comportamental complementa e estende a abordagem econômica tradicional.

A economia comportamental é vista, normalmente, como o estudo dos casos excepcionais em que empiricamente o comportamento humano se desvia das previsões da TER (anomalias comportamentais) e, portanto, como o estudo do erro humano[437], em contraposição ao comportamento considerado racional. Todavia, há tentativas de incorporação dessas ditas anomalias comportamentais à teoria, logo, ao modelo de comportamento geral, de forma que tais comportamentos não sejam mais considerados desvios em si, e sim parte integrante de um modelo geral[438].

Todavia, fato é que, até o momento, a economia comportamental ainda não apresentou uma teoria completa e abrangente que substitua a TER, mas apenas uma

---

434. Um **experimento de laboratório** é conduzido em condições controladas e determinadas pelo pesquisador, de maneira a eliminar ou mitigar os efeitos de outras variáveis que não a variável independente, aquela cujos efeitos se deseja investigar. Portanto, é um estudo controlado. Um **experimento natural** é um estudo empírico de uma situação no mundo natural que não é controlada pelo pesquisador, mas que, por outras razões, expôs os indivíduos ou grupos estudados a condições e controles semelhantes aos de um experimento de laboratório e, dessa forma, permitem que se analise o fenômeno mesmo quando um estudo de laboratório seria fática ou eticamente inviável.

435. Apesar de a economia comportamental ser algo relativamente moderno, o uso da psicologia para entender o Judiciário e como as decisões judiciais são tomadas não o é, como bem demonstra o fascinante trabalho de Jerome Frank (1949).

436. Por exemplo, cf. Oliveira-Castro, Foxall e Schrezenmaier (2006). Na realidade, pesquisas demonstram que até mesmo os animais obedecem à lei da demanda, por exemplo, cf. Noë, van Hoff e Hammerstein (2001).

437. Esta visão é compartilhada tanto pelos psicólogos cognitivos, como se pode ver na coletânea organizada por Khaneman, Slovic e Tversky (1982), quanto pelos economistas comportamentais, como Richard Thaler (1980; 1991).

438. Cf. Rachlin (1995). O autor gostaria de agradecer ao professor Jorge Mendes de Oliveira Castro Neto pela indicação dessa referência.

lista de desvios comportamentais chamados de heurísticas e vieses ou limitações cognitivas, que se manifestam principalmente quando o agente está decidindo sob incerteza[439]. Se os avanços científicos serão suficientes para sofisticar a TER e torná-la ainda mais precisa ou nos levarão a uma completa mudança de paradigma, apenas o futuro dirá.

Heurísticas são métodos ou técnicas que as pessoas usam para resolver satisfatoriamente um problema, mas não de forma perfeita ou otimizada; por assim dizer, elas utilizam uma regra de ouro (*rule of thumb*)[440] para a tomada de decisão. Na economia comportamental, as heurísticas são atalhos mentais ou algoritmos simplificadores (processos cognitivos) que seres humanos e outros animais usam para tomar decisões sob incerteza ou diante de questões complexas, segundo os quais parte da informação é ignorada ou um referencial é utilizado para tornar a escolha mais rápida e fácil, logo, viável ou satisfatória.

Nas palavras de Simon[441], introdutor do conceito de heurística e de racionalidade limitada na psicologia cognitiva: "A resolução de problemas por reconhecimento, por procura heurística, e por reconhecimento de padrões e extrapolação são exemplos de adaptações racionais a ambientes de tarefas complexas que levam em consideração as limitações computacionais – da racionalidade limitada. Eles não são técnicas de otimização, mas métodos de se chegar a soluções satisfatórias com quantidades modestas de computação." Em suma, a ideia por trás do conceito de heurística é a redução de esforços no processo de tomada de decisão em um contexto complexo.

Todavia, como nos ensinam Tversky e Kahneman[442], as "pessoas confiam em um número limitado de princípios heurísticos, que reduzem a complexidade da tarefa de estimar probabilidades e prever valores para simples operações de julgamento. Em geral, tais heurísticas são bastante úteis, mas, às vezes, elas levam a erros severos e

---

439. Tanto é assim que, em geral, trabalhos sobre AEC costumam discutir como os resultados empíricos obtidos em um determinado experimento se ajustam aos modelos tradicionais da AED ou deles se desviam, mas raramente – se tanto – oferecem algo em substituição. No máximo, os estudos sugerem alguma estratégia de como podemos usar os *insights* para mitigar as referidas heurísticas e vieses. Por exemplo, confira Sunstein (2000). Essa conclusão não é diferente no Brasil, como se pode ver nos trabalhos de Costa (2016), Goulart (2019), Navarro (2019) e Abreu (2020).

440. As heurísticas podem se aplicar a três etapas do processo decisório: (i) *procura* (a quantidade de informação a ser buscada ou processada para a escolha); (ii) *limite à procura* (que alternativas serão consideradas); e (iii) *decisão* (qual das alternativas será escolhida). Como tantas outras coisas maravilhosas, a ideia de heurística para a resolução de problemas foi inspirada no seu uso na matemática, cf. Polya (2015 [1957]).

441. Cf. Simon (1990, p. 11). No original: "Problem solving by recognition, by heuristic search, and by pattern recognition and extrapolation are examples of rational adaptation to complex task environments that take appropriate account of computational limitations–of bounded rationality. They are not optimizing techniques, but methods for arriving at satisfactory solutions with modest amounts of computation." Sobre seus estudos iniciais acerca da racionalidade limitada, cf. Simon (1997 [1945]; 1955; 1979).

442. Cf. Tversky e Kahneman (1974, p. 1.124), no original: "This article shows that people rely on a limited number of heuristic principles which reduce the complex tasks of assessing probabilities and predicting values to simpler judgmental operations. In general, these heuristics are quite useful, but sometimes they lead to severe and systematic errors."

sistemáticos." Justamente porque essas decisões são tomadas de forma imperfeita (meramente satisfatória), as heurísticas podem levar a um comportamento marcado por **vieses cognitivos**, *i.e.*, por desvios sistemáticos e previsíveis da TER no padrão decisório.

Como já disse[443], a "má notícia é que estes pesquisadores e seus seguidores demonstraram que o comportamento humano diverge do modelo econômico tradicional em várias circunstâncias. A boa notícia é que essa divergência é sistemática, isto é, ela não é aleatória. Como essa divergência possui um padrão, o comportamento humano continua sendo previsível, basta que adaptemos os modelos para incorporar limitações cognitivas." Nesse sentido, vamos apresentar alguns vieses cognitivos já identificados pela literatura a título de exemplo, e que podem ser relevantes quando discutindo a tomada de decisão pelas partes no contexto de um processo[444], mas sem nenhuma pretensão de sistematicidade ou de esgotamento do assunto. Seguindo o já tradicional artigo de Tversky e Kahneman para a revista *Science*[445], vamos começar pela heurística da representatividade.

(a) **Representatividade:** Na vida em geral, e no julgamento de uma lide quase sempre, é comum estarmos diante de questões do seguinte tipo: qual a probabilidade de o objeto A pertencer à categoria B (*e.g.*, qual a probabilidade de esse réu pertencer ao grupo dos criminosos); qual a probabilidade de o evento A se originar do processo B (*e.g.*, qual a probabilidade de uma doença específica de um trabalhador decorrer de seu exercício laboral); e qual é a probabilidade de o processo B gerar o evento A (*e.g.*, qual é a probabilidade de o uso do cigarro eletrônico causar câncer). Para a responder a estas perguntas, muitas vezes as pessoas utilizam a heurística de representatividade, segundo a qual as probabilidades são estimadas pelo grau com que A é representativo de B, *i.e.*, pelo grau que A parece com B.

A heurística de representatividade é a tendência que o indivíduo tem de, quando decidindo uma probabilidade ou sob incerteza, estimar a probabilidade de ocorrência de um evento, ou de uma amostra, pelo grau de similitude do objeto estimado com as características essenciais de um arquétipo pré-existente disponível em sua mente. Esse arquétipo é o que entendemos ser o conjunto de elementos mais relevantes ou típicos de um determinado evento ou objeto[446].

....

443. Cf. Gico Jr. (2010, p. 26).

444. No Brasil, por exemplo, temos um experimento empírico específico para o processo que é o Projeto Adoce, no qual foi servido suco de uva aos participantes do procedimento de conciliação em juizados especiais em Anápolis – GO, a fim de estudar como a taxa de glicose afetaria a taxa de conciliação. Cf. Tomás (2019). Se os resultados forem replicados com sucesso, talvez tenhamos aprendido uma forma mais eficaz de aumentar a taxa de conciliação do que a audiência obrigatória prevista no CPC. Para uma tentativa mais geral de tentar integrar a economia comportamental e o direito por meio da intervenção inteligente (*nudge* ou empurrão), cf. Thaler e Sunstein (2009).

445. Cf. Tversky e Kahneman (1974, p. 1.124).

446. Cf. Kahneman e Tversky (1972).

Assim, quando A é muito representativo de B, o agente considera que a probabi- **199** lidade de A se originar de B é muito alta. Por outro lado, quando A não se parece com B, a probabilidade de A se originar de B é considerada baixa. Por exemplo, suponha que alguém descreva seu vizinho, José, como sendo muito tímido e distante, sempre muito prestativo, mas sem muito interesse nas outras pessoas ou no mundo real. Ele gosta de tudo organizado e precisa de ordem e estrutura. Como você avaliaria a probabilidade de José ter uma determinada profissão, como agricultor, vendedor, piloto de avião, bibliotecário ou físico? Como você ordenaria as profissões que são mais prováveis para José? Reflita sobre isso antes de avançar e anote sua resposta.

Agora que está pronto, em função da heurística de representatividade, as pessoas tendem a estimar a probabilidade de José ser bibliotecário pelo grau que ele é representativo do, ou similar ao, estereótipo de bibliotecário. No entanto, a profissão de bibliotecário é muito mais rara que a de vendedor ou mesmo de agricultor. Mas muitas pessoas acharão que – pela descrição – ele parece mais um bibliotecário do que um vendedor, ou seja, que a descrição se enquadra melhor no seu arquétipo de bibliotecário do que de vendedor. Ao fazê-lo, as pessoas podem cometer erros de estimativa, pois a similaridade ou representatividade de algo não é afetada por vários fatores relevantes que afetam as probabilidades.

Um exemplo jurídico pode deixar essa tendência ainda mais clara[447]. Suponha que diante de um júri em que o réu é acusado de homicídio, um promotor diga que ele já cometeu outros delitos mais leves, como furto e posse de drogas, o que é verdade. No entanto, esse fato (furto) não tem qualquer relação lógica com a acusação de homicídio e, portanto, não deveria afetar o julgamento do júri; mas como as pessoas acham que os criminosos costumam ser reincidentes ou que quem comete um crime menos grave pode cometer outro mais grave (arquétipo), isso pode influenciar a opinião do júri sobre a probabilidade de o réu ser culpado naquele caso específico. Nesse sentido, a probabilidade do fato (autor do homicídio) é estimada pela similitude, pela representatividade do arquétipo (parece um criminoso) e não por fatores realmente relevantes para a probabilidade de ocorrência (estava presente, tinha os meios, tinha motivo).

Essa é uma das razões pelas quais todos os pedidos de oitiva de testemunhas deveriam vir acompanhados da lista dos respectivos fatos controversos sobre os quais tais testemunhas testemunharão. Se não forem testemunhar sobre fatos controversos, as chamadas testemunhas de caráter (também chamadas de testemunha abonatória, de antecedente ou de beatificação), deveriam ter o pedido de oitiva negado, pois o caráter de uma pessoa em outro contexto (*e.g.* ser bom pai de família, ir à igreja, ter filhos, ser professor de AED) não necessariamente determina ou implica qualquer correlação com a probabilidade de ele ter praticado determinado ato ilícito ou não.

---

447. Para um experimento com juízes sobre o viés de representatividade, cf. Guthrie, Rachlinski e Wistrich (2001, p. 805 e ss.).

(b) **Disponibilidade:** O viés de disponibilidade é a tendência que o indivíduo tem de atribuir probabilidades maiores para eventos que são muito chamativos (salientes) ou memoráveis, mas estatisticamente insignificantes[448]. O viés de disponibilidade é um atalho mental segundo o qual a avaliação de um tópico específico, de um conceito, de um método ou de uma decisão é influenciada pela facilidade com que o avaliador consegue rememorar exemplos dele.

Obviamente, devido à forma como nossa memória funciona, fatos mais recentes são mais fáceis de lembrar do que fatos mais remotos. Assim, quanto mais exemplos, mais memorável é o evento e, portanto, mais parece provável, ainda que não seja. Se algo pode ser lembrado, então, deve ser importante ou, pelo menos, mais importante do que as alternativas não lembradas. Essa heurística enviesa as opiniões para as informações novas e, portanto, para as últimas notícias.

A heurística de disponibilidade é uma estratégia útil para se estimar a frequência ou a probabilidade de um evento ou de um nexo de causalidade[449], pois, via de regra, se algo é mais facilmente rememorado é porque, normalmente, o evento é mais comum, logo, acontece com mais frequência ou pertence às classes maiores de eventos. Maior o número de eventos, maior a probabilidade de ocorrência. Todavia, a facilidade de rememorar e, portanto, a disponibilidade, é afetada por fatores outros que não a frequência do evento e sua probabilidade.

Por exemplo, após uma semana ouvindo notícias de que um senador da República foi preso por corrupção, as pessoas tendem a achar que a probabilidade de os demais senadores serem corruptos também é alta, apenas porque um incidente memorável estava facilmente disponível na mente. No mesmo sentido, seria a razão pela qual o comportamento dos funcionários (ou de alunos) melhora perto dos períodos de avaliação, pois intuitivamente eles sabem que as pessoas, incluindo o avaliador, tendem a focar muito nos eventos recentes e pouco nos eventos remotos e difíceis de rememorar[450]. Portanto, ser muito bom perto da avaliação pode mitigar um grande período de desempenho medíocre, mas distante.

Um outro exemplo interessante é a visão, não tão rara entre juristas, de que as pessoas violam contratos reiteradamente, dada a quantidade enorme de casos no Judiciário envolvendo disputas contratuais. Como tanto o juiz quanto o advogado passam parte substancial de seu tempo no fórum lidando com litígios, é natural que sejam expostos preponderantemente a casos em que houve uma disputa contratual. Afinal de contas, as pessoas não costumam ir ao fórum se não houver um litígio. No entanto, justamente por isso, quem está envolvido regularmente com litígio pode achar que a disputa é um evento muito frequente no universo de interações sociais,

---

448. Cf. Kahneman e Tversky (1973).

449. Lembre-se da diferença entre probabilidade subjetiva e probabilidade objetiva. Cf. nota 285 *supra*.

450. Dica: use um critério objetivo de avaliação de alunos como presença, entrega de fichamentos e vá anotando bons atos; assim, ao final, avalie a pessoa pelas suas anotações e não pela sua – enviesada e limitada – memória.

quando, na realidade, o número de casos em que não há qualquer disputa ou em que as partes resolvem seus problemas espontaneamente (autocomposição) é muito maior. Mas como tais casos não aparecem no fórum, os litígios são mais disponíveis que os acordos e a cooperação e, portanto, parecem mais frequentes (maior probabilidade) do que realmente são.

Como demonstrado, o ser humano desenvolveu essa heurística de disponibilidade, que é um procedimento para estimar a numerosidade de uma classe, a probabilidade de um evento ou a frequência de ocorrências conjuntas pela facilidade com que conseguimos recuperar, construir ou associar mentalmente tais eventos e, às vezes, essa heurística pode nos levar a erros sistemáticos[451]. Não obstante, não se deve incorrer no erro comum de se concluir que, se há erros sistemáticos em um determinado contexto, toda decisão será errada. Não há elementos que apoiem essa conclusão. Por isso, não existem fundamentos científicos para a revisão ou interferência nas decisões políticas coletivas (leis), nem nas decisões privadas (contratos), apenas pelo fato de que vieses e heurísticas existem. Intervenções adequadas requerem mais do que a simples discordância pessoal e idiossincrática do julgador: elas requerem estudos empíricos que as fundamentem. A simples afirmação de que a racionalidade humana é limitada, obviamente, não basta[452].

(c) **Ancoragem ou Ajuste:** Em muitos contextos, as pessoas fazem estimativas a partir de um valor inicial, que é ajustado posteriormente para gerar um valor final. Esse valor inicial, ou ponto de partida, pode ser o resultado da formulação do problema ou o resultado de uma computação inicial, uma estimativa prévia. O problema é que, muitas vezes, os ajustes feitos a partir desse ponto de partida não são suficientes para ajustar as expectativas às novas informações e, por isso, o ponto de partida inicial afeta substancialmente a estimativa final. Assim, diferentes pontos de partida gerarão diferentes estimativas, enviesadas na direção do ponto de partida. É essa proximidade da estimativa final com o ponto de partida que se chama ancoragem.

O efeito de ancoragem é um viés cognitivo que descreve a tendência humana de basear-se excessivamente em uma informação inicial ("ancorar") para a estimativa de probabilidade de um evento e realizar ajustes dessas probabilidades a partir dessa âncora[453]. O problema surge quando o ajuste não é realizado de forma suficiente e, por isso, esse viés pode ser interpretado como sendo um problema de insuficiência de ajuste de expectativa a novas informações[454].

---

451. Cf. Kahneman e Tversky (1974, p. 1.128).

452. Afinal de contas, como garantir que não é o julgador quem está sofrendo de algum viés ou heurística? Como diriam os romanos, *quis custodiet ipsos custodes*?

453. Cf. Sherif, Taub e Hovland (1958).

454. Cf. Korobkin e Guthrie (1994).

Por exemplo, em um experimento[455], perguntou-se aos participantes quantos países africanos integram as Nações Unidas. Mas antes que respondessem, girou-se uma roleta com um número de 0 a 100 em frente deles. Após o resultado da roleta, eles deveriam informar se o número sorteado era superior ou inferior ao número de países africanos integram as Nações Unidas e, depois, estimar esse número a partir do número sorteado, ajustando-o. O problema é que as estimativas médias foram afetadas pelo número sorteado, *i.e.*, o número aleatório inicial afetou substancialmente as estimativas posteriores. Quem recebeu números mais altos, realizou estimativas mais altas, e quem recebeu números mais baixos, realizou estimativas mais baixas, apesar de o número sorteado não ter qualquer ligação lógica com o número de países africanos que integram as Nações Unidas.

Imagine o impacto da heurística de ancoragem na dinâmica de acordos em um contexto de litígio. No âmbito da negociação de acordos, a estimativa que o advogado passa à parte no início do processo pode criar uma âncora, a partir da qual a parte medirá toda e qualquer proposta posterior. Assim, se o advogado do autor ou do réu foi excessivamente otimista em sua estimativa do caso, seja por um viés otimista próprio, seja pelo problema agente-principal para ser contratado, a tendência é que essa informação inicial ancore as expectativas das partes na avaliação das propostas posteriores.

Essa ancoragem pode tanto levar a um excesso de negociação (cf. Seção 5.1.1), quanto a um aumento do hiato de expectativas (cf. Seção 4.3.1). Não obstante, se isso é verdade na fase postulatória do processo, as informações fornecidas pelo juiz no despacho saneador podem ancorar novamente as expectativas das partes, forçando uma atualização de crenças[456], desde que o despacho seja claro o suficiente.

Além disso, quem já teve a oportunidade de participar de audiências de conciliação na justiça do trabalho, pode ter percebido a técnica que muitos juízes trabalhistas empregam ao começar indicando os pontos fracos e fortes de cada lado e, obviamente estressando os pontos fracos de cada lado para cada parte. Ao fazê-lo, o juiz trabalhista não apenas reduz a assimetria de informação sinalizando em que direção sua decisão provavelmente irá, mas também – psicologicamente – ele induz as partes a realizarem uma atualização mais adequada de suas crenças, o que pode reduzir o otimismo e, assim, aumentar o espaço de acordo, resultando em uma taxa maior de celebração de acordos. Note que nesse caso, a ideia de mediação[457] deve ser modificada ou afastada para uma ideia de redução de assimetria de informação e de atualização forçada de crenças, de modo que as partes possam decidir adequadamente se há ou não espaço de acordo.

---

455. Cf. Kahneman e Tversky (1974, p. 1.128).

456. Cf. Gico Jr. e Arake (2018).

457. Mediação aqui entendida como técnica de resolução de conflito em que o mediador não decide nem toma partido, apenas tenta mediar as partes para que cheguem a um acordo.

(d) **Excesso de Confiança:** Segundo esse viés, as pessoas tendem a superestimar a probabilidade de ocorrência de evento consigo, se esse evento for positivo, e a subestimar a probabilidade de ocorrência de evento consigo, se esse evento for negativo. Assim, mesmo após serem informados que a probabilidade de ocorrência de um divórcio no Brasil é de 50%, os alunos casados em uma sala de aula continuam estimando a probabilidade de seus próprios casamentos acabarem em apenas 0-10%. Eles entendem e aceitam a probabilidade geral, mas acreditam que são exceções à regra. Esse viés pode, inclusive, fazer um litigante vencido insistir na interposição de um recurso, mesmo após ser avisado pelo advogado de suas baixas probabilidades de êxito, pois o seu caso é especial (pelo menos para o vencido).

Além disso, na mesma linha do que discutimos na Seção 5.3 sobre assimetria de informação e sinalização no contexto do problema agente-principal entre advogado e cliente, o advogado terá poucos incentivos para insistir com o cliente de que sua ação possui baixa probabilidade de êxito e um acordo deve ser considerado. Ao invés de receber essa informação como um *update* bayesiano de um especialista, o cliente pode interpretar essa informação como uma sinalização de que o advogado não quer mais trabalhar no caso, ou que não "acredita" mais na causa. Um exemplo real desse fenômeno para ilustrar.

Há alguns anos um advogado foi contratado por um grande grupo empresarial para defendê-lo de uma acusação de formação de cartel perante o Conselho Administrativo de Defesa Econômica – CADE. Após meses estudando o caso, traçou e implementou a estratégia de defesa, conforme revisto e aprovado pelo cliente e seu diretor jurídico. No entanto, depois de anos de litígio, com a emissão de pareceres contrários aos interesses do cliente por todos os órgãos opinativos (algo próximo ao despacho saneador no contencioso civil), chegou o momento de se realizar uma reavaliação da estratégia e das opções disponíveis. Com base nas provas nos autos e na jurisprudência consolidada do CADE, traçou-se uma árvore da decisão e se estimou a probabilidade de cada resultado esperado, bem como seus respectivos *payoffs*. A conclusão era óbvia: a melhor estratégia era tentar celebrar um acordo. Não obstante a apresentação dos argumentos técnicos apresentados para fundamentar a referida orientação, a primeira reação do cliente foi concluir que o advogado não acreditava mais na causa e, por isso, deveria ser trocado. Apesar de o advogado ter sido mantido, o cliente se recusou a celebrar o acordo e acabou sendo condenado a um valor dez vezes superior ao que era possível conseguir em sede de acordo. Tudo o que estava previsto no relatório de reavaliação de estratégia aconteceu, mas o cliente não quis acreditar, pois com ele seria diferente. Não foi.

Como se pode ver, o excesso de confiança é o que permite às pessoas, em geral, ariscar-se e empreender, incorrendo em atividades de risco. No entanto, esse mesmo excesso de confiança, que talvez nos leve a empreender, pode fazer com que estimemos mal a probabilidade de ocorrência de eventos danosos conosco; e isso, no contexto da relação cliente-advogado, pode impedir que o cliente siga as orientações técnicas de seu advogado. O excesso de confiança, combinado com a assimetria de informação, pode incentivar o litígio em detrimento do acordo. A volatidade judicial não ajuda nesse contexto.

(e) **Autoconfirmação:** O viés de confirmação é o processo cognitivo ou perceptivo que é distorcido para manter ou aumentar a autoestima da pessoa ou a tendência que as pessoas têm de se lembrar, confirmar ou pesquisar por informações que reafirmem suas próprias crenças ou hipóteses iniciais. Nesse contexto, pessoas tendem a se lembrar apenas do que lhes favorece ou a seu ponto de vista e a esquecer ou desprezar tudo que lhes desfavorece. Quanto maior a carga emocional ou a crença arraigada na hipótese, mais forte é a tendência de autoconfirmação.

Algumas pessoas, por exemplo, têm a tendência de atribuir o sucesso de um projeto a suas próprias habilidades e esforços, mas o fracasso é atribuído a fatores externos ou ao resto do time. Na mesma linha, candidatos a mestre ou doutor elaboram dissertações e teses em que todos a favor de sua hipótese são brilhantes e respeitados, mas aqueles contrários às suas ideias são menos cultos, ignorantes, tendenciosos ou parciais[458]. A tendência de autoconfirmação faz o indivíduo rejeitar eventual *feedback* negativo sobre algo e, por isso, perpetuar ilusões e erros, desde que protejam a autoestima ou suas crenças arraigadas.

Durante todo esse capítulo vimos discutindo a importância da atualização de crenças e como isso pode afetar o hiato de expectativa entre as partes e, assim, afetar a decisão de celebrar ou não um acordo. A tendência à autoconfirmação pode afetar essa atualização de crenças, na medida em que cada parte pode considerar apenas os novos elementos do processo que fortalecem o seu argumento e desprezar ou atribuir peso excessivo abaixo às informações que enfraquecem o seu caso. Há alguma evidência empírica de que isso possa ocorrer[459]. Note que nesse caso não se trata de assimetria de informação, mas de interpretação enviesada da informação disponível e, portanto, há pouco que se possa fazer *ex ante*.

No entanto, quanto mais clara e específica for a jurisprudência, as súmulas e os acórdãos – portanto, quanto mais claro for o direito, menores serão as chances de o viés de autoconfirmação ser relevante. Já em um caso concreto específico, quanto mais claro e preciso for o despacho saneador, mais limitado será o espaço para intepretações autoconfirmantes, mitigando, assim, o efeito do viés de autoconfirmação.

É importante notar que o viés de autoconfirmação é relevante não apenas para os trabalhos de doutrina jurídica e para as partes em litígio, mas também para o julgador que, uma vez tendo firmado uma convicção inicial, poderá desprezar por completo

---

458. O autor não se esquece de uma dissertação de mestrado em que todos que defendiam a mesma opinião do candidato eram qualificados como ilustres ou professores, e todos que eram contrários à sua hipótese eram chamados apenas pelo nome ou eram qualificados como advogados, mesmo quando também eram professores.

459. Cf. Loeweinstein *et alli* (1993; 1995) e Hipel e Höppner (2019).

todo e qualquer elemento fático ou jurídico que se oponha ou dificulte a sua crença no momento de decidir. Um juiz ideológico ou que tenha opiniões formadas sobre certas categorias de litigantes (*e.g.*, consumidores, trabalhadores ou empresas) muito provavelmente decidirá de forma enviesada casos envolvendo tais tipos de agentes, mesmo em situações que outros julgadores menos enviesados acreditem ser claras.

Essa é uma das razões pelas quais é tão perniciosa a prática dos magistrados de não se manifestarem sobre todos os argumentos apresentados pelas partes. A obrigatoriedade de enfrentar argumentos contrários poderia enfraquecer o viés de autoconfirmação e impor ao magistrado um julgamento mais justo e equilibrado. Isso é o que comanda expressamente o inc. IV do §1º do art. 489 do CPC, quando diz: "§ 1º Não se considera fundamentada qualquer decisão judicial, seja ela interlocutória, sentença ou acórdão, que: [...] IV – não enfrentar todos os argumentos deduzidos no processo capazes de, em tese, infirmar a conclusão adotada pelo julgador".

Do ponto de vista cognitivo, poderíamos interpretar esse dispositivo como uma estratégia legislativa para evitar que o julgador seja vítima do viés de autoconfirmação e seja forçado a não desprezar fatos e argumentos contrários ao seu posicionamento inicial. Assim, o antigo entendimento jurisprudencial do STJ no sentido de que os julgadores não estão obrigados a responder a todas as questões e teses deduzidas em juízo – sendo suficiente que exponham os fundamentos que embasam a decisão – não mais se sustenta. Não é compatível com a lei, nem é socialmente desejável à luz da análise comportamental do processo decisório. Por outro lado, a imposição de metas de produtividade e a sobrecarga de trabalho criam uma estrutura de incentivos para que o juiz ignore o comando legal e sacrifique acurácia em nome da produtividade, como discutido na Seção 3.3. Mais uma vez, sempre há um *trade-off*.

(f) **Viés Retrospectivo:** O viés retrospectivo é a tendência comum que as pessoas têm de perceber eventos que já ocorreram (*ex post*) como tendo probabilidade maior de ocorrência do que tinham antes de sua ocorrência (*ex ante*)[460]. Justamente por isso, as pessoas muitas vezes acreditam (obviamente após a ocorrência do evento) que elas teriam previsto ou saberiam com um alto grau de confiança qual seria o resultado esperado, mesmo antes de sua ocorrência. O viés retrospectivo ou *hindsight bias* pode distorcer as nossas memórias acerca do que sabíamos ou em que acreditávamos antes da ocorrência do evento e pode gerar excesso de confiança em nossa capacidade de prever eventos similares futuros.

O viés retrospectivo é especialmente problemático para juízes[461] que precisam determinar o grau de diligência de uma pessoa antes da ocorrência do dano, mas após sua ocorrência, pois, com a certeza do fato, ele pode acreditar que, *ex ante*, uma pessoa teria ou deveria ter previsto o resultado danoso que ocorreu e ter tomado mais precaução, quando, na realidade, *ex ante,* a probabilidade de ocorrência do referido

---

460. Cf. Fischhoff (1975).

461. Cf. Guthrie, Rachlinski e Wistrich (2001, p. 799 e ss.).

evento era pequena e, portanto, o nível de cuidado tomado estava adequado (não foi negligente). Essa tendência pode enviesar as decisões judiciais contra os requeridos, ainda que tenham tomado o grau de precaução adequado.

(g) **Enquadramento:** O viés de enquadramento é a tendência que as pessoas têm de escolher entre opções a depender de como cada opção é apresentada, *i.e.*, enquadrada (*framing*). Assim, se a mesma opção é apresentada com uma conotação positiva ela tem mais chances de ser escolhida do que se for apresentada com uma conotação negativa[462]. Nesse sentido, a escolha de um agente sob incerteza depende não apenas da utilidade esperada de cada alternativa, mas também da percepção da direção que cada a opção parece ter quando comparada com um referencial. Quando a opção é percebida como um ganho em relação ao referencial adotado, o comportamento do indivíduo é avesso ao risco (prefere uma alternativa certa a uma alternativa com risco que tenha o mesmo valor esperado), quando a opção é percebida como uma perda, o comportamento do indivíduo é propenso ao risco (prefere uma alternativa com risco que tenha o mesmo valor esperado a uma alternativa certa). Um exemplo pode ajudar a compreender essa tendência.

Suponha que você seja um gestor público do Ministério da Saúde e precisa decidir qual tratamento será oferecido pelo Sistema Único de Saúde – SUS para o tratamento de uma doença mortal e rara, que afeta 600 pessoas no Brasil[463]. Os custos de aquisição e de administração dos tratamentos são equivalentes. A escolha entre os dois programas de tratamento pode ser resumida da seguinte forma:

DECISÃO DE POLÍTICA DE SAÚDE – CENÁRIO 1
Figura 5-12

Se o **Tratamento A** for adotado, 200 pessoas serão salvas.	Se o **Tratamento B** for adotado, há uma probabilidade de 1/3 de que todas as 600 pessoas sejam salvas, e a probabilidade de 2/3 de que nenhuma seja salva.

Nesse contexto, como você decidiria? Qual política pública escolheria? Qual política aumentaria mais o bem-estar social? Reflita um pouco sobre esta pergunta antes de avançarmos para outro exemplo.

Vamos alterar agora as condições do problema e ver como a mudança de circunstâncias afetaria ou não afetaria a sua escolha. Suponha o mesmo dilema relatado acima. Há uma doença rara que infectou 600 pessoas no Brasil e existem dois programas de tratamentos disponíveis, com custos de aquisição e administração equivalentes, tratamento C e D; mas agora as alternativas são as seguintes:

---

462. Cf. Khaneman e Tversky (1981).

463. O exemplo original é com uma doença asiática que afetou os Estados Unidos. Cf. Khaneman e Tversky (1981, p. 453).

Decisão de Política de Saúde – Cenário 2
Figura 5-13

Se o **Tratamento C** for adotado, 400 pessoas morrerão.	Se o **Tratamento D** for adotado, há uma probabilidade de 1/3 de que ninguém morrerá, e a probabilidade de 2/3 de que 600 pessoas morrerão.

Agora, diante dessa situação, como você escolheria? Qual política pública deveria ser escolhida? Qual seria a opção que aumentaria o bem-estar social? Compare sua resposta a este dilema com o dilema anterior e reflita.

No primeiro dilema, um estudo empírico demonstrou que a maior parte das pessoas se comportou de forma avessa ao risco, *i.e.*, o prospecto de salvar 200 vidas com certeza e, portanto, o tratamento A, foi considerado mais atrativo (72%) do que o prospecto de um em três de salvar 600 vidas, logo, de se escolher o tratamento B (28%). Note que o tratamento B tem o mesmo retorno esperado ($1/3 \cdot 600 + 2/3 \cdot 0 = 200$) que o tratamento A (200). Por outro lado, no segundo cenário, os resultados se inverteram, com apenas 22% das pessoas escolhendo o tratamento C, em que 400 pessoas morrerão com certeza, e 78% das pessoas preferindo o prospecto de um em três de salvar 600 vidas, mas de dois em três de morrerem todos. Note que o tratamento C também tem o mesmo retorno esperado de 200 vidas salvas que o tratamento D ($1/3 \cdot 600 + 2/3 \cdot 0 = 200$) e, para todos os efeitos, que os tratamentos A e B. Portanto, do ponto de vista da utilidade esperada, não há diferença real entre qualquer um dos quatro tratamentos, mas a forma como cada cenário é apresentado afeta a escolha das pessoas.

No cenário 2, o comportamento das pessoas é propenso ao risco, pois a morte certa de 400 pessoas é menos aceitável (ou menos preferível) que a chance de 66,66% de que todos os 600 morrerão, ou seja, as pessoas preferem a aposta para evitar uma perda percebida. Já no cenário 1, quando a escolha é percebida como um ganho, a maioria das pessoas prefere salvar 200 pessoas com certeza a correrem o risco de perderem todas as 600, logo, seu comportamento é avesso ao risco. Obviamente os problemas nos cenários 1 e 2 são idênticos, alterando-se apenas a forma, o enquadramento, da questão e não o seu conteúdo, mas isso é suficiente para alterar substancialmente a percepção de parte das pessoas e, portanto, a sua conduta.

Podemos imaginar que a forma como as partes percebem um acordo ou o conteúdo de um despacho saneador, ou ainda a maneira como as informações lhe são passadas pelo advogado, pode afetar a sua reação e os próximos passos. Assim, se ao receber uma proposta do réu o advogado a apresenta de uma maneira que pareça vantajosa em relação ao pedido original, como um ganho, o autor pode se comportar de forma avessa ao risco e aceitar valor proposto, certo, mas menor. Já se a proposta é apresentada de uma forma que pareça com uma perda, o autor pode se comportar de maneira propensa ao risco e decidir continuar o litígio, recusando um acordo com o mesmo retorno esperado. Tudo depende da maneira como a questão é apresentada e a percepção decorrente.

Mas esse tipo de divergência de comportamento também pode afetar como as partes se comportam em ações em que elas cobram algo *versus* as ações nas quais são cobradas. Assim, em ações penais, tributárias ou de cobrança em que a parte está sendo cobrada ou punida, ela pode entender esse resultado como uma perda e se comportar de forma propensa ao risco. Já nos casos em que está cobrando algo, a parte pode se comportar como se estivesse ganhando algo e, portanto, agir de maneira avessa ao risco. Esse tipo de percepção pode explicar, por exemplo, a reticência de alguns clientes em aceitar contratos de honorários com cláusula de êxito em casos em que são cobrados, mas não resistir em casos em que eles cobram. Ser cobrado é percebido como uma perda, já cobrar, é percebido como um ganho.

Por fim, para encerramos esta seção e este capítulo, chamamos a atenção para o fato de que, apesar de a economia comportamental ser extremamente interessante e capaz de mudar a forma como modelamos o comportamento humano, por ora, ela ainda não é nem coesa, nem sistemática o suficiente para nos dar uma teoria sobre o comportamento humano que substitua a TER. Na prática, não temos como saber *ex ante* se um determinado viés estará presente ou não, se o efeito de um se combinará ou anulará o do outro. Não há ainda uma teoria para isso, precisamos de experimentos controlados e de uma pesquisa empírica específica, mas – via de regra – os contextos são muito variáveis para que façamos um experimento para cada situação possível. Os vários exemplos e situações discutidos acima são possibilidades, não afirmações de que tais coisas acontecem na prática ou que ocorrerão em um caso concreto.

Por isso, por enquanto, entendemos que é importante termos ciência da existência das heurísticas e dos vieses e de os levarmos em consideração em nossa análise. No entanto, a TER ainda é a base mais frutífera de nossas análises teóricas. Qualquer divergência da TER requer, antes, um experimento empírico para demonstrar que naquele caso concreto, este ou aquele viés se manifesta e quão relevante é. Não é possível, teoricamente, fazê-lo. Sem fundamento empírico, afirmações comportamentais podem ser tão aleatórias quanto o mero achismo ou o senso comum.

Dito isso, uma vez apresentadas as contribuições da análise econômica comportamental do direito, para encerrarmos este livro, não poderíamos deixar de apresentar as recentes contribuições da AED sobre a nossa compreensão da natureza econômica do direito e dos tribunais e o impacto dessas conclusões sobre uma das questões mais importantes para a comunidade de processualistas: o acesso ao Judiciário. Até aqui nosso foco tem sido o estudo do processo, da Teoria Geral do Processo – TGP e dos ganhos decorrentes de sua integração com a análise econômica do direito. Agora, a título de conclusão, vamos iniciar nossa investigação não do processo em si, mas do próprio direito e do Judiciário enquanto organização e o impacto desses achados sobre o processo.

6

A Natureza Econômica do Direito, dos Tribunais e a Tragédia do Judiciário

O Judiciário[464] é uma tecnologia institucional desenvolvida ao longo de milhares de anos de experimentação humana com um único propósito: resolver disputas aplicando as regras jurídicas[465]. Como discutido no Capítulo 2, um Judiciário que funcione bem é essencial para o desenvolvimento de qualquer nação. De uma perspectiva pública, a existência de um mecanismo imparcial de resolução de controvérsia permite aos grupos políticos alcançar soluções de compromisso *ex ante* (ou seja, leis) que, se violadas, serão devidamente impostas *ex post* por esse mecanismo externo (coerção)[466].

Do ponto de vista privado, o Judiciário não apenas protege os direitos dos cidadãos contra possíveis violações pelo próprio governo (freios e contrapesos) e por terceiros, mas também permite que os indivíduos cooperem uns com os outros para atingir seus objetivos por meio da geração de compromissos críveis (ou seja, contratos). No entanto, a função institucional do Judiciário requer que qualquer violação de direito seja corrigida em tempo hábil. Nesse contexto, o congestionamento dos tribunais é um problema socioeconômico que reduz a efetividade do Judiciário como mecanismo de promoção de cooperação e de desenvolvimento e, em longo prazo, o valor de coordenação do próprio direito.

Assim como a importância de um sistema adjudicatório para a construção e manutenção de sociedades complexas é ancestral, a ideia de que a demora na prestação jurisdicional equivale à sua negativa é milenar. Séculos antes da Era Comum, a literatura judaica no *Pirkei Avot*, que faz parte do *Mishnah*, no Capítulo 5, parágrafo 8, já dizia: "A espada veio ao mundo pela demora da justiça, pela perversão da justiça e por aqueles que ensinam a Torá em desacordo com as leis aceitas." No século XIII, a parte final da Cláusula 40 da Magna Carta dizia: "A ninguém nós venderemos, a ninguém nós negaremos ou retardaremos o direito ou a justiça." E, como visto na Seção 3.4, a Constituição brasileira estabelece em seu art. 5º, inc. LXXVIII, que todos têm o direito fundamental à duração razoável do processo.

No entanto, em quase todo o mundo, é comum dizer que o Judiciário está em crise. Em muitos países, o Judiciário é considerado lento, ineficiente e caro. Várias reformas foram executadas para tentar acelerar os tribunais e muitas outras estão em andamento, mas os resultados até agora não foram satisfatórios e é razoável dizer que o número de casos e o congestionamento nos tribunais estão aumentando em muitas jurisdições, inclusive no Brasil[467].

Muitas razões foram oferecidas para explicar o congestionamento dos tribunais: falta de recursos, procedimentos complexos, incentivos dos advogados, incentivos

---

464. Essa seção usa largamente os argumentos propostos e apresentados em Gico Jr. (2012; 2014; 2019; 2020), sem necessariamente fazer referência a cada um deles, para simplificar o texto.

465. Para uma discussão sobre outras possíveis funções do Judiciário, cf. Shapiro (1981).

466. Revisite a discussão acompanhando a Figura 3-1: A Função Social do Judiciário.

467. "O Poder Judiciário finalizou o ano de 2018 com 78,7 milhões de processos em tramitação, aguardando alguma solução definitiva." Cf. CNJ (2019, p. 79).

dos juízes, má gestão, cultura de litígio, baixa qualidade das leis, número excessivo de leis, baixo investimento em segurança jurídica, entre outros. Esforços têm sido feitos para tentar identificar a relevância de cada uma dessas possíveis explicações e, então, resolvê-las. Todavia, a ideia de que a própria natureza do direito e do sistema adjudicatório possam contribuir para o problema do congestionamento não costuma ser explorada. Neste capítulo vamos explorar justamente essa ideia.

6.1 Teoria Econômica do Bens e Serviços

Como juristas e economistas frequentemente usam as mesmas palavras com significados diferentes, é útil ter alguma uniformidade conceitual. Por muito tempo, a discussão básica sobre bens públicos *versus* bens privados na economia tem sido um esforço para distinguir entre que tipo de bem deveria ser provido por mercados e que tipo deveria ser provido pelo Estado. Se algo fosse classificado como bem privado, deveria ser fornecido pelo mercado; se fosse bem público, pelo Estado. Essa distinção era baseada, única e exclusivamente, no atributo de "rivalidade" do bem, tal qual identificado originalmente por Samuelson[468]. Entretanto, nossa compreensão evoluiu para abranger mais do que apenas o atributo de rivalidade e incluir também um segundo atributo chamado "excludabilidade", como explicado por Buchanan[469] e Ostrom e Ostrom[470].

Em tal abordagem moderna, a **excludabilidade de acesso** refere-se à possibilidade de o possuidor de um determinado bem ou prestador de determinado serviço excluir, a baixos custos, outras pessoas da fruição do bem ou serviço fornecido. Um computador é um bem exclusivo porque o seu possuidor pode impedir a baixos custos que outros o utilizem. Por outro lado, a segurança nacional é um bem não exclusivo, pois, uma vez fornecida em um dado território, não é viável impedir a baixos custos que outras pessoas dentro do mesmo território dela também gozem. É amplamente aceito que a possibilidade de exclusão é um requisito para o fornecimento de qualquer bem ou serviço pelo mercado, uma vez que é a excludabilidade que permite ao fornecedor impedir que o cliente em potencial tenha acesso ao bem ou serviço sem uma contraprestação. Como discutido sobre a Teoria da Barganha na Seção 4.1.2, é a excludabilidade que impõe a uma das partes a necessidade de apresentar a outra parte algo de interesse desta; em outras palavras, é a característica de excludabilidade que possibilita a existências das trocas voluntárias e o surgimento de um mercado.

Por outro lado, a **rivalidade** ocorre quando o consumo de um bem ou serviço por uma pessoa impede, substancialmente, que o mesmo bem ou serviço seja consumido por outra pessoa, *i.e.*, o consumo por um agente diminui significativamente a utilidade do mesmo bem para os demais. Uma maçã e um copo de água são bens rivais, uma vez que seu consumo por um indivíduo impede que outros deles usufruam. Quando um

---

468. Cf. Samuelson (1954).

469. Cf. Buchanan (1965).

470. Cf. Ostrom e Ostrom (1999 [1977]).

bem não é passível de consumo simultâneo por mais de uma pessoa, ele é considerado rival. Quando pode ser desfrutado por uma pessoa sem reduzir, substancialmente, a sua utilidade para outrem, ele é considerado não rival. A segurança nacional e as previsões meteorológicas são exemplos de bens não rivais, porque o consumo desses serviços por um indivíduo não impede que outros usufruam dos mesmos benefícios, que permanecem disponíveis para uso e gozo por outros em quantidade e qualidade substancialmente inalteradas.

Embora normalmente falemos sobre essas duas características em termos binários para tornar a discussão mais fácil, na verdade, elas variam, significativamente, em grau de um extremo a outro, de acordo com o bem e seu contexto. De qualquer forma, exclusividade e rivalidade são duas características independentes que podem ser combinadas para criar quatro tipos diferentes de bens: (i) os **bens públicos** são, ao mesmo tempo, não rivais e não excludentes; (ii) os **bens privados** se opõem aos bens públicos por serem rivais e excludentes; (iii) os **recursos comuns** (*common pool resources* ou CPR) compartilham a não exclusividade dos bens públicos, mas seu consumo por alguém diminui, substancialmente, a utilidade do bem para outros usuários, tornando-os rivais em uso assim como os bens privados; e (iv) os **bens de clube** ou de pedágio são exclusivos como os bens privados, mas são não rivais, como os bens públicos. Para fins de clareza, podemos resumir essa classificação da seguinte forma:

TIPOS ECONÔMICOS DE BENS
Figura 6-1

		Rivalidade no Consumo	
		Baixa	Alta
Excludabilidade de Acesso	Difícil	**Bens Públicos** Saneamento básico Defesa nacional	**Recursos Comuns** Peixes no oceano Água de uma bacia hidrográfica
	Fácil	**Bens de Clube** Escolas Vídeo *streaming*	**Bens Privados** Sapatos Computadores

Tendo em vista a difícil excludabilidade, a exclusão a baixo custo não é uma opção em um cenário de recurso comum, e um número substancial de usuários terá acesso irrestrito ao bem, caso seja oferecido. Todavia, ao contrário dos bens públicos, os recursos comuns são rivais; portanto, o uso por qualquer usuário impedirá que outra pessoa desfrute do mesmo bem ou serviço integralmente. Isso significa que um grande número de usuários terá acesso irrestrito ao recurso em si, mas o gozo por cada usuário pode impedir que outros desfrutem dos mesmos recursos.

Nesse cenário, a concorrência entre usuários pode criar uma espécie de "corrida ao fundo do poço" (*race to the bottom*), em que cada usuário possui incentivo para explorar o recurso o mais rápido possível, tanto quanto possível, devido ao medo justificado de que outros também explorarão em demasia o recurso, e de que não haverá o suficiente para si mesmo no futuro. Em função dessa estrutura de incentivos, mesmo os agentes agindo racionalmente, o recurso será sobreexplorado e, em última instância, destruído ou terá sua utilidade substancialmente reduzida para todos. Esse problema de ação coletiva passou a ser conhecido como a **Tragédia dos Comuns ou dos Baldios.**[471]

Em geral, a tragédia dos comuns surge quando é difícil ou caro excluir usuários potenciais de um recurso (baixa excludabilidade) que produz um fluxo finito de benefícios (rivalidade). Nesse cenário, os agentes racionais podem sobreexplorar o recurso, em vez de conservá-lo. Nesse sentido, a tragédia dos comuns pode ser modelada como um dilema do prisioneiro não cooperativo (cf. Seção 5.1.1), no qual cada jogador recebe um retorno maior se desertar ao invés de cooperar, embora a cooperação resulte em um resultado positivo para ambos os jogadores. Como o outro jogador tem uma matriz de recompensa (*payoff*) simétrica – sua estratégia dominante também envolve a não cooperação –, quando ambos os jogadores jogam suas estratégias dominantes, eles convergem para um terceiro resultado que é pior para ambos em comparação com as estratégias de cooperação. Se generalizarmos o jogo para n pessoas, temos um modelo geral para a tragédia. Nesse jogo não cooperativo com informações perfeitas, a estratégia dominante também envolve desertar, o que levará à superexploração e destruição total do recurso — daí a tragédia[472].

Agora que os termos e conceitos foram equalizados, podemos explicar como a aplicação da Teoria Econômica de Bens e os tópicos discutidos acima podem iluminar nossa busca pela natureza econômica do direito e dos tribunais e, assim, auxiliar a compreensão de fenômenos jurídicos processuais de acesso e congestionamento.

6.2 A Natureza Econômica do Direito

A questão sobre o que é o direito ou, melhor, a definição de direito, é um tema recorrente na filosofia jurídica que estimulou e estimula vários tipos de resposta.[473] Não é meu propósito abordar a questão de uma perspectiva filosófica, mas sim usar a Teoria Econômica dos Bens discutida acima para compreender melhor a natureza

---

471. Cf. Hardin (1968) e Gico Jr. (2012; 2014). Para uma discussão aprofundada da tragédia dos comuns para o direito, em especial sobre o direito de propriedade, cf. Araújo (2008).

472. Em uma tragédia grega, nenhum dos atores deseja o resultado trágico, mas ele parece inexorável, dada a conduta e a racionalidade dos atores.

473. Consulte, por exemplo, Austin (1995 (1832)), Holmes Jr. (1897), Kelsen (2005 (1967)), Hart (2012 [1961]), Dworkin (1977), MacCormick (1978), Alexy (2011 [2005]), Raz (1997 [1980]) e Schauer (2015). Em qualquer caso, é razoável afirmar que a indagação acerca da natureza do direito tem sido essencialmente uma investigação acerca das três perguntas propostas por Hart (2012 [1961]) – quais sejam: (i) como o direito difere de, e como ele se relaciona com, ordens baseadas em ameaças? (ii) como as obrigações legais diferem de, e como se relacionam com, obrigações morais? e (iii) o que são regras e em que medida o direito é um assunto de regras? Não é minha intenção responder a qualquer dessas perguntas aqui.

econômica do que, normalmente, chamamos de direito e dos sistemas de adjudicação, a fim de avançarmos em direção a uma Teoria Positiva do Direito e, mais especificamente para o presente livro, uma Teoria Positiva do Processo.

Como dito em outra oportunidade[474], o direito pode, de fato, se comportar tanto como um bem público quanto como um bem de clube. Em sua concepção mais simples, o direito nada mais é do que informação sobre como os sistemas adjudicatórios provavelmente se comportarão quando diante de uma disputa (coerção – *enforcement*), bem como informação sobre como as pessoas provavelmente se comportarão em geral (conformidade – *compliance*). Assim como a luz pode se comportar como uma partícula ou como uma onda (a dualidade onda-partícula), o direito também pode se comportar como um bem de clube quando estamos discutindo coerção, ou pode comportar-se como um bem público quando estamos lidando com conformidade espontânea. Esta é a **dualidade do direito**.

Na perspectiva mais tradicional, do direito como coerção, e no mesmo sentido do que discutimos no Capítulo 2, quando alguém se dirige a um advogado e o consulta sobre seu direito, essa pessoa está na realidade perguntando sobre como os tribunais se comportarão caso uma determinada disputa surja, como o Estado espera que ele ou sua organização se comportem, ou, de outro modo, como o Estado pode empregar seu poderoso aparato para fazê-lo se comportar – portanto, fazendo valer o direito (coerção). Por essa razão, é possível dizer que a primeira natureza do direito é informar em qual direção a coercitividade irá, e a utilidade que o direito fornece é justamente o conhecimento acerca dessa direção (bem como a forma de canalizá-la ou evitá-la).

Sob esta perspectiva, é fácil perceber que, quando os juseconomistas afirmam que o direito é um bem público, normalmente assumem que o direito é um bem público da mesma forma que qualquer informação é um bem público. O fato de alguém saber como os tribunais se comportarão e de usar tal conhecimento para conduzir seus negócios no dia a dia não impede que você possua o mesmo conhecimento e conduza seus interesses de acordo. No entanto, esse tipo de análise se limita a discutir a não rivalidade do direito, deixando de lado a sua natureza por completo. Quando dizemos que o consumo do direito por uma pessoa não exclui seu consumo por um terceiro, estamos apenas dizendo que esse conhecimento pode ser consumido tanto por um quanto por outro. Nada estamos dizendo sobre sua excludabilidade e o direito, enquanto coerção, é, na realidade, altamente excludente[475].

Os teóricos do direito estão constantemente envolvidos com a questão da jurisdição, referindo-se ao poder geral do Estado de exercer autoridade sobre todas as pessoas e coisas dentro de seu território; ou o poder de um tribunal de decidir um

---

474. Cf. Gico Jr. (2019, p. 20 e ss.; 2020).

475. Cf. Gico Jr. (2019, p. 21 e ss.).

caso ou emitir uma ordem judicial válida[476]. A palavra-chave aqui é *poder*. O simples fato de que a aplicação das normas jurídicas requer jurisdição significa que, às vezes, um Estado ou um tribunal é juridicamente impotente para fazer cumprir suas regras. Nesse caso, embora as partes possam saber qual regra jurídica seria teoricamente aplicada *de jure*, a falta de jurisdição significa que a regra considerada não será aplicada; logo, o direito é inaplicável *de facto*.

Considere uma sentença arbitral internacional a ser executada em outro país que, por sua vez, não reconheça parte do direito material usado como fundamento para resolver a disputa. De fato, embora ambas as partes da arbitragem saibam qual é a regra aplicável ao seu caso, sua aplicação é efetivamente negada. Essa situação hipotética é apenas um exemplo de como o direito pode ser excluído do consumo por um indivíduo e, portanto, é excludente. Outro exemplo histórico pode tornar o ponto ainda mais claro.

Originalmente, quando Roma era apenas uma cidade-estado, os romanos denominavam o direito aplicado a si próprios de *ius civilis* (direito civil), e esse direito se aplicava, exclusivamente, aos cidadãos de Roma. Assim, embora a maioria dos moradores no território romano soubesse sobre o *ius civilis* (tinham conhecimento da regra), aqueles que não eram romanos eram efetivamente excluídos de sua aplicação e proteção (não podiam usufruir da regra). Logo, tais pessoas foram excluídas do consumo do *ius civilis* (sabem, mas não podem usar). Com o crescimento do império romano, os romanos gradualmente introduziram regras jurídicas também aplicáveis àqueles que não eram cidadãos romanos. Tais regras ficaram conhecidas como *ius gentium*: o corpo de instituições e princípios jurídicos comuns a todos os súditos romanos, independentemente de suas origens.[477] Nesse sentido, embora tanto o *ius civilis* quanto o *ius gentium* sejam não rivais por natureza e, portanto, sejam considerados bens públicos pelos autores tradicionais, o primeiro era de fato excluído do consumo por não romanos, enquanto o segundo era consumido livremente. Logo, o direito pode ser excluído do consumo e, portanto, é excludente, apesar de não-rival.

Embora todos concordemos que o direito é não rival, assim como a informação em geral, é bastante claro que o direito enquanto coerção é altamente excludente; *ergo*, o direito não é um bem público por natureza, mas sim um bem de clube. Alguém pode perguntar: quais são as implicações de se reconhecer que o direito é um bem de clube, se isso significa dizer que ele é não rival de qualquer forma? A resposta mais simples é que, como a coerção é excludente, nossa discussão na seção anterior demonstra que o direito poderia ser fornecido por mercados, pois o sistema adjudicatório poderia negar acesso a todos os clientes que se recusassem a pagar pelos custos de provimento

---

476. Vide as discussões na Seção 1.1 e no Capítulo 2.

477. Cf. Martins (1906, p. 114 e ss.), Moncada (1924, p. 32 e ss.), Riggsby (2010, p. 215 e ss.), e Mousourakis (2015, p. 27 e ss.).

do serviço. Como resultado da excludabilidade do direito como coerção, pode haver um mercado para o direito mesmo na ausência de um Estado.[478]

Agora, quando digo que a utilidade do direito é a informação acerca de como os órgãos estatais se comportarão (coerção), é importante separar dois aspectos dessa afirmação, sendo um deles para o consumidor dessa informação (o jurisdicionado) e o outro para o empregador dessa informação (o adjudicador). Por um lado, os jurisdicionados sabem como se comportar e podem prever o comportamento dos demais jurisdicionados simplesmente por possuírem o conhecimento acerca do direito (regras aplicáveis). Esse conhecimento permitirá aos jurisdicionados que façam escolhas e coordenem seus comportamentos. Por outro lado, os adjudicadores saberão como resolver uma disputa simplesmente por saberem qual é o direito (regras aplicáveis) e aplicarem essas regras aos fatos diante deles (subsunção). Em ambos os casos, o direito consiste na informação sobre qual é a regra mais provável de ser aplicada em um determinado caso.[479]

Esse sistema cria um ciclo de retorno (*feedback loop*), segundo o qual, quanto mais uma regra jurídica é aplicada ao mesmo conjunto de casos, maior será o valor dessa regra jurídica para a sociedade, e mais o comportamento espontâneo ou imposto se encaixará na conduta esperada (retorno positivo). Essa é a economia de escala do lado da demanda do Estado de Direito, ou seu efeito de rede (*network effect*).[480] Quanto mais pessoas souberem qual é a regra aplicável a um determinado caso, e quanto mais elas puderem manter uma expectativa racional de que essas serão as regras aplicadas na hipótese de surgimento de uma disputa, mais as pessoas tenderão a seguir tais regras espontaneamente (conformidade) – logo, mais útil e importante o direito será.[481]

O foco no direito como conhecimento de como o sistema adjudicatório se comportará, quando diante de uma disputa, explica seu valor em contextos sociais em que a coerção desempenha um papel importante. Essa explicação, no entanto, não revela o motivo pelo qual observamos tanta aderência às regras jurídicas, mesmo em contextos em que a coerção é improvável. Para entender esse fenômeno social, é preciso reconhecer que o direito também serve a um segundo propósito, como um ponto focal de como as pessoas provavelmente se comportarão e, ao fazê-lo, induz

---

478. Um dos melhores exemplos do direito sem Estado é a *lex mercatoria*, o corpo de direito comercial construído e empregado pelos mercantes na Europa medieval, que era adjudicado por tribunais mercantis ao longo das principais rotas de comércio. Para uma discussão da produção descentralizada do direito, cf. Cooter (1994).

479. O sistema jurídico não precisa ser perfeito, ele pode ser probabilístico, mas ele será tão mais eficaz quanto mais previsível for. Nesse sentido, cf. Gico Jr. (2013).

480. Note que no Estado de Direito o juiz será um consumidor do direito tanto quanto as partes em um litígio, enquanto os tribunais seriam tanto consumidores quanto provedores (integração, hermenêutica das escolhas e precedentes), nos termos do art. 927 e do *caput* e do §2º do art. 926 do Código de Processo Civil. No sistema da *common law*, a função legislativa dos tribunais é autoevidente, enquanto no sistema romano-germânico ela é de alguma forma mitigada, mas ainda assim existente. Cf. Gico Jr. (2018) e a discussão na Seção 3.1.5.

481. Cf. a discussão acerca do ciclo da litigância nas Seções 3.5 e 5.2.2.

o comportamento coletivo em direção a certas condutas que gerarão equilíbrios autossustentáveis, criando *conformidade sem coerção*.

Nessa segunda perspectiva menos tradicional do direito[482], eu me refiro ao fato de que as pessoas às vezes seguem as normas jurídicas mesmo na ausência de uma ameaça crível de coerção (na improbabilidade de *enforcement*). Cientistas sociais têm se esforçado para explicar por que isso acontece, e alguns argumentam que, quando os indivíduos percebem que a ordem jurídica é legítima, naturalmente eles seguirão as regras, ou seu comportamento será restringido pelas crenças sociais.[483] Já alguns autores mais modernos tentam explicar o mesmo fenômeno empregando a Teoria dos Jogos para demonstrar como o comportamento social pode emergir naturalmente da interação humana e a própria existência do direito pode fornecer pontos focais[484], que atrairão o comportamento coletivo e gerarão equilíbrios comportamentais.[485]

De acordo com essa abordagem mais recente, é razoável dizer que a segunda natureza do direito (dualidade do direito) é a informação de como as pessoas normalmente se comportam e, dado que a maioria das pessoas provavelmente se comportará dessa maneira, não há, em última análise, nenhum ganho em se comportar de forma diversa. Assim, a conformidade torna-se um equilíbrio autossustentável, sem necessidade de coerção (*compliance* sem *enforcement*). Neste caso, a utilidade do direito seria fornecer o conhecimento dessa direção social (e como se comportar de acordo).[486]

É importante ressaltar que o equilíbrio de Nash[487] é definido como um estado estável de um sistema envolvendo a interação de diferentes agentes nos quais nenhum participante pode aumentar o seu retorno (*payoff*) por meio de uma mudança unilateral de comportamento – se as estratégias dos demais permanecerem inalteradas. Em outras palavras, um estado social é considerado um equilíbrio de Nash quando nenhum indivíduo aumentaria seu retorno ao mudar, isoladamente, o próprio com-

---

482. Cf. Gico Jr. (2019, p. 24 e ss.).

483. Max Weber (1999 [1920]) tentou explicar como a legitimidade pode levar à conformidade na medida em que os agentes percebam a regra (costumeira ou jurídica) "como a coisa correta a se fazer", enquanto Durkheim (1982 [1895]) tentou explicar como a coletividade poderia criar crenças e como tais crenças estruturariam e limitariam comportamentos.

484. Na linguagem da Teoria dos Jogos, um ponto focal ou ponto de Schelling é um equilíbrio saliente em um jogo de múltiplos equilíbrios, que atrai jogadores justamente por ser saliente, significando que esse ponto focal se torna um equilíbrio mais comum do que os demais equilíbrios como uma solução prática para o jogo, ainda que não seja uma estratégia dominante. Nesse sentido, cf. Schelling (1981 [1960]).

485. Empregando a Teoria dos Jogos, Grief (2006) demonstrou que em vez de assumir que indivíduos seguem certos comportamentos, comportamentos sociais podem ser gerados endogenamente desde que limitados a comportamentos que sejam equilíbrios autossustentáveis. Em sentido similar, McAdams (2017) explica como o direito pode produzir comportamento coordenado mesmo na ausência de uma ameaça crível de coerção simplesmente por apresentar um ponto focal saliente que atrairá comportamento.

486. Cf. Gico Jr. (2019, p. 24).

487. Cf. nota 346 *supra*.

portamento, a não ser que outra pessoa também mude seu comportamento, e, o estado social (equilíbrio) se torna estável justamente porque não há ganho individual na mudança unilateral de comportamento. Pode-se observar como o efeito de rede do direito é ainda mais relevante quando se lida com o direito enquanto conformidade – pois, quanto maior o número de pessoas se comportando de determinada maneira, maior a probabilidade de que os outros ajustem sua conduta de acordo. Assim, o papel do comportamento saliente como um ponto focal é mais forte e aquele equilíbrio particular é mais provável de ser alcançado.

No entanto, se o direito enquanto coerção é claramente um bem de clube (não rival e excludente), o mesmo não pode ser dito sobre o direito enquanto conformidade. O direito como conformidade também é não rival porque o conhecimento por um indivíduo de como a maioria das pessoas se comporta dentro de uma determinada sociedade não impede que outro indivíduo detenha o mesmo conhecimento e também aproveite os benefícios resultantes desse conhecimento. Entretanto, como o direito enquanto conformidade não requer coerção, é pura informação e, uma vez disponível, não pode ser retirado do domínio público, temos que sua natureza é não excludente. Como resultado, podemos concluir que *o direito como conformidade é um bem público por natureza*, pois é não rival e não excludente.

É curioso notar que o direito seria um bem público única e exclusivamente quando não há necessidade de coerção (direito como conformidade), mas a literatura em geral considera o direito como bem público justamente no contexto adjudicatório, logo, quando o direito é, na realidade, um bem de clube. Essa sutileza não percebida é uma das razões pelas quais os fenômenos do congestionamento do Judiciário em decorrência de políticas de livre acesso e a sua interrelação permaneceram ocultos dos doutrinadores em geral por tanto tempo.

De qualquer forma, considerando que neste livro estamos realmente interessados na relação entre o direito e os tribunais – e o direito como conformidade não exige coerção, ou seja, o direito como conformidade não exige um sistema adjudicatório para funcionar (embora isso seja discutível) –, doravante, discutiremos as implicações da natureza econômica do direito enquanto coerção. Ao analisar a natureza econômica dos sistemas adjudicatórios e sua relação com o direito enquanto coerção, revelaremos aspectos interessantes dos sistemas jurídicos em geral.

6.3 A Complementariedade do Direito e dos Tribunais

Na seção anterior, foi demonstrado que o direito enquanto coerção é não rival, embora seja excludente do consumo a baixo custo (excludabilidade) e, portanto, o direito é um bem de clube. Agora, podemos explicar como esse *insight* revela algo muito importante sobre a relação entre o direito e os sistemas adjudicatórios – isto é, que *o direito e os tribunais são bens complementares*. Um bem é considerado complementar quando o seu consumo requer o consumo de um outro bem. Daí decorre que, quando o consumo de um bem complementar aumenta, o consumo de seu complemento também aumenta. Assim, se o direito e os sistemas adjudicatório são bens complementares, então, quanto mais se consome direito, mais se usa o sistema adjudicatório e, quanto mais se usa o sistema, mais se consome direito. Exploremos essa ideia.

Quando me refiro ao direito enquanto coerção, deve ficar claro que estou me referindo ao direito como o conjunto de regras[488] aplicadas (ainda que potencialmente) por um sistema adjudicatório para resolver disputas dentro de uma determinada jurisdição e, consequentemente, para moldar o comportamento coletivo. Nesse sentido, a utilidade informacional do direito reside, precisamente, na indicação de como o sistema adjudicatório se comportará se uma dada disputa lhe for levada.

Essa função informacional pode, de fato, ser aproveitada apenas se houver um mecanismo efetivo de coerção e se esse mecanismo for capaz de impor sua decisão. Em outras palavras, o direito somente é útil nesse sentido se houver um sistema adjudicatório eficaz para apoiá-lo, assim como um medicamento intravenoso somente é útil quando acompanhado por uma seringa ou outro mecanismo de injeção. Do ponto de vista econômico, essas afirmações equivalem a dizer que o direito e os sistemas adjudicatórios são complementos. De fato, o direito enquanto coerção e os sistemas adjudicatórios são complementos perfeitos, o que significa que eles devem ser consumidos em conjunto para ser considerados úteis.[489]

Por um lado, um sistema adjudicatório que não segue qualquer regra (Judiciário sem direito) não seria diferente de um sistema estocástico ergódigo[490]. Independentemente do caso apresentado, haveria uma probabilidade aleatória de sucesso do reclamante e, em qualquer disputa, a chance de prevalecer seria independente do estado inicial do sistema.

Nesse cenário, não haveria necessidade de um juiz ou qualquer mecanismo de decisão alternativo que não fosse um computador com uma semente aleatória para resolver a disputa. O serviço de resolução de disputas seria fornecido quase instantaneamente, mas o resultado seria um completo desperdício social, pois os agentes seriam incapazes de coordenar o comportamento *ex ante* (não há como saber qual regra será aplicada) e o resultado seria inútil para coordenar o comportamento *ex post* (como este caso foi decidido é irrelevante para casos futuros). Em outras palavras, o objetivo de se ter um sistema jurídico é coordenar o comportamento estabelecendo

---

488. Aqui a discussão sobre se princípios integram o ordenamento jurídico como norma, ou não, é irrelevante, pois eles serão convertidos em regras se aplicados, como demonstrado em Gico Jr. (2018); ou eles serão incapazes de orientar comportamento, resultando em anarquia judicial, como discutido em Gico Jr. (2015).

489. Cf. Gico Jr. (2019, p. 26).

490. Por exemplo, mesmo no sistema jurídico Busoga, em Uganda, que supostamente não possui uma teoria de precedentes, quando se discutem casos e se litiga, os membros da comunidade esperam que casos semelhantes serão tratados de forma semelhante e, portanto, que mesmo o direito costumeiro Busoga guarde algum grau de coerência interna. Cf. Fallers (1969, p. 19).

uma expectativa racional do comportamento dos outros, incluindo do estado.[491] Mas se o mecanismo de resolução de controvérsia é aleatório, essa função básica do direito é negada, e se pode afirmar tanto que não há direito algum, quanto que o Judiciário é inútil. É por isso que afirmei que o Judiciário é uma tecnologia institucional desenvolvida por milhares de anos de experimentação humana com um único objetivo: resolver disputas **impondo as regras**. Se as regras não forem aplicadas, esse propósito do direito e dos tribunais é negado.[492]

Por outro lado, um sistema jurídico sem um mecanismo de coerção (direito sem Judiciário) seria ineficaz para coordenar o comportamento quando as pessoas discordassem sobre o direito ou a conformidade não fosse um equilíbrio autossustentável. Em primeiro lugar, se dois agentes *ex ante* concordam que seu curso de ação é a melhor opção para seus próprios interesses, não haverá necessidade de direito para estabelecer a conduta a ser seguida por eles. Não há disputa. O comportamento acordado é uma estratégia dominante e, portanto, resultará em cooperação. Isso também é verdade se os agentes já estiverem em um equilíbrio de Nash, embora, *ex post*, eles possam discordar sobre essa situação ser a melhor opção para um deles. Como nenhum agente pode melhorar seu retorno mudando unilateralmente seu próprio comportamento, o equilíbrio é autossustentável e nenhuma coerção adicional é necessária.

O direito é útil quando há mais de uma conduta interessante possível antes ou depois da interação para ao menos uma das partes. Se o direito impede que uma das partes se engaje *ex post* em comportamento divergente, a outra parte pode *ex ante* confiar que o acordo seguirá o seu curso e a cooperação será viabilizada. No entanto, a fim de fazê-lo, o direito deve ser capaz de impedir de forma coercitiva tal comportamento divergente; portanto, a coerção – ainda que potencial – é necessária. Pode-se argumentar que, quanto mais frequentemente essas regras de conduta forem internalizadas, menos coerção será exigida; mas, a menos que se possa construir uma sociedade de seres humanos perfeitos, algum nível de coerção, ainda que leve, será necessário.

Em segundo lugar, do ponto de vista social, o direito também é relevante quando – embora as partes envolvidas concordem entre si com o comportamento em questão – sua cooperação produz efeitos negativos sobre terceiros (externalidades). Nesse cenário, supondo que os custos de transação sejam elevados, é do interesse público que o direito seja capaz de impedir, limitar ou exigir uma compensação adequada para tal comportamento. Uma vez que os agentes envolvidos podem não estar dispostos a adotar comportamento convergente com o interesse social, novamente, a coerção será necessária.

---

491. Cf. Capítulo 2.

492. Cf. Gico Jr. (2019, p. 26).

Em terceiro lugar, as pessoas às vezes podem discordar entre si sobre o que realmente foi acordado, sobre qual a regra jurídica aplicável ou mesmo se existe uma regra jurídica para o caso. Nessas hipóteses, é necessário um mecanismo de resolução de disputa – que normalmente é a outra função do sistema adjudicatório – para resolver ambiguidades e preencher lacunas. Ainda assim, embora normalmente consideremos essas funções de redução de ambiguidade e preenchimento de lacunas como atribuídas aos tribunais na maioria dos sistemas jurídicos (senão em todos), esses papéis não são realmente uma função necessária dos sistemas adjudicatórios.

Por exemplo, em 1603, as Ordenações Filipinas de Portugal permitiam aos tribunais portugueses resolver ambiguidades do direito e preencher lacunas usando muitas técnicas, incluindo a aplicação subsidiária do *Corpus Iuris Civilis* ou do direito canônico.[493] No entanto, devido à excessiva "liberdade" na interpretação, a Lei da Boa Razão de 1769 retirou a maioria dessas funções dos tribunais e as alocou de volta à Coroa Portuguesa.[494] Outro exemplo semelhante é a Constituição Imperial Brasileira de 1824, que separou o papel da apuração de fatos para o júri popular, o papel da adjudicação de leis para os tribunais e restringiu os papéis de elaboração de regras e interpretação legal para a Assembleia Geral.[495] Em qualquer caso, mesmo se o papel de preenchimento de lacunas for atribuído aos tribunais, algum grau de coerção (exercício da força) será exigido para tornar efetivas tais regras criadas pelos magistrados, e, mesmo se a tarefa de resolução de ambiguidades for atribuída aos tribunais, a coerção continuará necessária para fazer valer interpretação escolhida. Nesse sentido, a hermenêutica das escolhas também exige coerção.

Em suma, qualquer que seja a estratégia que os tribunais adotem para resolver uma disputa (mera adjudicação, hermenêutica das escolhas ou integração), fato é que o resultado provavelmente se tornará direito e a imposição coercitiva será necessária, se o cumprimento espontâneo não advier. Em qualquer caso, o direito será útil para os agentes sociais somente se um mecanismo adjudicatório viável (coerção) estiver disponível, logo, o direito e os tribunais são bens complementares.

6.4 A Natureza Econômica dos Tribunais

Uma vez estabelecido que o direito é um bem de clube e sua excludabilidade está profundamente relacionada à sua complementaridade com a jurisdição e os tribunais, a investigação sobre a natureza econômica do sistema adjudicatório deve nos ajudar a entender alguns aspectos da dinâmica do sistema jurídico, o que levará à conclusão surpreendente de que, em vez de viabilizar o acesso aos direitos, políticas irrestritas de acesso à justiça podem resultar em sua negação.

---

493. Cf. Gico Jr. (2018, p. 60).

494. Cf. Gico Jr. (2018, p. 61).

495. Cf. Gico Jr. (2018, p. 62).

Semelhante ao direito enquanto coerção, *qualquer sistema adjudicatório é excludente por natureza*. Considere um tribunal de arbitragem e a exigência de que, antes do início do processo arbitral, o reclamante ou ambas as partes paguem as custas processuais e/ou os honorários do árbitro. Sem pagamento, a arbitragem não se inicia. Logo, até que os usuários paguem pelo serviço, o prestador de serviços adjudicatórios não fornecerá o serviço desejado.

O mesmo pode ser dito sobre os tribunais públicos. Em muitas jurisdições, deve haver o pagamento de custas iniciais para cada ação ajuizada, caso contrário, o processo não se iniciará. As custas iniciais podem cobrir, integralmente ou não, os custos da prestação do serviço, mas, em ambos os casos, sem pagamento dos valores exigidos, o serviço adjudicatório não será fornecido. A ideia aqui não é discutir se custas processuais realmente existem no caso concreto, ou se o serviço é subsidiado ou não, mas deixar claro que tal taxa poderia ser facilmente implementada para regular o acesso ao serviço, *ergo*, serviços adjudicatórios são excludentes a custos muito baixos.

Para tornar o ponto ainda mais claro, a exclusão do serviço adjudicatório não precisa ocorrer na forma de custas processuais, nem necessariamente por um preço expresso em moeda. O acesso aos serviços pode ser racionado usando outros mecanismos, como cotas ou análises de custo-benefício. Por exemplo, desde a EC nº 45 de 2004, o Supremo Tribunal Federal somente conhecerá casos constitucionais por meio de recurso extraordinário se o tribunal considerar que a questão em discussão tem repercussão geral.[496]

Mesmo que um caso realmente envolva uma violação constitucional, se a questão for restrita às partes, o STF pode se recusar a conhecê-lo. Pode-se observar que o requisito jurídico de repercussão geral é, na verdade, uma investigação acerca da presença ou não de externalidade positiva associada ao assunto constitucional em debate. Se o julgamento da questão gerar uma externalidade positiva, ou seja, for útil para outras pessoas, reais ou potenciais, além das partes, então, os recursos escassos do STF poderão ser alocados para resolvê-la. Se não, o caso não será conhecido e, para todos os efeitos, o acesso aos serviços adjudicatórios do Supremo Tribunal será negado aos litigantes. Nessa hipótese, o serviço adjudicatório é racionado sem o uso de um mecanismo de preço, mas com o emprego de uma análise implícita de custo-benefício chamada "repercussão geral".

O mesmo tipo de poder discricionário de negação de acesso a serviço adjudicatório foi concedido à Suprema Corte dos Estados Unidos pelo *Judiciary Act*, de 1925 e pelo *Supreme Court Case Selections Act*, de 1988. De acordo com tais leis, a maioria dos potenciais consumidores do direito constitucional é impedida de ter acesso aos serviços adjudicatórios da Corte Suprema americana e, portanto, não tem direito

---

496. Art. 1.035. O Supremo Tribunal Federal, em decisão irrecorrível, não conhecerá do recurso extraordinário quando a questão constitucional nele versada não tiver repercussão geral, nos termos deste artigo.
§1º Para efeito de repercussão geral, será considerada a existência ou não de questões relevantes do ponto de vista econômico, político, social ou jurídico que ultrapassem os interesses subjetivos do processo.

a tais serviços. Assim como no caso de repercussão geral no Brasil, uma parte que desejar que a Suprema Corte americana reveja uma decisão de um tribunal federal ou estadual deve apresentar um pedido de *writ of certiorari*, e a Corte terá o poder discricionário de decidir se concede ou não o *certiorari*. Na vasta maioria dos casos, o *certiorari* é negado. Mais uma vez, o acesso ao serviço adjudicatório é racionado a baixos custos, sem o uso de um mecanismo de preços. De qualquer forma, tais exemplos demonstram que é possível excluir o acesso aos tribunais a baixos custos – logo, são excludentes.

Dado que os serviços adjudicatórios são excludentes, a próxima pergunta é se seriam ou não rivais. Ao discutir o direito, observamos que, como o direito é informação, ele não é rival. O conhecimento do direito por uma pessoa não impede que outra goze dos mesmos benefícios e conduza seus negócios de acordo com ele. O mesmo pode ser dito sobre os magistrados. O fato de um magistrado aplicar uma lei ou um precedente a um caso não impede outro magistrado de aplicar a mesma regra jurídica a outro caso. De fato, em ambos os casos, a aplicação do direito por um agente apenas reforça a utilidade do direito para os outros (efeito de rede). O caso dos sistemas adjudicatórios é diverso, pois eles são rivais por natureza, embora a discussão seja um pouco mais sutil.

Se entendermos que o Judiciário possui alta rivalidade, então, devemos concluir que é um bem privado (rivalidade + excludabilidade). Se entendermos que não é rival, então, semelhante ao direito como coerção, será um bem de clube (não rivalidade + excludabilidade). A rigor, o Judiciário pode ser ambos, dependendo do contexto. Considere um único magistrado chamado para resolver uma única disputa. Dependendo da complexidade do caso, o magistrado poderia analisar, simultaneamente, outro processo sem diminuir, substancialmente, o tempo de análise do primeiro. Lembre-se de que um processo é uma série de procedimentos, nem todos simultâneos ou exclusivamente executados pelo magistrado; há, portanto, várias oportunidades para o magistrado realizar outros atos paralelos enquanto ele espera que as demais partes executem seus respectivos atos. Nesse cenário, pelo menos inicialmente, os serviços adjudicatórios não seriam rivais e, por isso, o Judiciário seria um bem de clube, assim como o direito.

Em contraste, se a análise simultânea de dois ou mais processos resultar em complexidade excessiva ou se o número de processos for maior do que a capacidade instalada, então, os serviços adjudicatórios se tornam rivais em uso, e o Judiciário começa a se comportar de maneira semelhante a um bem privado. Nesse sentido, é razoável dizer que, a princípio, o Judiciário é um bem de clube se a capacidade instalada for superior à demanda percebida e, à medida que a demanda aumenta, ele passa a se comportar mais como um bem privado, tornando-se rival e propenso a congestionamento, salvo se seu uso for racionado de alguma forma. Em outras palavras, o Judiciário é um bem altamente congestionável.

O Judiciário como Bem Privado
Figura 6-2

		Rivalidade no Consumo	
		Baixa	Alta
Excludabilidade de Acesso	Difícil	**Bens Públicos**	**Recursos Comuns**
	Fácil	**Bens de Clube** ------------->	**Bens Privados**

Nesse ponto, deve ficar claro que, mesmo em um estágio anterior, quando a oferta é maior do que a demanda percebida, o Judiciário é um bem de clube, nunca um bem público. No entanto, quando um descompasso entre oferta e demanda passa a gerar rivalidade, o Judiciário, gradualmente, começará a se comportar como um bem privado, pois cada novo caso protocolado se somará ao estoque de casos em andamento e retardará o provimento do serviço público adjudicatório na média. Doravante, cada caso adicional protocolado diminuirá a utilidade do sistema judicial para todos os demais usuários efetivos ou potenciais.

Nesse sentido, como expliquei[497], embora o consumo não seja totalmente rival, cada caso adicional impõe inicialmente uma externalidade negativa aos demais usuários do sistema. Se nenhum outro mecanismo de racionamento for instalado, essa externalidade negativa se materializará na forma de filas – o que, combinado com o menor tempo disponível para os magistrados considerarem cada caso, resultará em crescente degradação da quantidade e qualidade dos serviços prestados. Esse efeito de redução de utilidade significa que o Judiciário começará a se comportar como um serviço rival. O fato de o Judiciário estar congestionado em tantos lugares no mundo apenas corrobora a ideia de que os tribunais são, em realidade, um recurso rival.

6.5 A Tragédia do Judiciário

Uma vez demonstrado que os tribunais se comportam como bens privados enquanto o direito é um bem de clube, é relativamente fácil entender que o acesso irrestrito aos serviços adjudicatórios levará à formação natural de filas para racionar o suprimento do serviço. Qualquer uso adicional do serviço adjudicatório por um agente impedirá ou diminuirá substancialmente a utilidade do serviço para os demais usuários, assim como a inclusão de um carro adicional diminui a utilidade de estradas congestionadas para outros motoristas.

---

497. Cf. Gico Jr. (2019, p. 30).

Como os tribunais são bens privados, a solução mais simples para o problema de congestionamento seria a exclusão de alguns usuários do serviço. Isso já é feito, por exemplo, por meio de instrumentos processuais como a repercussão geral ou o *writ of certiorari*. Alternativamente, poder-se-ia deixar o livre mercado funcionar, e o mecanismo de preços regularia a demanda, da mesma forma como é feito com tribunais arbitrais. A concorrência entre usuários aumentaria os preços dos serviços adjudicatórios, e o aumento de preços resultante racionaria naturalmente os recursos escassos, excluindo os usuários que atribuíssem menor valor ao serviço. Assim, seria alcançado um equilíbrio entre oferta e demanda e não haveria congestionamento. Como resultado, haveria um menor número de ações ajuizadas e aqueles litigantes que atribuíssem menor valor a suas ações, de acordo com sua disposição para pagar, não teriam suas ações julgadas ou seriam atendidos a um tempo maior de espera.[498]

Naturalmente, uma vez que o mercado apenas capta as preferências daqueles que são capazes de e dispostos a expressar suas preferências por meio de pagamento (preferências reveladas), o mecanismo de preço resolveria o problema de congestionamento às expensas do elo mais vulnerável da sociedade, *i.e.* os pobres, que seriam excluídos do uso e do gozo do serviço, ainda que o valorizassem subjetivamente mais a tutela do que seu custo. Além disso, como o direito e os tribunais são bens complementares, a exclusão de alguns usuários do acesso aos serviços adjudicatórios implica, necessariamente, que eles também serão excluídos do gozo dos benefícios do direito em si. Em outras palavras, ao excluir alguns cidadãos do acesso aos tribunais, estaríamos, também, a excluí-los do acesso aos seus direitos, o que é inaceitável.

Nesse sentido, do ponto de vista econômico, os serviços públicos adjudicatórios podem ser considerados **bens meritórios**, *i.e.*, são tão importantes para o desenvolvimento humano que todo indivíduo deve ter acesso a eles com base em algum critério de necessidade, ao invés de habilidade ou disposição a pagar.

A ideia de que o Judiciário é um bem meritório é praticamente um consenso, já que a maioria dos países decidiu que o acesso aos serviços públicos adjudicatórios é um direito fundamental e, portanto, deve ser garantido seu livre acesso a todos em igualdade de condições. Segundo as Nações Unidas:[499] "O acesso à justiça é um

---

498. A título de exemplo, a Câmara de Comércio Internacional – ICC possui um Calculador de Custos e Arbitragem em seu sítio, onde é possível estimar quanto custará uma arbitragem por meio de um sistema adjudicatório privado, e o usuário pode optar por pagar mais se desejar mais árbitros (menor probabilidade de erro) ou se quiser uma decisão mais célere (procedimento expresso). Disponível em: https://www.international-arbitration-attorney.com/pt/icc-arbitration-cost-calculator/.

499. No original: "*Access to justice is a basic principle of the rule of law. In the absence of access to justice, people are unable to have their voice heard, exercise their rights, challenge discrimination or hold decision-makers accountable. The Declaration of the High-level Meeting on the Rule of Law emphasizes the right of equal access to justice for all, including members of vulnerable groups, and reaffirmed the commitment of Member States to taking all necessary steps to provide fair, transparent, effective, non-discriminatory and accountable services that promote access to justice for all [para. 14 and 15]. United Nations activities in support of Member States' efforts to ensure access to justice are a core component of the work in the area of rule of law.*" Cf. The United Nations and the Rule of Law (s.d.).

princípio básico do Estado de Direito. Na ausência de acesso à justiça, as pessoas são incapazes de ter sua voz ouvida, exercer seus direitos, desafiar a discriminação ou responsabilizar os tomadores de decisão. A Declaração da Reunião de Alto-Nível sobre o Estado de Direito enfatiza o direito de acesso à justiça igual para todos, incluindo membros de grupos vulneráveis, e reafirma o compromisso dos Estados-Membros de adotar todas as medidas necessárias para proporcionar serviços justos, transparentes, eficazes, não discriminatórios e responsáveis que promovam o acesso à justiça para todos [...]. As atividades das Nações Unidas em apoio aos esforços dos Estados-Membros para garantir o acesso à justiça são uma componente essencial do trabalho na seara do Estado de Direito."

Na realidade, a ideia de livre acesso à justiça já existe há algum tempo. O século XX testemunhou uma preocupação crescente com a questão do acesso à justiça. A primeira onda preocupou-se com a assistência legal para os pobres e começou no Ocidente na década de 1920 na Alemanha e no Reino Unido.[500] A segunda onda preocupava-se com a representação de interesses difusos e esforços para resolver o problema de se representar grupos e coletividades que não apenas os pobres, que começaram no final dos anos 1960 nos EUA.[501] A terceira onda foi além da advocacia, focando não apenas na assistência jurídica e na defesa de interesses difusos, mas também em todos os tipos de barreiras institucionais para um acesso mais efetivo à justiça.[502] Essas ondas de reforma, voltadas para aumentar o acesso à justiça, continuam aparecendo de tempos em tempos.[503]

Na década de 1970, Mauro Cappelletti dirigiu um projeto de pesquisa financiado pela Fundação Ford e pelo Conselho Nacional de Pesquisa da Itália (CNR), chamado de "Projeto de Acesso à Justiça de Florença".[504] Segundo Cappelletti e Garth: "o direito de acesso efetivo é cada vez mais reconhecido como sendo de suma importância entre os novos direitos individuais e sociais, uma vez que a titularidade de direitos não tem sentido sem mecanismos para sua efetiva reivindicação. O acesso efetivo à justiça pode, assim, ser visto como o requisito mais básico — o mais básico 'direito humano' — de um sistema jurídico moderno e igualitário que pretende garantir, e não apenas proclamar, os direitos de todos."[505] Como se pode ver, em outras palavras, Cappelletti reconheceu que o direito e os serviços públicos adjudicatórios são bens

---

500. Cf. Cappelletti e Garth (1988, p. 197 e ss.).

501. Cf. Cappelletti e Garth (1988, p. 209 e ss.). Para uma discussão anterior sobre a não racionalização do acesso à justiça, cf. Hazard Jr. (1965).

502. Cf. Cappelletti e Garth (1988, p. 222 e ss.).

503. Para um relatório relativamente mais recente e amplo sobre acesso à justiça, cf. Parker (1999).

504. Cf. Cappelletti e Garth (1988).

505. No original: "*The right of effective access is increasingly recognized as being of paramount importance among the new individual and social rights since the possession of rights is meaningless without mechanisms for their effective vindication. Effective access to justice can thus be seen as the most basic requirement– the most basic 'human right'– of a modern, egalitarian legal system which purports to guarantee, and not merely proclaim, the legal rights of all.*" Vide Cappelletti e Garth (1988, pp. 184-185).

complementares perfeitos, tal qual proposto na Seção 6.3 acima. Apenas usei a teoria econômica para demonstrar os fundamentos de minha conclusão no mesmo sentido.

Nenhuma pessoa razoável negaria que o acesso à justiça é um requisito fundamental tanto para o desenvolvimento humano quanto para a implementação do Estado de Direito. No entanto, como já disse[506], o que esse tipo de abordagem não compreende é que, se a política pública subsidiar o acesso aos serviços adjudicatórios e/ou criar um direito de livre acesso irrestrito ao Judiciário, que é um bem privado por natureza, na prática, a referida política pública alterará a natureza econômica dos tribunais tornando juridicamente difícil a exclusão de usuários. No entanto, como o atributo de rivalidade do Judiciário é inescapável, se o Judiciário for transformado em um sistema de livre acesso (não excludente), o resultado será a transformação do Judiciário em um recurso comum.

O Judiciário como Recurso Comum
Figura 6-3

		Rivalidade no Consumo	
		Baixa	Alta
Excludabilidade de Acesso	Difícil	**Bens Públicos**	**Recursos Comuns**
	Fácil	**Bens de Clube**	**Bens Privados**

Como resultado de políticas de livre acesso sem restrições, o Judiciário se torna um recurso comum vulnerável à superexploração e propenso a congestionamentos. Quanto mais governos em todo o mundo implementarem políticas para incentivar as pessoas a usarem o Judiciário, mais os tribunais ficarão congestionados[507], assim como ocorreria com qualquer outro recurso comum sobre-explorado.

O congestionamento judicial resultante aumenta, substancialmente, tanto a quantidade de tempo necessária para resolver uma disputa, quanto a probabilidade de resultados de baixa qualidade ou simplesmente incorretos, à medida que os magistrados ficam sobrecarregados com o crescente número de casos e, simultaneamente, se exigem deles respostas cada vez mais rápidas. Dentro do mundo caótico da

---

506. Gico Jr. (2019, p. 32).

507. Considerando-se, evidentemente, que recursos escassos impedem a expansão ilimitada do Judiciário, especialmente em países menos ricos. Essa linha de raciocínio é aplicável quando a oferta de serviços adjudicativos é menor do que a demanda total percebida, tornando os tribunais bens rivais. Se uma sociedade é capaz e decide investir recursos suficientes para que a oferta seja sempre maior do que a demanda por serviços judiciais, então, o Judiciário não se tornará rival e não haverá congestionamento, embora haja sempre um congestionamento de equilíbrio dado um certo nível de serviços prestados, como discutido na Seção 6.6.

superexploração do sistema judicial, não é desarrazoado esperar que os magistrados concentrem o máximo de esforço possível na resolução de disputas para reduzir o estoque de casos em seu gabinete e invistam o mínimo possível em segurança jurídica[508], dado que essa é uma externalidade positiva que reduz apenas marginalmente o estoque de casos para qualquer tribunal específico.

Em suma, uma vez que políticas de acesso irrestrito à justiça estejam em vigor, é trivial reconhecer que o Judiciário se tornará um bem não excludente e mais usuários acessarão o sistema. No entanto, como os sistemas adjudicatórios são rivais por natureza, o resultado esperado será a superexploração do sistema, levando à substancial degradação dos serviços fornecidos. Todos queremos que cada um tenha acesso aos serviços adjudicatórios, pois a capacidade de reivindicar seus direitos é um requisito essencial de poder exercê-los. No entanto, uma vez concedido o acesso irrestrito aos tribunais, o sistema em si se sobrecarregará de casos e, embora o acesso ao sistema seja garantido, o serviço adjudicatório não será prestado em tempo hábil, ou será fornecido a uma qualidade muito menor; este resultado é exatamente a **Tragédia do Judiciário**.[509]

Quanto mais pessoas usarem o Judiciário, mais congestionado ele se tornará e menos útil será para os usuários em geral, uma vez que sua capacidade de fornecer serviços públicos adjudicatórios será prejudicada. O problema é se concentrar no acesso ao sistema (Judiciário) quando o foco deveria ser colocado na possibilidade de usar e gozar de seus frutos (direitos), que são — em grande medida — o que as pessoas realmente querem.

Ao enfocar apenas a conscientização sobre os direitos e incentivar o uso irrestrito do Judiciário sem reconhecer que ele está sobrecarregado de casos, a política pública de livre acesso está acelerando e incentivando a superexploração do sistema judicial, que já é disfuncional em muitas jurisdições. Ao reconhecer a natureza de recurso comum do Judiciário, podemos entender melhor o que está acontecendo nos tribunais de todo o mundo, nos quais as políticas de livre acesso irrestrito aumentam *pari passu* com o congestionamento dos tribunais.

Pode não ser por acaso que alguns autores identificaram um crescimento sem precedentes no volume de casos, resultando em congestionamento nos tribunais durante a década de 1960 — o mesmo período em que ocorreu a maior onda de políticas de livre acesso à justiça. Posner[510] mostrou que, embora a carga de casos tenha

---

508. Assumindo-se que, em geral, há custos associados à descoberta e aplicação do direito, assim como na aquisição e processamento de qualquer tipo de informação, caso contrário isso pode não acontecer. Sobre o custo de coordenação dos juízes dentro do Judiciário quando os juízes têm um objetivo comum (ou seja, a mesma função de utilidade), cf. Gico Jr. (2013). Para uma discussão sobre os custos de coordenação, quando eles podem ter objetivos diferentes (isto é, funções de utilidade diferentes), cf. Gico Jr. (2015).

509. A demonstração de como o Judiciário se comporta como um recurso comum e, portanto, que está vulnerável ao problema da tragédia dos comuns foi realizada em Gico Jr. (2012; 2014). Já a demonstração de que esse resultado é uma consequência da própria natureza do direito e dos tribunais e de sua relação de complementariedade foi explorada e expandida em Gico Jr. (2019; 2020).

510. Cf. Posner (1999, p. 53 e ss.).

aumentado constantemente nos tribunais federais dos Estados Unidos, esse crescimento foi modesto e facilmente acomodado pelo sistema de três níveis criado em 1891, até a década de 1960 – quando o número de casos explodiu. O Grupo de Trabalho sobre Administração da Justiça[511] chegou às mesmas conclusões, e Landes[512] reforçou o argumento, afirmando que "é amplamente reconhecido que os tribunais estão sobrecarregados com um volume maior de casos do que podem lidar eficientemente".

Pode-se notar a ironia e a clara contradição entre a defesa incondicional de Cappelletti e outros[513] do livre acesso à justiça, enquanto, ao mesmo tempo, defendem que o congestionamento de um tribunal é, na verdade, justiça inacessível.[514] Semelhante aos modernos defensores do acesso irrestrito à justiça, Cappelletti, simplesmente, não conseguia perceber que esses dois objetivos são claramente contraditórios. Os objetivos de maior acesso e maior velocidade são, em grande medida, incompatíveis. Se o número de casos exceder substancialmente a capacidade de análise e processamento do Judiciário, cada caso levará mais e mais tempo para ser resolvido, e a análise de cada caso será cada vez mais e mais superficial, pois os magistrados não terão tempo suficiente para passar cuidadosamente por cada caso. Essa condição diminui a qualidade das decisões e, no limite, enfraquece a razão de se ter um Judiciário.

Além disso, outra questão que parece escapar à percepção de alguns cientistas sociais é que, enquanto a produção do direito pelos tribunais cria uma externalidade positiva e um efeito de rede positivo, o Judiciário é um recurso rival e sua superexploração cria congestionamento, o que, por sua vez, é uma externalidade negativa. Em outras palavras, podemos considerar os precedentes produzidos pelos tribunais — como um subproduto de suas atividades de resolução de disputas — uma externalidade positiva, porque outros podem usufruir dos benefícios do precedente criado sem ter contribuído para o custo de produzi-lo.[515] No entanto, o simples ajuizamento de uma ação desacelerará a prestação de serviços adjudicatórios na média para todos os demais usuários, resultando em uma **externalidade negativa compensadora.**

....

511. Cf. NCJRS (1967).

512. No original: "It is widely recognized that the courts are burdened with a larger volume of cases than they can efficiently handle." Cf. Landes (1971, p. 74). No mesmo sentido, Clemenz e Gugler (2000, p. 215) identificaram sobre a Áustria que "[t]he annual number of civil litigation cases taken to Austrian courts rose from 544,000 in 1960 to 951,000 in 1995. At the same time the population remained almost constant. Similar trends can be observed in other countries as well."

513. Para uma defesa moderna do acesso à justiça irrestrito, cf. Beier (1990).

514. "The effect of this delay, especially given the prevailing rates of inflation, can be devastating; it increases the parties' costs and puts great pressure on the economically weak to abandon their claims or settle for much less than that to which they are entitled. As the European Convention for the Protection of Human Rights and Fundamental Freedoms, in Article 6, paragraph 1, explicitly recognizes, justice that is not available within a 'reasonable time' is, for many people, inaccessible justice." Cf. Cappelletti e Garth (1988, p. 190).

515. Para fins de simplificação, aqui, estamos ignorando que o Judiciário é, na realidade, financiado com recursos públicos originários de tributos pagos por todos os membros da sociedade e não apenas pelas custas processuais pagas pelos litigantes. Logo, todos os contribuintes pagam pela produção de precedentes.

Como a maioria dos casos não produz um precedente (enquanto todos os casos protocolados contribuem para o congestionamento do tribunal), acredito que a externalidade negativa decorrente do congestionamento judicial mais do que compense qualquer valor resultante da externalidade positiva da produção de um eventual precedente. Essa conclusão torna irrelevantes os argumentos econômicos para o fornecimento de subsídios para litígios com o objetivo de aumentar a produção de precedentes.

A Tragédia do Judiciário nos leva a um *conundrum* intrigante: as pessoas devem ser capazes de reivindicar seus direitos sem barreiras substanciais, mas o acesso irrestrito ao sistema público adjudicatório para cada pessoa prejudica o acesso à justiça para todos os demais. Deve ser possível criar alguns mecanismos de governança que impeçam a superexploração do Judiciário, embora o reconhecimento da natureza econômica dos tribunais leve à conclusão de que algum tipo de racionamento também pode ser necessário. Isso requer um pensamento estratégico sobre como estruturar melhor os tribunais e o sistema judicial no futuro, em uma visão que não envolva paixões ou discussões ideológicas. De qualquer forma, a compreensão da conexão do fenômeno ubíquo do congestionamento judicial no mundo com a natureza econômica do direito e dos tribunais pode ser um elemento importante na solução desse enigma ou, ao menos, em sua mitigação.

Já foi devidamente explorada a importância da segurança jurídica para a diminuição do hiato de expectativas (Seção 4.2) e para o regular funcionamento do ciclo da litigância (Seção 3.5), ambas redutores do nível de litigância. É minha opinião que a segurança jurídica é a principal estratégia mitigadora da Tragédia do Judiciário e de sobreutilização do sistema adjudicatório. No entanto, a título de finalização desse capítulo e deste livro em geral, gostaria de explorar um último assunto também decorrente da tragédia, o problema de seleção adversa de litigantes.

6.6 O Problema da Seleção Adversa: a outra face da Tragédia do Judiciário

O atraso na prestação do serviço público adjudicatório é apenas o aspecto mais óbvio da Tragédia do Judiciário. Há outro aspecto, que pode ser ainda mais sério e pernicioso, do ponto de vista da justiça social, bem como da função do Judiciário enquanto garante das negociações políticas (leis) e privadas (contatos): o problema de **seleção adversa** resultante da morosidade judicial. Nos capítulos anteriores reiteradamente falamos da importância do Judiciário e de fazer valer a vontade popular consubstanciada nas leis e das partes nos contratos.

No entanto, não incluímos nos modelos o elemento tempo. Uma vez que o elemento tempo é introduzido na análise, como demonstraremos, quanto maior for a morosidade judicial, menor será o valor presente do direito para o autor e menor será o valor presente da obrigação para o réu. Nesse sentido, o valor decrescente do direito decorrente do congestionamento do Judiciário desestimulará que potenciais demandantes usem o sistema adjudicatório, ou impedirá que usufruam de seus direitos de forma eficaz, enquanto, ao mesmo tempo, incentivará que alguns sujeitos de obrigações usem o sistema e litiguem apenas para se beneficiar da postergação de suas obrigações.

Como explicado na Seção 4.2, de acordo com a Teoria da Barganha, para que haja um excedente cooperativo e seja possível a celebração de uma troca voluntária, o valor da ação para o réu deve ser maior que o valor da ação para o autor, e eles têm de acordar em algum valor A entre o valor de reserva de ambos, ou seja, $V_R \geq A \geq V_A$. É importante lembrar que o valor de reserva do autor e do réu são os seguintes:

Equação 4.2-2

$$V_A = p_A \cdot B - C_A + N_A$$

Equação 4.2-3

$$V_R = p_R \cdot B + C_R - N_R$$

Dito isso, teremos um acordo quando o mínimo que o autor está disposto a aceitar, V_A, for menor ou igual ao máximo que o réu está disposto a pagar V_R, ou seja, quando $V_A \leq V_R$ e, portanto, houver um excedente cooperativo a ser distribuído. *A contrario sensu*, um acordo não será alcançado e uma ação será ajuizada quando a condição de litigância, isto é, $V_A > V_R$ for atendida. Como já demonstrado, se substituirmos o preço de reserva do autor (Equação 4.2-2) e o preço de reserva do réu (Equação 4.2-3) na condição de litigância, teremos que:

Inequação 6.6-1

$$V_A > V_R$$
$$p_A \cdot B - C_A + N_A > p_R \cdot B + C_R - N_R$$
$$(p_A - p_R) \cdot B > (C_A + C_R) - (N_A + N_R)$$

Nesse sentido, além do hiato de expectativas $(p_A - p_R)$, relacionado à questão da segurança jurídica e previsibilidade do Judiciário, dos custos de litigar $(C_A + C_R)$, relacionado às políticas de subsídio da litigância e de livre acesso, e dos custos de negociar $(N_A + N_R)$, inerente a qualquer processo de negociação, temos o valor do bem da vida B como um dos fatores que afetará a satisfação da condição de litigância e, portanto, se será racional ou não litigar.

No entanto, esse modelo não considera o fato de que o intervalo de tempo entre o início e o fim de uma demanda por si só poderia reduzir o valor presente de uma possível ação e, portanto, o retorno esperado do litígio. Em outras palavras, as partes não são indiferentes a atrasos judiciais ao decidir se devem ou não ajuizar uma ação ou celebrar um acordo. Quanto mais tempo um caso ajuizado leva para ser julgado, menor é o seu valor presente para aqueles que reivindicam seus direitos. O efeito devastador da morosidade judicial foi percebido por Posner[516], Cappelletti e Garth[517], e mais tarde foi desenvolvido por Priest[518], cujo modelo juseconômico seguiremos aqui.

Para levar em consideração o valor do bem da vida no tempo, podemos modificar o modelo discutido anteriormente para incluir uma taxa de desconto para B, fazendo com que o valor presente da ação dependa da magnitude do atraso do processo e do valor do bem da vida no tempo[519], o que pode ser representado por uma taxa de juros ou taxa de desconto. Adaptando, então, a Inequação 6.6-1, temos:

Inequação 6.6-2

$$(p_A - p_R) \cdot \frac{B}{(1 + r)^{t}} > (C_A + C_R) - (N_A + N_R)$$

onde r é a taxa de desconto por período do autor da ação e t é o número de períodos entre o ajuizamento da ação e o seu julgamento. O hiato temporal entre a violação do direito ou o dano e o ajuizamento da ação é desconsiderado para fins de simplicidade.

A Inequação 6.6-2 mostra que o **período de resolução**, *i.e.*, o tempo necessário para o sistema adjudicatório resolver uma lide, é capaz de, por si só, reduzir o valor presente de uma ação judicial e, ao fazê-lo, também influenciar a probabilidade de surgimento de uma disputa. Note que quanto maior for a taxa de desconto do autor da ação (r), ou seja, a ansiedade ou a sua impaciência, menor será o valor presente do bem da vida que ele receberá apenas no futuro. E quanto maior for o valor de t, ou seja, quanto mais o Judiciário demorar para resolver a lide, menor será o valor presente do bem da vida. Logo, tanto a impaciência do autor quanto a demora do Judiciário diminuem o valor do bem da vida e, portanto, o valor do direito que o autor deveria gozar após a prestação do serviço adjudicatório.

Nesse sentido, *ceteris paribus*, existe uma relação inversa entre o período de resolução e a probabilidade de litígio. O congestionamento judicial — ou a morosidade judicial — aumenta a probabilidade de acordo do ponto de vista do autor, enquanto a celeridade judicial aumenta a probabilidade de litígio. Essa relação inversa não intuitiva sugere a existência de uma interrelação dinâmica entre morosidade e a taxa de litígio.

---

516. Cf. Posner (2007, p. 448).

517. Cf. Cappelletti e Garth (1988, p. 190).

518. Cf. Priest (1989, p. 533).

519. Qualquer livro de matemática financeira vai lhe ensinar a fazer o cálculo do valor temporal do dinheiro e o que significa o pagamento de juros. Aqui utilizo a mesma abordagem.

Quanto mais rápido for o Judiciário (menor t), maior será o valor presente de um potencial litígio e, portanto, maior será a probabilidade de uma ação ser ajuizada. Só que quanto mais ações são ajuizadas, maior a sobrecarga do Judiciário, que deve se tornar mais lento (maior t) – o que reduz o valor presente das ações judiciais e reduzirá a demanda futura por serviços adjudicatórios. Assim, espera-se que mudanças na morosidade judicial gerem efeitos compensatórios no volume de casos iniciados e vice-versa. Essa relação sugere que, dada uma capacidade produtiva adjudicatória instalada, deve haver um nível de equilíbrio entre litigância e morosidade em cada jurisdição, um **congestionamento de equilíbrio**.

Da mesma forma que a insegurança jurídica leva à litigância, a qual, por sua vez, leva ao aumento de ações ajuizadas e à produção de jurisprudência que – se adequadamente uniformizada, recompõe a segurança jurídica, resultando em uma retração da litigância (ciclo da litigância) –, o nível de litigância deve flutuar acima ou abaixo do nível de congestionamento de equilíbrio à medida que a morosidade se altera. A diminuição da morosidade (celeridade processual) faz com que litigantes marginais comecem a litigar, pois o valor presente das demandas $\dfrac{B}{(1+r)^t}$ aumenta, fazendo o congestionamento retornar ao nível de equilíbrio. Por outro lado, se o Judiciário fica muito lento, o valor presente das demandas cai e litigantes marginais realizam acordos ou deixam de litigar, diminuindo o congestionamento judicial de volta ao nível de equilíbrio.

A incorporação do elemento tempo na condição de litigância ilustra de forma simples como a morosidade judicial reduz a utilidade social do Judiciário. Todo e qualquer grupo que tenha como interesse a expansão de direitos e sua efetividade deve ter na morosidade judicial um de seus piores inimigos. Não importa se nominalmente um determinado grupo é titular ou não de um direito, se o Judiciário for excessivamente moroso (t for muito grande), o valor presente desse direito tende a zero, ou seja, semelhante à situação de o mesmo grupo não ser titular do direito. Quanto mais demorado for para se obter a prestação jurisdicional, menor o valor presente do direito. No limite, um Judiciário arbitrariamente lento destrói o próprio direito pleiteado.

Essa interrelação entre congestionamento judicial e volume de litígios pode explicar, por exemplo, o mistério dos juizados especiais brasileiros e a sua rápida sobrecarga. Os juizados especiais foram criados para desafogar o moroso Judiciário brasileiro. A doutrina tradicional, focada apenas em diminuir os custos de acesso e de procedimento, pode ser exemplificada pelo posicionamento de Figueira Jr. e Lopes[520], quando afirmam que: "A crise jurídica e jurisdicional que temos vivido nos últimos tempos, na busca de resultados diversificados que se materializem na efetividade e efetivação do processo civil através da rápida e eficiente solução dos conflitos

---

520. Cf. Figueira Jr. e Lopes (1997, pp. 31 e 35).

intersubjetivos, coletivos ou difusos dos jurisdicionados. [O] novo sistema dá azo à liberação do que se convencionou chamar de litigiosidade contida, porquanto ampliada não só a via de acesso aos tribunais, como também o escoamento muito mais fluente das demandas ajuizadas, em virtude da tramitação sumária ancorada num procedimento mais enxuto, o qual atende basicamente aos critérios da oralidade, simplicidade, informalidade, economia processual e celeridade."

No entanto, a experiência mostra que a redução dos custos administrativos do processo, com a simplificação procedimental no juizado especial, nem de perto compensou o fluxo adicional resultante da criação de uma nova "via de acesso" a custo zero e, ao menos no início, foi mais rápida que os serviços públicos adjudicatórios tradicionais. Em outras palavras, como claramente prevê a teoria aqui apresentada, a redução dos custos de litigar combinada com a redução do período de resolução levaram ao aumento substancial de litigância nos juizados especiais.

Os juizados especiais são gratuitos (não cobram custas judiciais), neles não é necessária a presença de advogados (até certo valor), não há honorários advocatícios sucumbenciais em caso de derrota, e seu procedimento é simplificado, tudo no intuito de ampliar o acesso e reduzir a carga do Judiciário. Além de desafogar o Judiciário, o objetivo claro era atender a uma demanda reprimida por serviços públicos adjudicatórios. No entanto, estudos do Conselho da Justiça Federal e do Centro de Estudos Judiciários[521] e da Secretaria de Reforma do Judiciário do Ministério da Justiça[522] já apontam para o congestionamento dos juizados nos mesmos moldes da justiça comum. O problema perdura há anos, como reconhecido pelo CNJ[523]: "Criados em 1995 para resolver com celeridade as demandas dos jurisdicionados, os Juizados Especiais Cíveis — mantidos pelos Tribunais de Justiça dos estados – estão sofrendo da mesma doença que há tempos incomoda o Poder Judiciário, o acúmulo de processos não resolvidos e o consequente aumento da taxa de congestionamento."

Ora, um serviço público cujo preço do uso é estabelecido, *a priori*, como zero e estruturado para ser mais rápido que seu concorrente – a justiça comum – obviamente atraiu uma grande quantidade de litigantes marginais que, gradativamente, foram elevando a taxa de congestionamento dos juizados, até que o novo ponto de equilíbrio entre morosidade e litigiosidade fosse alcançado. Assim como a criação de uma via rodoviária subsidiária inicialmente descongestiona a via principal, a redução do custo de dirigir leva motoristas marginais a usarem cada vez mais a nova via, até que ambas tornam a ficar congestionadas.

A proposição de que toda e qualquer jurisdição enfrenta um congestionamento de equilíbrio não significa que seja impossível alterar tal equilíbrio, mas apenas que

521. Cf. CJF (2003).

522. Cf. MJ (2005).

523. Cf. Euzébio (2012).

a avaliação do impacto de qualquer reforma endereçada ao problema de congestionamento judicial deve levar em consideração também o efeito compensatório decorrente das mesmas modificações implementadas, em um aumento de litigância devido à nova celeridade processual alcançada. Sempre há um efeito compensatório.

Além disso, o efeito de qualquer reforma individualmente considerada dependerá, em larga medida, do contexto institucional da jurisdição em que é implementada. O resultado final dependerá do grau de dispersão do resultado do julgamento B, da divergência de estimativas de êxito ($P_A - P_R$), da taxa de desconto r, do tempo para julgamento t, bem como dos custos para litigar ($C_A + C_R$) e dos custos de fazer um acordo ($N_A + N_R$). A Inequação 6.6-2 ilustra como os efeitos de cada uma dessas relevantes dimensões da condição de litigância podem ser estimados.

Por exemplo, qual o impacto de se contratarem mais juízes sobre o número de litígios? Mantidas todas as demais características constantes, o aumento de número de magistrados reduz o tempo de decisão de cada caso, ou seja, t. Todavia, a redução de t significa que o retorno esperado da litigância aumenta, pois o valor presente do litígio $\frac{B}{(1+r)^t}$ aumenta. Isso significa que, em um primeiro momento, o volume de decisões vai aumentar e o estoque de casos pode até diminuir, mas um efeito compensatório em novos casos tende a diminuir estes ganhos, até se alcançar novamente um congestionamento de equilíbrio, como aconteceu com os juizados especiais. Por outro lado, esse efeito pode ser completamente diferente em uma dada jurisdição se, por exemplo, a taxa de juros r se alterar de um ano para o outro. A magnitude da interação de cada uma dessas dimensões depende das características de cada jurisdição e é, em última instância, uma questão empírica.

Os resultados encontrados por Bielen, Peeters, Marneffe e Vereeck, ao estudar trinta e seis países europeus no período de 2006 a 2012, corroboram a hipótese de existência de um equilíbrio de congestionamento para países altamente litigiosos com uma independência judicial de moderada a alta[524]. Para esses países, os resultados fornecem evidências convincentes da existência de uma relação inversa entre as taxas de litigância e os acúmulos nos tribunais. Isso sugere que uma redução no congestionamento dos tribunais induz outros agentes (litigantes marginais) a acessarem o serviço púbico adjudicatório. Como resultado, é provável que um aumento na oferta de serviços adjudicatórios seja parcialmente ineficaz na redução da morosidade nos tribunais, pois será criada uma demanda adicional compensatória. Consequentemente, os níveis de estoque de processos devem retornar ao nível de equilíbrio.

O mais interessante, porém, é que os referidos autores não encontraram evidências de uma relação inversa entre as taxas de litigância e o estoque de casos nos tribunais para países levemente litigiosos. Usando a teoria apresentada neste capítulo, uma possível explicação para o resultado discrepante é que, em países pouco litigio-

---

524. Cf. Bielen, Peeters, Marneffe e Vereeck (2018).

sos, o Judiciário ainda está se comportando como um bem de clube e não-como um recurso comum – e esses países provavelmente possuem um alto nível de segurança jurídica e um ciclo de litigância funcionando adequadamente, o que induz a um nível maior de conformidade espontânea (sem coerção). Como a ameaça de coerção (*enforcement*) é altamente credível (dado que o Judiciário não está congestionado, e existe segurança jurídica), o nível de cooperação espontânea é mais alto; portanto, o uso do sistema adjudicativo é menor. De certa forma, esses países parecem ter conseguido, de alguma forma, manter a oferta de serviços adjudicatórios em um nível superior à quantidade demandada.

Nesse sentido, como argumentei antes, qualquer política que vise combater a Tragédia do Judiciário deve levar em consideração o contexto específico do país-alvo. É pouco provável que contratar mais juízes para julgar em tribunais de países altamente litigiosos funcione, como no caso do Brasil, pois o efeito compensatório provavelmente se instalará e o equilíbrio do congestionamento provavelmente será retomado, como aconteceu com os juizados especiais. Reforçando essa conclusão, Bielen, Peeters, Marneffe e Vereeck concordam que "é necessária uma abordagem política personalizada para lidar com o problema de atraso nos tribunais com base no grau de litígio e no nível de independência judicial em um país"[525].

A Inequação 6.6-2 mostra como as recentes políticas públicas direcionadas única e exclusivamente à ampliação do acesso ao Judiciário, *i.e.*, reformas cujo objetivo declarado é apenas reduzir o custo de litigar ($C_A + C_R$), sem qualquer alteração das demais variáveis da condição de litigância, aumentam o número de litígios.

Todavia, em um Judiciário já sobrecarregado, se, por um lado, o aumento do número de litígios constitui um legítimo exercício da cidadania, por outro, contribui para a morosidade judicial e, assim, aumenta o tempo necessário para resolver um litígio qualquer (t), o que, por sua vez, reduz o valor presente da demanda para o titular do direito. Em outras palavras, o incentivo isolado à litigância pela redução de custos de litigar (acesso ao Judiciário), *ceteris paribus*, induz à morosidade judicial que, por sua vez, reduz a utilidade real dos direitos. Além disso, um grupo marginal de usuários potenciais do Judiciário deixará de usá-lo para fazer valer seus direitos, porque não compensará.

Esses titulares legítimos de interesses juridicamente protegidos, na prática, não poderão exercer seus direitos, o que é um resultado oposto ao inicialmente pretendido com a política de acesso ao Judiciário. Novamente, temos uma Tragédia do Judiciário em que o livre acesso ao principal (*resource system*), incentivado por subsídios públicos, leva a uma sobreutilização que, a seu turno, leva à exclusão de usuários pela rivalidade, e que não deveriam ser excluídos.

---

525. Cf. Bielen, Peeters, Marneffe e Vereeck (2018, p. 20).

Assim, a sobreutilização do Judiciário pode ter um aspecto ainda mais pernicioso do que simplesmente uma distância muito grande entre pedir e receber; a morosidade pode constituir um mecanismo de seleção adversa em que detentores legítimos de direitos são afastados do Judiciário, enquanto agentes não detentores de direitos são atraídos justamente por causa da morosidade judicial para postergar o adimplemento. Em uma espécie de Lei de Gresham[526], bons litigantes são excluídos do mercado de litígios e litigantes ruins são atraídos a ele. As políticas públicas de acesso indiscriminado ao Judiciário, quando isoladamente consideradas, excluem usuários marginais pela morosidade e, ao fim e ao cabo, reduzem a utilidade do Judiciário devido à sua sobreutilização, um resultado trágico.

Para mitigar o problema da morosidade judicial, os pedidos nas ações judiciais devem ser remunerados por juros[527]. A aplicação de juros de mora[528] adequados pode reduzir os efeitos excludentes da morosidade judicial e podem ser incluídos no nosso modelo. Nesse sentido, basta alteramos a Inequação 6.6-2 para que sejam pagos juros legais sobre o valor de uma eventual condenação (r_j), mas não necessariamente à taxa de mercado (r_m):

Inequação 6.6-3

$$(p_A - p_R) \cdot \frac{B}{(1 + r_m - r_j)^t} > (C_A + C_R) - (N_A + N_R)$$

Nessa hipótese, a morosidade judicial continua a reduzir a probabilidade de litígio, mas em menor escala, supondo-se que a taxa de juros legais (r_j) seja menor que a taxa de juros de mercado (r_m), *i.e.*, $r_j < r_m$. Já se $r_j = r_m$, o valor em litígio será corrigido à taxa de mercado (presumindo-se que este seja o custo de oportunidade da parte), o que significa que não haverá custo associado à morosidade judicial, que deixa de ser relevante na determinação da probabilidade de ocorrer um litígio. Por outro lado, se $r_j > r_m$, o valor esperado do litígio sobe e, quanto mais moroso for o Judiciário, maior a

---

526. A Lei de Gresham é um princípio econômico segundo o qual a sobrevalorização artificial de uma moeda e a desvalorização artificial de outra, pelo governo, faz com que a moeda supervalorizada invada o mercado, enquanto a moeda subavaliada tenha sua circulação drasticamente reduzida, sendo entesourada. Normalmente, usa-se a expressão "dinheiro ruim expulsa dinheiro bom".

527. O Código de Processo Civil traz inúmeros dispositivos sobre a aplicação de juros, entre eles, o art. 322, §1º, art. 491, art. 524, inc. III, art. 534, inc. III, art. 540.

528. Juros de mora é uma taxa percentual sobre o atraso do adimplemento de uma obrigação em um determinado período de tempo. Está previsto no CC: "Art. 389. Não cumprida a obrigação, responde o devedor por perdas e danos, mais juros e atualização monetária segundo índices oficiais regularmente estabelecidos, e honorários de advogado." e "Art. 406. Quando os juros moratórios não forem convencionados, ou o forem sem taxa estipulada, ou quando provierem de determinação da lei, serão fixados segundo a taxa que estiver em vigor para a mora do pagamento de impostos devidos à Fazenda Nacional."

probabilidade de litígio, pois litigar passou a ser um investimento interessante para o autor[529].

Nesse sentido, como uma sugestão política processual, os juros legais devem ser o mais próximo possível das taxas de mercado, de forma a prevenir o problema de seleção adversa decorrente da exclusão de legítimos titulares de direitos e da atração daqueles que desejam apenas postergar o adimplemento de suas obrigações em função da morosidade judicial[530]. Não é preciso dizer que, quanto mais rápidos os tribunais forem, menos importante será a taxa de juros legal.

Não obstante, para demonstrar que a aplicação de juros é insuficiente para resolver o problema da seleção adversa, lembramos o caso dos procuradores da Instituto Nacional de Seguridade Social – INSS, que conseguem, no âmbito de processos judiciais, acordos, garantindo um desconto de até 30% sobre os benefícios sociais aos quais o segurado faz jus, apenas para não ter de aguardar todo o trâmite processual e esperar muitos anos para receber aquilo a que tem direito. E, se não bastasse isso, mesmo aqueles que aguardam até o fim do processo, devem enfrentar a fila do precatório, uma das maiores vergonhas nacionais e uma prática odiosa sem qualquer justificativa jurídica ou moral, que posterga ainda mais o acesso das pessoas a seus direitos.

Apenas a título de exemplo, o Governo do Distrito Federal compra precatórios de sua titularidade com descontos de até 40% sobre o valor nominal e há fila de pessoas para receber. Esse é o tamanho da seleção adversa decorrente da Tragédia do Judiciário e uma demonstração de como as pessoas podem ter acesso ao sistema judicial, mas serem excluídas de seu direito mesmo assim, se o sistema estiver sobrecarregado.

Pelo exposto, conclui-se que a melhor estratégia para aumentar o número de acordos extrajudiciais e reduzir a utilização do Judiciário, sem excluir usuários pelo custo de se usar o sistema, ou seja, garantindo livre acesso, é pelo investimento em segurança jurídica e a decorrente convergência de p_A e p_R, ou seja, reduzindo o hiato de expectativas. Tal investimento é ainda mais relevante quando se tomou a decisão política de eliminar ou ao menos reduzir substancialmente os custos privados de litigar $(C_A + C_R)$, como foi feito no Brasil. A adoção de juros legais compatíveis com os juros de mercado mitiga e pode até eliminar o problema de seleção adversa decorrente da morosidade judicial, mas – em um mundo em que se quer o livre acesso ao Judiciário –, o investimento em segurança jurídica parece ser a única medida sem efeitos colaterais indesejáveis.

---

529. Essa discussão considera apenas uma das partes no processo, mas Acciarri, Castellano e Barbero (2007) discutem o impacto da taxa de juros judicial sobre o comportamento de ambas simultaneamente, inclusive quando há custos de oportunidade diversos. Essa discussão foi ampliada em Acciarri e Garoupa (2013) para demonstrar que, em alguns casos, não existe uma taxa de juros capaz de eliminar para ambas o incentivo de prolongar o litígio.

530. Por razões misteriosas, a taxa de juros aplicada pelo Judiciário brasileiro é simples, enquanto em todo o resto da economia se aplicam juros compostos. Como você acha que isso afeta o comportamento dos litigantes? E o problema de seleção adversa? Você acha que essa política de juros incentiva os litigantes contumazes a utilizar o Judiciário?

Notas Finais

Tendo apresentado como a análise econômica do direito pode ser integrada à Teoria Geral do Processo e como aquela – a partir das categorias e dos conceitos tradicionais desta – pode nos auxiliar a compreender e estruturar os incentivos dos agentes no jogo processual, é conveniente realizar alguns comentários a título de notas finais. Primeiro, devo chamar a atenção para a flexibilidade da abordagem proposta. A essa altura deve estar claro que os modelos e as discussões apresentados, em larga medida, podem ser utilizados para explicar e compreender com pouca ou nenhuma adaptação tanto o Direito Processual brasileiro de hoje (*lege lata*), quanto qualquer eventual modificação que possa vir a ser inserida no sistema (*lege ferenda*). As análises que fazem referência ao direito positivo são apenas exemplos e não elementos da teoria em si. Logo, podem ser adaptados e alterados facilmente, caso haja qualquer mudança legislativa. A abordagem proposta, inclusive, pode e deve ser utilizada na avaliação de normas atuais e na elaboração de normas futuras. Afinal, a AED processual pode ser utilizada tanto para diagnose quanto para prognose.

O foco da presente obra na teoria geral e não na análise desta ou daquela regra jurídica foi justamente para demonstrar como a abordagem não é específica ou limitada a um determinado arcabouço jurídico. Por exemplo, no Capítulo 4 demonstramos como se comportam os agentes em um contexto em que o ataque à sentença não é possível, enquanto no Capítulo 5 demonstramos os efeitos decorrentes da inserção da possibilidade de revisão (duplo grau) sobre a estrutura de incentivos dos agentes. Esse arcabouço teórico foi utilizado no contexto de sentença e apelação, mas poderia ter sido utilizado para analisar a dinâmica interna de um tribunal no contexto de decisões de uma turma que não podem ser atacadas internamente versus decisões que podem ser atacadas internamente e levadas a revisão por uma seção ou pelo Pleno do próprio tribunal.

Nessa linha, para que a Teoria Positiva do Processo fosse apresentada de maneira completa e sua amplitude e utilidade demonstrada cabalmente, talvez devêssemos ter mais alguns capítulos aplicando a metodologia apresentada ao direito positivo, isto é, ao Código de Processo Civil, desde a fase de conhecimento até às instâncias extraordinárias. No entanto, para ser feito adequadamente, isso requereria praticamente dobrar o tamanho da obra, que já estava grande e densa o suficiente para uma primeira apresentação. Por isso, preferi deixar essa parte da odisseia processualista juseconômica para um segundo momento. A pretensão não foi oferecer uma abordagem exaustiva sobre o tema, mas apresentar como a AED processual pode ser utilizada de forma integrada à abordagem jurídica tradicional.

Segundo, também deve estar claro que a AED processual se aplica a qualquer sistema adjudicatório, esteja ele inserto em uma tradição romano-germânica ou em uma tradição consuetudinária (*common law*), *i.e.*, o método juseconômico apresentado possui a generalidade e a universalidade necessárias para a construção de uma teoria geral do processo. É sempre importante frisar que a análise econômica do direito é um método e não uma doutrina. O fato de grande parte da literatura estar focada no sistema processual norte-americano tem mais a ver com a origem e a formação da maior parte dos juseconomistas do que com qualquer elemento intrínseco da abordagem juseconômica. Em momento algum da exposição foi necessário fazer referência a ou adaptar institutos processuais estrangeiros, como a *discovery*, o *trial* ou o *summay judgement*. Quando tais institutos são mencionados, como o *writ of certiorari* discutido no Capítulo 6, foi mais para demonstrar como a lógica de racionamento de acesso ao serviço público adjudicatório se aplica igualmente lá e aqui, do que para realizar qualquer tipo de importação ou transplante de instituto jurídico. Por outro lado, essa afirmação nos leva a uma outra questão importante, que é terceiro ponto que vale a pena mencionar, qual seja, a utilidade da análise econômica do direito para o exercício do direito comparado.

O estudo do direito comparado é interessante em si e por si, da mesma forma que o estudo de uma grande obra literária ou de uma majestosa sinfonia são interessantes. Para um amante do direito, acessar um ordenamento jurídico alienígena é uma oportunidade para mergulhar numa cultura e numa história distintas das suas. Além disso, o estudo de direito comparado pode permitir que – ao se ver forçado a pensar de forma diversa sobre um problema semelhante – o pesquisador tenha uma maior compreensão de seu próprio sistema. Por fim, e essa é a utilidade mais óbvia para quem está acostumado com trabalhos acadêmicos, o estudo do direito comparado permite a importação de tecnologias jurídicas estrangeiras – ainda que com adaptações – para solucionar problemas locais. Seja por uma razão ou por outra, o direito comparado, quando adequadamente realizado, pode ser um exercício muito frutífero.

Como a AED é um método de análise, o seu foco na racionalidade e nas estruturas de incentivos dos agentes permite ao pesquisador compreender a lógica e as implicações da regra jurídica analisada, facilitando a identificação das semelhanças e das diferenças das estruturas de incentivos criadas em um ou outro sistema e, assim, as prováveis consequências de cada regra. Nesse sentido, a AED, em geral, e a AED processual, em particular, pode funcionar como uma verdadeira Pedra de Roseta a auxiliar na interpretação e na compressão da lógica e do funcionamento de estruturas jurídicas diversas e, assim, em sua comparação proveitosa. Uma vez dominado o método de análise juseconômico, sua aplicação a legislações do passado, do presente e do futuro ou mesmo a sistemas estrangeiros é apenas uma questão de interesse e prática.

O quarto ponto que não poderia deixar de mencionar é a questão do uso da matemática no direito. Não é incomum encontrar juristas que se sintam desconfortáveis com o seu uso para a construção de modelos e teorias em ciências sociais. Em parte, acredito que essa resistência esteja associada à cultura e à falta de tradição em sua utilização. Ciente dessa resistência, optei por utilizar a matemática nos modelos com bastante parcimônia. E quando utilizada, seu nível de sofisticação não ultrapassou a álgebra do ensino médio. Por outro lado, para os pesquisadores que continuarão a jornada, é preciso fazer uma autocrítica à literatura juseconômica que, muitas vezes, emprega um nível de sofisticação matemática em seus modelos que os tornam ininteligíveis mesmo para os juseconomistas com treinamento. Não raro, o aumento de complexidade analítica não vem acompanhado de proporcional ganho de precisão ou clareza no modelo, logo, o *trade-off* não compensa. Nesse sentido, tal sofisticação não apenas é desnecessária, como é indesejável. Ainda assim, permanece uma questão em aberto se o equilíbrio adequado foi alcançado aqui.

Com essas notas finais encerro a apresentação do que se chama normalmente de aplicação positiva da análise econômica do direito ou, simplesmente, AED positiva. O discutido nesta obra foi, em larga medida, focado em uma teoria sobre o mundo como ele é não como ele deveria ser. Com a Teoria Positiva do Processo é possível compreender e realizar uma análise pormenorizada de cada regra processual, bem como avaliar a sua conveniência e oportunidade, mas aí já estaríamos no reino da AED normativa, em que a eficiência seria a métrica que nos ajudaria a avaliar as regras jurídica postas ou cogitadas. Esse é o universo que se abre àquele que dominar o ferramental apresentado.

De qualquer forma, o autor espera que, como prometido, este livro tenha fornecido ao leitor uma compreensão diferente e mais ampla do fenômeno processual, bem como o tenha convencido da utilidade teórica e prática do ferramental da análise econômica do direito e sua complementariedade à Teoria Geral do Processo. Mesmo que o leitor não concorde com todas as posições aqui apresentadas, ou não tenha terminado convencido, espera-se que, ao menos, esse debate tenha sido interessante e gerado uma frutífera reflexão. Mas isso, só o futuro dirá.

Bibliografia

Abreu, J. Capistrano de. *Capítulos de História Colonial: 1500-1800.* Brasília: Conselho Editorial do Senado Federal, 1998.

Abreu, Rafael Sirangelo de. *Incentivos Processuais: economia comportamental e nudges no Processo Civil.* São Paulo: Thompson Reuters, 2020.

Acciarri, Hugo A. *Elementos de Análisis Económico del Derecho de Daños.* Bahía Bianca: ALACDE, 2009.

—, Andrea Castellano, e Andrea Barbero. "Delay in Lawsuits and Interest Rate." 10th Annual Conference of the Latin American and the Caribbean Law & Economics Association, May 2007: 1-21.

—, e Nuno Garoupa. "On the Judicial Interest Rate: Towards a Law and Economic Theory." Journal of European Tort Law (De Gruyter) 4, nº 1 (Apr. 2013).

Acemoglu, Daron, e James A. Robinson. *Economic Origins of Dictatorships and Democracy.* New York, New York: Cambridge University, 2006.

Alexy, Robert. *Conceito e Validade do Direito.* Tradução: Gercélia Batista de Oliveira Mendes. São Paulo: WMF Martins fontes, 2011 [2005].

Almeida, Candido Mendes de. *Codigo Philippino ou Ordenações e Leis do Reino de Portugal Recopiladas por Mandado Del-Rey D. Philippe I.* 14ª. Edição: Typographia do Instituto Philomathico. Vol. 3. 5 vols. Rio de Janeiro, Rio de Janeiro, 1870.

Andrade, Manuel Correia de Oliveira. *As raízes do separatismo no Brasil.* São Paulo: Unesp, 1999.

Arake, Henrique Haruki. *O Princípio da Eficiência no Processo Civil.* Edição: Orientador: Prof. Dr. Ivo T. Gico Jr. Brasília: Centro Universitário de Brasília - UniCeuB, 2019.

Araújo, Fernando. *A Tragédia dos Baldios e dos Anti-Baldios: o problema económico do nível óptimo de apropriação.* Coimbra: Almedina, 2008.

Armor, David A., e Shelley E. Taylor. "Situated Optimism: specific outcome expectancies and self-regulation." *Advances in Experimental Social Psychology,* 1998: 309-379.

Arrow, Kenneth J.. *Social Choice and Individual Values.* 2nd. New Haven: Yale University Press, 1963.

Assis, Araken de. *Processo Civil Brasileiro.* 2ª Ed., rev. e at. Vol. I. São Paulo: Revista dos Tribunais, 2016.

Austin, John. *The province of jurisprudence determined.* Edição: Wilfrid E. Rumble. Cambridge: Cambridge University Press, 1995 (1832).

Ávila, Humberto. "Moralidade, Razoabilidade e Eficiência na Atividade Administrativa." *Revista Eletrônica de Direito do Estado - REDE* 4 (out./dez. 2005): 1-25.

Azevedo, Fernando de. *Canaviais e Engenhos na Vida Política do Brasil: ensaio sociológico sôbre o elemento político na civilização do açúcar.* 2ª. São Paulo: Melhoramentos, N/D.

Baird, Douglas G., Robert H. Gertner, e Randal C. Picker. *Game Theory and the Law.* Harvard University Press, 1994.

Balena, Giampiero. "Le Novità Relative all'Appello nel D.L. n. 83/2012." *Il Giusto Processo Civile* 2, nº 13 (2013): 335-386.

Barroso, Luis Roberto. "A Razão sem Voto: a função representativa e majoritária das cortes constitucionais." *Revista de Estudos Institucionais* 2 (2) (2016): 518-546.

—. "Contramajoritário, Representativo e Iluminista: Os papeis dos tribunais constitucionais." *Direito & Práxis* 9 (4) (2018): 2171-2228.

Battesini, Eugênio. Direito e Economia: novos horizontes no estudo da responsabilidade civil no Brasil. São Paulo: Ltr, 2011.

Bebchuck, Lucian Arye. "Litigation and Settlement Under Imperfect Information." *The RAND Journal of Economics* 15, nº 3 (Autumn 1984): 404-415.

Beier, Martin D. "Economics Awry: Using Access Fees for Caseload Diversion." *University of Pennsylvania Law Review*, Apr. de 1990: 1175-1207.

Benson, Bruce L. *The Enterprise of Law: justice without the state.* Oakland, California: The Independent Institute, 2011 [1990].

Bentham, Jeremy. *An Introduction to the Principles of Morals and Legislation.* Oxford: Clarendon Press, 1907 [1823].

Bevilaqua, Clovis. *Theoria Geral do Direito Civil.* 2ª. Rio de Janeiro, RJ: Livraria Francisco Alves, 1929.

Bielen, Samantha, Ludo Peeters, Wim Marneffe, e Lode Vereeck. "Backlogs and Litigation Rates: Testing Congestion Equilibrium Across European Judiciaries." *International Review of Law & Economics*, September de 2018: 9-22.

Blaug, Mark. *The Methodology of Economics – or how economists explain.* 2nd. Vol. Cambridge Surveys of Economic Literature. Cambridge: Cambridge University, 1992.

Bodart, Bruno. *The Social Value of The Doctrine of Res Judicata: An Economic Analysis (Dissertação).* Massachusetts: Harvard Law School, LL.M. Program, 2018.

Bodnar, Z., e Márcio Ricardo Staffen. "A Ética Neoliberal e o Princípio Constitucional da Eficiência Administrativa: (im)possibilidade de flexibilização do direito fundamental ao meio ambiente." *Revista Eletrônica Investidura* XI (2010): 15-30.

Bone, Robert G. *Civil Procedure: the economics of civil procedure.* New York, NY: Foundation Press, 2003.

Bouckaert, Boudewijn, e Gerrit De Geest. *Encyclopedia of Law and Economics.* Vols. V - The Economics of Crime and Litigation. Cheltenham: Edward Elgar, 2000.

Boulding, William, e Amna Kirmani. "A Consumer-Side Experimental Examination of Signaling Theory: Do Consumers Perceive Warranties as Signals of Quality?" *Journal of Consumer Research* 20 (1) (June 1993): 111-123.

Buchanan, James McGill. "An Economic Theory of Clubs." *Economica, New Series*, Feb. de 1965: 1-14.

—. *The Limits of Liberty: Between Anarchy and Leviathan.* Vol. VII. Indianápolis: Liberty Fund, 2000[1975].

—, e Gordon Tullock. *The calculus of consent: logical foundations of constitutional democracy.* Indianapolis: Liberty FUnd, 1999 [1962].

Bülow, Oskar von. *La teoria de las excepciones procesales y los pressupuestos procesales.* Buenos Aires: EJEA, 1964.

Burger, J. M., e L. Burns. "The illusion of unique invulnerability and the use of effective contraception." *Personality and Social Psychology Bulletin*, 1988: 264-270.

Buzaid, Alfredo. *Estudos de Direito*. São Paulo, SP: Saraiva, 1972.

Calabresi, Guido. "An exchange about law and economics: a letter to Ronald Dworkin." *Hofstra Law Review*, 1980: 553-62.

—. *The Costs of Accidents: a legal and economic analysis*. New Haven: Yale University Press, 1970.

Calamandrei, Piero. *Direito Processual Civil*. Tradução: Luiz Abezia e Sandra Drina Fernandez Barbery. Vol. I. Campinas: Bookseller, 1999[1940].

Câmara dos Deputados. *Legislação Informatizada - EMENDA CONSTITUCIONAL Nº 45, DE 2004 - Exposição de Motivos*. 31 de dezembro de 2004. http://www2.camara.leg.br/legin/fed/emecon/2004/emendaconstitucional-45-8-dezembro-2004-535274-exposicaode-motivos-149264-pl.html (acesso em 2 de outubro de 2018).

Câmara, Alexandre Freitas. *O novo processo civil brasileiro*. 4ª. São Paulo: Atlas, 2018.

Camargo, José A. *Administração Pública: princípios constitucionais*. Belo Horizonte: Del Rey, 2014.

Campos, Eduardo Luiz Cavalcanti. *O Princípio da Eficiência no Processo Civil Brasileiro*. Rio de Janeiro: Forense, 2018.

Capelletti, Mauro, e Bryant Garth. *Acesso à Justiça (Access to Justice: The Worldwide Movement to Make Rights Effective*. Tradução: Ellen Gracie Northfleet. Porto Alegre: Sérgio Antônio Fabris, 1988.

Carnelutti, Francesco. *Instituições do Processo Civil*. Tradução: Adrián Sotero de Witt Batista. Vol. I. III vols. São Paulo: Classic Book, 2000[1953].

Castelvecchi, Davide, e Alexandra Witze. "Einstein's gravitational waves found at last." *Nature News*, February 2016.

Chiovenda, Giuseppe. *Instituições de direito processual civil*. Tradução: Paolo Capitanio. Campinas: Bookseller, 2009[1933].

Cintra, Antônio Carlos de Araújo, Ada Pelegrini Grinover, e Cândido Rangel Dinamarco. *Teoria Geral do Processo*. 29. São Paulo: Malheiros, 2013.

CJF - Centro de Estudos Judiciários. *Diagnóstico da estrutura e funcionamento dos Juizados Especiais*. Edição: Secretaria de Pesquisa e Informação Jurídicas. Vol. 12. Brasília, DF: Conselho da Justiça Federal, 2003.

Clemenz, Gerhard, e Klaus Gugler. "Macroeconomic Development and Civil Litigation." *European Journal of Law and Economics*, 2000: 215-230.

CNJ - Conselho Nacional de Justiça. "Justiça em Números 2019." Secretaria Especial de Programas, Pesquisa e Gestão Estratégica, Conselho Nacional de Justiça, Brasília, 2019, 236.

Coase, Ronald H. "The Problem of Social Cost." *Journal of Law and Economics*, October de 1960: 1-44.

—. "The Nature of the Firm." *Economica (New Series)* (Wiley) 4 (16) (Nov. 1937): 386-405.

Coleman, J. "Efficiency, Utility and Wealth Maximization." *Hofstra Law Review*, 1980: 509-51.

Comte, Isidore Auguste Marie François Xavier. *Discurso sobre o Espírito Positivo*. Tradução: Antônio Geraldo da Silva. São Paulo, SP: Escala, N/D.

Cooter, Robert D. "Structural Adjudication and the New Law Merchant: a model of decentralized law." *International Review of Law and Economics*, 1994: 215-231.

—, e Daniel L. Rubinfeld. "Economic Analysis of Legal Disputes." *Journal of Economic Literature* XXVII (September 1989): 1.067-1.097.

—, Stephen Gary Marks, e Robert Mnookin. "Bargaining in the Shadow of the Law: A Testable Model of Strategic Behavior." *The Journal of Legal Studies* XI, nº 2 (June 1982): 225-251.

Costa, Eduardo José da Fonseca. *Levando a Imparcialidade a Sério: Levando a imparcialidade a sério: proposta de um modelo interseccional entre direito processual, economia e psicologia.* Tese de Doutorado em Direito Processual Civil. Edição: Nelson Nery Jr. São Paulo: PUC-SP, 2016.

Costa, Frederico Lustosa da. "Brasil: 200 anos de Estado; 200 anos de Administração Pública; 200 anos de reformas." *Revista de Administração Pública*, 2008: 829-874.

Courts, Administrative Office of the U.S. "U.S. District Courts-Civil Cases Terminates, by Nature of Suit and Action Taken, During the 12-Month Period Ending September 30, 2018." Administrative Office of the U.S. Courts, 2018.

Coutinho, Jacinto Nelson de Miranda. "O Papel da Jurisdição Constitucional na Realização do Estado Social." *Revista de Estudos Criminais* n. 10 (2003).

Couture, Eduardo J. *Fundamentos do Direito Processual Civil.* Tradução: Henrique de Carvalho. Florianópolis: Conceito Editorial, 2008.

Cowen, Tyler. "Law as a Public Good: The Economics of Anarchy." *Economics & Philosophy*, Out. de 1992: 249-267.

D'Alessandro, Leonardo Pompeo. *Giustizia fascista: Storia del Tribunale speciale (1926-1943).* Bologna: Il Mulino, 2020.

Dari-Mattiacci, Giuseppe, e Bruno Deffains. "Uncertainty of Law and the Legal Process." *Journal of Institutional and Theoretical Economics*, 24 de December de 2007: 627-656.

Daughety, Andrew, e Jennifer Reinganum. "Appealing Judgments." *Rand Journal of Economics*, 2000: 502–525.

De Scitovzsky, Tibor. "A Note on Welfare Propositions in Economics." *The Review of Economic Studies*, 1st de Nov. de 1941: 77-88.

Diamond, Jared. *Guns, Gems, and Steel: the fates of human societies.* New York, NY: W.W. Norton Company, 1999.

Dias, Jean Carlos. *Análise econômica do processo civil brasileiro.* São Paulo: Método, 2009.

Didier Jr., Fredie. *Apontamentos para a Concretização do Princípio da Eficiência do Processo.* 2013. http://www.lex.com.br/doutrina_24598622_APONTAMENTOS_PARA_A_CONCRETIZACAO_DO_PRINCIPIO_DA_EFICIENCIA_DO_PROCESSO.aspx (acesso em 28 de outubro de 2018).

—. *Curso de Direito Processual Civil.* 19. Vol. I. V vols. Salvador: JusPODIVM, 2017.

Dixit, Avinash K. *Lawlessness and Economics: Alternative Modes of Governance.* 1ª. Princeton: Princeton University Press, 2007.

Donohue III, John J. "The Effects of Fee Shifting on the Settlement Rate: Theoretical Observations on Costs, Conflicts, and Contingency Fees." *Law and Contemporary Problems* 54, nº 3 (Summer 1991): 195-222.

Dunbar, Robin I. M. "Neocortex size as a constraint on group size in primates." *Journal of Human Evolution*, 1992: 469-493.

Durkheim, Emile. *As Regras do Método Sociológico.* 10ª. Tradução: Maria Isaura Pereira de Queiroz. São Paulo: Companhia Editora Nacional, 1982 [1895].

Dworkin, Ronald. "Why efficiency?" *Hofstra Law Review*, 1980(b): 563-6.

—. "Is wealth a Value?" *Journal of Legal Studies*, 1980(a): 191-226.

—. *Taking Rights Seriously.* 5th. Massachusetts: Harvard University Press, 1977.

—. *Uma questão de princípio.* Tradução: Luís Carlos Borges. São Paulo: Martins Fontes, 2001.

Edgeworth, Francis Y. *Mathematical Psychics: an essay on the application of mathematics to moral sciences.* London: C. Kegan Paul & Co., 1 Paternoster Squark, 1881.

Einstein, Albert. "Über Gravitationswellen." *Königlich Preußische Akademie der Wissenschaften* Sitzungsberichte (1918): 154-167.

Ellickson, Robert C. *Order without Law: How Neighbors Settle Disputes.* Cambridge: Harvard University Press, 1991.

Euzébio, Gilson Luiz. *DPJ traçará diagnóstico dos Juizados Especiais.* Edição: Agência CNJ de Notícias. 20 de 3 de 2012. http://www.cnj.jus.br/noticias/cnj/18646:dpj-tracara--diagnostico-dos-juizados-especiais (acesso em 12 de 8 de 2012).

Fallers, Lloyd A. *Law Without Precedent: legal ideias in action in the courts of colonial Busoga.* Chicago: The University of Chicago Press, 1969.

Fauvrelle, Thiago A., e Alessio Tony C. Almeida. "Determinants of Judicial Efficiency Change: Evidence from Brazil." *Review of Law & Economics* 14, nº 1 (2018).

Ferrara, Francesco. *Como Aplicar e Interpretar as Leis.* Tradução: Joaquim Campos de Miranda. Belo Horizonte, MG: Livraria Líder e Editora, 2005 [1921].

Figueira Junior, Joel Dias, e Mauricio Antonio Ribeiro Lopes. *Comentários à Lei dos Juizados Especiais Cíveis e Criminais.* 2ª ed. rev. São Paulo, SP: Revista dos Tribunais, 1997.

Fischhoff, Baruch. "Hindsight is not equal to foresight: The effect of outcome knowledge on judgment under uncertainty." *Journal of Experimental Psychology: Human Perception and Performance* 1, nº 3 (1975): 288-299.

Fisher-Achoura, Eva. "La conformité à la Constitution d'une réforme de l'appel civil." *Cahiers du Conseil Constitutionnel*, Juin de 2004: N/D.

Foster, Benjamin R. *Social Reform in Ancient Mesopotamia.* Vol. 354, cáp. 13 em *Social Justice in the Ancient World*, edição: K.D. Irani e Morris Silver, 165-177. Westport: Greenwood Press, 1995.

França, Rubens Limongi. *Hermenêutica Jurídica.* 2ª Ed. rev. e ampl. São Paulo, SP: Saraiva, 1988.

Frank, Jerome. *Court on Trial.* Princeton: Princeton University Press, 1949.

Friedman, Alan E. "An Analysis of Settlement." *Stanford Law Review* 22, nº 1 (Nov. 1969): 67-100.

Friedman, David, Peter T. Leeson, e David Skarbek. *Legal Systems Very Different from Ours.* Independente, 2019.

—. "Private Creation and Enforcement of Law: A Historical Case." *The Journal of Legal Studies*, Mar. de 1979: 399-415.

Friedman, Milton. *Essays in Positive Economics*. Chicago: The University of Chicago Press, 1953.

Fux, Luiz, e Bruno Bodart. *Processo Civil & Análise Econômica*. Rio de Janeiro, RJ: Forense, 2019.

Gabardo, Emerson. *Princípio Constitucional da Eficiência Administrativa*. São Paulo: Dialética, 2002.

Gico Jr., Ivo Teixeira. *A Tragédia do Judiciário: subinvestimento em capital jurídico e sobreutilização do Judiciário*. Tese de Doutorado. Edição: Departamento de Economia. Tradução: Orientador: Bernardo Pinheiro Machado Mueller. Brasília, DF: Universidade de Brasília - UnB, 2012.

—. *Cartel - Teoria Unificada da Colusão*. São Paulo: Lex, 2007.

—. "Direito & Desenvolvimento: o papel do direito no desenvolvimento econômico." *Direito e Desenvolvimento*, Dec. de 2017: 110-127.

—. "Anarquismo Judicial e Teoria dos Times." *Economic Analysis of Law Review*, 2013: 269-294.

—. Juízo de Admissibilidade *A Quo* Para Que? Working Paper do UniCeuB, 2016. 1-23.

—. "Metodologia e Epistemologia da Análise Econômica do Direito." *Economic Analysis of Law Review*, Jan-Jul de 2010, 1 ed.: 7-33.

—. "The Tragedy of the Judiciary: an inquiry into the economic nature of law and courts." *German Law Journal*, May de 2020: 1-48.

—. "A Função Social do Judiciário." Working Paper do UniCeuB, 2017: 1-32.

—. "A Tragédia do Judiciário." *RDA - Revista de Direito Administrativo*, set/dez de 2014: 163-198.

—. "Responsabilidade Civil Extracontratual." Em *Direito e Economia: diálogos*, edição: Armando Castelar Pinheiro, Antônio J. Maristrello Porto e Patrícia Regina Pinheiro Sampaio, 307-338. Rio de Janeiro: FGV, 2019.

—. "A Natureza Econômica do Direito e dos Tribunais." *Revista Brasileira de Políticas Públicas*, Dez. de 2019: 13-39.

—. "Anarquismo Judicial e Segurança Jurídica." *Revista Brasileira de Políticas Públicas*, 2015: 479-499.

—. "Hermenêutica das escolhas e a função legislativa do Judiciário." *Revista de Direito Empresarial*, maio/agosto de 2018: 55-83.

—. "O Capital Jurídico e o Ciclo da Litigância." *Revista Direito GV*, jul.-dez. de 2013: 50-62.

—. "Estado e Mercado." *Working Paper do UniCeuB*, 2018: 1-46.

—. "Bem-estar Social e o Conceito de Eficiência." *Working Paper UniCeuB*, 2020: 1-41.

—. "Preço e Valor no Direito." *Working Paper UniCeuB*, 13 de Agosto de 2019: 1-23.

Gico Jr., Ivo Teixeira, e Henrique Haruki Arake. "De Graça, até Injeção na Testa: análise juseconômica da gratuidade de Justiça." *Economic Analysis of Law Review*, 2014: 166-178.

—. "Despacho Saneador e Assimetria da Informação." *3* 9 (Set.-Dez. 2018): 191-207.

—. "Taxa de Recorribilidade, Taxa de Reversibilidade e Eficiência Judicial." *Revista Eletrônica do Curso de Direito da UFSM*, jan./abr. de 2019: 1-23.

Gomes, Luiz Flávio. *A Dimensão da Magistratura no Estado Constitucional e Democrático de Direito: independência judicial, controle judiciário, legitimação da jurisdição, politização e responsabilidade do juiz*. São Paulo: Revista dos Tribunais, 1997.

Gonçalves Filho, João Gilberto. *O Princípio Constitucional da Eficiência no Processo Civil (Tese).* São Paulo: Faculdade de Direito da Universidade de São Paulo, 2010.

Goulart, Bianca Bez. *Análise Econômica do Litígio: entre acordos e ações judiciais.* Coleção Eduardo Espínola. Salvador: JusPODIUM, 2019.

Gould, J. P. "The economics of legal conflicts." *The Journal of Legal Studies*, jun. de 1973: 279-300.

Greif, Avner. *Institutions and the Path to the Modern Economy: lessons from medieval trade.* Cambridge: Cambridge University Press, 2006.

Gulliver, Philip Hugh. *Social Control in an African Society: a study of the Arusha.* Boston University Press, 1963.

Guthrie, Chris, Jeffrey J. Rachlinski, e Andrew J. Wistrich. "Inside the Judicial Mind." *Cornell Law Review* 86, nº 4 (May 2001): 778-830.

Hardin, Garrett. "The Tragedy of the Commons." *Science*, 13 de Dez. de 1968: 1.243-1.248.

Harle, Vilho. *Ideas of Social Order in the Ancient World.* Vols. Contributions in Political Science, Number 383. Westport: Greenwood, 1998.

Hart, Herbert Lionel Adolphus. *The Concept of Law.* 3rd. Oxford: Oxford University Press, 2012 [1961].

Hazard, Jr, Geoffrey C. "Rationing Justice." *The Journal of Law & Economics*, Oct. de 1965: 1-10.

Hicks, John R. "The Foundations of Welfare Economics." *The Economic Journal*, Dec. de 1939: 696-712.

Hippel, Svenja, e Sven Hoeppner. "Biased Judgments of Fairness in Bargaining: A Replication in the Laboratory." *International Review of Law and Economics* 58 (June 2019): 63-74.

Holmes Jr., Oliver Wendell. "The Path of the Law." *Harvard Law Review*, 25 de Mar. de 1897: 457-478.

Holtz, Shalom E. *Neo-Babylonian Court Procedure.* Leiden: Brill, 2009.

—. "The Career of a Neo-Babylonian Court Scribe." *Journal of Cuneiform Studies* (The University of Chicago Press) 60 (2008): 81-85.

Hume, David. *A Treatise of Human Nature.* Vol. III. Oxford, 1888 [1736].

Irani, K.D., e Morris Silver. *Social justice in the ancient world.* Conference on Social Justice in the Ancient World. Westport: Greenwood Press, 1995.

Jehle, Geoffrey A., e Philip J. Reny. *Advanced Microeconomic Theory.* 3rd. Essex: FT Prentice Hall, 2011.

Johns, C. H. W. *Babylonian and Assyrian Laws, Contracts and Letters.* Edinburgh: T & T Clark, 1904.

Jolls, Christine, Cass R. Sunstein, e Richard Thaler. "A Behavioral Approach to Law and Economics." *Stanford Law Review* 50 (May 1998): 1471-1550.

Kahneman, Daniel, e Amos Tversky. "Prospect Theory: An Analysis of Decisions under Risk." *Econometrica*, Mar. de 1979: 263-292.

—. "Subjective probability: A judgment of representativeness." *Cognitive Psychology* 3, nº 3 (July 1972): 430-454.

—. "The framing of decisions and the psychology of choice." *Science* 211 (30 January 1981).

252 Kahneman, Daniel, Paul Slovic, e Amon Tversky. *Judgment under uncertainty: Heuristics and biases.* New York, NY: Cambridge University Press, 1982.

Kaldor, Nicholas. "Welfare Propositions of Economics and Interpersonal Comparisons of Utility." *The Economic Journal*, Sep. de 1939: 549-552.

Kelsen, Hans. *Pure Theory of Law.* Tradução: Max Knight. Clark, New Jersey: The Lawbook Exchange, Ltd., 2005 (1967).

Keynes, John Maynard. "Introduction." Em *Supply and Demand. With Introduction by J. M. Keynes*, por Hubert D. Henderson. New York: Harcourt, Brace, 1922.

Keynes, John Neville. *The Scope and Method of Political Economy.* London: Batoche Books, 1999 [1917].

Korobkin, Rusel, e Chris Guthrie. "Opening Offers and Out-of-Court Settlement: A Little Moderation May Not Go a Long Way." *The Ohio State Journal of Dispute Resolution* 10, nº 1 (1994): 1-22.

Korobkin, Russell B., e Thomas S. Ulen. "Law and Behavioral Science: Removing the Rationality Assumption from Law and Economics." *California Law Review* 88 (4) (Jul. 2000): 1.051-1.144.

Kronman, Anthony T. "Wealth Maximization as Normative Principle." *Journal of Legal Studies*, 1980: 227-43.

Landes, William M. "An Economic Analysis of the Courts." *Journal of Law and Economics*, Abril de 1971: 61-107.

— e Richard A. Posner. *The Economic Structure of Tort Law.* Cambridge: Harvard University Press, 1987.

Lanius, Danielle Cristina. *O Princípio da Eficiência na Administração Pública (Dissertação de Mestrado).* Brasília: Programa de Mestrado em Direito do Centro Universitário de Brasília, 2018.

Lawson, Tony. "The Nature of Heterodox Economics." *Cambridge Journal of Economics*, 2006: 483-505.

Leibenstein, Harvey. *General X-Efficiency Theory and Economic Development.* New York, NY: Oxford University Press, 1978.

Loewenstein, George, Linda Babcock, Samuel Issacharoff, e Colin Camerer. "Biased Judgments of Fairness in Bargaining." *The American Economic Review* 85, nº 5 (Dec. 1995): 1.337-1.343.

Loewenstein, George, Samuel Issacharoff, Colin Camerer, e Linda Babcock. "Self-Serving Assessments of Fairness and Pretrial Bargaining." *Journal of Legal Studies* 22, nº 1 (1993): 135-159.

Lunardi, Fabrício Castagna. *Curso de Direito Processual Civil.* Série IDP: Linha doutrina. São Paulo, SP: Saraiva Educação, 2019.

MacCormick, Neil. *Legal Reasoning and Legal Theory.* Oxford: Oxford University Press, 1978.

Mankiw, N. Gregory. *Princípios de Microeconomia.* 6. Tradução: Allan Vidigal Hastings, Elisete Paes e Lima e Ez2 Translate. São Paulo: Cengage Learning, 2013.

Marcellino Jr., Julio Cesar. *Princípio Constitucional da Eficiência Administrativa: (des)encontros entre economia e direito.* Florianópolis: Habitus, 2009.

Marinoni, Luiz Guilherme, Sérgio Cruz Arenhart, e Daniel Mitidiero. Curso de Processo Civil. **253**
Vols. 1 - Teoria do Processo Civil. Barra Funda: Revista dos Tribunais, 2015.

Mariotti, Alexandre. *Princípio do Devido Processo Legal (Tese de Doutorado).* Porto Alegre: FD-UFRGS, 2008.

Marshall, Alfred. *Principles of Economics.* Edição: Palgrave Classics in Economics. London: Palgrave Macmillan, 2013 [1920].

Martins, Pedro. *Historia Geral do Direito Romano, Peninsular e Português.* Coimbra: Imprensa da Universidade, 1906.

Maximiliano, Carlos Pereira dos Santos. *Hermenêutica e aplicação do direito.* 20ª. Rio de Janeiro, RJ: Forense, 2011 [1924].

McAdams, Richard H. *The Expressive Powers of Law: theories and limits.* Cambridge, Massachusetts: Harvard University Press, 2017.

McKenna, Frank P., Robert A. Stanier, e Clive Lewis. "Factors underlying illusory self-assessment of driving skill in males and females." *Accident Analysis & Prevention,* Feb. de 1991: 45-52.

Miller, Geoffrey P. "Some Agency Problems in Settlement." *The Journal of Legal Studies* (The University of Chicago Press) 16, nº 1 (Jan. 1987): 189-215.

Miller, Richard Lawrence. *Nazi Justiz: law of the Holocaust.* Westport: Praeger Publishers, 1995.

Moncada, Luís Cabral de. *Elementos de História do Direito Romano.* Vols. II - Parte Geral: teoria geral da relação jurídica. Coimbra: Coimbra Editora, 1924.

Montenegro Filho, Misael. *Curso de Direito Processual Civil: de acordo com o novo CPC.* 12ª ed. reform. e atual. São Paulo: Atlas, 2016.

Moreira, Helena Delgado Ramos Fialho. *Poder judiciário no Brasil: crise de eficiência.* Curitiba: Juruá, 2004.

Mousourakis, George. *Roman Law and the Origins of the Civil Law Tradition.* Auckland: Springer, 2015.

Müller, Ingo. *Hitler's Justice: The Courts of the Third Reich* Tradução: Deborah Lucas. - Schneider. Cambridge, Massachusetts: Harvard University Press, 1991.

Nader, Laura, ed. *Law in Culture and Society.* Chicago: Aldine Publishing Company, 1969.

—, e Harry F. Todd Jr.. *The Disputing Process - Law in ten societies.* New York: Columbia University Press, 1978.

Nalebuf, Barry. "Credible Pretrial Negotiation." *The RAND Journal of Economics* 18, nº 2 (Summer 1987): 198-210.

NCJRS. *Task Force Report: The Courts.* Task Force on the Administration of Justice, Washington: The U.S. Pres. Comm'n on Law Enforcement and Admin. of Justice, 1967.

Nery Jr., Nelson. *Princípios do processo civil na Constituição Federal.* 10ª. São Paulo: Revista dos Tribunais, 2009.

Noë, Ronald, Jan A. R. A. M. van Hooff, e Peter Hammerstein. *Economics in Nature: Social Dilemmas, Mate Choice and Biological Markets.* Cambridge: Cambridge University Press, 2001.

North, Douglas Cecil, John Joseph Wallis, e Barry R. Weingast. *Violence and Social Orders: A conceptual framework for interpreting recorded human history.* New York: Cambridge University Press, 2009.

—, e Robert Paul Thomas. *The Rise of the Western World: a new economic history.* Cambridge: Cambridge University Press, 2009 [1973].

—. *Institutions, institutional change and economic performance.* New York: Cambridge University Press, 1990.

Oliveira-Castro, Jorge M., Gordon R. Foxall, e Teresa C. Schrezenmaier. "Consumer Brand Choice: individual and group analyses of demand elasticity." *Journal of Experimental Analysis of Behavior* 85 (2) (March 2006): 147-166.

Olson, Mancur. *The Logic of Collective Action: public goods and the theory of groups.* Cambridge, Cambridge: Harvard University Press, 1971 [1965].

Ostrom, Vincent, e Elinor Ostrom. *Public Goods and Public Choices.* Vol. 2, em *Polycentricity and Local Public Economies: Readings from the Workshop in Political Theory and Policy Analysis,* edição: Michael Dean McGinnis, 75-103. University of Michigan Pres, 1999 [1977].

Pareto, Vilfredo. *Cours D'Économique Politique.* Edição: F. Rouge. Vol. Tome Premier. Lausanne: Université de Lausanne, 1896.

—. *Cours D'Economique Politique.* Vol. Tome Second. Lausanne: F. Rouge, 1897.

—. *Manuale di Economia Politica con una introduzione alla scienza sociale.* Vols. Piccola Biblioteca Scientifica - 13. Milano: Società Editrice Libraria, 1919.

Parisi, Francesco, e Vernam L. Smith. *The Law and Economics of Irrational Behavior.* Stanford, CA: Stanford University Press, 2005.

Parker, Christine. *Just Lawyers: Regulation and Access to Justice.* Oxford: Oxford University Press, 1999.

Pereira Junior, Jessé Torres. *Da Reforma Administrativa Constitucional.* Rio de Janeiro: Renovar, 1999.

Polinsky, A. Mitchell, e Daniel L. Rubinfeld. "A Note on Settlements under the Contingent Fee Method of Compensating Lawyers." *International Review of Law and Economics* 22, n° 2 (August 2002): 217-225.

Pólya, George. *How to Solve It: a new aspect of mathematical method.* 2nd. Princeton: Princeton University Press, 2015 [1957].

Ponte, Marcelo Dias. "Negócio Jurídico Processual e Flexibilização do Procedimento: as influências da autonomia privada no paradigma publicista do direito processual civil." *Revista Eletrônica de Direito Processual - REDP,* 2015: 305-334.

Porto, Antonio Maristrello, e Nuno Garoupa. *Curso de Análise Econômica do Direito.* São Paulo: Atlas, 2020.

Posner, Richard A. *Economic Analysis of Law.* 7th. New York, N.Y.: Aspen Publishers, 2007.

—. "Utilitarianism, Economics, and Legal Theory." *Journal of Legal Studies,* 1979: 103-140.

—. *The Economics of Justice.* Cambridge: Harvard University, 1983 [1981].

—. *The Federal Courts: challenge and reform.* Cambridge, Massachusetts: Harvard University Press, 1999.

—. "An Economic Approach to Legal Procedure and Judicial Administration." *The Journal of Legal Studies,* Jun. de 1973: 399-458.

—. *The Problems of Jurisprudence.* Cambridge: Harvard University, 1990.

Prado Junior, Caio. *História Econômica do Brasil.* São Paulo: Brasiliense, 2004 [1945].

Priest, George L. "Private Litigants and the Court Congestion Problem." *Boston University Law Review,* 1989: 527-559.

—, e B. Klein. "The selection of disputes for litigation." *The journal of legal studies,* 1984: 1-55.

Queiroz, Luiz Viana. "O Direito No Brasil Colônia." *Revista Eletrônica sobre a Reforma do Estado,* 2008: 1-16.

Rachlin, Howard. "Behavioral economics without anomalies." *Journal of the Experimental Analysis of Behavior* 64, n° 3 (November 1995): 397-404.

Rawls, John. "Some reasons for the maximin criterion." *American Economic Review,* May de 1974, Papers and Proceedings of the Eighty-sixth Annual Meeting of the American Economic Association ed.: 141-146.

—. *Uma teoria da justiça.* Tradução: Almiro Pisetta e Lenita M. R. Esteves. São Paulo, SP: Martins Forense, 1997 [1971].

Raz, Joseph. *The Concept of a Legal System: an introduction to the Theory of Legal System.* New York: Oxford University Press, 1997 [1980].

Rezende, Christiane Leles, e Decio Zylbersztajn. "Quebras Contratuais e Dispersão de Sentenças." *Revista Direito GV,* Jan-Jun de 2011: 155-176.

Riggsby, Andrew M. *Roman Law and the Legal World of the Romans.* 1st. New York, NY: Cambridge University Press, 2010.

Rizzo, M. "The mirage of efficiency." *Hofstra Law Review,* 1980: 641-58.

Robbins, Lionel. *An Essay on the Nature and Significance of Economic Science.* Tradução: Foreword by William J. Baumol. London: The Macmillan Press Limited, 1984.

Robinson, Joan. *The Economics of Imperfect Competition.* London: Macmillan, 1933.

Rosa, Alexandre Morais da. "Franchising Judicial ou de como a Magistratura Perdeu a Dignidade por Seu Trabalho, Vivo?" *Anais do IX Simpósio de Direito Constitucional da ABDConst.* Curitiba: ABDConst., 2011.

Roth, Martha Tobi. *Law collections from Mesopotamia and Asia Minor.* 2ª. Edição: Piotr Michalowski. Vol. 6. Atlanta, Georgia: Society of Biblical Studies, 1997.

Rubinfeld, Daniel L., e Suzanne Scotchmer. "Contingent Fees for Attorneys: An Economic Analysis." *The RAND Journal of Economics* 24, n° 3 (Autumn 1993): 343-356.

Salgado, G. *Fiscais e Meirinhos: a administração no Brasil colonial.* 2ª. Rio de Janeiro: Nova Fronteira, 1985.

Samuelson, Paul A. "The Pure Theory of Public Expenditure." *The Review of Economics and Statistics,* Nov. de 1954: 387-389.

Sanchirico, Chris William, ed. *Procedural Law and Economics - Encyclopedia of Law and Economics.* 2nd. Vol. 8. Edward Elgar Pub, 2012.

Schauer, Frederick. *The Force of Law.* Cambridge, Massachusetts: Harvard University Press, 2015.

Schelling, Thomas C. *The Strategy of Conflict: with a new Preface by the Author.* Cambridge: Harvard University Press, 1981 [1960].

Schlebusch, Carina M., et al. "Genomic Variation in Seven Khoe-San Groups Reveals Adaptation and Complex African History." *Science* 338 (6105) (September 2012): 374-379.

Secretaria de Reforma do Judiciário. *Juizados Especiais Cíveis: estudo.* Brasília, DF: Ministério da Justiça, 2005.

Senado Federal. *Anteprojeto do Novo Código de Processo Civil.* Brasília: Subsecretaria de Edições Técnicas, 2010.

—. *Código de Processo Civil: anteprojeto.* Comissão de Juristas Responsável pela Elaboração de Anteprojeto de Código de Processo Civil, Congresso Nacional, Brasília: Senado Federal, 2010, 381.

Service, Elman R. *Primitive Social Organization: An Evolutionary Perspective.* Vols. Random House Studies in Anthropology, AS3. New York: Random House, 1962.

Shapiro, Martin. *Courts, a comparative and political analysis.* Chicago: The University of Chicago Press, 1981.

Shavell, Steven. *Economic Analysis of Accident Law.* Cambridge: Harvard University Press, 1987.

—. "The Appeals Process as a Means of Error Correction." *The Journal of Legal Studies*, Jun. de 1995: 379-426.

—. "The Social versus the Private Incentive to Bring Suit in a Costly Legal System." *Journal of Legal Studies* 11 (2) (Jun. 1982): 333-339.

Shepherd, George B., e Morgan Cloud. "Time and Money: Discovery Leads to Hourly Billing." *University of Illinois Law Review* 1 (1999): 91-179.

Sherif, Musafer, David Taub, e Carl I. Hovland. "Assimilation and contrast effects of anchoring stimuli on judgments." *Journal of Experimental Psychology* 55, nº 2 (1958): 150-155.

Shoemaker, Pamela J., James William Tankard Jr., e Dominic L. Lasorsa. *How to Build Social Science Theories.* Thousand Oaks, CA: Sage Publication, 2004.

Silva, Ovídio A. Baptista da. *Curso de Processo Civil.* 3ª Rev. e Atu. Vol. I (Processo de Conhecimento. Porto Alegre: Sergio Antonio Fabris, 1996.

Simon, Herbert Alexander. "Invariants of Human Behavior." *Annual Review of Psychology* 41 (February 1990): 1-20.

—. "A Behavioral Model of Rational Choice." *Quarterly Journal of Economics* 69, nº 1 (February 1955): 99-118.

—. *Administrative Behavior: a study of decision-making process in administrative organization.* 4th. New York: Free Press, 1997 [1945].

—. "Rational Decision Making in Business Organizations." *The American Economic Review* 69, nº 4 (September 1979): 493-513.

Smith, Adam. *A Riqueza das Nações.* 2ª Ed. Tradução: Alexandre Amaral Rodrigues e Eunice Ostrensky. Vol. 1. 2 vols. São Paulo: WMF Martins Fontes, 2013 [1776].

Sobrinho, Noeli Correia de Melo. *O Advogado e a Crise da Administração da Justiça.* Rio de Janeiro, RJ: Ordem dos Advogados do Brasil, 1980.

Sousa, B. J. *O Pau-Brasil na História Nacional.* 2ª. São Paulo: Nacional, 1978.

Souza, Alexandro Ferreira de. "Silvestre Pinheiro Ferreira e o pensamento político luso-brasileiro do século XIX." *Estudos Filosóficos*, 2009: 12–20.

Spitzer, Matt, e Eric Talley. "Judicial Auditing." *The Journal of Legal Studies*, June de 2000: 649-683.

Stolleis, Michael. *The Law under the Swastika: studies on legal history in Nazi Germany.* Tradução: Thomas Dunlap Thomas. Chicago: University of Chicago Press, 1998.

Sunstein, Cass, ed. *Behavioral Law and Economics.* New York, NY: USA, 2000.

Taruffo, Michelle. *Orality and writing as factors of efficiency in civil litigation.* València: Universitat de València, 2008.

Telles, José Homem Corrêa. *Commentario Critico à Lei da Boa Razão em data de 18 de agosto de 1769.* Lisboa: Typographia de Maria da Madre de Deus, 1865.

Thaler, Richard H. *Quasi rational economics.* New York: Russell Sage Foundation, 1991.

—. "Toward a Positive Theory of Choice." *Journal of Economic Behavior and Organization*, 1980: 39-60.

—, e Cass Sunstein. *Nudge: o Empurrão para a Escolha Certa.* São Paulo: Campus-Elsevier, 2009.

Theodoro Jr., Humberto. *Curso de Direito Processual Civil.* 52ª. Vol. III. Rio de Janeiro: Forense, 2019.

—. *Curso de Direito Processual Civil.* 59. Vol. I. III vols. Rio de Janeiro: Forense, 2018.

Thomason, Terry. "Are Attorneys Paid What They're worth? Contingent Fees and the Settlement Process." *The Journal of Legal Studies* 20, nº 1 (Jan. 1991): 187-223.

Tomás, Aline Vieira. "Projeto Adoce: acordos após ingestão de dextrose/glicose observados em conciliações judiciais e extrajudiciais." Departamento de Direito, UFGO, Anápolis, 2019.

Tversky, Amos, e Daniel Kahneman. "Availability: A Heuristic for Judging Frequency and Probability." *Cognitive Psychology* 5 (1973): 207-232.

—. "Judgment under Uncertainty: Heuristics and Biases." *Science* 185 (4157), nº New Series (Sept. 1974): 1.124-1.131.

United Nations. *United Nations and the Rule of Law.* s.d. https://www.un.org/ruleoflaw/thematic-areas/access-to-justice-and-rule-of-law-institutions/access-to-justice/ (acesso em 22nd de June de 2018).

Weber, Max. *Economia e sociedade: fundamentos da sociologia compreensiva.* Tradução: Regis Barbosa e Karen Elsabe Barbosa. Vol. 2. 2 vols. Brasília, DF: Universidade de Brasília, 1999 [1920].

—. *Gesammelte Politische Schriften.* München: Drei Masken Verlag, 1921.

Wehling, A., e M. J. C. M. Wehling. *Formação do Brasil Colonial.* Rio de Janeiro: Nova Fronteira, 1994.

Williamson, Oliver Eaton. *Markets and Hierarchies: Analysis and Antitrust Implications – A study in the Economics of Internal Organization.* New York: Free Press, 1983 [1975].

—. *The Economic Institutions of Capitalism – firms, markets, relational contracting.* New York: Free Press, 1985.

—. *The Mechanisms of Governance.* USA: Oxford University Press, 1999.

Zamir, Eyal, e Doron Teichman. *Behavioral Law and Economics.* New York, NY: Oxford University Press, 2018.

—. *The Oxford Handbook of Behavioral Economics and the Law.* New York, NY: Oxford University Press, 2014.

Anotações